Bettina Selby
Ah Agala!

SERIE PIPER

Zu diesem Buch

Was für Ideen hat man in der Ägyptischen Abteilung des Britischen Museums? Natürlich – eine Radtour durch Afrika. Zugegeben, daran denkt nicht jeder als erstes, aber so begann tatsächlich Bettina Selbys Tour durch die Wüste. Auf den Spuren der großen Afrikaforscher wollte die Britin am Nil entlangfahren, eine Strecke von 7000 Kilometern: durch den Sudan, an den Seen im Ostafrikanischen Graben vorbei, über das geheimnisvolle Mondgebirge bis zur Quelle des Nil mitten in Uganda. Die Reisevorbereitungen dauerten über ein Jahr, in denen sie unter anderem als Fahrradkurier jobbte, um ihre Kondition zu verbessern. Dann ging es los: Ausgerüstet mit einem Spezialfahrrad, einer kleinen Apotheke, Trinkwasserfilter und einem Antihundespray trat sie fünf Monate lang in die Pedale. Ihre Erlebnisse schrieb sie auf in einem spannenden, selbstironischen, nicht nur für Fahrrad-Begeisterte lesenswerten Buch: Sie erzählt von den Begegnungen mit Einheimischen, von den Bürgerkriegen im Sudan und in Uganda, vom Kampf gegen Hitze und Regen, von Fahrten durch Wüsten und Dschungel.

Bettina Selby, geboren 1934 in London, ging als Fünfzehnjährige zur britischen Armee, arbeitete später als Fotografin und studierte dann Religionswissenschaften. Zahlreiche Buchveröffentlichungen über ihre Reisen und abenteuerlichen Radtouren: »Ah Agala! Mit dem Fahrrad durch Afrika«, »Timbuktu. Eine Frau in Schwarzafrika allein mit dem Fahrrad unterwegs«, »Himalaja. Mit dem Fahrrad durch Nepal, Kaschmir und Sikkim« und »Ararat! Mit dem Fahrrad durch Kurdistan« und »Der Jakobsweg. Mit dem Fahrrad nach Santiago de Compostela«.

Bettina Selby

Ah Agala!

Mit dem Fahrrad durch Afrika

Aus dem Englischen von
Jürg Wahlen

Mit 19 farbigen Abbildungen
und 4 Karten

Piper München Zürich

Von Bettina Selby liegen in der Serie Piper vor:
Ah Agala! (1257)
Himalaja (3338)
Timbuktu! (3664)
Ararat! (3835)
Der Jakobsweg (4140)

Ungekürzte Taschenbuchausgabe
1. Auflage Mai 1991
7. Auflage Juli 2004

Titel der englischen Originalausgabe:
»Riding the desert trail«, Chatto & Windus Ltd., London 1988

Umschlag: Büro Hamburg
Isabel Bünermann, Meike Teubner
Satz: Utesch Satztechnik GmbH, Hamburg
Druck und Bindung: Clausen & Bosse, Leck
Printed in Germany ISBN 3-492-21257-3

www.piper.de

Dieses Buch ist Vimto, Michael und Fatima gewidmet – und all den Kindern Afrikas im Kampf ums Überleben.

Inhalt

Danksagung

Bei der Niederschrift dieses Reiseberichts machte ich eine merkwürdige Erfahrung: Schwierigkeiten und dramatische Geschehnisse kamen ganz unerwartet ans Licht, deren ich mir in der jeweiligen Situation nicht immer voll bewußt gewesen war – was wohl auch sein Gutes hatte!

Ohne die freundliche Unterstützung und Förderung und ohne die humorvolle Anteilnahme einer großen Zahl Menschen, die ich auf dem Weg und nicht selten an den abgeschiedensten Plätzen antraf, hätte ich diese Reise vielleicht nicht überlebt, und diese Geschichte wäre nie geschrieben worden. Ihnen, die mich bewirteten, mir ein Obdach verschafften und Mittel und Wege fanden, mir zu den unmöglichsten Reisezielen zu helfen, bin ich ganz besonders verpflichtet. Nicht jedermann kann namentlich genannt werden, da dies allenfalls Repressalien nach sich ziehen könnte, und so möchte ich sie alle unter einen Hut bringen: meine afrikanischen Freunde.

Dank für umfassende praktische Hilfe und Unterstützung schulde ich des weiteren dem Staatlichen Ägyptischen Amt für Tourismus, dem Ägyptischen Kulturzentrum und der Ägyptischen Forschungsgesellschaft; The British Council; dem Sudanesischen Kulturzentrum; Oxfam und Euro Action ACCORD; der Botschaft von Uganda in Khartum und der Verwaltung der Nationalparks Ugandas; Hochwürden John Baker, Bischof von Salisbury, und Hochwürden John Nesle, Bischof von Ramsbury; Hilly Janes vom »Independent« sowie nicht zuletzt meiner Familie und meinen Freunden.

Meine Anerkennung gebührt auch all den Afrikaforschern, die

den Zugang zu diesen Gebieten erschlossen und deren Mut und Findigkeit meine Reise so sehr inspiriert haben. Dabei denke ich besonders an Dr. Livingstone, John Speke, Samuel und Florence Baker, Burton und Stanley, vor allem aber an Amelia B. Edwards, die Frau, die den Stein ins Rollen brachte.

Einleitung

»In diesem so außergewöhnlich wilden, so schicksalhaften, so trostlosen Panorama ist nur eins wirklich schön: die Farben. Noch nie, nicht einmal in Ägypten, habe ich je etwas Ähnliches gesehen – so zart, so durchsichtig, so harmonisch. Ich brauche nur meine Augen zu schließen, und alles steht wieder lebendig vor mir. Ich sehe den bernsteinfarbenen Sand, die Felsen des Katarakts, ganz schwarz und purpurn und poliert, den grünlichbraunen Nil, gesprenkelt mit gärendem Schaum. Und über allem der blaue, brennende Himmel, durchflutet von Licht und flirrend in der Sonne.

Doch jenseits aller Schönheit liegt noch ein besonderer Reiz: Dies alles erhebt unsere Einbildungskraft und läßt sie die Größe des Nils empfinden. Wir schauen über eine Welt aus Wüste und sehen den Strom vorbeiziehen, unentwegt, von weit her. Kein Segel befährt diese gefährlichen Wasser, kein lebendiges Wesen bewegt sich im weglosen Sand. Es scheint, als hätten wir die Grenzen der Zivilisation berührt und ständen auf der Schwelle zu einem unerforschten Land.

Und trotz alledem haben wir das Gefühl, wir befänden uns erst am Anfang des mächtigen Stroms. Nahezu tausend Meilen sind wir gegen die Strömung gereist; doch was bedeutet das schon angesichts der Distanz, die noch immer zwischen uns und den Großen Seen liegt? Und wie weit müssen wir jenseits der Großen Seen suchen bis zur Quelle, die noch immer im verborgenen liegt?«

Amelia B. Edwards (1877)

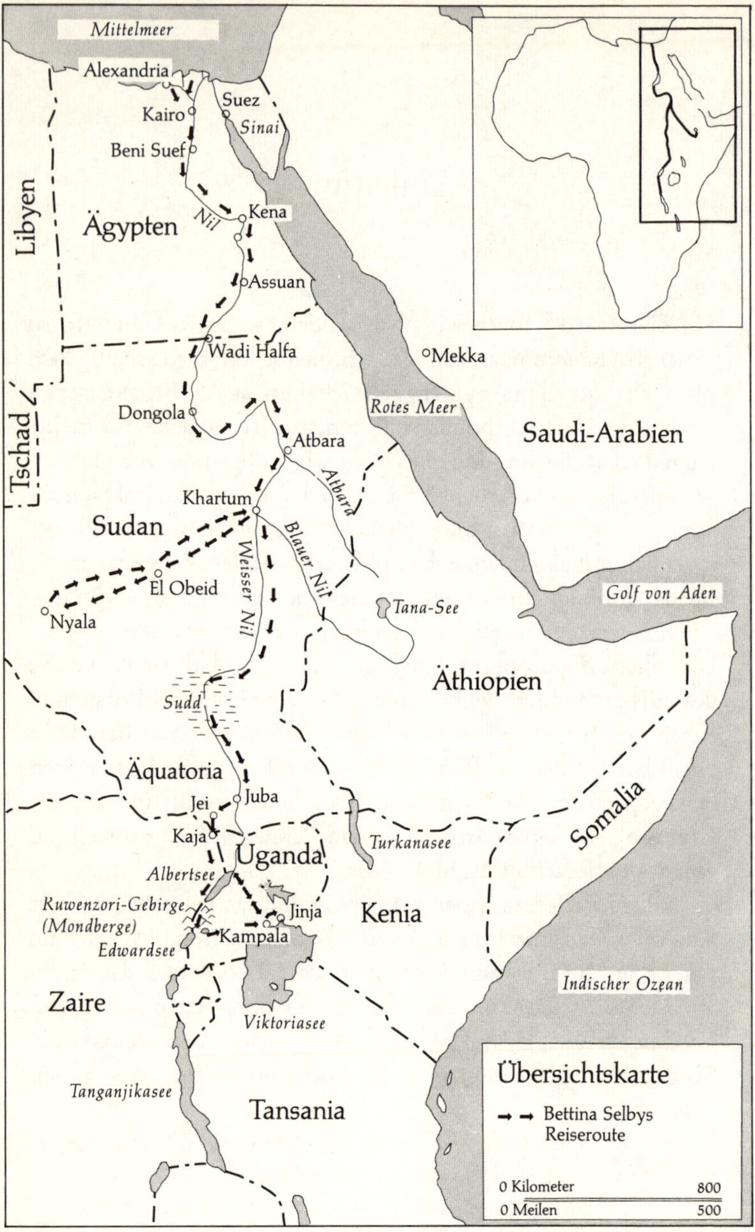
Mittelmeer
Alexandria
Kairo
Suez
Sinai
Beni Suef
Libyen
Ägypten
Nil
Kena
Assuan
Wadi Halfa
Mekka
Dongola
Rotes Meer
Saudi-Arabien
Tschad
Atbara
Atbara
Khartum
Sudan
Blauer Nil
Weisser Nil
El Obeid
Nyala
Tana-See
Golf von Aden
Äthiopien
Sudd
Äquatoria
Juba
Jei
Kaja
Uganda
Turkanasee
Somalia
Albertsee
Ruwenzori-Gebirge
(Mondberge)
Jinja
Kenia
Kampala
Edwardsee
Zaire
Indischer Ozean
Viktoriasee
Tanganjikasee
Tansania
Übersichtskarte
Bettina Selbys
Reiseroute
0 Kilometer 800
0 Meilen 500

1. KAPITEL

Inspiration

Als ich Anfang November in Kairo landete, wurde ich am Flughafen von drei Männern abgeholt, die Plakate mit der Aufschrift WILLKOMMEN, MRS. BETTINA trugen. Ägypten mit seiner gutgeölten Tourismusindustrie schätzt es zwar generell, wenn Schriftsteller das Land besuchen, aber um vier Uhr morgens ein Empfangskomitee auf die Beine zu stellen (wobei das Flugzeug erst noch zwei Stunden Verspätung hatte!) ist schon ein tolles Ding. Es bedeutete auch, daß mir die üblichen schleppenden Einreiseformalitäten sowie die Notwendigkeit, eine größere Geldsumme zu einem ungünstigen Kurs zu wechseln, erspart blieben, was ich zu würdigen wußte und mich im voraus für dieses Land einnahm. Doch der freundliche Eindruck hielt nicht lange hin. Denn was in Ägypten – und praktisch auf der ganzen Reise – den Ton angab, bekam ich in dem Augenblick zu Gehör, als ich nur wenige Stunden später in meinem Hotelzimmer vom höllischen Getöse von Kairos Verkehr geweckt wurde.

Ich war von der Zeitverschiebung noch immer aus dem Rhythmus. Gereizt trat ich hinüber ans Fenster und erblickte hinter der Corniche, der Uferpromenade, in scharfem Kontrast zu sechs Spuren frenetisch herumkurvender, hupender Fahrzeuge eine weite Fläche funkelnden Wassers, das ruhig und majestätisch dahinfloß. Und obwohl viele Brücken es überspannten und die hohen Gebäude der modernen City seine Ufer säumten, so schien es dennoch erstaunlich ungezähmt, von einer ungeheuren, mühelosen Kraft. Es ließ alles von Menschenhand Geschaffene zusammenschrumpfen, ließ die sich auftürmenden Betonblöcke fast ein wenig lächerlich aussehen und verkleinerte die endlosen Autokolonnen auf den Brücken zu Reihen von Spielzeugautos. War es nicht einzigartig, daß ein Strom, der während so vieler Zeitalter einen so tiefgreifenden Einfluß auf die Geschichte der Menschheit ausgeübt hatte, noch immer mit unverminderter Energie dahinzog, während die Zivilisationen, die er genährt hatte, schon längst zu Staub zerfallen und in seinen Fluten zum Meer getragen worden waren? Die Zeit und die Geschehnisse verloren dramatisch an Wichtigkeit. In all den folgenden Monaten verfehlte ein unerwarteter Blick auf den Nil nie, daß mir das Herz wieder leicht wurde und kleinliche Sorgen und Gereiztheit schwanden.

Der Gedanke, eine siebentausend Kilometer lange Reise zu der Quelle des Nils zu unternehmen, war mir an einem Wintertag fast ein Jahr zuvor im British Museum zugeflogen. Es war einer jener tropfnassen, grauen Tage, wo die letzten Herbstblätter die Gullys verstopfen und schwarze, schlüpfrige Flecken auf dem Gehsteig bilden, wo der Verkehr Fontänen schmutzigen Wassers über Radfahrer und Fußgänger spritzt, die zu nahe am Randstein stehen, und London sich von seiner häßlichsten Seite zeigt. An solchen Tagen reizt es mich, dem Grau für ein Weilchen zu entfliehen, mein Fahrrad ans Geländer zu ketten und einen Abstecher ins Museum zu machen, zu einem kurzen Wiedersehen mit alten Favoriten – mit den Steintafeln mit Bildern wilder Assyrer, die längst vergessene Städte eroberten und dort schreckliche Dinge trieben, oder mit der Fülle der zusammenstibitzten lieblichen Marmorstatuen, welche die Griechen so gerne von uns zurückhaben möchten. Bis zu jenem besonderen Tag hatte mich die Ägyptische Sammlung nie richtig angezogen: Ich fand die Mumienreihen bedrückend und die massiven Skulpturen eher langweilig und leblos.

Was meine Haltung gegenüber Ägypten und seinen Schätzen radikal veränderte, war ein Buch, das mir ins Auge stach, während ich feuchtfröstelnd auf dem Weg zu einer heißen Suppe in der Cafeteria den Museumsladen durchquerte. In krassestem Gegensatz zu dem Hundewetter draußen zeigte das Bild auf dem Einband eine sonnige Flußlandschaft mit Palmen und goldenen Ruinen, und einer Eingebung des Augenblicks folgend, kaufte ich es, um beim Mittagessen ein wenig darin zu schmökern. Es handelte sich um die Neuauflage eines Werkes, das vor hundertzehn Jahren von Amelia B. Edwards verfaßt worden war, einer viktorianischen Romanschriftstellerin, die auf höchst amüsante und vergnügliche Weise tausend Meilen im Segelboot den Nil hochfuhr. Ihre Begeisterung für das heiße, trockene Ägyptenland und seine antiken Kunstschätze war ansteckend, besonders in den erlauchten Hallen des British Museum. Als ich durch die vertrauten, mit den Beutestücken anderer Nilexpeditionen des neunzehnten Jahrhunderts vollgestopften Galerien zurückwanderte, begann ich die riesigen, ausdruckslosen Pharaonenstatuen, die tierköpfigen Götter, die unergründlich blickenden Löwen mit gekreuzten Pfoten und die ellenlangen Steininschriften auf einmal mit neuen Augen anzublicken. Und ganz plötzlich verspürte ich einen Drang, nach Ägypten zu reisen und mir diesen Teil der Erde, der das alles zum Leben erweckt hatte, selbst zu besehen.

Als der Gedanke erst einmal Wurzeln geschlagen hatte, begann er rasch zu wuchern, und bald umfaßte mein Reiseplan nicht bloß die letzten fünfzehnhundert Kilometer des Nils, wo er Ägypten bewässert, sondern die gesamte Länge dieses unermeßlichen, faszinierenden Stroms, bis hin zu seiner Quelle tief im Herzen Afrikas, wo das Rift Valley die riesigen Äquatorialseen birgt und die Mondberge ihre geheimnisvollen, schneebedeckten Spitzen hinter Schleiern von Nebel und Wolken aufragen lassen. Meine Reise sollte mich von den Stätten einer der ältesten Hochkulturen der Welt zu Gebieten dieses Planeten führen, die der Entdeckung am längsten getrotzt hatten! Als Amelia B. Edwards den Unterlauf des Nils hochsegelte und sich in ätzenden Bemerkungen über Thomas-Cook-Dampfer und Gruppenreisen erging, waren die oberen Regionen des Stroms noch weitgehend unerforscht. Es war kaum zehn Jahre her, seit Burton, Speke, Baker, Dr. Livingstone und Stanley gewetteifert hatten, wer als erster das Rätsel der Nilquelle lösen konnte, wo sie doch, wie sich herausstellte, bereits vor zweitausend Jahren von Ptolemäus völlig zutreffend beschrieben worden war. Daß die Mondberge wirklich existieren könnten, wäre keinem dieser ehrgeizigen Forscher auch nur im Traum eingefallen – wer würde schon erwarten, Ptolemäus' »ewigen Schnee« kaum ein Dutzend Meilen vom Äquator entfernt vorzufinden?

Mein Vorhaben kam mir ungeheuer aufregend vor, flößte mir aber auch Angst ein. Wie zu den Glanzzeiten der Nilforschung waren Wüsten, Sümpfe und Dschungel noch immer eine echte Herausforderung, und hatte ich endlich Ägypten hinter mir gelassen, gab es kaum noch richtige Straßen, bloß Reifenspuren im Sand. Nicht zuletzt mußte ich um meine persönliche Sicherheit fürchten, denn Uganda und Sudan zählen nicht zu den stabilsten Ländern unserer Erde (und urteilt man nach ihrer Geschichte, scheinen sie es nie gewesen zu sein). Doch wer lange Distanzen zurücklegt, findet nur wenige Routen, die nicht durch irgendwelche Krisenherde führen. Die Welt ist selten rundum friedlich, und wenn ich mich je entschieden hätte, auf einen paradiesischen Zustand zu warten, wäre ich nie irgendwohin gelangt. Wer den wichtigsten Sinn seines Lebens im Reisen sieht, dem bleibt nur eins übrig: sich aus dem Kopf zu schlagen, was man sowieso nicht lösen kann, und Entscheidungen bezüglich seiner persönlichen Sicherheit später zu treffen, wenn man die lokalen Gegebenheiten kennt.

Sehr viel leichter und auch bedeutend genüßlicher waren die praktischen Reisevorbereitungen. Das Transportmittel stand von vornherein fest: Ich würde per Fahrrad reisen. Ich spielte zwar zuerst mit dem Gedanken, auf einem Kamel zu reiten, weil es in der Wüste heimisch war, doch ich zweifelte an meinen Fähigkeiten, allein mit so einem Tier fertig zu werden, und die Dienste eines Kameltreibers konnte ich mir nicht leisten. Mit Fahrrädern hingegen kenne ich mich gut aus. Ich bin eine begeisterte Radfahrerin, außerdem schätze ich Flexibilität: Ich kann mein Rad per Flugzeug, Schiff, Auto und Eisenbahn transportieren und es sogar über kürzere Strecken auf der Schulter tragen. Es macht mich unabhängig wie kein zweites Reisegefährt, denn es braucht weder Treibstoff noch Dokumente und nur sehr wenig Pflege. Und am allerwichtigsten: Es bringt mich mit genau der richtigen Geschwindigkeit vorwärts, so daß ich mir alles in Ruhe ansehen kann, es isoliert mich nicht von meiner Umgebung, und es macht mir zudem eine Menge Freunde.

Für meine Nilreise mußte unbedingt ein geländegängiges Fahrrad her, da die breiteren Räder und die stärkere Konstruktion dieses Typs den harten Strapazen, die ihm bevorstanden, besser gerecht wurden. Evans, eine Fahrradfabrik, die bereits diverse Mehrzweckräder für mich angefertigt hatte, gestattete mir diesmal, selbst ein Modell zu entwerfen. Das Resultat ließ sich sehen. Mein Rad hatte steilere Rahmenwinkel und einen kürzeren Radstand als die meisten Allzweckräder, war aber trotz seines Extragewichts schnell und lebhaft. Und knallrot gespritzt! In Gedanken nannte ich es bereits liebevoll »Knallfrosch«, doch nur, bis ich in Ägypten ankam – dort wurde es sofort zum »Agala« (arabisch für Fahrrad) oder besser »Ah Agala«, wie die Araber sein Erscheinen jeweils verzückt begrüßten. In diesen Landen, wo Fahrräder so zahlreich wie Esel, aber unausweichlich in einem langweiligen Schwarz gestrichen sind und nur einen einzigen Gang haben, fand es stets uneingeschränkte Bewunderung. Mein leuchtend rotes »Ah Agala« besaß achtzehn Gänge, versiegelte Lager, um Sand und Staub abzuhalten, und nur das Beste vom Besten an Ausrüstung, darunter auch vier raffinierte neue Satteltaschen, in welche meine gesamte Ausrüstung für die viereinhalbmonatige Fahrt verstaut werden sollte.

Bei Reisen mit dem Fahrrad stellt sich nur ein schwieriges Problem: Wieviel Gewicht kann komfortabel mitgeführt werden? Was ist wesentlich, worauf kann man verzichten? Man muß da eine klare Grenze ziehen. Da ich bereits lange Fahrradtouren durch den Nahen Osten, den Himalaja und die Türkei unternommen hatte, konnte ich mich teilweise auf meine eigenen Erfahrungen stützen, doch die Aufgabe war immer noch nicht leicht. Nach vielem Hin und Her mit Listen aufstellen, Durchstreichen und Hinzufügen beschloß ich, bei den Kleidern zu sparen, nur das Allernotwendigste mitzunehmen und zerschlissene Stücke »en route« zu ersetzen. Weil Moslems sehr empfindlich auf entblößtes Fleisch reagieren, mußte ich langärmelige Hemden und knöchellange Hosen bei mir haben, unter der brennenden Sonne

sowieso das einzig Vernünftige. Das Grundsortiment zum Überleben war so leichtgewichtig wie nur möglich und bestand aus Zelt, Schlafsack, Kocher, Töpfen und etwas getrockneten Fertiggerichten. Als größte Knacknuß erwies sich, in der Wüste einen ausreichenden Vorrat an Wasser zu beschaffen und all das gefährliche Zeug darin herauszufischen – Bilharzia und Gardia sind bloß zwei der vielen Schrecknisse, von denen das Nilwasser nur so wimmelt. Ich sammelte genügend Plastikbehälter für etwa zwölf Liter, mehr, als ich überhaupt tragen konnte, und machte auch eine Wasserfilterpumpe »made in Switzerland« mit einem soliden Keramikkern ausfindig. Sie wog zwar etwa ein halbes Kilo, war aber verläßlich und filterte garantiert alle schädlichen Bakterien aus verschmutztem Wasser. Ich zog sie den Reinigungstabletten vor, denn diese schmecken scheußlich, und ich hätte viel zu viele davon gebraucht, um mit den fünf bis zehn Litern Wasser täglich klarzukommen, die man in den Tropen zu sich nehmen sollte.
Das nötige Werkzeug fiel schwer ins Gewicht, selbst das häßliche aus Leichtmetall, das ich jeweils auf Reisen mitführe. Ich mußte auch einen Ersatzreifen und einen Luftschlauch einpacken und sandte zusätzliche Reifen nach Khartum voraus. Dazu kamen Antibiotika und weitere Medikamente sowie die Notapotheke für praktisch sämtliche medizinischen Eventualitäten, abgesehen von Schlangenbissen und Amputationen. Schreibmaterial, die wichtigsten Reiseführer, ein Fotoapparat mit zehn Filmspulen und ein Benzinkocher samt einer Flasche Brennstoff ließen das Gewicht alarmierend hochschnellen; wenig zählten hingegen ein einsamer Plastikkrug und zwei Löffel aus Horn für sämtliche Mahlzeiten, die ich kochen wollte, zudem konnte ich aus dem Kochtopf essen. Auf Lesestoff und auf Musik mußte ich notgedrungen verzichten und mich mit den Brocken behelfen, die in meinem Gedächtnis gespeichert waren. Ich habe glücklicherweise noch die altmodischen Erziehungsmethoden abgekriegt, welchen gemäß wir Schüler große Happen Prosa und lange Gedichte auswendig lernen mußten, was mir auf langen, einsamen Radreisen sehr zustatten kam. Ein Sammelsurium von Kleinigkeiten – Taschenmesser, Lithiumtaschenlampe, Miniaturkompaß, ein Anti-Insekten-

Netzsack für meinen Kopf, der die Quälgeister abhalten sollte, ein ingeniöses »long-life«-Streichholz, eine langsam brennende Dauerkerze, Insektenschutzmittel, Sonnenöl, Nähzeug sowie Amulette aus Jett, welche ein gelehrter Freund mir mit der Bemerkung geschenkt hatte, in klassischen Zeiten hätten Reisende stets so etwas mit sich geführt, um sich zu schützen – all dies half mit, das endgültige Ladegewicht auf dreißig Kilo hochzuschrauben. Es war ein Glück, daß die vorherrschenden Winde Afrikas erwartungsgemäß von hinten blasen würden, wenn ich flußaufwärts fuhr, nur wunderte ich mich, für wieviel Übergewicht ich wohl auf dem Flug nach Kairo zahlen mußte.

Während ich also fröhlich daranging, die ganze Ausrüstung zusammenzutragen, erkundigte ich mich gleichzeitig nach den Visa, versuchte alles Mögliche über die Reiseroute herauszufinden und ackerte mich durch allerlei nützliche Leitfäden. Kenner der einzelnen Nilländer überboten sich mit Lobesworten über die Einwohner und verbreiteten sich nostalgisch über ihre Lebensweise, waren aber sehr unbestimmt, was praktische Einzelheiten betraf, die ich unbedingt wissen mußte – kein Wunder, da keiner von ihnen je in diesen Ländern mit dem Fahrrad herumgefahren war. Es machte nicht den Anschein, als hätten die verfügbaren Informationen über bestimmte Teilstrecken seit jener Zeit, als die Kartographen leere Flächen einfach nach Gutdünken auffüllten, so sehr zugenommen, und der Gedanke, daß ich womöglich durch jungfräuliches Territorium pedalen könnte, jagte mir erwartungsvolle Schauer den Rücken hinunter.

Für Uganda brauchte ich eigentlich kein Einreisevisum, doch weil Großbritannien jetzt von den Mitgliedern des Commonwealth Visa forderte, könnte man, wenn ich endlich vor Ugandas Grenze stand, dort Gleiches mit Gleichem vergelten. So wurde jedenfalls gemunkelt. Es schien mir jedoch unsinnig, bei der Botschaft eines Landes, das erst wenige Monate zuvor seinen jüngsten Staatsstreich verzeichnet hatte, vorzusprechen und um Hilfe oder Informationen zu bitten.

Auch der Sudan litt unter beträchtlichen internen Schwierigkeiten. Dem Land war offenbar nicht besonders viel daran gelegen, den Tourismus anzukurbeln, und die Probleme, die zu überwinden waren, von den Sudanesen eine Einreisegenehmigung zu erhalten, türmten sich immer höher. Man konnte mir zwar eine ausstellen, doch bloß auf dreißig Tage befristet und nur, wenn ich ein Flugticket nach Khartum und zurück vorwies. Da ich vorhatte, den Weg dorthin auf dem Fahrrad zurückzulegen, schien mir das absurd, aber schließlich mußte ich klein beigeben. Weil ich in solchen Dingen nicht abgebrüht genug bin, kam ich gar nicht auf den Gedanken, daß ich den Flug wieder annullieren konnte, sobald ich das Visum erhalten hatte, und so büßte ich eine schöne Stange Geld ein.

Die Ägypter hingegen schienen entzückt, daß ich ihr Land besuchen wollte, und schätzten sich überglücklich, alles in ihrer Macht Stehende zu tun, um mir zu helfen. Man lud mich gleich ein, einem Vortragszyklus von hervorragenden Ägyptologen im Ägyptischen Kulturzentrum beizuwohnen, einem eleganten Haus aus dem achtzehnten Jahrhundert in Mayfair, das schon ein bißchen heruntergekommen aussah, von welchem die Ägypter jedoch steif und fest behaupteten, es sei für König Faruk gebaut worden. (Daten sind in der ägyptischen Geschichtsschreibung nicht so wichtig – was bedeuten schon zweihundert Jahre für Leute, die in Dynastien rechnen?) Hier war es, wo ich einige Ägypter traf und sehr rasch schätzen lernte. Sie schienen mich auch zu mögen, besonders als sie entdeckten, daß ich mit dem wunderlichen Diaprojektor umgehen konnte, der den Gastprofessoren soviel Kummer bereitete.

Viele Stunden verstrichen in Bibliotheken, wo ich Atlanten konsultierte und Berichte über afrikanische Forschungsreisen las. Darin stieß ich mit schöner Regelmäßigkeit auf detaillierte Beschreibungen von extremsten Entbehrungen, von qualvollster Mühsal und von heiklen Zusammenstößen mit »den Eingeborenen«. Malaria und andere Beschwerden hatten alle Forschungsreisenden gleich monatelang lahmgelegt. Wegen der Schwierigkeiten, sich einen Pfad durch das zerklüftete, weglose Gebiet zu bahnen, waren sie von einer endlosen Kette notorisch unzuverlässiger Träger abhängig gewesen. Erschöpft von Hunger und

Krankheiten, hatten sie sich zu guter Letzt zurückgekämpft und wurden, nur noch Schatten ihrer selbst, daheim mit frenetischem Jubel empfangen.

Meine Träume begannen sich mit langen Reihen von Trägern mit Packkörben von Fortnum & Mason zu bevölkern. Ganze Armeen fanatisierter »Wuschelköpfe«, wie Kipling die sudanesischen Stammeskrieger genannt hatte, brodelten hinter ihrem Mahdi aus der Wüste hervor und warfen sich gegen die »dünnen roten Verteidigungslinien« der Soldaten mit Tropenhelmen und Kitchener-Schnurrbärten. Krokodile lauerten hinter jeder Flußbiegung und hielten blinzelnd ihre Krokodilstränen zurück, während sie nur darauf warteten, schiffbrüchige Forscher in lecken Eingeborenenkanus zu verschlingen, und T. S. Eliots Hippopotamus stieg, tausendfach vervielfältigt, aus der dampfenden Savanne nach oben wie ein Himmel voller Fesselballone. Meine überfütterte Phantasie wurde wohl noch zusätzlich von all den Spritzen angeheizt, die Typhus, Gelbfieber, Starrkrampf, Cholera, Meningitis, Gelbsucht und Tollwut vorbeugen sollten.

Da ich während des Frühlings und Sommers so lange in Bücher vertieft in der Stube gehockt hatte, fühlte ich mich, als die Zeit der Abreise näher rückte, körperlich nicht in bester Verfassung. Die Fahrt war viel zu strapaziös, als daß ich mich auf die ersten paar Wochen auf dem Rad hätte verlassen können, um mich wieder aufzumöbeln, deshalb nahm ich einen Monat vor dem Abflug, als die meisten Vorbereitungen unter Dach waren, einen Job als Botin bei der »On Yer Bike Despatch Company« an, einem Fahrrad-Eilkurierdienst, der günstig in der Nähe des Ägyptischen Kulturzentrums in Mayfair lag. Noch nie im Leben habe ich für so wenig Entgelt so hart geschuftet und mich dabei erst noch königlich amüsiert. Ich wurde im Handumdrehen topfit dabei, und meine Reflexgeschwindigkeit steigerte sich ungeheuer, andernfalls hätte ich kaum lange im Hickhack der aggressiven Fahrweise unserer Hauptstadt überlebt. Das berauschende Gefühl, völlig anarchistisch in den Straßen herumzukurven, wo sich der ganze übrige Verkehr oft hoffnungslos verkeilt hatte, war ein zusätzlicher Bonus, der mir bei meinem Einzug in Afrika sehr zustatten kam.

2. KAPITEL

Hundewetter

Kairo liegt am Kopfende des Nildeltas. Etwas weiter nördlich teilt sich der Riesenstrom in zwei Arme, die auf verschiedenen Wegen dem Mittelmeer zustreben und ein weites, fächerförmiges Gebiet einschließen, das seit der Morgendämmerung der Kultur zu den fruchtbarsten Landstrichen der Welt zählt. Dreimal im Jahr kann dort die Ernte eingebracht werden, und dieser Produktion von Nahrungsüberschüssen verdankte Ägypten seine einstige Größe. Nahe an der westlichen Mündung liegt die Stadt Rosette, wo man die eng in drei verschiedenen Schriftarten beschriebene Steintafel fand, die den Schlüssel zur Entzifferung der ägyptischen Hieroglyphen lieferte und den Schleier über der sechstausendjährigen Geschichte der Pharaonendynastien lüftete. Von der Mündung des östlichen Flußarms waren die Kreuzritter an Damietta vorbei den Nil hochgesegelt, um die neuen arabischen Herren von Ägypten zum Kampf zu fordern. Dort wurde das Schicksal des Heiligen Landes besiegelt: Geschwächt von Krankheiten, geschlagen von den überlegenen Streitkräften Saladins und behindert vom jährlichen Sinken des Wasserpegels, der ihre Schiffe auf dem Trockenen zurückließ, wurden die christlichen Heere vernichtet.

1869 waren sie wieder da, diesmal, um einen Kanal durch das enge Landstück zu graben, welches das Mittelmeer vom Roten Meer trennt, und damit einen Seeweg zu eröffnen, der die Reise nach Indien und in den Orient um Monate verkürzte. Der Suezkanal war derart wichtig, daß er eine bedeutende Seemacht wie Großbritannien dazu bewog, sich für Ägypten zu »interessieren« und ihr Gewicht dort geltend zu machen. Diese Einflußnahme dehnte sich unweigerlich auch auf die Länder aus, durch welche der Nil floß und von denen Großbritanniens wachsendem Kolonialreich und blühendem Handel Gefahr drohen mochte. Bereits 1899 regierte Königin Viktoria das gesamte Nilgebiet von den Mondbergen bis hinunter zum Mittelmeer, wo nicht de facto, dort eben inoffiziell.

Hier, an diesem Küstenstrich am Mittelmeer, wollte ich meine Reise beginnen. Ich hatte den Plan, gemütlich den Saum des Deltas entlang von Alexandria nach Port Said zu radeln und im Vorbeiweg alle die berühmten Stätten aufzusuchen, die für mich schon legendär geworden waren; erst dann würde ich mich südwärts wenden und die über siebentausend Kilometer lange Reise in Angriff nehmen, welche mich schließlich ins Herz Afrikas führen sollte, wo der Nil seine fernen Anfänge hat. Ich verweilte daher nicht lange in Kairo, weil ich die Stadt ja später noch erkunden konnte, wenn mich mein Weg nach ein, zwei Wochen wieder dorthin zurückführte, statt dessen steuerte ich geradewegs auf der Wüstenstraße auf Alexandria zu – und fand mich mit einem Mal aus einem angenehmen Klima von siebenundzwanzig Grad Wärme in eine naßkalte Welt versetzt, um nichts besser als jene, die ich in England zurückgelassen hatte. Die Winterstürme hatten früh eingesetzt. Hohe Wellen schlugen donnernd über die Strandpromenade, der Himmel drohte in düsterem, gräulichem Purpur, Wasser floß die Mauern der Häuser herunter, spritzte aus zerbrochenen Abflußrohren und ließ die Gullys überlaufen. Alles war deprimierend eintönig. Nur nachts wurde das Grau zerrissen, wenn es am Horizont wetterleuchtete und das Spektakel der Zickzackblitze über den Meereshimmel zuckte.

Irgendwo unter den nassen Pflastersteinen Alexandrias ruhen die verschollenen Überreste Alexanders des Großen. »Ruhelos wird jene Stadt sein, wo diese Leiche liegt«, hatte der Oberpriester von Memphis verkündet, ihr ein Begräbnis verweigert und die Träger aufgefordert, mit ihr in des Eroberers eigene Stadt zurückzukehren. Sie ist nicht der einzige Schatz, der unter der französisierten Stadt aus dem neunzehnten Jahrhundert verborgen ist: Hier stand einst Kleopatras sagenumwobene Bibliothek, und eins der Sieben Weltwunder der Antike, der Leuchtturm von Pharos, erhellte den Schiffen die Zufahrt zu den beiden prächtigen Häfen. Damals hatte sich Alexandria an Bedeutung und Gelehrsamkeit mit Athen und Byzanz messen können. Hier hatte Ptolemäus die Welt kartographiert und die Quelle des Nils festgelegt, hier Euklid seine Mathematikschule gegründet. Jahrhundertelang blühten die Kunst, die Philosophie und die Theologie, bis die Fluten der Barbarei die Stadt überschwemmten und ihre großartigen Gebäude niedergerissen wurden, um als Steinquader für Minderwertiges zu dienen. Von Zeit zu Zeit öffnet sich heute wieder ein Erdspalt, und ein Überbleibsel aus der griechisch-römischen Welt tritt zutage. Eins davon, ein kleines, hübsches römisches Theater, war erst kürzlich ausgegraben worden, doch als ich es mir aus meinem Unterstand, einem offenen Schuppen, wo die Schaufeln verwahrt wurden, anguckte, wurde mir klar, daß ich mich bei diesem Winterwetter unmöglich in jene schillernde verschwundene Welt einstimmen konnte. Um von Alexander zu träumen, braucht es Sonnenschein.

Meine Gedanken schweiften statt dessen zu Amelia B. Edwards, der reiselustigen viktorianischen Schriftstellerin, deren Nilfahrt vor hundert Jahren nicht wenig dazu beigetragen hatte, daß ich jetzt hier stand. Sie hatte anfänglich gar nicht vorgehabt, Ägypten zu besuchen, war aber während einer verregneten Malexpedition in Europa vom »Hundewetter« nach Süden getrieben worden. Ihr Zufallsbesuch zeitigte ungeahnte Folgen: Sie hörte auf, romantische Dichtungen zu verfassen, und wurde zu einer glühenden und unermüdlichen Ägyptologin, die über Hieroglyphen und hieratischen Schriften grübelte und bedenkenlos in ihren langen, bauschigen Gewändern durch glühende Wüsten ritt, um weitentfernte, obskure Tempel zu besichtigen. Ich hatte nicht die leiseste Absicht, in die Fußstapfen dieser wundervollen, gelehrten Frau zu treten, was aber das gegenwärtige »Hundewetter« betraf, so schien es wie aus den Seiten ihres Reiseberichts entsprungen. So beschloß ich, die Küste Küste sein zu lassen und schnurstracks mit den letzten Schwalben aus Europa nach Süden, nach Kairo zurückzueilen. Kairo ist von Wüste umgeben, und es regnet dort im Durchschnitt nur fünf Tage im Jahr.

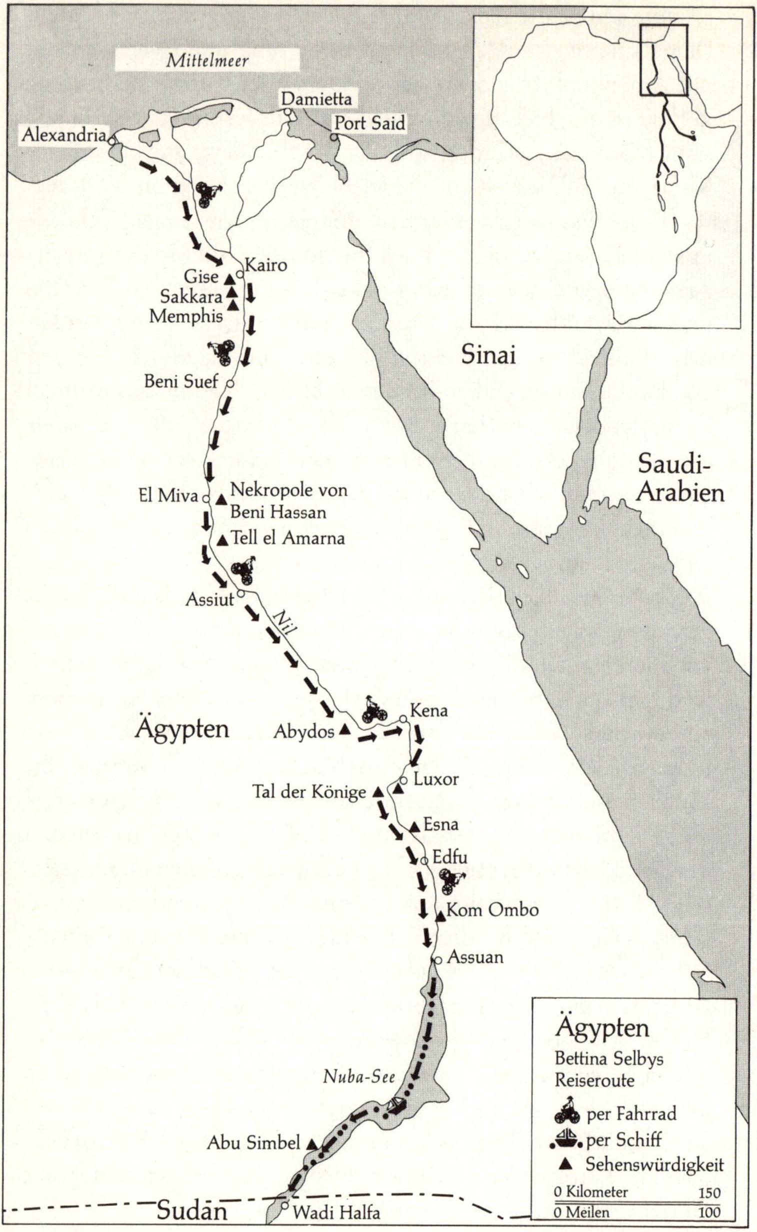
Mittelmeer
Damietta
Port Said
Alexandria
Kairo
Gise
Sakkara
Memphis
Beni Suef
Sinai
Saudi-
Arabien
El Miva
Nekropole von
Beni Hassan
Tell el Amarna
Assiut
Nil
Kena
Ägypten
Abydos
Luxor
Tal der Könige
Esna
Edfu
Kom Ombo
Assuan
Nuba-See
Abu Simbel
Sudan
Wadi Halfa
Ägypten
Bettina Selbys
Reiseroute
per Fahrrad
per Schiff
Sehenswürdigkeit
0 Kilometer 150
0 Meilen 100

Wäre ich mit der Eisenbahn gefahren, hätte ich mit den Schwalben einigermaßen Schritt halten können. Ich erwog diese Möglichkeit ernsthaft, da weder ich noch mein Fahrrad für diese Nässe ausgerüstet waren – ich hatte mit Hitze und Dürre gerechnet und vor der Abreise sogar die Schutzbleche abgeschraubt, um Gewicht zu sparen. Aber die entzückten Ausrufe »Ah Agala!«, die das nagelneue, hellrote Rad am Bahnhof begrüßten, gefolgt von Bemerkungen wie: »Lassen ihn hier. Er folgen vielleicht morgen, vielleicht nächste Tag!«, stimmten mich um. Seit meiner Ankunft in Ägypten hatte ich so viele Anfragen erhalten, ob »Dies-Agala-sehr-nett« zu verkaufen sei, daß ich ziemlich besorgt um seine Sicherheit war. Wenn wir nicht zusammen im gleichen Zug reisen konnten, zog ich es vor, zurückzuradeln, was überdies den Vorteil hatte, daß ich mir dabei die reiche Agrarlandschaft genauer besehen konnte.

Voller Zuversicht erwartete ich, das Wetter würde sich bessern, sobald ich Alexandria den Rücken gekehrt hatte, doch bald entdeckte ich, daß ich nicht nur gegen unaufhörliche Regengüsse ankämpfen mußte – das gesamte Delta stand unter Wasser: Schuld war nicht der Nil, der während der jährlichen Überschwemmungen seine urzeitliche Gabe, den fruchtbaren Schlamm, herunterzubringen pflegte, denn damit ist es seit dem Bau des Assuan-Staudamms vorbei. Der Schlamm lagert sich jetzt in dem riesigen, von Menschenhand geschaffenen See hinter der Staumauer ab, wo er monströse Fische ausbrütet, die in den Turbinen des Wasserkraftwerks häufig Maschinenschäden und Stromausfälle verursachen. Chemikalien haben das »Geschenk des Nils« ersetzt, und so sind auch die Sardinenschwärme, die sich früher vor dem Delta einfanden, um sich an den Rückständen des Schlamms gütlich zu tun, heute vollständig verschwunden. Trotzdem wird der Assuan-Damm für die gegenwärtigen Überschwemmungen verantwortlich gemacht: Seit er gebaut wurde, hat sich der Grundwasserspiegel in ganz Nordafrika gehoben, so daß der Großteil der Niederschläge, die in den vergangenen Tagen gefallen waren, an der Oberfläche blieb.

Der Regen wollte und wollte nicht aufhören. Unbehindert

durch ein Schutzblech, spritzte das Hinterrad pausenlos eine Fontäne Schmutzwasser meinen Rücken hoch, während die Bugwellen vorbeiziehender Lastwagen alles an mir durchweichten, was noch nicht vom Regen durchnäßt war, der von oben herunterprasselte oder von unten heraufsprühte. Der Straßenbelag mit seinen zahlreichen breiten, tiefen Schlaglöchern ließ viel zu wünschen übrig. Weil ich sie unter dem alles bedeckenden Wasser nicht wahrnehmen konnte, tauchte ich jedesmal unweigerlich hinein. Gelegentlich kreuzten Brücken über meinem Kopf, und wo sich die Straße senkte und unter ihnen durchführte, stand das Wasser manchmal fast meterhoch. Solche Senken mußte man mit Volldampf durchfahren, und ich pedalte mit eingetauchten Füßen, was ich nur konnte, um den riesigen Wasserwiderstand gegen die Satteltaschen zu überwinden. Schließlich kam der Zeitpunkt, wo ich völlig durchweicht war. Da hörte ich auf, mir Sorgen zu machen, und begann mich für die Szenerie rund um mich herum zu interessieren.

Ich fuhr an einer fast lückenlosen Kette zusammengebrochener Lkws und Anhänger vorbei. Einige waren ganz von der Straße abgekommen und lagen friedlich auf der Seite (ihre Fahrer waren wohl im Haschischrausch zu wagemutig gewesen), andere hatten einfach den Geist aufgegeben, weil ihr elektrisches System soviel Nässe nicht verkraftete. Hinter ihnen lag eine Welt, die anscheinend nichts mit diesem mechanischen Versagen, ja nicht einmal mit dem zwanzigsten Jahrhundert gemein hatte. In Dörfern mit Lehmziegelhütten jagten Horden von schmuddeligen Kindern in langen Kleidern ausgemergelte Hühner zwischen hohen, dampfenden Misthaufen herum, Männer in biblischen Gallabijas mit Kopfputz folgten ihren Wasserbüffeln in die Reisfelder, Esel stapften in endlosem Kreis um archaische Schöpfräder, und überall bildeten Frauen und Mädchen bunte, schwatzende Trauben, wuschen ihre Wäsche oder füllten irdene Wasserkrüge an den überfließenden Bewässerungsgräben. Jedermann schien glücklich und freute sich an dem Morast, als sei dies ein Grund mehr zum Feiern. Wie durch ein Wunder war alles noch genau so, wie es Herodot vor zweieinhalb Jahrtausenden beschrieben hatte: »Das

Land ist in ein Meer verwandelt, und nur die Städte stehen über Wasser, wie Inseln im Ägäischen Meer.« Halbwegs erwartete ich, eine Flottille Feluken voller lärmiger, feiernder Menschen vorübergleiten zu sehen, die zotige Fruchtbarkeitslieder sangen und hingerissen obszöne Gesten ausführten, laut Herodot ein charakteristisches Merkmal dieser jährlichen Feiern.

Es müssen wohl derlei Gedanken gewesen sein, die meine Aufmerksamkeit ablenkten, denn bei der nächsten Straßensenke verschätzte ich mich und legte zuwenig Tempo zu. Plötzlich wurde mein Schwung abgebremst, ich drehte mich um die eigene Achse und stand bis zu den Oberschenkeln in trübem Wasser. Als ich mich dem Fahrrad entwunden hatte und mit ihm herauszuwaten begann, fuhr ein Lieferwagen heran. Der Fahrer streckte seinen Kopf aus dem Fenster und sagte: »Oh, Madame, Sie sind ja ganz naß!« Es klang sehr besorgt, und als er fragte: »Wollen Sie mitfahren und sich trocknen?«, brauchte es keine zweite Einladung. Im Nu war das Fahrrad hinten verstaut, und bald begann sich die Windschutzscheibe zu beschlagen, als die Heizung sich meiner durchtränkten Kleidung annahm. Mein Retter war ein sehr freundlicher Mann, dem es offenbar schwerfiel zu verstehen, was ich da auf der überfluteten Deltastraße mit einem Fahrrad zu suchen hatte – um so mehr, als keine ägyptische Frau ein Fahrrad besteigt, selbst unter besseren Bedingungen nicht. Nach einer Weile ließ er das Problem auf sich beruhen und erzählte mir von seinen Früchten und dem Gemüse, die er seit kurzem nach Großbritannien exportierte. Er erwähnte auch seine drei Häuser, ich glaube, um mir zu verstehen zu geben, daß er ein vermögender Mann sei.

Ein Weilchen darauf hielten wir bei einem kleinen Schuppen am Rand eines Dorfes aus Lehmziegelhäusern. Es diente als Café für Lkw-Fahrer und zugleich als Heim für eine Familie, mit zwei Betten in einer dunklen Ecke, ein paar Stühlen und einem wackeligen Tisch. In einer flachen Metallschale auf dem Fußboden brannte ein Feuer, aus dem mit einer Metallzange Kohlenstücke gefischt wurden, um die Wasserpfeife anzuzünden, die ständig für die Fahrer, welche hier haltmachten, in Bereitschaft war. Grobes

Stroh verdeckte zum Teil den herumliegenden Schutt, Licht und Fliegen kamen durch die offene Tür herein, und zwei Kinder mit schmuddeligen Kleidern und schmutzigen Händen servierten Tee und schauten zur Wasserpfeife. Ich lehnte Pfeife und Haschisch ab und nahm nur den Tee an – allerdings nicht ohne leise Bedenken. Bei der Art und Weise, wie ich herumreise, zählt es zum Schwierigsten, gesund zu bleiben, und unter solch unhygienischen Verhältnissen etwas zu essen oder zu trinken ist sicher nicht gerade der beste Weg dazu. Dabei spielen aber immer auch andere wichtige Überlegungen mit, zum Beispiel Menschen kennenzulernen und sie nicht zu beleidigen, und so muß man in der Hinsicht oft Kompromisse eingehen.

Als die beiden Kinder ihre Schüchternheit überwunden hatten, holten sie zwei »Welcome to English«-Schulbücher unter den Betten hervor und begannen im Singsang mit »Setzt euch!« – »Guten Tag, Herr Lehrer« – »Wie geht es Ihnen?« – »Wie alt sind Sie?« – »Wie heißen Sie?« und ähnlichen Äußerungen, mit denen Touristen in Schwellenländern heute geplagt werden. Nach Hunderten solcher schematischer Wortwechsel kam ich mir eher wie ein sprechender Roboter denn wie ein menschliches Wesen vor und hätte mir seitens dieser kleinen Linguisten etwas mehr Zurückhaltung oder wenigstens ein paar kreative Abweichungen von der Norm gewünscht. Schon nur eine Einleitung wie »Bitte« oder »Macht es Ihnen etwas aus, wenn ...« oder vielleicht »Entschuldigen Sie, darf ich Sie etwas fragen?« hätte die Monotonie etwas gemildert oder dem Opfer wenigstens eine Möglichkeit zur Flucht verschafft. (Der Fehler liegt natürlich bei den Verfassern dieser langweiligen, phantasielosen Schulbücher – Briten, wie ich fürchte.) Meine Reise hatte jedoch gerade erst angefangen, und so war ich von den vier glänzenden Augen unter dem Wuschelhaar eher entzückt als verärgert.

Bevor wir aufbrachen, wurde mir die Ehre zuteil, das Prunkstück des Haushalts zu besichtigen: Unter einem Stück Plastik war ein Fernsehapparat versteckt. Es gab keinen elektrischen Strom für den Anschluß, das Gerät ruhte einfach ausdruckslos auf einer wackeligen Kiste wie eine unergründliche Wesenheit in einem

Schrein. Dies war wohl der neue Hausgott, ein Symbol des Fortschritts, das die alten Mächte abgelöst hatte und vielleicht eine völlig vorhersehbare Welt verhieß, wo es keine Überschwemmungen mehr gab.

Bevor mich mein Wohltäter ein kleines Stück Wegs vor Kairo absetzte, ließ er noch eine Banknote von umgerechnet fast zwanzig Mark in meinen Schoß fallen. »Du brauchen. Nimm! Nimm!« drängte er mich, wischte meinen Protest beiseite und fügte der Gabe noch ein Päckchen Tuttifrutti-Kaugummi hinzu. Mir ging ein Licht auf: Damit hatte er das Rätsel gelöst, warum ich auf einem Fahrrad durch das überschwemmte Delta fuhr – ich mußte arm und bedürftig sein, und er fühlte sich bewegt, Mildtätigkeit auszuüben, wie es der Koran vorschreibt. Ich konnte ihn auf keinerlei Weise vom Gegenteil überzeugen oder gar das Almosen zurückweisen, ohne seine Großzügigkeit grob zu beleidigen. So fuhr ich weiter, nach Kairo hinein, noch immer naß und starrend vor Schmutz; doch wenn ich an die Begegnungen dieses Tages dachte und mir vergegenwärtigte, daß ich die erste Etappe meiner Fahrt trotz des Hundewetters recht vergnüglich hinter mich gebracht hatte, wurde mir ganz warm. Jetzt, da der Regen aufgehört hatte und der Himmel wieder klar war, konnte alles nur noch besser werden.

3. KAPITEL

Kairo

In den Straßen von Kairo wurde ich immer nur dann angefahren, wenn die Fahrzeuglenker rückwärts zu fahren versuchten, was sie schlicht nicht beherrschten. Bewegten sie sich vorwärts, so benahmen sie sich eher wie Radfahrer. Sie scherten aus und schlängelten sich wieder zurück, wo immer sie eine Lücke erspähten, und obwohl sie den Finger ständig auf der Hupe hatten, schienen sie doch keinen wirklichen Groll gegen die übrigen Straßenbenützer zu hegen. Das war sehr tröstlich, denn selbst wenn alles auf eins hinausläuft, ziehe ich es doch vor, wegen mangelnder Fahrtüchtigkeit überfahren zu werden als wegen aggressiven Verhaltens. Geparkt wurde häufig in Dreierreihen. Eine Unzahl Männer war dauernd damit beschäftigt, Fahrzeuge herumzurücken, damit jene, die am Rinnstein festsaßen, befreit werden konnten. Um die Gehsteige frei von Autos zu halten, waren die Bordsteine so weit erhöht worden, daß man sie kaum noch erklimmen konnte, und daher reihten sich viele Fußgänger auf dem engen Streifen in der Mitte der Straße in den Verkehr ein. Es spricht für die Wachsamkeit meines Schutzengels, daß ich zwei Wochen lang bei Tag und bei Nacht durch Kairo radelte, ohne etwas zu den markanten Unfallziffern dieser Stadt beizutragen.

Als erstes fand ich ein kleines Familienhotel in der Nähe der modernen City, dessen Direktion bereit war, auch mein Fahrrad zu beherbergen. Es lag im achten Stockwerk und hatte einen winzigen Aufzug, bei dem immer jemand draußen stehen und sich gegen die Tür lehnen mußte, bevor er sich in Bewegung setzte. Der einzige Weg, das Rad in den Lift zu kriegen, war, es hochzustellen und auf dem Hinterrad im Gleichgewicht zu halten, mich daneben hineinzuquetschen und in einer verkrümmten Haltung zu warten, bis einer kam, sich anlehnte und uns losschickte. Das ging nicht immer einfach, weil verschiedene Büros und Gewerberäume die unteren Stockwerke einnahmen, wie ich es bei vielen der bescheideneren Hotels von Kairo feststellen konnte. Die Höhenlage hatte aber auch ihren Vorteil. Der Lärm der Autohupen war in den oberen Regionen ein wenig gedämpft, doch ich konnte auch hier nur schlafen, wenn ich mir die Wachspfropfen, die ich vorsorglich eingepackt hatte, in die Ohren stopfte. Anderseits war diese Situation doch recht alarmierend: Der einzige Fluchtweg schien der unzuverlässige Lift zu sein – es gab weder Treppen noch eine Feuerleiter.

Wie so vieles in Kairo hatte auch dieses Hotel einst bessere Tage gesehen. Obwohl ihm ein Nachduft längst verblichener Noblesse anhing, war es entschieden schäbig, und zwar rundum. Es sei jedoch noch immer seinen Preis wert, versicherten mir zwei Dauergäste. Die eine, eine blasse, rotblonde Dame mit dicken Brillengläsern, lebte seit dreißig Jahren als Gouvernante in Ägypten, ohne daß ihr schottischer Akzent auch nur eine Spur darunter gelitten hätte. Jetzt war sie pensioniert. Sie sagte, ihr Blut sei dünner geworden und sie könne die Kälte Schottlands nicht mehr ertragen. Sie war von schnippischem Wesen, hatte aber eine romantische Ader und konnte richtig lyrisch werden, wenn vom einstigen Glanz der ägyptischen Hautevolee die Rede war. Der zweite Stammgast war ein ältlicher Ägypter, der eine Griechin geheiratet und sich im stillen Frieden einer Insel in der Ägäis beinahe vor Heimweh verzehrt hatte. Man sagt oft, die Ägypter hätten ein ganz spezielles Verhältnis zum Nil, so daß sie sich in der Ferne selten glücklich fühlten, doch Mr. Beirum meinte, es seien die Geräusche von Kairo, nach denen er sich sehnte. Er hatte das lärmigste Zimmer im ganzen Hotel bezogen und hielt Tag und Nacht beide Fenster weit offen. Das Leben, belehrte er mich, sei eine traurige Sache. Er vermisse seine Frau bitterlich, doch keins von ihnen könne es dort aushalten, wo das andere aufblühe. Die beiden Dauergäste erhielten Vorzugspreise und Sonderbehandlung, ebenso wie – in geringerem Maß – Pauschalreisende aus

Israel. Ein Anschlag wies speziell darauf hin, daß diese Pauschaltouristen ein Ei zu ihrem spärlichen »kleinen Frühstück« bestellen durften, was mich neugierig machte, ob ich nicht auch ein bißchen Vorzugsbehandlung fordern konnte, vielleicht als einsame Radfahrerin. Ich zeigte dem Management also den Brief vom Ministerium für Tourismus, ein paar kurze Zeilen auf arabisch, gestempelt mit einem kleinen, blassen Adler, der viel gewichtiger zu sein schien, als er aussah, denn mein Zimmerpreis wurde sofort reduziert, wenn auch nur um einen winzigen Betrag. Deswegen bot man mir aber noch lange kein Ei an; auch wurde das Warmwasser nie Wirklichkeit, obwohl man es mir mehrfach versprochen hatte.

Vorzugskurse gab es beim Geldwechseln, wenn man das Geschäft statt in einer Bank auf der Straße abwickelte. Überall, sogar in den Moscheen, wurden Ausländer mit überlautem, hoffnungsvollem »Change Dollar?« begrüßt, andernfalls hieß es »Sie ... sehen?« mit Angeboten aller erdenklicher Souvenirartikel, das meiste davon Blütenessenzen. Dabei ging es jedoch sehr entspannt und freundlich zu, ohne die geringste Spur der berüchtigten hartnäckigen Belästigungen, wie ich sie von vielen orientalischen Städten kenne, und ich gewann Kairo mit jedem Tag, den ich dort verbrachte, lieber.

Das berühmte Ägyptische Museum, ein riesiger, mit kolossalen verstaubten Skulpturen vollgepfropfter Bau, lag bequem in Reichweite. Zwar gilt es als eine der Hauptsehenswürdigkeiten des Landes, wirkt jedoch für die meisten Besucher, falls sie nicht fanatische Ägyptologen sind, wenig einladend. Zum Glück besaß ich einen Ausweis, mit dem ich freien Zutritt zu solchen Einrichtungen hatte, daher konnte ich mich häufig zurückziehen, um mich etwas auszuruhen und zu erfrischen. Meiner Meinung nach gibt es eine klare Grenze, wieviel man sich bei einem Museumsbesuch zu Gemüte führen kann – eine Stunde reicht da längstens. Doch wer ein hohes Eintrittsgeld bezahlt hat, fühlt sich leider oft verpflichtet, sich durchzubeißen und alles auf einmal zu besichtigen. (Dies ist meiner Meinung nach eins der wichtigsten Argumente dafür, daß in den Museen und Galerien Großbritanniens weiterhin kein Eintrittsgeld erhoben werden sollte.)

Die Hauptattraktion des Ägyptischen Museums ist ohne Zweifel der großartige Grabschatz von Tutanchamun. Einzelne Stücke dieser märchenhaften Kollektion sind allein für sich tief beeindruckend, so etwa die Totenmaske aus Gold und Email und das Geschmeide, welches die Mumie schmückte; aber noch viel eindrücklicher ist die schiere Quantität, ist der unermeßliche Reichtum dieser Grabbeigaben. Die wunderschönen Wagen, Thronsessel, Betten, die geschnitzten und vergoldeten Behälter für sämtliche nur denkbaren Bedürfnisse des Lebens in der nächsten Welt sind mit höchstem künstlerischem und handwerklichem Geschick gearbeitet. Jeder der drei überreich dekorierten Schreine, in welchen alles untergebracht war, ist so groß, daß er als Garage dienen könnte. Später, als ich die Felsengrabkammer im Tal der Könige in Luxor sah, aus welcher der Schatz stammt, konnte ich kaum glauben, wie er dort Platz fand. Und Tutanchamun war ein eher unbedeutender König gewesen, war jung gestorben und übereilt in ein kleines, unfertiges Grab gestopft worden! Was die riesigen Grabstätten der großen Pharaonen alles enthalten haben müssen, läßt sich nur mutmaßen, denn alle außer jener von Tutanchamun sind schon vor langer Zeit von Grabschändern entdeckt und ausgeplündert worden – wie es scheint, manchmal sogar auf Befehl späterer Pharaonen, welche die goldenen Kunstschätze einschmelzen ließen und wiederverwendeten, womöglich für ihren eigenen Begräbnisstaat.

Ägypten ist eine wahre Fundgrube. Es steht dort so viel Großartiges herum, daß die Aussicht, noch dieses und noch jenes Mammutmonument anschauen zu müssen, zeitweise abschreckend wirkt. So ging es mir jedenfalls bei den meistgepriesenen Königsgräbern, den Pyramiden. Dazu kam, daß mir ihre Form bereits zum Hals heraus hing: Sie muß heutzutage Schokoladenschachteln, Biskuitdosen und eine Unmenge anderer trivialer Dinge veredeln – völlig unpassend übrigens, bedenkt man, wozu diese Monumente einst dienten –, so daß ich mich beim Gedanken an die wirklichen Pyramiden überhaupt nicht inspiriert fühlte und mehr aus Pflichtbewußtsein hinaus nach Gise radelte. Der Weg dorthin, ursprünglich eine angenehme Fahrt ins Blaue, wurde für den Staatsbesuch der Kaiserin Eugenie zu einer Prozessionsroute ausgebaut. Jetzt hat sich die Stadt bis ganz an den Rand des Kalksteinkamms ausgebreitet, auf dem die Pyramiden stehen, so daß mir das von vielen früheren Reisenden überlieferte Erlebnis verwehrt blieb, die vertrauten Dreiecksformen von weit weg zu erblicken, klein und unbedeutend durch die Distanz. Mein erster Blick auf sie fiel vielmehr von ganz nahe und kam völlig überraschend. Ich war vollauf mit den Tücken einer belebten Straße beschäftigt, als ich zufällig hochblickte und sah, wie eine der riesigen, lohfarbenen Flanken der Cheopspyramide langsam hinter einem hohen, tristen Häuserblock in mein Gesichtsfeld glitt. Der Anblick schlug mich derart in Bann, daß ich mich aus dem Verkehr winden mußte, am Bordstein anhielt und sie anstarrte. Genau wie der Nil reduziert sie alles übrige zur Bedeutungslosigkeit. Es war nicht nur eine Frage ihrer Größe, ihrer Massigkeit, ihres ungeheuren Alters – ich hatte meine Statistiken gelesen und wußte, daß sie bereits mehr als zweitausend Jahre dastand, als Christus geboren wurde, daß sie das Kreuz auf der St.-Pauls-Kathedrale in London um mehr als dreißig Meter überragt und viele der großen Moscheen Kairos aus ihren Quadern und Blendsteinen erbaut worden sind, ohne daß es ihr viel Abbruch getan hätte –, alle diese Fakten waren völlig irrelevant für die enorme Wirkung, die sie ausübte, für ihre einzigartige Ausstrahlung von Macht und Erhabenheit. Später, als ich erfuhr, daß sie den Urhügel symbolisieren sollte, der sich zu Anfang aus den Wassern des Chaos erhob, dünkte es mich, genau so sei sie mir auf der belebten Straße erschienen: als das großartigste Symbol der Schöpfung dieser Welt.

Ist man oben angelangt, wird der Eindruck unvorstellbarer Gewichtigkeit und Masse sogar noch überwältigender, doch es fällt schwer, sich das Staunen zu bewahren, wenn man pausenlos von einer Armee zudringlicher Kamelboys attackiert wird, von Jungen mit Eseln, Jungen mit Pferden und Jungen, welche schmutzige Postkarten, Souvenirs, gefälschte Antiquitäten und verschiedene Dienste anbieten. Seit viktorianischen Zeiten hat man sich über diese »Pyramidenbeduinen« beschwert, die, mit den Worten Mark Twains, noch heute »so zahlreich und lästig sind wie die Fliegen« und ihre Gefälligkeiten noch ebenso häufig »mit anzüglichem Grinsen und unanständigen Gesten begleiten«. Ich merkte sehr rasch, daß es ein Riesenfehler war, mit einem von ihnen zusammen auf demselben Tier zu reiten oder einen Augenblick außer Sichtweite der anderen Touristen zu geraten, denn selbst Jungen von neun Jahren machten sich ein Vergnügen daraus, Ausländerinnen in den Hintern zu kneifen oder ihnen anzügliche Bilder unter die Nase zu halten. Hier oben wehte auch ein recht starker Wind und wirbelte Sand und Abfälle herum. Daß so viele Leute trotz all dieser Widrigkeiten wieder und wieder zu den Pyramiden zurückkehren, beweist, welch eine große Anziehungskraft sie ausüben.

Als ich einen ziemlich widerwärtigen arabischen Jugendlichen anheuerte, der sich in einem permanenten Zustand sexueller Erregung zu befinden schien, hatte ich endlich etwas Ruhe. Weil ich darauf beharrte, allein auf seinem Kamel zu reiten (das völlig unpassenderweise Mickymaus hieß), entging ich nicht nur seinen unwillkommenen »Aufmerksamkeiten«, sondern auch denen der anderen Schlepper. Hoch auf dem übelriechenden Rücken von Mickymaus besichtigte ich die Sphinx und die vielen Totentempel und ritt um alle drei Hauptpyramiden herum, danach, als das Kamel mit sittsam gefalteten, untergeschlagenen Beinen ausruhte und wiederkäuend die Vorbeigehenden anzischte, während sein Besitzer sie mit anzüglichem Grinsen bedachte, besuchte ich die inneren Räumlichkeiten. Hier erblickte ich das älteste Schiff der Welt, eine Sonnenbarke mit hochgezogenem Bug aus einer der fünf Schiffsgruben rund um die Große Pyramide. Ähnliche Barken trugen die Leichname der Pharaonen den Nil entlang, wo sie mumifiziert und für ihre endgültige Ruhestätte vorbereitet wurden. In den kunstvoll ausgearbeiteten Schiffen, die man mit ihnen begrub, sollten sie ihre geisterhafte Reise zur Sonne antreten, nachdem sie durchs Totenreich gefahren waren. Der Aufwand, solche Boote zu bauen – dieses hier war über dreißig Meter lang –, nur um sie zusammen mit vier gleichartigen zu begraben, überstieg meine Fassungskraft. Die viel später geborene Kleopatra ging mir statt dessen durch den Sinn und Shakespeares Zeilen: »Die Bark', in der sie saß, ein Feuerthron, brannt' auf dem Strom.«

Dann bekämpfte ich tapfer meine aufsteigende Klaustrophobie und kletterte gekrümmt durch heiße, stickige, überaus klug ersonnene Schächte und Korridore ins Innere der Großen Pyramide. Schließlich stand ich in ihrer Mitte, im Königsgrab, wo es nichts gibt, nur einen leeren Granitsarkophag und das Gefühl eines unvorstellbaren Gewichts, das über einem lastet. Auf das Vergnügen, außen an der Cheopspyramide zur Spitze hochzuklettern, verzichtete ich, da dringend davon abgeraten wird, weil schon zu viele bei diesem Vorhaben heruntergestürzt und an den Kanten der Steinblöcke zerschmettert sind. Mark Twain hatte flehentlich gehofft, dieses Schicksal möge auch den nervenaufreibenden Araber ereilen, der ihm dorthin nachgefolgt war.

Oft kehrte ich am späten Nachmittag nach Gise zurück, um ein wenig hinaus in die Wüste zu reiten und die drei Hauptpyramiden aus verschiedenen Winkeln zu betrachten. Wo man auch stand, wirkte ihre Anordnung schlicht großartig. Der ungeheure, sich in die Länge ziehende Schatten, den sie bei Sonnenuntergang warfen, erstreckte sich weit in die Wüste hinein und gemahnte an den uralten Mythos von der Nacht, die das Land verschlingt.

Nach der Zeitrechnung Ägyptens ist Kairo keine alte Stadt. Die ersten, die hier bauten, waren die Römer. Sie nannten ihre Festung Babylon, was vermuten läßt, daß ihre Geographiekenntnisse wohl etwas wackelig waren. Auf den Ruinen der Festung wurde das alte Kairo erbaut, ein Städtchen, das der späteren islamischen Stadt nicht eingegliedert wurde, weshalb sich dieser Ort mit seinen engen, grob gepflästerten Gäßchen und koptischen Kirchen aus dem vierten und fünften Jahrhundert viel von seinem frühchristlichen Anstrich bewahrt hat. Manche Moslems behaupten, die Völker anderen Glaubens seien nicht so reinlich wie jene, die den Islam angenommen haben; doch obwohl es oft keinen wahrnehmbaren Unterschied gibt, trifft dieser Vergleich hier wirklich zu: Die alte Stadt starrt vor Dreck, viel mehr als jedes andere Viertel Kairos, obwohl man auch dort nirgendwo von Sauberkeit sprechen kann. Eine der primitiven, kleinen Kirchen nimmt von alters her den Ruhm für sich in Anspruch, auf jener Stelle gebaut zu sein, wo die Heilige Familie auf ihrer Flucht nach Ägypten rastete, doch leider fand ich die Grotte vom Nilwasser überschwemmt. Die koptische Skulptur und Architektur, die dem Besucher zugänglich ist, scheint ein schwerfälliger und provinzieller Abklatsch der glorreichen byzantinischen Kunst zu sein. Das alte Kairo mit seinem altehrwürdigen Schmutz wirkte unnatürlich gelähmt, fast wie dem Untergang geweiht – die mittelalterliche islamische Stadt war unendlich viel schöner und aufregender.

Obwohl ich schon früher in muslimischen Ländern herumgereist bin, entwickelte ich erst eine Leidenschaft für die islamische Architektur, als ich nach Kairo kam, denn an vielen Orten hat der Islam, eine relativ junge Religion, zu seinem eigenen Schaden auf früheren Kulturen aufgebaut. In Istanbul hatte ich nur Augen für die Pracht des Byzantinischen Reiches, neben der selbst die prunkvolle Blaue Moschee beinahe ein wenig banal und überladen wirkte. In der gespannten Atmosphäre von Jerusalem fällt es nicht leicht, den Felsendom von dreitausend Jahren zänkischer Geschichte zu trennen, und man wird es einem Juden oder einem Christen nicht verargen können, wenn er ihn eher als einen späten Zusatz zur Heiligen Stadt ansieht und nicht als das Juwel, das er zweifellos ist. Selbst in Damaskus wurde die Große Moschee auf einem noch größeren christlichen Fundament errichtet. Kairo jedoch, der wahre Schauplatz »Arabischer Nächte«, ist wie aus einem Guß – eine von Grund auf neugebaute Stadt, errichtet auf dem Höhepunkt der raschen, dramatischen Siegeszüge des Islams, als sein Reichtum grenzenlos war und Wissenschaften und Künste blühten wie nie zuvor und nie wieder. An jeder Straßenecke der mauerumgürteten mittelalterlichen Stadt steht eine Moschee, über fünfhundert insgesamt und viele von ihnen weit größer als die europäischen Kathedralen. Alle drängeln sich um einen Platz an der Sonne, zusammen mit Koranschulen, öffentlichen Brunnen und Häusern wohlhabender Kaufleute, deren reichverzierte, geschnitzte Holzschirmwände einst die Frauen des Harems verbargen, wenn sie auf das lebendige Treiben in den Straßen hinunterschauten.

Wenn ich nachts durch die Gäßchen mit ihren tausend Minaretten wanderte, die sich in der samtblauen Dunkelheit gegen die Sterne abzeichneten, über mir eine Mondsichel, die dort oben in unwahrscheinlicher Vollkommenheit hing, blitzte das legendäre Kairo auf, das hauchfeine Gewebe einer sagenumwobenen Stadt. Tagsüber war der galoppierende Verfall dieses Gewebes nur zu offensichtlich, obwohl die Suks, die Märkte und Basare, vor Leben strotzten. Von oben sah man dann, daß die flachen Dächer mit Schutt bedeckt waren und der Staub dicht auf jeder horizontalen Fläche lag. Trotzdem war es ein prachtvoller Anblick, und ich beschloß, in diese Gegend umzuziehen, um sie noch intimer kennenzulernen.

Ich fand ein Hotel, das vor allem Moslems mit bescheidenen Mitteln offenstand und wo jedes Zimmer mit einer gewobenen Gebetsmatte aus Plastik ausgestattet war, die man bei Nichtgebrauch aufrollen konnte. Es war ein großes, modernes Gebäude im Stil einer Heilsarmee-Unterkunft, das nicht den geringsten Ehrgeiz hatte, seinem architektonischen Erbe Genüge zu tun oder seine Gäste mit Komfort zu verwöhnen. Ich wohnte dort, weil gerade das Geburtstagsfest des Propheten gefeiert wurde und dieses Haus als einziges noch nicht voll belegt war. Gerechterweise muß ich erwähnen, daß stets Warmwasser zum Waschen verfügbar war, was in Ägypten selbst in Fünfsternhotels ein nicht üblicher Luxus ist. Abgesehen von der fürchterlichen cremefarbenen und grünen Ausstattung und dem unerbittlichen Gehämmer aus den Messingwerkstätten, die nur einige wenige Schritte gegenüber in einem dunklen Gäßchen lagen, war mir dort ziemlich wohl. Die Hotelleitung war sehr entgegenkommend: Man verstaute das Agala unten in einem Schrank, zusammen mit einem weniger aristokratischen Fahrrad indischer Abkunft, und schickte auch jeden Tag jemanden hinaus in den Suk, um mir ein Frühstück zu holen. Andere Gäste bereiteten sich ihr eigenes Frühstück zu, saßen in großen Gruppen in den weißgekachelten Korridoren zusammen auf Binsenmatten und aßen Ful, die allgegenwärtige Grundnahrung der Nilbewohner. Sie kochten auf einfachen Kohleherden und schaufelten die Feldbohnen aus einer großen Gemeinschaftsschüssel mit Brocken von flachem, ungesäuertem Brot zusammen. Ich wurde regelmäßig eingeladen, diese Mahlzeiten zu teilen, denn die Araber sind ein liebenswertes und gastfreundliches Volk, aber zu diesem Zeitpunkt hatte sich mein Magen noch nicht mit Ful befreunden können – später auf meiner Reise wurde es zu meiner hauptsächlichen Nahrung.

Bei meinen Streifzügen durch die Suks traf ich vielerlei Menschen, so daß ich mich selten einsam fühlte. Es gab zwar ein paar wenige hartnäckige Quälgeister, meist war es jedoch völlig problemlos, im Kaffeehaus Zufallsbekanntschaften anzuknüpfen oder Hilfe anzunehmen, ohne für dieses Privileg tief in die Tasche greifen zu müssen, und viele Leute nahmen bereitwillig große Unannehmlichkeiten auf sich, um mir den Weg zu bestimmten Orten zu zeigen. Einmal half mir ein junger Mann zwei Stunden lang beim frustrierenden Versuch, in Kairo ein Telefongespräch zu führen, und als ich ihn als kleine Entschädigung für seine Mühe zu einem bescheidenen Bier mit Kebab einlud, sagte er zwar zu, bestand jedoch darauf, die Rechnung zu begleichen – er stehe, wie er sagte, in meiner Schuld, weil er sich so gefreut habe, mit mir über seine Freundin sprechen zu können.

Nur einmal bekam dieses schöne Bild einen Kratzer. Ich machte im Basar Fotoaufnahmen und wurde urplötzlich von drei sehr großen und sehr schwarzen Frauen in leuchtend farbigen Gewändern angefallen, die wie aus dem Nichts aufgetaucht waren. Ihre Augen sprühten Feuer. Sie schrien mich an: »Wer sagen, du können von uns Bilder machen? Wer dir erlaubt?« Die kleine Kamera hing an einer Kordel um meinen Hals, und die Frauen waren wild entschlossen, sie mir wegzureißen, selbst wenn dabei mein Kopf auch gleich mitkam. »Wir müssen kaputt machen«, sangen sie unisono, als sei dies irgendein Ritual, während jede der drei an einem anderen Teil von mir zog und zerrte. Ich sparte mir die Worte, denn ich brauchte jedes Quentchen Kraft, um die Kamera festzuhalten. Bei dem Lärm, den sie machten, wäre ich sowieso nicht gehört worden, und ich glaube kaum, daß sie meinen Protest zur Kenntnis genommen hätten. Aus den zur Straße offenen Marktläden stürzten mir Männer zu Hilfe, doch es schien eine Ewigkeit zu dauern und viel Manneskraft zu benötigen, um die Frauen endlich von mir wegzuwuchten, wobei mir fast beide Arme ausgekugelt wurden. Alles war zu schnell geschehen, als daß ich hätte Angst kriegen können, aber als es endlich ausgestanden war, fühlte ich mich ganz schwach und meinte, in Ohnmacht zu fallen. Man half mir in einen winzigen Laden und servierte mir Tee, während das Siegesteam beim Tauziehen rund um mich herumstand und versuchte, mich zum Lachen zu bringen, mir auf den Rücken klopfte und mich in die Wangen kniff wie ein kleines Kind. »Nicht Ägypter, diese Frauen«, beschwichtigten sie mich. »Kein Ägypter tut so was. Alle Ägypter gut. Alle Afrikaner sehr gut, nur von Nigeria und Zaire viel Ärger. Wie diese verrückte Frauen.« Sie erwärmten sich sichtlich für dieses rassistische Thema und behaupteten sogar: »Sie essen Leute!« Zur Verdeutlichung bissen sie sich in den Unterarm. »Kannibalen! Wir alle viel Angst. Aber du keine Angst, hier ist Big Ali – Big Ali schaut, sie niemand weh tun. Du Schwierigkeiten, du finden Big Ali!« und so fort, bis ich statt vom Schock ganz schwach vor Lachen war.

Meine Streifzüge durch Kairo hielten mich von nichts Wichtigem ab, denn mein Reiseplan sah viel freie Zeit vor, damit ich so unabhängig wie möglich meinen Neigungen folgen konnte – und das ist ja auch das Wesentliche, wenn man auf diese Weise herumreist. Doch selbst wenn ich dringend hätte weiterreisen wollen, wäre nichts daraus geworden. Ich mußte mich dem mühseligen Geschäft widmen, Genehmigungen und Visa zu kriegen und herumzuhören, ob Informationen über eventuelle Schwierigkeiten erhältlich waren, die längs des Nils auf mich warteten. Viele frustrierende Stunden verbrachte ich damit, in den verstaubten Gängen des bürokratischen Wirrwarrs die widersprüchlichsten Auskünfte und Ratschläge zu sammeln. Weil jedoch nur wenige Amtsstellen täglich längere Zeit geöffnet hatten, da freitags, am Sabbat der Moslems, sowieso alles zu war genau wie am Sonntag, dem christlichen Sabbat, und weil der dazwischen eingeklemmte Samstag ebenfalls Ruhetag war, blieb mir viel Zeit, um angenehmeren Dingen nachzugehen.

Nur für kurze Zeit (und sehr spät in seiner langen Geschichte) war der Nil ein offener, frei zugänglicher Fluß mit unbehinderten Reisemöglichkeiten entlang dem ganzen Lauf, und zwar von 1899 an, als die Briten alle Gebiete, durch die er fließt, effektiv unter Kontrolle hatten. Man mag vom Kolonialismus halten, was man will – für Reiselustige machte er das Leben sehr viel leichter. Heutzutage haben alle drei Nilländer – Uganda, Sudan und Ägypten – eine autonome Regierung, was die Beweglichkeit sehr einschränkt. Die damit verbundenen Schwierigkeiten waren, wie ich langsam zu entdecken begann, beträchtlich, wenn nicht sogar unüberwindlich. Einmal mehr beschloß ich, die kleineren Sorgen einfach zu ignorieren. Lokalfehden und Gesetzlosigkeit in Mittelägypten zum Beispiel schienen den Behörden viel mehr Kummer zu machen als mir, und ich konnte sowieso nichts dagegen tun, außer mich allenfalls zu bewaffnen.

Nicht verzichten konnte ich hingegen auf die Genehmigung, durch die dreihundert Kilometer Wüste hinter dem ersten Katarakt und dem Staudamm zu fahren, wo sich der künstliche See bis weit in den Sudan erstreckt, da dieses Gebiet heute Militärzone ist und ich nicht das Risiko eingehen wollte, erschossen zu werden, nur weil ich das erforderliche Blatt Papier nicht bei mir hatte. Ich vergeudete viel Zeit damit, diesem schwer faßbaren Wisch nachzujagen, und hatte schließlich keine andere Wahl, als aufzugeben und es später, wenn ich nach Assuan kam, noch einmal zu versuchen. Ich hatte auch gehofft, mehr über die Lage im Sudan herauszufinden. Als ich aus England abreiste, war unklar, ob das Gebiet flußaufwärts von Khartum völlig gesperrt war, weil fast der ganze Süden von der Sudanese People's Liberation Army (SPLA) kontrolliert wurde, oder ob man die Rebellen der Volksbefreiungsarmee inzwischen zurückgedrängt hatte. Es gab auch Gerüchte über ein Wiederaufflammen der Kämpfe in Uganda, die ich gerne bestätigt oder zerstreut hätte. Die Informationen, die ich in Erfahrung brachte, verwirrten mich nur noch mehr, nicht zuletzt, weil die meisten Kontaktpersonen versuchten, mich überhaupt von meiner Reise abzubringen. Die Lage weiter südlich war so instabil, daß sie sich schon wieder völlig verändert haben konnte, bis ich dort eintraf. Bei so vielen Propheten, die meinen Untergang voraussahen und nur den Kopf schütteln konnten, schien es mir geraten, mich auf die Socken zu machen, bevor mich ihre düsteren Prognosen ganz zermürbten. Ich setzte ein Abreisedatum fest und machte eine Abschiedsvisite an allen meinen Lieblingsorten.

Den letzten Tag verbrachte ich damit, das Fahrrad zu überholen und es zu ölen und zu schmieren, um sicherzugehen, daß nichts bei der Überschwemmung gelitten hatte. Darauf legte ich wie bei einer militärischen Inspektion meine ganze Ausrüstung auf dem Bett aus und packte sie mehrmals in die vier Satteltaschen um, bis ich genau wußte, wo was verstaut war, und alles, was ich benötigte, ohne langes Suchen finden konnte. Dinge, die ich oft brauchte, steckte ich in eine Tasche über dem Lenker – die Kamera, Sonnenschutzcreme, die täglichen Vitamintabletten und Anti-Malaria-Pillen, die Taschenlampe, mein Notizbuch, einen Kugelschreiber, Geld, die Ausweise und die Sonnenbrille. Wenn ich das Fahrrad für kurze Zeit sich selbst überließ, konnte ich diese Tasche leicht abschnallen und mitnehmen, damit ich im Falle eines Diebstahls nicht ganz mittellos und ohne Paß dastand. Ich hatte kein Fahrradschloß bei mir, teils, um Gewicht zu sparen, teils aber auch, weil solche Dinger nicht viel nützen, höchstens als kurzfristiges Abschreckungsmittel. Ich hielt es für viel sicherer, das Rad jeweils in jemandes Obhut zurückzulassen, und es gab immer mehr als genug Leute, die diesen Dienst gerne verrichten wollten. Überdies war das Agala viel zu auffallend. Es würde wohl kaum gestohlen werden, denn selbst wenn man es umfärbte, wäre es allzu leicht erkennbar. Außen an der Lenkertasche war ein kleiner Beutel, in dem ich die Spraydose gegen wilde Hunde verwahrte. Sie wirkte nur, wenn ihr Inhalt auf kurze Distanz direkt in die Augen gespritzt wurde, wonach sich die Biester angeblich unter Beschwerden zurückzogen, bis der stechende Schmerz nachließ und die Beute glücklich das Weite gesucht hatte. Ich hatte wenig Vertrauen in diese Vorrichtung und schon gar nicht in meine Zielsicherheit, nahm sie aber gleichwohl mit. Sonst war mein kleines Schweizer Militärtaschenmesser der einzige Gegenstand, der eine Waffe hätte abgeben können. Ich verwahrte es an einer Kordel in meiner Hosentasche, damit es nicht verlorenging.

Als ich alles mir Mögliche zur Vorbereitung der Abreise erledigt hatte, unternahm ich einen letzten Spaziergang durch die lange Hauptstraße der mittelalterlichen Stadt, die ich so liebgewonnen hatte. Es war schon recht spät. Die Läden im Suk waren schon verriegelt, aber in den Höfen und Gäßchen wimmelte es noch immer von Familien, welche mitten unter ihren Schafen, Ziegen und Eseln rund um die Türschwellen saßen, während Hühner im Dreck zu ihren Füßen herumscharrten. Im Viertel der Silberschmiede wurde ich durch einen plötzlichen Hagel von Pistolenschüssen aufgeschreckt, danach folgten Trompetengeschmetter und Trommelschläge. Unversehens platzte ein Umzug in die schwach beleuchtete Szene, und schon war die Straße zur Schaubühne geworden. Ich sah sofort, es mußte sich um eine Hochzeit handeln, denn da war schließlich das Brautpaar – er in makellos geschnittenem weißem Straßenanzug, sie in einem weißen Kleid westlichen Zuschnitts mit Nylonbesatz, das mehrere Fingerbreit zu lang war, so daß sie beim Gehen Schwierigkeiten hatte. Rund um die beiden hüpfte und wirbelte ein Kreis junger Männer, ebenfalls in Weiß gekleidet, mit roten Schärpen und roten Bändern um die Stirn. Sie stampften und klatschten im Takt zu einer Trommel, welche einer der Tänzer schlug. Gelegentlich hörte das Tanzen auf, dann traten Leute vor, um das Brautpaar zu begrüßen. Frauen in schwarzen Kopftüchern standen hinter den Tänzern und warfen den Kopf zurück, wobei sie das hohe und unirdisch anmutende Geheul ausstießen, das alle Feiern im Nahen Osten kennzeichnet und anscheinend erzeugt wird, indem man eine einzelne hohe Note lange aushält, während sich die Zunge sehr schnell von einer Seite zur anderen bewegt.

Mir war bis dahin nie aufgefallen, wie empfänglich die Ägypter für Musik und Rhythmus sind. Jedes breite Sims und jedes Autodach hatte seine Besatzung von kleinen Jungen, die sich im Takt zum Tanz wiegten und drehten, und sogar Kleinkinder wackelten und ruckten in den Armen ihrer Eltern auf und ab und krähten vor Lust. Ein dicker, lustiger Mann mit einem kleinen Jungen auf dem Arm verschränkte seinen freien Arm mit meinem und zog mich in die sich wiegende Menge. »Willkommen, willkommen!« strahlte er und stellte mir stolz seinen kleinen Sohn Mustafa vor. Beim nächsten Unterbruch wurde ich vorwärtsgezogen, um dem Brautpaar die Hand zu schütteln und viel Glück zu wünschen. Ich war nun ein Teil der Festlichkeiten geworden, und viele Leute kamen, um mir die Hand zu schütteln und nach meinem Namen zu fragen. Mit vielen Zwischenhalten für die Pistolenschüsse und Trompetenrufe bahnte sich der Tanzzug langsam seinen Weg in einen der vierhundertjährigen Höfe im Zentrum des Viertels, wo die Silberschmiede wohnten. Hier konnte sich die Braut endlich von ihrer Hauptbeschäftigung erholen, nicht über das zu lange Kleid zu stolpern. Sie erhielt mit dem Bräutigam einen Sitzplatz auf einer erhöhten Bühne. Dunkeläugige, erhitzte junge Frauen fächelten ihnen Kühle zu, die jungen Männer tanzten weiter, und die übrigen Gäste saßen ihnen in Reihen gegenüber. Klein Mustafa war auf meinem Schoß eingeschlafen, während sein Vater auf der Suche nach einer Cola war – dem stärksten Drink, der an einer Moslemhochzeit serviert wird.

Ein neuer Tag war angebrochen, als ich mich auf den Weg zurück ins Hotel machte – nach einem letzten Coca-Cola-Trinkspruch auf Braut und Bräutigam und nachdem ich den süßen kleinen Mustafa einer schwarzgewandeten Dame übergeben hatte, die mich anblickte, als sei sie nicht sehr erbaut, ihren Sohn in den Armen einer Ungläubigen zu finden. Die letzten Abschiedsrufe verhallten. Der Himmel über den Märchenminaretten war mit Sternen besät. Alles war so romantisch und unwirklich, und ich hätte der Stadt nicht schöner Lebewohl sagen können, bevor ich mich aufmachte – flußaufwärts.

4. KAPITEL

Mittelägypten

Vor Einbruch der Dunkelheit ein sicheres Obdach zu finden gehört zu den obersten Überlebensregeln für Individualtouristen. Städte mit Hotels gibt es in Ägypten jedoch nur wenige, und sie liegen oft ziemlich weit auseinander und für einen Radfahrer nicht immer in Reichweite. Natürlich hatte ich mein Zelt bei mir, doch es war für die Wüste vorgesehen, fernab jeder menschlichen Behausung, denn mit Ausnahme von richtigen Zeltplätzen, von denen ich in ganz Ägypten nur einen einzigen antraf, gibt es nur wenige Stellen, wo es für eine Frau ratsam wäre, allein zu campen.

Am ersten Tag nach Kairo machte ich mir jedoch darüber keine Sorgen, denn ich glaubte ein Nachtlager auf Nummer Sicher zu haben. Ich hielt auf Sakkara zu, die Totenstadt von Memphis, die älteste Stadt des alten Ägyptens und vielleicht der ganzen Welt, und freute mich riesig darauf. An klaren Tagen kann man sie von Kairo aus sehen, denn der Kamm von Gise setzt sich viele Meilen fort und verläuft mit einem Gewirr von Pyramiden auf seiner ganzen Länge parallel zum Ostufer des Nils. Die markante Stufenpyramide von König Djoser in Sakkara bildet den Prototyp für sie alle. Sie besteht aus einer Anzahl stufenförmiger, immer kleinerer Schichten und sieht aus wie ein riesiger, von Kinderhand erbauter Turm aus Bauklötzen. Ganz in der Nähe liegt das »English House«, eine Unterkunft für britische Gastarchäologen. Einer von ihnen, ein Bekannter von mir, hatte freundlicherweise einige Fertigmahlzeiten und einen Ersatzreifen mitgenommen, die ich dort auf meinem Weg nach Süden abholen konnte. Wie ich ihn verstanden hatte, gab es im schlimmsten Fall genügend Platz auf dem Fußboden, um meinen Schlafsack auszubreiten.

Es traf mich daher wie ein Schlag, als ich kurz vor Einbruch der Nacht ankam und mir der leitende Professor die Türe wies, und das in einer Gegend, wo die wertvollen Antiquitäten von bewaffneten Wächtern geschützt werden, deren Finger lose am Abzug liegt, weil sie alles, was sich bewegt, gleich für einen modernen Grabräuber halten. »Willkommen für eine Tasse Tee«, sagte der Professor, wobei er alles andere als freundlich aussah, »aber ich kann Sie leider nicht hierbehalten. Tut mir leid, und überhaupt. Sicherheitsprobleme, sehen Sie. Geht auf gar keinen Fall, leider, aber so ist es nun mal.« Die anderen Teilnehmer der Gruppe waren ebenfalls schockiert und wandten ein, daß es sich, ganz abgesehen von der mangelnden Gastfreundschaft, gar nicht gut machen würde, wenn daheim in den Zeitungen Titel wie »Britin, von Mumienprofessor vor die Tür gestellt, erschossen« zu lesen waren, um so mehr, als sich die Universitäten alle Mühe gaben, einen günstigen Eindruck zu erwecken, um Budgetkürzungen abzuwenden. Der Professor ließ sich jedoch nicht erweichen. Er behauptete, die Unbedenklichkeitsbescheinigung der Expedition würde durch meine Anwesenheit gefährdet. Je stärker die anderen die Nase rümpften und je mehr Referenzen ich vorwies, um ihm zu zeigen, wie scharf die Ägypter darauf waren, mich in ihrem Land zu haben, desto feindseliger wurde er. Er war nun einmal kein flexibler Mann.

»Schon als ich vor ein paar Monaten Ihren Brief erhielt, habe ich befürchtet, daß Sie Schwierigkeiten bekommen würden«, fuhr er fort, und aus seiner Stimme schwang die Befriedigung mit, daß er recht gehabt hatte, obwohl er eine Erklärung, weshalb er mir seine Befürchtungen nicht mitgeteilt hatte, schuldig blieb. »Mit dem Fahrrad durch Ägypten? Oh nein, praktisch unmöglich, würde ich sagen. Fast nirgendwo Übernachtungsmöglichkeiten, wissen Sie. Bedaure, nicht helfen zu können.«

Da alle sich einig waren, daß es in Sakkara nirgendwo anders eine Unterkunft gab, blieb bloß eins übrig: Fröhlich in den sicheren Tod hinauszugehen wie Titus Oates bei Scotts Antarktisexpedition! Und so wäre es mir höchstwahrscheinlich auch ergangen, hätte ich den Rat des Professors befolgt, am Rande des wilden, hektischen Verkehrs bei Nacht nach Kairo zurückzuradeln. Unter dem Druck der übrigen Teilnehmer fand sich jedoch zu guter Letzt tatsächlich eine Alternative: Der Expeditionsjeep sauste los, und ich pedalte wütend hinterher wie ein überarbeiteter Kolbenmotor, bis wir endlich in einem fünf Kilometer entfernten Dorf ankamen, wo zwei ansässige Archäologen gebeten wurden, mich für diese Nacht bei sich aufzunehmen, was sie denn auch taten. Allzu begeistert waren sie allerdings nicht. Ich erinnerte mich lebhaft, wie ich als kleines Kind zu Beginn des Zweiten Weltkriegs mit einem Etikett an meinem Mantel und einer Gasmaske, die an einer Schnur um meinen Hals baumelte, wie ein unerwünschtes Paket dastand und mit anderen verwirrten Evakuierten in einem fremden Gemeindehaus wartete, bis jemand kam, um uns abzuholen.

Obwohl meine zögernden Gastgeber am Morgen etwas aufgetaut waren, fühlte ich mich noch immer wie ein Paria und war entschlossen, niemandem je wieder für eine Übernachtung zu Dank verpflichtet sein zu müssen, was immer auch geschehen möge. Viel besser war, das Zelt am Straßenrand aufzuschlagen und die Folgen auf mich zu nehmen. Zu meiner Freude wurde dieser Entschluß während der folgenden Reise ständig durchkreuzt – oft konnte ich mich später der Gastfreundschaft kaum erwehren. Vielleicht war es gut so, daß dieser einzige Mißton schon früh anklang und von Leuten meines eigenen Landes stammte.

Die nächste Stadt war hundertdreißig Kilometer entfernt, ein hartes Tagespensum, das mir wenig Zeit ließ, Sakkara zu erforschen. In der vergangenen Nacht hatte ich kaum einen Blick davon erhascht. Im Zwielicht unter dünnem, kaltem Nieselregen hatte der Ort desolat ausgesehen: rundum archäologischer Aushub, Erdhaufen, höhlenartige Gruben, die mich angähnten, so tief, daß sie eine ganze Armee verschlucken konnten, Knochen- und Schädelteile, die überall herumlagen – kurz: ein uralter, geschändeter Friedhof. Unter einem flirrend blauen Himmel, mit einer Sonne, die genug Zeit gehabt hatte, mir den steilen Aufstieg zurück zum Kamm um acht Uhr morgens ungemütlich heiß zu machen, schien der Platz wie verwandelt und viel, viel aufregender.

Ein hochgewachsenes Kamel löste sich hurtig und lautlos von der entfernten Seite von Djosers Pyramide, schoß wie ein Trugbild aus der Sonne, schlenkerte beim Rennen seine riesigen Füße und hielt seinen hochmütigen Kopf zur Seite geneigt, die Oberlippe zu einem permanenten Hohnlachen hochgezogen. Auf einer bunt gefärbten Satteldecke mit vielen Quasten saß stolz und aufrecht ein alter Mann in fliegenden Gewändern und Turban. Er sah edel und romantisch aus, wie die meisten Beduinen auf Kamelrücken, und hatte nicht die geringste Ähnlichkeit mit dem aufdringlichen Haufen in Gise. Ich wünschte, ich wäre ihm am Abend zuvor begegnet, denn er schien von mir und dem Agala sehr eingenommen und lud mich fast sofort in sein Haus ein. Hätte ich zugesagt, wäre mir Zeit genug geblieben, mir Sakkara richtig anzusehen, doch nach den gestrigen Ereignissen war ich verstimmt und mochte seine Freundlichkeit nicht erwidern. Mein Entschluß, von niemandem mehr eine Gefälligkeit anzunehmen, kam mir wieder in den Sinn, und so sagte ich, ich sei auf einer Reise flußaufwärts und in Eile. Höflich übersah er meine Brüskheit und meinte, er werde für mich beten und seinen Gott bitten, mir zu helfen, da ich nur eine Frau sei und eine Reise, wie ich sie vorhatte, selbst für einen Mann hart wäre. Diese Besorgnis trug, obwohl sie ziemlich sexistisch klang, viel dazu bei, mein Gemüt zu besänftigen.

Sein großes Kamel hieß Ramses der Zweite. Viele männliche Kamele in Ägypten heißen so, denn der Pharao dieses Namens ließ so viele Kolossalstatuen von sich herstellen, daß sein Name unter all den Pharaonen der geläufigste ist. Mit Hilfe von Ramses dem Zweiten konnte ich mir in der einen Stunde, die mir noch verblieb, etwas von den Wundern Sakkaras ansehen. Zuerst dirigierte ich ihn zu dem kunstvoll gearbeiteten, prachtvoll verzierten Grab von Ti, einem hohen Beamten des Alten Königreichs, der drei Pharaonen überlebt und eine Prinzessin geheiratet hatte. Seine Titel – Aufseher über die Pyramiden und Sonnentempel, Königlicher Berater, Hofschreiber, Hüter des Geheimwissens – lesen sich wie eine Litanei, und die Wände seiner Grabstätte sind eine Enzyklopädie des Lebens der privilegierten Klassen im alten Ägypten, von der Nilpferdjagd bis zur »Behandlung« säumiger Steuerzahler.

Danach ritt ich durch den Sand zum Serapeum, wo einst die heiligen Apis-Stiere in Katakomben so groß wie das Labyrinth des Minotaurus in Kreta bestattet wurden. Aus unerfindlichen Gründen sind alle diese grauslichen Relikte bis auf eins gestohlen worden; geblieben sind nur die riesigen, leeren Sarkophage mit halb zurückgeschobenen Deckeln, wie wenn sie erst kürzlich ausgeräumt worden wären. Der Apis-Stier, so glaubte man, war das Tier, in welchem Pta, der Gott von Memphis, sein irdisches Sein verkörperte. Wenn ein Apis-Stier starb, wurde sein Körper mit derselben langwierigen und komplizierten Prozedur einbalsamiert wie der eines Pharaos, und ein anderer Stier seines Geblüts nahm seinen Platz ein und verlebte seine irdische Existenz in einem großen, luxuriösen Tempelkomplex voller gigantischer Statuen. Dieser Brauch hielt sich mindestens zweitausend Jahre lang, obwohl er schon in der heidnischen Welt in den Tagen Herodots um 500 vor Christus als reichlich bizarr angesehen wurde und viele griechische Touristen des Altertums extra nach Memphis reisten, um sich mit eigenen Augen davon zu überzeugen. Ich stand allein in diesen stillen Katakomben. Eine erdrückende Monotonie beschlich mich. Die monströsen, leeren Särge, alle von identischer Form und aus einem einzigen Granitblock herausgeschnitten, sowie die endlosen, trüb beleuchteten, aus dem Kalkgestein ausgehöhlten Gänge erschienen mir wie ein Alptraum, wie eine geistlose herkulische Tat, die kein Ende nehmen wollte.

Von Memphis, der zerstörten Hauptstadt Unterägyptens, sah ich gar nichts, denn mir blieb keine Zeit, und so oder so sind nur noch niedrige, formlose Backsteinhügel übrig. Was aus dauerhafterem Stein gebaut war, ist längst abgetragen (viele der Moscheen und Häuser, die ich im islamischen Teil Kairos so bewundert hatte, wurden damit erstellt), während die Statuen und Monumente, welche nicht ebenfalls in Kairo landeten, in den Museen Europas und Amerikas verstreut sind.

Diesen ganzen ersten Tag hatte ich auf meiner Fahrt nach Süden die Reihe der Pyramiden nahe zur Rechten. Auf den rund hundertfünfzig Kilometern gibt es etwa ein Dutzend davon. Dann und wann taucht eine auf dem Kamm auf, und außer in der Grundkonstruktion gleicht keine der anderen. Eine wird Knickpyramide genannt, weil auf halber Höhe der Steigungswinkel verändert wurde, was einen höchst eigenartigen Knick zur Folge hatte; eine andere, in einem besonders steilen Winkel und ohne richtigen Sockel konstruiert, stürzte in sich selbst zusammen und wurde lange Zeit eher für einen Turm als für eine Pyramide gehalten. Es gibt eine Theorie, wonach jede dieser Pyramiden ein Experiment war, ein Versuch, eine Vorstufe, die zu der Perfektion hinführte, wie sie schließlich in Gise erreicht wurde, worauf der Pyramidenbau schlagartig zurückging. Sie mögen zwar unvollkommen sein, doch noch immer beflügeln sie die Phantasie, und sie lenkten mich von den kleinen Schmerzen und Wehwehchen ab, die ich langsam zu spüren begann, als der erste lange, heiße Tag im Sattel und der holprige Straßenbelag ihren Tribut forderten. Beim Fahren ging mir durch den Kopf, daß ungefähr zur selben Zeit, als die alten ägyptischen Architekten ihre komplizierten mathematischen Berechnungen zur Konstruktion der Pyramiden anstellten, unsere nördlichen Vorfahren riesige Steinobelisken anschleppten und aufrichteten und Stonehenge und weitere ähnliche Monumente schufen. Obwohl sie sich in der Form von den Pyramiden völlig unterscheiden, scheinen diese Anstrengungen alle dieselbe Absicht zu teilen: Sie weisen auf ein Bedürfnis nach einem Sammelpunkt hin, der die alltägliche Existenz transzendiert, nach etwas, was die Idee der Ewigkeit ausdrückt. Für die Nilbewohner müssen die Pyramiden zudem wie Wachtposten gewirkt haben, welche die feindlich gesinnte Wüste zurückhielten.

Eine kolorierte Landkarte von Ägyptens Niltal sieht aus wie eine grüne Blume mit einem langen, gebogenen Stengel, die in einer Einöde von gelbem Sand liegt. Das fächerförmige Delta bildet die Blüte, der Stengel ist ein schmaler Streifen intensiv bewirtschaftetes Land, das auf dem flachen Talboden, welchen die Überschwemmungen über die Jahrtausende gebildet haben, den Fluß säumt. Dieser fruchtbare Flußgürtel macht zusammen mit dem Delta und ein paar Oasen nur etwa ein Fünfundzwanzigstel der Gesamtfläche Ägyptens aus – der Rest ist Wüste. Ein Element trifft in einer wie mit dem Lineal gezogenen, scharfen Linie auf das andere, und es gibt keinen Ort in diesem Flußtal, von dem man die Wüste nicht sehen kann.

Ich glaubte, auf der Fahrt in diesem schmalen Band müsse auch der Nil immer zu sehen sein, doch dies war nicht der Fall: Zwar lag er nur ein kleines Stück weit weg, aber die meiste Zeit war er unsichtbar. Zuerst war ich enttäuscht. Ich wünschte, ich hätte wie Amelia B. Edwards ein Schiff bestiegen, aber dann wurde mir klar, daß vom Wasser aus die hohen Flußufer das meiste verbergen mußten, ausgenommen vielleicht die Palmwipfel. Alles in allem sah ich also auf meiner Route viel mehr von der Gegend.

Die Straße folgte nicht sämtlichen Windungen des Flußlaufes. Sie führte einem breiten Kanal entlang, auf dessen anderer Seite Beduinendörfer aufgefädelt waren, deren Lehmziegelhäuser sich in pittoresker Verkommenheit wie betrunken aneinanderlehnten. Ziegenherden taten sich am Abfall gütlich, welcher über die fast senkrecht abfallenden Kanalufer hinuntergeworfen worden war, die jetzt dank des tiefen Nilwasserstands etwa zwei bis drei Meter freilagen, und alte, ganz in Schwarz gekleidete Frauen, jüngere Frauen und Mädchen in leuchtend gefärbten Kleidern wuschen Töpfe und Stoffe und Kleinkinder im dicklich-grünen Wasser. In den kleineren Bewässerungskanälen, welche sich kreuz und quer durch die Felder zogen, glänzte nasses, braunes Fleisch auf: Hier badeten die Männer. Ihre geraden, breiten Schultern und schlanken Körper schienen wie aus antiken Fresken an den Grabwänden entsprungen. Waren sie bekleidet, trugen sie Gallabijas in Pastelltönen, unter denen Blau vorherrschte und die sich vor dem Grün der Felder und den dunklen, statuenhaften Palmen überaus romantisch ausnahmen.

Weil der Boden in Ägypten so kostbar ist, wird wenig davon für den Straßenbau verschwendet. Meine Nebenstraße mündete daher oft in die Nord-Süd-Hauptverbindung ein, was weder angenehm noch sicher war. Zum Glück bewirkte mein Seltenheitswert wenigstens, daß ich von den Fahrern der endlosen Lastwagenkolonnen bemerkt und nicht gleich unter den Rädern zermalmt wurde – ein Los, das zahlreiche Schafe, Ziegen, Esel, Rinder, Kamele, Hunde und vermutlich auch Menschen traf (obwohl die menschlichen Leichen nicht wie die Tierkadaver einfach am Straßenrand liegengelassen wurden und verwesten). Die Hauptstraße war noch in anderer Hinsicht gräßlich: Autohupen plärrten, und alles starrte vor Schmutz. Es war nicht bloß der organische Dreck des Dorflebens, sondern vor allem die unappetitliche Ausdünstung alter, schlecht gewarteter Transportmittel des zwanzigsten Jahrhunderts. Die Luft war schwarz von Abgaswolken, die Straße und ihre Umgegend dick mit Öl und Ruß bedeckt. Reifenfetzen, Abfallreste, abgebrochene Metallteile sowie eine verblüffend große Zahl mächtiger Radnabenmuttern und Schrauben, die sich von ihrem Mutterleib losgesagt hatten, lagen überall herum und lauerten darauf, Unvorsichtigen eins auszuwischen.

Hie und da führte die Hauptstraße durch reizlose Kleinstädte, in denen der Teerbelag plötzlich aufhörte und zerbrochenen Pflastersteinen oder nackter Erde mit großen Löchern und Bodenwellen Platz machte. Hier vervielfachte sich der Dreck. Ein Durcheinander von Wagen, Eseln, uralten, durchhängenden Bussen und Menschengewimmel brachte alles, selbst Fahrräder, zum Stillstand. An solchen Orten hielt ich jeweils an, um zu essen. Bald merkte ich, daß es von Vorteil war, von der Hauptstraße wegzukommen und im Suk nach einem guten Café zu fragen. Hatte ich erst jemanden gefunden, der meine wenigen Brocken Arabisch verstehen konnte oder, was häufiger der Fall war, ein wenig Englisch sprach, wurde ich durch farbige, enge Gassen, an denen sich die Verkaufsstände aufreihten, zum besten Speiselokal des Ortes geleitet, während ein, zwei oder sogar drei zerlumpte Begleiter mein Fahrrad bewachten, bis ich fertig gegessen und ihnen ein Trinkgeld gegeben hatte. Ohne ihre Hilfe wäre es schwierig gewesen, in Ruhe zu essen, da sich sofort eine große Menschenmenge ansammelte und auf Distanz gehalten werden mußte. Die Wachmannschaft hatte das gut im Griff und hielt oft Vorträge aus dem Stegreif über das Fahrrad, um die Menge zu unterhalten. Ich selber war bloß ein Kuriosum – das Agala hingegen wurde immer wieder hingerissen bewundert. Die Leute waren verblüfft von seinen zahlreichen Hebeln, Gängen und weiteren technischen Raffinessen und schienen keine Ahnung zu haben, wozu das alles diente. Ich wünschte manchmal, ich könnte genug Arabisch, um die improvisierten Erklärungen der Referenten zu verstehen, die sicher nicht viel fachkundiger waren als ihr Publikum.

Die Cafés, zu denen man mich führte, waren einfache, gegen die Gasse offene Hütten. Sie konnten längst nicht so unhygienisch sein, wie sie aussahen, denn ich bekam während der ganzen Zeit in Ägypten nur allerbanalste Magenverstimmungen, und da die Lokale von Moslems besucht wurden, gab es immer einen Wasserhahn, damit man sich vor dem Essen waschen konnte. In den Städten war das Wasser gewöhnlich sehr stark chloriert. Ich aß gebratene Auberginen, Felafel und den allgegenwärtigen Ful. Manchmal war er mit Zwiebeln, Tomaten und Kräutern gedünstet und mit gehackten grünen Blättern bestreut, was sehr gut schmeckte, manchmal schwammen die Bohnen jedoch bloß in einer Ölpfütze, und das schmeckte abscheulich, war aber nahrhaft. Zuerst vermied ich es, Fleisch zu essen, weil mich das absichtliche und unabsichtliche Abschlachten von Tieren längs der Straßen anwiderte. Beim absichtlichen Töten wurde nach dem rituellen Durchschneiden der Kehle und der nötigen Dauer des Ausblutens begeistert gehackt und mit Messern geschlitzt. Es schien eine noch barbarischere Angelegenheit zu sein als das zufällige Schlachten längs der Autostraße, doch der Westen erledigt ja diese unappetitliche Aufgabe auf womöglich noch grausamere Weise in Schlachthöfen. Als ich die Landesgrenze erreicht hatte, war ich abgehärtet gegenüber dem Freiluftgemetzel (solange ich nicht zuschauen mußte) und konnte wieder Fleisch essen, ohne dabei zuviel an das Tier zu denken, von dem es stammte. Die Pittabrotfladen, welche jede Mahlzeit begleiteten, wurden von der Regierung subventioniert, und ein durchschnittliches Essen inklusive ägyptischen Coca-Colas kostete selten mehr als umgerechnet eine Mark.

Die Befürchtungen des ungastlichen Professors hatten sich als unbegründet erwiesen, denn ich fand überall eine Unterkunft. Manchmal gab es Tage, an denen ich weiter radeln mußte, als ich eigentlich vorgesehen hatte. Die größte Tagesleistung lag bei etwa zweihundert Kilometern, mit Rückenwind und auf topfebener Straße zwar anstrengend, aber nicht unmöglich. Die meisten

Hotels waren sehr primitiv – Größe und Dreistigkeit der Kakerlaken dienten mir jeweils als ersten Hinweis –, ich las jedoch keine Flöhe auf, und der Schmutz wurde durch die Freundlichkeit der Leute mehr als wettgemacht. Jedermann in Ägypten schien eifrig darauf bedacht, sein Englisch zu üben. Es gab keinen Abend, wo ich nicht schließlich meinen Eßtisch mit mehreren ernsthaften jungen Männern teilte, um über dies und jenes zu diskutieren – warum Amerika Ägypten soviel Geld zur Förderung der Geburtenkontrolle gibt oder wie man ein Visum kriegt, um in England oder Amerika oder überall, nur nicht in Ägypten, zu studieren oder zu arbeiten. Nach all diesen intellektuellen Anforderungen am Ende eines körperlich anstrengenden Tages fiel mir das Einschlafen selten schwer, obgleich es mir ohne eigenen Schlafsack, Ohrpfropfen und Insektenschutzmittel nicht so gut ergangen wäre.

Schon schwieriger war es, jeweils die nächste Stadt noch zu erreichen und trotzdem genug Zeit zu finden, mir die Sehenswürdigkeiten anzuschauen. Diese Altertümer lagen gewöhnlich etwas abseits der Straße, und nicht selten schloß ihr Besuch eine Nilüberquerung mit der Fähre ein. Nach ausgiebigem Warten, bis irgendein Teil der veralteten Maschinerie repariert war, kam das Feilschen beim Mieten eines Esels und der Ritt auf einer armen, unterernährten Kreatur, der man einfach einen alten Sack über den knochigen Rücken geworfen und ein Stück Seil ums Maul gewickelt hatte. War ich endlich am Ziel angelangt, konnte sich ein weiterer Aufschub ergeben, bis der Wärter mit den Schlüsseln aufgespürt war, welcher höchstwahrscheinlich irgendwo an einem Schattenplätzchen schlummerte. Das Ganze mochte leicht mehrere Stunden dauern.

Manchmal war mir schon der Gedanke daran zuviel, und ich versuchte mich Tempeln gegenüber in der blasierten Haltung: »Haste einen gesehen, so haste alle gesehen.« Doch dann bereute ich regelmäßig, etwas ausgelassen zu haben, denn wie Amelia B. Edwards wurde ich zunehmend süchtig nach ägyptischen Ruinen. Ich bin mir nicht ganz sicher, weshalb. Ich fand ihre Massigkeit weder attraktiv, noch berührten sie mich im herkömmlichen Sinn, nichtsdestoweniger waren sie fast immer großartig. Ein geheimnisvoller Hauch umwehte sie, ein bestrickender Sinn für das Erhabene. Sie gaben mir das Gefühl, irgendein Geheimnis zu bergen, das es zu enträtseln galt.

Hie und da fiel einer dieser Besuche mit der Ankunft einer gutbetuchten Reisegesellschaft von einer Nilkreuzfahrt zusammen, die heutzutage mit Dampfern des Nil-Hilton oder Sheraton durchgeführt werden. Amelia B. Edwards hätte sie wohl genauso scharf aufs Korn genommen, wie sie es schon mit den Thomas-Cook-Dampfern der 1870er Jahre getan hatte. Immer wieder strich sie die Vorzüge ihrer eigenen Reise in einem traditionellen hölzernen Segelboot heraus. Dampfer, notierte sie mit Genugtuung, liefen häufig auf den Sandbänken auf Grund, und wäre sie am selben Tag wie ich bei den Gräbern von Beni Hassan angekommen, hätte sie wohl noch weit geringschätzigere Bemerkungen auf Lager gehabt.

Ich hatte mit einem jungen Engländer Bekanntschaft geschlossen, während wir beide auf die Fähre warteten. Er studierte in Alexandria Arabisch und verbrachte nun eine Woche damit, auf seinem uralten Motorrad die archäologischen Fundstellen Ägyptens abzuklappern. Als wir zusammen die Gräber erreichten, kam gerade eine größere Gruppe Franzosen von einem Dreideckdampfer an Land. Sämtliche trugen knapp bemessene Kreuzfahrtkleidung, was den Moslems, welche selbst die großzügig bemessenen Shorts im britischen Kolonialschnitt für beide Geschlechter unanständig finden, ein Greuel ist. Alle ortsansässigen Frauen hatten eine Falte ihres Umhängetuchs übers Gesicht gezogen, um auszudrücken, wie schockiert sie waren, doch nicht mehr als eine Falte, um den Blick auf die »schamlosen Ungläubigen« ja nicht zu verbergen. Die Männer glotzten offen und machten keinen Versuch, ihr Interesse am weiblichen Fleisch zu verbergen, das da mühsam die steilen Treppenfluchten in der Klippenwand emporklomm.

Der Wächter der Gräber von Beni Hassan war ein griesgrämiger Geselle. Er war nicht im geringsten an Kleidung interessiert, sondern nur an der Höhe des erwarteten Trinkgelds, und weil die vielen Franzosen ganz offensichtlich mehr Freigebigkeit versprachen als ein einzelnes englisches Paar, fanden wir uns dauernd am Schwanz der Gruppe herumgeschubst. Als sie ihre oberflächliche Besichtigung beendet hatten, wurden wir mit ihnen hinausgedrängt, und das Tor fiel hinter uns ins Schloß. Schon in den Gräbern durften wir kein einziges Wort miteinander wechseln, denn das Kreuzfahrtunternehmen hatte eine Fremdenführerin aufgeboten, die unablässig und laut auf französisch referierte. Wenn wir uns einmal vergaßen und etwas zueinander sagten, blickte sie stirnrunzelnd in unsere Richtung, worauf uns der kriecherische Wächter anzischte, ruhig zu sein. Nach dieser Exkursion war ich willens abzuwarten, bis Kreuzfahrtgesellschaften wieder zurück in ihren Deckliegestühlen saßen, bevor ich meine Tour antrat.

In alten Zeiten war Ägypten in zwei Königreiche geteilt: Memphis war die Hauptstadt von Unterägypten, Oberägypten wurde von Theben aus regiert. Historisch gesehen ist das Interessanteste im mittleren Ägypten die Regentschaft von Pharao Echnaton und seiner ebenso berühmten Gattin Nofretete, die im vierzehnten Jahrhundert vor Christus die gesamte komplexe Struktur der ägyptischen Religion mit ihrer pantheistischen Anbetung einer großen Zahl von Göttern in die Schranken forderten. Echnaton verkündete, daß nur ein Gott existiere: Aton, dessen Symbol die Sonne war und der nur über den Pharao selbst wahrhaftig angebetet werden konnte. Einige Gelehrte sind der Ansicht, daß seine Herrschaft Ägyptens ersten Gehversuch im Monotheismus darstellte, und wollen einen echten religiösen Fortschritt feststellen; andere wiederum interpretieren sie eher zynisch als Versuch, den göttlichen Status des Königtums noch zu erhöhen.

Echnaton verlegte seine Hauptstadt südlich von Theben auf jungfräulichen Boden nach Amarna, achtzig Kilometer vom heutigen Beni Hassan entfernt. Hier wurde im Einklang mit dem neuen Glauben ein Kunststil begründet. Es kam zu einer großartigen, aber kurzen Blütezeit. Der Pharao hatte die Macht einer einflußreichen Priesterschaft gebrochen, die damals ein Zehntel allen fruchtbaren Bodens in Ägypten besaß, doch Echnatons mutige Neuordnung überlebte ihren Schöpfer nicht lange und wurde endgültig gebrochen, als der minderjährige König Tutanchamun vor seinem eigenen frühen Tod die alte Ordnung wiederherstellte. Die Priester des ursprünglichen Glaubens rächten sich, indem sie Echnatons Hauptstadt zerstörten und seinen Namen samt dem seiner Gemahlin und seiner unmittelbaren Nachkommen aus den Listen der Könige herausmeißelten, die auf Steintafeln in den Königsstädten von Theben und Memphis aufgeführt waren, was einem völligen Vernichtungsurteil gleichkam. Waren ihre Namen einmal ausgelöscht, so schienen sie nie existiert zu haben. Im alten Ägypten war Unsterblichkeit mit solider Materie verknüpft, mit Gegenständen, denen spezielle Macht zugeschrieben wurde. Der Geist brauchte Dinge, die man anfassen konnte – wie Nameninschriften, Statuen, einen mumifizierten Körper und Grabbeigaben –, um seine Existenz fortzuführen. Die Regentschaft von Echnaton, dem »Häretiker«, hatte jedoch einen derart ausgeprägten Einfluß auf die produktive Kunst seiner Zeit, daß sie die Phantasie einiger späterer Pharaonen nachhaltig beeinflußte, und der Kopf einer zerbrochenen Statue von Nofretete im Berliner Museum gilt heute als einer der exquisitesten Kunstschätze aller Zeiten.

Manchmal verlor ich mich bei der Rückkehr von diesen Besuchen im Labyrinth der kleinen, schmutzigen Wege auf dem fruchtbaren Streifen zwischen Straße und Nil und fand mich in einer anderen Welt wieder, losgelöst und scheinbar ohne irgendwelchen Zusammenhang mit dem zwanzigsten Jahrhundert, das sich in der geteerten Straße und in den kosmopolitischen Nildampfern und Touristenattraktionen verkörperte. In diesem beschatteten, grünen Landstrich leben siebzig Prozent der ägyptischen Bevölkerung, die Fellachen. Ihr ländliches, arbeitsintensives Leben hat sich seit uralten Zeiten nicht wesentlich geändert. Jede Handbreit Boden ist kultiviert, bewässert von einem komplexen System kleiner Kanäle und Bewässerungsgräben, die mit einem Fußtritt gegen einen Erdklumpen geöffnet und mit einem Spaten Erde wieder geschlossen werden. Mechanisierung ist selten – und in einem Land, das angeblich alle zehn Monate um eine Million Menschen anwächst, nicht wirklich notwendig.

Einige Dörfer hatten ein Gemeinschaftsgewerbe, eine Töpferei etwa oder eine Ziegelei. Man arbeitete gruppenweise nach uralten Methoden zusammen, als Material diente der reichlich vorhandene, in der Sonne getrocknete Nilschlamm. In diesen Dörfern, wo ich manchmal anhielt, um bei der Arbeit zuzuschauen, zeigte sich erst wirklich das verzweifelte Ausmaß von Ägyptens Armut. Man begegnete ihr in allen Aspekten des täglichen Lebens: bei den unhygienischen Wohnverhältnissen, bei den von Fliegen bedeckten Säuglingen, bei den Kindern, die an unbehandelten Krankheiten litten, und bei ihren Eltern – Männern und Frauen, die viel zu früh alt wurden. In diesen bäuerlichen Dörfern wurde ich selten belästigt. Nur am Nilufer, wo Touristen von jeher angeredet werden, waren die Kinder zuweilen mit ihren Forderungen nach Bakschisch zudringlich und heftig, und gelegentlich gesellten sich Frauen, seltener auch alte Männer dazu.

Wirklich eingeschüchtert fühlte ich mich jedoch nachmittags auf der Landstraße. Wenn die Schule aus war, strömte ein endloser Zug von Kindern und Jugendlichen hervor und säumte meilenweit die Straße. Es war unmöglich, ihnen zu entkommen. Bei schwachem Verkehr formten sie manchmal eine Menschenkette und versuchten mich zum Anhalten zu zwingen. Die Kühnsten streckten ihre Hände aus und riefen: »Geld, gib uns Geld!«, einige hatten sogar Steine zum Schleudern bereit und Stöcke, um sie durch die Speichen zu stecken. Je weiter ich nach Süden kam, desto ungebärdiger wurden die Kinder. Ich konnte nur wenig dagegen unternehmen und höchstens auf den Schutz des Verkehrs hoffen, denn die kleinen Teufel weiter vorne wurden von den Nachzüglern alarmiert und warteten jeweils schon auf mich. Anzuhalten war fatal. Ich tat es einmal und hatte die größte Mühe, wieder wegzukommen. So versuchte ich immer schön weiterzufahren, wie viele Steine auch über meinen Kopf flogen, und fuchtelte manchmal bedrohlich mit meinem Taschenmesser herum. Mit Schrecken dachte ich an jene Million neuer Ägypter, die alle zehn Monate geboren werden, und an die betrübliche Aussicht, daß sie alle diese unangenehme Entwicklungsphase durchlaufen mußten – vor ihrer Metamorphose zu ägyptischen Erwachsenen, die doch insgesamt so liebenswürdig waren.

5. KAPITEL

Unter Räubern in Oberägypten

In Assiut wurde ich gewarnt, auf der Weiterfahrt besonders vorsichtig zu sein, da angeblich bewaffnete Fehden und eine allgemeine Zügellosigkeit herrschten. Wie die meisten Warnungen vor Gefahren, gegen die sich nichts vorkehren läßt, vergaß ich auch diese völlig – bis nach einem unliebsamen Zwischenfall, einem Raub, der auf das Konto meines Wunsches ging, Fotos zu machen. Ich war den ganzen Morgen auf einer spektakulären Straße geradelt, flankiert von den goldenen, mit Höhlen und Gräbern durchsetzten Kalksteinklippen der östlichen Wüste. Noch nie hatte der Himmel so vollkommen blau, noch nie hatten die Felder grüner geschienen. Überall waren stattliche Dattelpalmenhaine verstreut. Einzelne Bäume sprossen mitten aus den Häusern oder sogar auf den Flachdächern der Lehmziegeldörfer, welche die Straße säumten. Immer wieder berührte die Straße den Rand des Nils, der an dieser Stelle so breit war, daß das gegenüberliegende Ufer nur erraten werden konnte. Anmutige Feluken zogen stromaufwärts, vom selben sanften Wind getrieben, der auch mir in den Rücken blies, und in den Feldern spielten Silberreiher das Motiv der weißen Segel. Die Landschaft war so idyllisch, wie man es nur wünschen konnte, und lud geradezu zum Fotografieren ein. Jeder Schnappschuß wurde jedoch bereits im Keim erstickt, und zwar von einer nicht enden wollenden Schar kleiner, tatendurstiger Kinder, die auf die Straße strömten, sobald sie mich erblickten, und wie die Todesfee im irischen Märchen »Hallo Herrrr ... Wie geht es ... dirrr?« schrillten. Dutzende von Händen schoben sich fürs »Bakschisch, Herrrr ...« vor (ich mußte ein Herr sein, da Frauen nicht auf Agalas fahren), die anderen hielten ihre Steine und Stecken umklammert, bereit, davon Gebrauch zu machen, falls die Großzügigkeit versiegte. Selbst Krösus wäre zum Bettler geworden, hätte er auch nur die kleinste Münze in jede der Hände gelegt, die mir in Ägypten entgegengestreckt wurden.

In einem bestimmten Dorf winkte mir dann ein Mann, anzuhalten. Ich wußte nicht, was er wollte, doch er schüttelte mir die Hand und schien sehr freundlich. Er hatte anscheinend nichts dagegen, daß ich den Fotoapparat herausholte, sondern schien vielmehr geschmeichelt und rief seine ganze Sippschaft herbei, rund zwanzig oder dreißig Personen, da er offensichtlich die vier Ehefrauen hatte, die das islamische Recht ihm zugestand. Ich schoß ein paar Aufnahmen, während sie das Fahrrad hielten und mich auf weitere interessante Motive hinwiesen, darunter zwei alte Männer, die ein Fischernetz flickten. Als ich mich nach dem Knipsen wieder umdrehte, war das Fahrrad unter einem Meer von Leibern verschwunden. Kühn watete ich hinein, um es zu retten, und sah gerade noch, wie ein Individuum mein Reisejournal aus der Lenkertasche zog und ein anderes emsig dabei war, Werkzeug und Gepäckschnüre abzutransportieren. Während ich diese Sachen wieder behändigte, streckten sich mir von überall her Hände entgegen, und Stimmen erhoben sich zur bekannten Bitte. Eine Frau packte meine Hand und versuchte einen Ring von meinem Finger zu zerren. Die Situation schien ziemlich alarmierend zu werden. Mit einem Mal wurde mir bewußt, was für eine zähe, sehnige und äußerst skrupellose Bande das war. Ich stieß jedoch nicht wirklich auf Widerstand, als ich mir einen Weg aus all den grapschenden und fordernden Händen bahnte, und die paar Steine, die mir nachflogen, als ich entwischte, waren ungefährlich.

Ich war schon fast einen Kilometer weg vom Kampfschauplatz, als ich entdeckte, daß man mir meinen Sonnenhut geraubt hatte. Nicht, daß er viel gekostet hätte, doch er konnte in den Wüsten des Sudans, die vor mir lagen, über Leben und Tod entscheiden. Ich war bereits so weit nach Süden gelangt, daß ich in der Nachmittagssonne auf seinen Schutz nicht mehr verzichten konnte. Ich mußte handeln! Aber es brauchte noch mal fast einen Kilometer, bis ich all meinen Mut zusammengenommen hatte. Mit meinem kleinen Schweizer Militärmesser in der Hand kämpfte ich mich gegen den Wind zurück, dabei übte ich passende Drohgesten und Grimassen ein, um meine Waffe nach mehr aussehen zu lassen und mich in Kampfstimmung zu bringen. Als ich mich dem Tatort näherte, erblickte mich ein kleiner Bub auf einem Esel. Mit Panik in den Augen wendete er sein Reittier, stieß einen Warnschrei aus und klapperte zum Dorf zurück. Ich stürzte ihm nach und brüllte, so laut ich konnte: »Polizei! Polizei!«, in der Hoffnung, daß das arabische Wort etwa gleich tönte, dazu fuchtelte ich drohend mit dem Taschenmesser über meinem Kopf herum. Ich fühlte mich fast wie Don Quijote mit der Lanze gegen Windmühlen anrennen.

Die ganze Sippe war auf einem Haufen zwischen zwei Bruchbuden versammelt. Und da war auch mein Hut, festgekrallt in der Hand eines kleinen, sehr schmuddeligen Jungen. Mehrere Leute verdrückten gerade die Reste meines Picknicks, und allen stand die Schuld ins Gesicht geschrieben. Sie sahen aus wie eine Gruppe ungezogener Schuljungen, die beim Plündern der Speisekammer auf frischer Tat ertappt worden waren – es war einfach unmöglich, von ihnen eingeschüchtert zu sein. Nur mit äußerster Mühe konnte ich mir das Lachen verbeißen, als ich mit gestrenger Miene nach vorne schritt und den Hut auflas. Die belegten Brote hingegen waren unwiederbringlich dahin.

Im nächsten Dorf winkte mir eine Gruppe verdutzter Männer, die mich nun schon zum drittenmal durchfahren sahen, anzuhalten. Voll Selbstvertrauen nach meiner erfolgreichen Schlacht stieg ich ab und setzte mich, um mit ihnen Tee zu trinken. Der Dorfälteste, der etwas Englisch verstand, fragte mich, was das Messer sollte, und ich erklärte mit viel Mimik, wo die Worte fehlten, was geschehen war. Als der Überfall endlich zu jedermanns Zufriedenheit vorgespielt war, waren wir Freunde geworden. Alle lachten schallend, besonders über die bescheidenen Dimensionen meines Taschenmessers, und bevor ich mich wieder auf den Weg machte, überreichte man mir feierlich einen großen Stock aus Zuckerrohr. »Nicht für essen«, sagten sie, »hauen!

hauen!« und führten vor, wie ich ihn auf die Köpfe irgendwelcher Möchtegernräuber niedersausen lassen sollte. Ich hütete ihn lange Zeit. Er erwies sich als äußerst nützlich und jagte sogar eine Truppe dreister junger Frauen auf Eseln in die Flucht, als sie versuchten, mir im Vorbeitrotten den Hut vom Kopf zu schlagen. Später ging ich dazu über, gelegentlich daran zu nagen, wenn ich keine Energie mehr hatte. Er schmeckte sehr erfrischend, doch auf halbem Weg durch Ägypten, vor der großen Flußschlaufe von Kena, wo der Nil in einem Bogen von neunzig Grad nach Osten schwingt, war er schließlich futsch.

Kurz vor dieser Stelle liegt das vielleicht älteste Heiligtum der Welt: Abydos, das Kultzentrum von Osiris, dem Gott der Unterwelt. Einst war es der Wunsch jedes Ägypters, ob vornehm oder nicht, zu Lebzeiten einmal eine Pilgerreise nach Abydos zu unternehmen oder dort begraben zu werden oder wenigstens seinen mumifizierten Leichnam auf einer Barke dorthin bringen zu lassen, bevor er anderswo beigesetzt wurde. Seither ist dieser Ort mehr und mehr verkommen, sogar der Nil hat ihm den Rücken zugewandt und einen neuen Lauf mehrere Kilometer östlich eingeschlagen. Zerzauste Dörfer drängen sich auf Hügeln, wo einst Tempelanlagen unvorstellbaren Alters gestanden hatten. Von der Periode des Neuen Reichs zwischen 1560 und 1080 vor Christus ist nur ein schwacher Abglanz in Gestalt zweier Tempel zurückgeblieben, die von Seti I. und seinem bauwütigen Sohn Ramses II. errichtet wurden. Obwohl niemand lange dort verweilt, gilt Abydos noch immer als wichtiger Fundort. Die Touristenbusse halten auf dem Weg von Kairo nach Assuan nur kurz an, andere Besucher kommen einen Tag von den Nildampfern oder von ihren komfortablen Hotels in Luxor herunter und kehren wieder zurück, bevor es einnachtet.

Da es in Abydos keine Übernachtungsmöglichkeit für Besucher gab, konnte ich nur dank der guten Dienste eines jungen Mannes, den ich zwei Tage zuvor kennengelernt hatte, in einer Art Gartenschuppen ein Obdach finden. Walid war ein wandernder Apotheker und erledigte bei meiner Ankunft gerade sein wöchentliches Pensum in Abydos. Meine Bude stand neben der, in welcher er selber schlief. Es war zwar so etwas wie ein Bett darin, auch eine vor Fliegen starrende Glühbirne, welche an einem ausgefransten Draht herunterhing, und ein Rohr, das in Kopfhöhe aus der Wand herausragte und wohl als Dusche gedacht war, doch da es weder Elektrizität noch Wasser gab, schien nur das Bett zu etwas nütze. Hier hatte ich mich jedoch geirrt. Die dünne, mit Baumwolle gestopfte Matratze befand sich in einem derart fortgeschrittenen Verwesungszustand, daß ich beschloß, meine aufblasbare Matratze auf dem Boden auszulegen und es mit den Käfern, Kakerlaken und etwaigen Nagern aufzunehmen. Ich hatte ja meine Dauerkerze, das einzige wirkliche Problem war nur das fehlende Wasser – ironischerweise gerade hier, wo einst große Teiche und Wasserbecken für die Waschungen der Pilger gewesen waren und, wie Herodot behauptete, die Priester viermal täglich badeten. Nach dem Radfahren bei Temperaturen, die jetzt nie unter fünfundzwanzig Grad fielen und meist beträchtlich höher lagen, träumte auch ich von vier Bädern am Tag. Ich sehnte mich dauernd nach viel, viel Wasser, um die Schweiß- und Schmutzkruste von meiner Haut und meinen Kleidern zu spülen, doch von ein paar wenigen Hotels abgesehen, wo die Duschen wirklich funktionierten, mußte ich mich die meiste Zeit mit einem halben Eimer einer trüben Brühe begnügen, die ich über mich goß. Wenn die Straße das Nilufer streifte, war die Versuchung, mich kopfüber ins glitzernde Naß zu stürzen, manchmal fast übermächtig, und nur die strikten Warnungen vor Bilharzia hielten mich zurück.

Der dürftige Zustand der Unterkünfte von Abydos wurde vom Vergnügen, eine Nacht auf dem Land statt wie üblich in einer lärmigen Stadt zu verbringen, mehrfach aufgewogen. Mein Schuppen stand in einem Garten, wo den Touristen tagsüber Getränke und Eis verkauft wurden. Bei Tageslicht war er ohne jeglichen Reiz, doch die Nacht verlieh ihm einen geheimnisvollen Anstrich. Sie verhüllte den herumliegenden Abfall und verstärkte den angenehmen Duft der Sträucher und Kräuter. Ohne störende Straßenbeleuchtung wirkten die Sterne riesengroß. Ihr Licht reichte aus, um die Pylonen und Mauern des Tempels von Seti zu beleuchten. Obwohl kein Abendessen serviert wurde, gab es gutes ägyptisches Bier, dazu meinen Notproviant an Früchten und Erdnüssen, der das Felafelsandwich von einem Verkaufsstand im Dorf ergänzte.

Ein zusätzlicher Reiz bestand darin, daß mich Walids Freund in den Tempeln herumführte. Abdel, ein Hochschulabsolvent, der gerade an seiner Dissertation über Archäologie arbeitete, war hier in Abydos aufgewachsen, wo die Tempelhöfe sein Spielplatz und die hohen, mit farbigen Hieroglyphen bedeckten Mauern seine ersten Bücher gewesen waren. Für das aufgeweckte Kind einer armen Familie erwies sich die allgemeine Schulpflicht als eine Chance, aus dem bäuerlichen Leben auszubrechen. Es war ihm sicher nicht leichtgefallen, denn seine Familie war zwar stolz auf die Fähigkeiten ihres Sohnes, setzte ihn aber unter Druck, doch lieber etwas Nützlicheres zu studieren. Jetzt hatten ihn alle außer seiner Mutter abgeschrieben, und alles, was ihr noch am Herzen liege, sei, wie er sagte, ihn zu verheiraten. Abdel schien indessen fest entschlossen, diesem Schicksal zu entrinnen.

Die alte ägyptische Religion ist schon deshalb faszinierend, weil die Gelehrten sich ihretwegen sehr in den Haaren liegen. Einige führen ins Feld, daß alles auf eine Religion mit einem ewigen, präexistenten und allmächtigen Gott hindeute und die unzähligen Götter nur seine symbolischen Ausdrucksformen seien; andere sehen sie als völlig heidnisch an, als einen komplexen erweiterten Polytheismus mit Lokalgöttern von beschränkter Macht und einem allem zugrunde liegenden Sonnenanbetungskult. Abdel selbst vertrat leidenschaftlich die erste Theorie und stilisierte den Osiris-Mythos zum klarsten Beweis eines sehr frühen monotheistischen Glaubens hoch, der weit vor Echnatons Regierungszeit lag. Er führte mich zu den inneren Kammern von Setis Heiligtum, wo bei den jährlichen Feiern die geheiligten Mysterien der Auferstehung von Osiris zelebriert wurden. Hier zeigt ein sehr dürftig erhaltenes Relief, wie Osiris auf einem Bett liegt, nachdem er von seinem Bruder Seth – der Macht des Bösen – zerstückelt worden war. Seine verschiedenen Körperteile mit Ausnahme seines Phallus, den ein Fisch gefressen hatte, wurden von seiner liebenden Gattin Isis gesammelt und mit neuem Leben erfüllt. Isis schwebt in Gestalt eines Vogels über seinem Kopf, und dies soll der Moment gewesen sein, wo Osiris auf mysteriöse Weise seinen Sohn Horus mit ihr zeugte, bevor er dieses Leben auf immer verließ und seine Pflichten als Gott der Toten antrat. Horus wuchs heran, um seines Vaters Tod zu rächen und das Böse zu zerstören – die »Göttlichkeit« der Pharaonen beruhte letztlich darauf, daß man sie als »Bestrafer der Verderbnis« mit Horus assoziierte.

Die weiteren Argumente, welche Abdel anführte, um seine Theorie zu untermauern, haben sich in meinem Kopf mit all den vielen verschiedenen Ansichten über die ägyptische Religion, die mir andere Gelehrte mitteilten oder die ich selbst gelesen hatte, zu einem bunten Durcheinander vermischt. Das Gebiet scheint ungeheuer komplex zu sein, obwohl es auch hier um das zentrale Thema des Kampfes zwischen Gut und Böse kreist, das allen Religionen gemeinsam ist. Es sind zufällige Einzelheiten, an die ich mich noch am besten erinnere, denn sie sind es doch, welche stets unsere Einbildungskraft fesseln – zum Beispiel die Erklärung, daß Hator, die Gemahlin von Horus, die schönste Frau gewesen sein soll, die man sich nur vorstellen kann, und daher mit Kuhohren versehen wurde, weil den alten Ägyptern Kühe über alles gingen. Es gab dort auch ein heiliges unterirdisches Wasserbecken, zu dem Abdel mich führte, einen dunklen Ort, den man über ein paar uralte, zerbrochene Stufen erreichte. Unfruchtbare Frauen kamen früher hierher, um in diesem Becken zu baden und den Gott um einen Sohn zu bitten, und während eine Frau betete, warf ein verborgener Priester einen Stein ins Wasser. In der Meinung, das Spritzen sei die Antwort des Gottes, erschrak sie so heftig, daß sie wegging und das nächste Mal, als sie mit ihrem Mann schlief, prompt schwanger wurde. Ich erfuhr aus verschiedenen Quellen, daß das Becken auch heute noch mit derselben Absicht aufgesucht wird und so bekannt für seine Wirksamkeit ist, daß man mehrere wissenschaftliche Studien darüber anstellte.

Mit Hilfe von Abdels enthusiastischen Erklärungen begann sich in mir langsam ein Bild der kolossalen Tempel zu formen. Ich sah Wälder dicht aneinandergebauter Säulen vor mir, welche die Szenerie für die priesterlichen Riten bildeten, sah, wie die Sonnenstrahlen überraschend auf den innersten heiligen Bezirk in jenen dunklen Hallen fielen und ihn zum Leben erweckten. Prozessionen von Figuren in Roben, welche die starre Statue des »erweckten Gottes« trugen, lösten sich plötzlich von ihrem Platz an den Wänden und nahmen Gestalt an. Die Statue, die sie trugen, war deutlich mehr als nur ihre Form: Sie war ein Objekt der Kraft, das Ka, die Essenz Gottes, in sich enthielt und dem deshalb wie jedem großen Herrn mit Wein und Fleisch, mit Tanzen und Singen aufgewartet werden mußte. Diese Sicht der Dinge milderte für kurze Zeit die starre Leere der verlassenen Bauten und schlug eine Brücke durch die Jahrhunderte, zurück zu den Menschen, die hier einst dem Gott gehuldigt hatten.

Nach einer langen Tagesfahrt gegen einen starken Ostwind erreichte ich Kena, wo der Fluß auf seinen südlichen Kurs zurückschwenkt. Drei Tage war es nun her, seit ich mich husch, husch hatte waschen können, und meine Kleider fühlten sich vom Schweiß ganz salzig und steif an. Meine Diät aus Früchten und Bier war angesichts der körperlichen Daueranstrengung nicht besonders bekömmlich gewesen. Ich fühlte mich ausgelaugt und war gar nicht begeistert von der Aussicht auf eine der üblichen unpersönlichen Unterkunftsmöglichkeiten. Als ich nach längerem Herumschlendern in der Stadt nur eine Reihe schmutziger Hotels vorgefunden hatte, betrat ich ein Reisebüro, um mich zu erkundigen, ob es hier nichts Besseres gebe. Man wußte von nichts, doch ein junger Mann, der die Aufsicht führte, fragte herum und begleitete mich schließlich zu einem Hotel, das sich als ein bißchen sauberer als der Durchschnitt erwies und wo wenigstens Wasser aus den Hähnen kam. Ich hatte mich kaum gewaschen und meine Kleider ausgespült, als Disa, der junge Mann, mit einer Einladung seiner Eltern zurückkam, den Abend in ihrem Heim zu verbringen.

Es war eine durchschnittliche ägyptische Familie aus der Mittelschicht: der Vater, ein Grundschullehrer, Disa, zwei weitere erwachsene Söhne und eine Tochter, die noch zur Schule ging. Die Mutter wartete allen liebevoll und freudig auf – ein Muster an Hingebung. Sie kam mir jedoch ziemlich krank vor und hustete unaufhörlich. Die Familie lebte in einer kleinen, sauberen Wohnung im ersten Stock eines engen, noch nicht fertiggestellten Rohbaus an einer schmutzigen Straße. Ich erfuhr, daß mit der Zeit noch zwei weitere Stockwerke über ihnen dazugebaut und an andere Leute vermietet würden. Dies war offenbar das gängige Muster beim Wohnungsbau in Ägypten: haufenweise halbfertige Rohbauten, alle von minderer Qualität. Selbst die rudimentärsten Bautechniken schienen zu fehlen. Das Backsteinmauerwerk wurde zum Beispiel überhaupt nicht verfugt, und ich wunderte mich oft, weshalb diese Gebäude nicht einfach wie Kartenhäuser in sich zusammenstürzten. All das stand in krassestem Widerspruch zu den massiven historischen Bauten, welche für die Ewigkeit errichtet worden waren. Auch im Innern der Häuser herrschte dieselbe schludrige Bauweise vor. Ich übernachtete in vielen Drei- oder Viersternhotels, wo gute Baumaterialien von pfuschenden Handwerkern ruiniert worden waren. Die sanitären Installationen sahen oft aus, als wären sie mit einem Vorschlaghammer an Ort und Stelle eingepaßt worden, und auf die gekachelten Wände schienen wilde Horden nassen Beton geworfen zu haben, nachdem die Platten gelegt worden waren.

So zusammengepfercht und einfach sie auch lebten – Disas Wohnung mit ihrem kleinen Duschraum ohne Betonklumpen, die Wände und Fußböden verunstalteten, war ein Musterbeispiel an Gepflegtheit. Daß sich die Familie überhaupt ein solches Heim leisten konnte, war nur möglich, weil alle erwachsenen Kinder ihren Verdienst in den Familientopf warfen. Disa meinte, dies sei in seinem Land nicht unüblich, bedeute jedoch, daß sich junge Leute meist erst ab dreißig Jahren eine Heirat leisten konnten. Er selbst war seit fünf Jahren verlobt und bezweifelte, vor Ablauf weiterer fünf Jahre heiraten zu können. Da zuviel Kontakt zwischen den Geschlechtern vor der Hochzeit nicht gern gesehen wird, boten diese in die Länge gezogenen Verlobungen eine mögliche Erklärung, weshalb es in Ägypten so viele reizende junge Männer gab, die stundenlang Zeit zur Verfügung hatten, um mit einer Engländerin mittleren Alters zu plaudern.

Selbst wenn ich königlichen Geblüts gewesen wäre, hätten

Disas Eltern mich nicht freundlicher willkommen heißen können. Sie bestanden darauf, daß ich die Nacht bei ihnen blieb, statt ins Hotel zurückzukehren. Das ganze Schlafarrangement der Familie wurde auf den Kopf gestellt, so daß ich schließlich trotz meiner Proteste das große Schlafzimmer mit dem steinharten Ehebett und dem Bett der Tochter ganz für mich allein hatte. Seine Bewohner biwakierten irgendwo anders, so gut es eben ging. Ihre Gastfreundschaft ging so weit, daß sie mir mit allen Mitteln das Gefühl zu geben versuchten, ich sei es, die ihnen einen Gefallen erweise.

Das Abendessen nahmen wir alle sieben rund um einen niedrigen, runden Messingtisch mit vielen einzelnen Gerichten ein, in welche wir nach Belieben unsere Finger oder Brotstücke eintunkten. Es gab Kaninchen, Spinat, gefüllte Taube, ein Omelett, Chips, ein Hackfleischgericht, marinierte Zitronen und Käse. Alles schmeckte köstlich, obwohl einige der Speisen, besonders der Spinat und das Gehackte, ohne Besteck nicht eben leicht zu essen waren. Danach wurden frische Datteln gereicht, und wir tranken Tee aus tulpenförmigen Gläsern. Alle schmunzelten oder lachten ausgiebig über meine Ungeschicklichkeit, mit den Fingern zu essen. Sie waren die wärmsten, freundlichsten Menschen, die ich in ganz Ägypten kennenlernte, und ich war sehr glücklich, auf ihr Drängen den nächsten Tag mit ihnen verbringen zu können.

Man wollte mir unbedingt die berühmte Töpferei von Kena zeigen. Am folgenden Morgen gleich nach dem Frühstück wurde ich von Disa, der sich für den Ausflug ein Fahrrad geborgt hatte, ins Grüne geführt. Ich hatte schon vorher dörfliche Töpfereien gesehen, doch diese hier war ganz anders und sehr, sehr merkwürdig. Auf einem riesigen Areal voller Bruchsteine und Gruben waren primitive, mit Kohle beheizte Brennöfen errichtet – eine Art Steinzeittöpferei, die eine Welt von amphorenartigen Gefäßen produzierte, alle von derselben Form und Größe, Hektar über Hektar zu großen Hügeln aufgeschichtet. Der Ausschuß wurde für Gartenmäuerchen und Klosetts in den Arbeiterwohnungen verwendet und bildete den gediegensten Teil der primitiven Behausungen. Kena war anscheinend berühmt für diese speziellen Töpfe, die schon seit Menschengedenken hergestellt wurden. Es gab niemanden dort, der mir sagen konnte, wozu sie genau dienten oder wer sie kaufte. Der ganze Platz hatte etwas Surreales an sich – als stehe er über der gewohnten, funktionellen Welt.

Später wanderten wir auf schmalen Weglein durch die Felder in der Umgebung. Man konnte kaum einen Fuß vor den anderen setzen, denn jede Handbreit Boden war so gepflegt und ordentlich wie nur möglich, ganz im Gegensatz zu den baufälligen Dörfern mit ihren auswuchernden Misthaufen und den zerlumpten Kindern. Eins der Felder war soeben geerntet und neu gepflügt worden. Drei alte Frauen kauerten im Dreck wie riesige schwarze Krähen und gruben von Hand die verbliebenen Wurzeln aus. Sie riefen uns im Vorbeigehen etwas zu. Disa erzählte mir, daß sie sich über die harte Arbeit beklagten und ihn, einen »Stadtmenschen«, hänselten, indem sie ihn zum Schein baten, doch mitzuhelfen. Dann trat der Grundbesitzer zu uns und schickte einen schönen Jungen in einer grünen Gallabija Tee holen. Wir setzten uns auf einen kleinen Flecken Gras, wo sich zwei Pfade trafen und Mango- und Feigenbäume ihre Äste über uns vereinigten und Schatten spendeten. Er spielte den Gastgeber, und wir tranken den Tee aus dem einzigen kleinen Glas, welches jeweils für den nächsten nachgefüllt wurde.

Das stattliche arabische Haus von Disas Vetter, das er mit seinem Bruder teilte und wo wir zu Mittag essen sollten, lag am anderen Ende des Dorfes. Keiner der beiden Männer war Bauer. Sie arbeiteten auf Regierungsämtern in der Stadt, das Haus war ihnen durch eine der Frauen zugefallen. Überall wimmelte es von kleinen Kindern, deren Gesichter von Fliegen bedeckt waren. Ägypten ist unbestritten das Land der Fliegen. Den Kindern hier scheint es offenbar nichts auszumachen, wenn sie an ihnen herumkrabbeln, denn sie versuchen nicht, sie wegzuscheuchen. Die Zimmer waren dunkel und hatten hohe Decken, sehr dicke Wände und kleine Fenster. Sie liefen wie zufällig ineinander über, verbunden durch unerwartete Höfe und Korridore, als ob das Haus ganz ohne erkennbaren Plan immer weiter gewachsen wäre. In der Küche gab es nichts außer einem Butangasherd und ein paar Töpfen in einer Ecke auf dem Fußboden, auch der Rest des Hauses war spärlich möbliert, nur ein paar Sitzbänke und Betten standen auf dem nackten Lehmboden. Die besten Zimmer hatten mit Leimfarbe in einem schablonierten Muster gestrichene Wände und Balkendecken, einige der Räume waren den Mäusen und Tauben überlassen worden. Das Ganze roch nach Verfall. Obwohl es schon sehr alt aussah, war es erst vor sechzig Jahren erbaut worden und ließ jeglichen Reiz vermissen.

Nur eins der Kinder durfte mit uns essen, die übrigen wurden strikt draußen bei den Frauen gehalten. Dieser Junge, der vierjährige Sohn unseres Gastgebers, war erklärtermaßen sein Liebling. Er klammerte sich an die Knie seines Vaters und blickte uns finster an, und als er merkte, daß Papa mit uns in die Stadt weggehen wollte, spuckte er die Apfelsine, die er gerade aß, wieder aus, schmiß sie seinem Vater nach und heulte herzzerbrechend. »Er tun dies immer, wenn ich gehen. Er lieben mich sehr!« sagte Disas Vetter voller Stolz, machte aber keinen Versuch, das Kind zu trösten.

An diesem Abend kam eine ganze Prozession Nichten und Neffen bei Disas Eltern zu Besuch. Erwartungsvoll und mit glänzenden Augen saßen sie auf einer harten, hölzernen Sitzbank und nahmen allen Mut zusammen, ihre wenigen Brocken Englisch anzuwenden. Ich hatte den Nachmittag damit verbracht, Disas Mutter Hanna beim Gemüseputzen für das Abendessen zu helfen. Obgleich niemand da war, der übersetzen konnte, weil Disa wieder in seinem Reisebüro arbeitete, hatten wir beide uns zugelächelt und mit kleinen Gesten eine stille, wohltuende und anspruchslose Verbindung hergestellt. Obwohl Hanna und ich etwa im gleichen Alter waren, hätte es kaum einen größeren Unterschied zwischen uns geben können – sie mit ihrem engen, von der Familie beherrschten Gesichtskreis, ich eine einsame Reisende weit weg von zu Hause –, und dennoch fühlten wir uns irgendwie sehr verwandt. Sie zählte zu den seltenen Frauen, die mit ihrem Los völlig zufrieden sind, und strahlte vor Glück, so daß es ein Vergnügen war, einfach mit ihr zusammen zu sein.

Hanna war krank, wie ich von Anfang an vermutet hatte. Sie hatte sich an den Drüsen am Hals operieren lassen müssen, allerdings erfolglos; die Schwellungen waren wiedergekehrt, und es ließ sich nichts mehr dagegen tun. Die Art, wie sich die ganze Familie mit der Tatsache abfand, daß sie nicht mehr lange zu leben hatte, war weit entfernt von dumpfem Fatalismus. Vielleicht half ihnen wirklich ihre Religion dabei. Sie waren alle auf eine unaufdringliche, aber ernsthafte Weise praktizierende Moslems – Disa zum Beispiel litt es nicht, wenn ich von meinen Reiseplänen sprach, ohne sie mit einem »So Gott will!« einzuleiten und mit »Dem Herrn sei's gedankt!« zu schließen. Doch ich glaube, es war vor allem Hanna selbst, die mit ihrer Art, wie sie das Leben und was es ihr schenkte von ganzem Herzen akzeptierte, den Rest der Familie ermunterte, die Gedanken an ihren Tod mit einem solchen Gleichmut zu ertragen.

Beim Abschied empfand ich einen Schmerz, der mir, gemessen an der Kürze meines Aufenthalts, wunderlich erschien. Es war, als müßte ich eine Familie verlassen, von der ich ein Teil geworden war, und sobald Disa mir auf der Straße nach Luxor ein letztes Lebewohl zugewinkt hatte, war ich fast froh, mich wieder mit den Handgreiflichkeiten der Bakschischjäger herumschlagen zu müssen und so meine Gedanken vom Scheiden abzulenken.

6. KAPITEL

Die Stadt der hundert Tore

Theben entspricht wohl von allen Städten in ganz Ägypten am ehesten den Erwartungen des Nilreisenden, denn selbst mit ihren weitverstreuten Ruinen bleibt diese Stadt, was sie seit der Morgenröte der Zivilisation verkörpert: ein Weltwunder von unglaublicher und ehrfurchtgebietender Größe. Theben war Homers »Stadt aller Städte« – »Ägyptens Theben«, läßt er Achilles in der Ilias sprechen, »wo jedes Haus voll Schätze ist und wo aus hundert Toren jedem zweihundert Krieger mit Streitgespann und Pferden stürmen«. Homers vieltorige Stadt ist längst unter der eintönigen Architektur des modernen Luxor verschwunden, doch diese nüchterne Kleinstadt verblaßt gänzlich angesichts des ungeheuren Ausmaßes der Ruinen von Karnak, die auf ihrer Südseite über ihr aufragen. Die vier Tempel mit ihren gigantischen Säulenhallen, den Tempelhöfen voller Kolossalskulpturen und den sich auftürmenden Pylonen bilden die wohl eindrücklichste Ansammlung von Altertümern, die sich auf der ganzen Welt finden läßt. Noch heute verbinden die Überreste einer kilometerlangen Prunkstraße mit widderköpfigen Sphinxen den riesigen Komplex von Karnak mit dem Großen Tempel von Luxor, welcher in jahrhundertelanger Restaurationsarbeit zu einem unschätzbaren Juwel an den Ufern des Nils hergerichtet wurde.

Nach etwa sechzig erlebnisreichen Kilometern, auf denen ich den Aufmerksamkeiten der Bakschischjäger ausgewichen war und versucht hatte, die sinnlosen Hupensalven überdrehter Motorfahrzeuglenker zu ignorieren, kam ich von Norden nach Luxor und stand urplötzlich vor dieser überwältigenden Pracht. Erst jetzt konnte ich die Reaktion der französischen Armee richtig verstehen, die 1799 bei der Verfolgung des Mameluken Murad Bei ebenfalls unerwartet vor diese Szenerie zu stehen kam und wie ein Mann ohne das geringste Kommando zur Begleitung von Trommeln und Pfeifen salutierte. Später ließ Verdi seine exotische Oper »Aida« hier spielen, und wäre ich im folgenden Jahr angereist, so hätte ich ihrer erstmaligen Aufführung im Tempel von Luxor beiwohnen können. Für diesen Ort kann ich mir nichts Angemesseneres vorstellen als Opera grande mit Reiterei, Streitwagen, Löwen mit goldenen Halsbändern und einem tausendköpfigen Chor, denn bei genauerer Betrachtung steckt hinter diesem in den Himmel ragenden Wald von Steinmetzarbeiten ein gerüttelt Maß an Pomp oder sogar Absurdität. So viel Großartigkeit, mit der die Pharaonen ihre Machtfülle demonstrierten, kann man beim besten Willen nicht mehr ganz ernst nehmen – was, wie ich denke, diesen Platz erst wirklich angenehm macht. Er schien mir nie auch nur entfernt Rose Macaulays »Orten sanfter Melancholie« zuzugehören. Vor dem Hintergrund der honigfarbenen Klippen und des weiten, unter einem blauen Emailhimmel vorbeiziehenden Nils, auf welchem Fellachen mit ihren Körben voller Ackerfrüchte und ihren Enten und Hühnern hin und her kreuzten, wirkten die Überreste Thebens viel eher wie eine Feier des Lebens – zu schön, zu farbenfroh, zu interessant, als daß man anderen als vergnüglichen Gedanken hätte nachhängen können.

Ein komfortables Hotel, das erste seit Kairo, trug beträchtlich zu meiner Hochstimmung bei und war glücklicherweise nicht sündhaft teuer, weil Ägypten gerade eine flaue Touristensaison erlebte und es sich daher über den Zimmerpreis diskutieren ließ. Kaum hatte ich mich auf der Terrasse eingenistet, um die Aussicht zu genießen, als ich auch schon freudig von »Tennessee Madge« begrüßt wurde. Madge, eine Frau in meinem Alter, die ich kurz in Sakkara getroffen hatte, war wie Amelia B. Edwards in ihren mittleren Jahren von der Ägyptologie gepackt worden und studierte jetzt, um einen akademischen Abschluß in diesem Fach zu erlangen. Da die amerikanische Stadt Memphis zur Finanzierung der Forschung im alten Memphis beiträgt, hat die dortige Universität das Recht, jedes Jahr zwei Studenten für ein paar Studienwochen nach Ägypten zu schicken. Madge war eine davon. Sie hatte sich für die Expedition als äußerst nützlich erwiesen, weil sie als einziges Mitglied den Jeep fahren konnte, der mich damals in der Nacht begleitet hatte, als mir im »English House« eine Schlafgelegenheit verweigert worden war. Nun hatte sie ihren Aufenthalt in Sakkara beendet und wollte sich für eine Luxuskreuzfahrt auf dem Nil einschiffen, bevor sie zurück in die Staaten flog. Inzwischen verbrachte sie ein paar Tage damit, Luxor zu erkunden, doch da sie das erste Mal weg von der Heimat und punkto Auslandreisen noch etwas naiv war, machte sie sich Sorgen wegen eines Begleiters, den sie aufgegabelt hatte.

Sie erzählte mir die ganze Geschichte beim Tee, und was sie sagte, klang nur zu bekannt. Ein sympathischer Mann von etwa fünfunddreißig Jahren war in einem Museum an sie herangetreten, wobei er vorgab, er sei dort angestellt und wisse in allem, was das alte Ägypten betreffe, bestens Bescheid. Er hatte sie zum Kaffee eingeladen und ihr dabei gestanden, er sei von ihren Reizen völlig hingerissen. Darauf hatte er sie überredet, sich später mit ihm zum Essen zu treffen, dem sich ein Besuch in einem Nachtklub anschließen sollte, wo eine bestimmte Bauchtänzerin auftrat. Madge war nicht so naiv, als daß ihr seine wahren Absichten und seine Liebesbeteuerungen nicht verdächtig vorgekommen wären, wollte aber trotzdem seine Gefühle nicht verletzen, denn ägyptische Männer können eine überzeugende Show abziehen und sich zutiefst verletzt stellen, weil man ihnen unwürdige Motive unterschiebe, oder sogar durch die Blume andeuten, nur der pervertierte Verstand westlicher Frauen könne sich so etwas Unanständiges ausdenken. Fazit: Madge hatte der abendlichen Unterhaltung zugestimmt und wollte jetzt, daß ich zur Sicherheit mitkam, als eine Art Anstandswauwau.

Ich spiele nicht gern Mauerblümchen, und zudem war Madges Begleiter, ein gewisser Mohammed Jussif, sogar noch unangenehmer, als ich erwartet hatte, und so offenkundig auf Abriß aus, daß ich überrascht war, wie jemand auch nur den geringsten Zweifel an seinen Absichten hegen konnte. Er schien von mir ebenso unbeeindruckt zu sein wie ich von ihm und war verständlicherweise verstimmt, daß Madge nicht allein gekommen war. Der Bauchtanz fand in den trüb beleuchteten, ziemlich klinischen Räumlichkeiten eines modernen Hotels statt und war nur spärlich besucht. Madge wurde überredet, auf die Bühne zu gehen und ihre kordsamtbekleideten Hüften im Verein mit dem weißen, beweglichen Bauch des ägyptischen Mädchens kreisen zu lassen. Es war gar nicht erbaulich. Mohammed Jussif schaute mit kaltem und berechnendem Blick zu. Später lud er uns beide ein, den folgenden Tag in seinem Haus auf der anderen Seite des Nils zu verbringen (wegen der Möglichkeit, gleich zwei dumme, ältliche Gänse auszunehmen, wie ich vermutete), und wollte einfach nicht aufbrechen. Weil es in Ägypten wirklich so eigenartig schwerfällt, eine Einladung abzulehnen, murmelte ich unterdrückte Zustimmung, nur um endlich wegzukommen. Während meiner Woche in Luxor nahm ich so viele Einladungen zum Tee, Lunch oder Abendessen an, daß ich mich bald nicht mehr erinnern konnte, wo mich einzufinden ich versprochen hatte und welche Orte ich demzufolge besser mied – mit dem Resultat, daß ich immer wieder meine Möchtegern-Entertainer dort antraf und Gedächtnisschwund vorgeben mußte. Mohammed Jussif hatte als einziger die Kühnheit, mich im Hotelzimmer anzurufen und wissen zu wollen, warum ich nicht aufgekreuzt sei, wonach mich das Hotelpersonal zu meinem Ärger mit wissenden Blicken ansah.

Die arme Magde hatte sich in der Zwischenzeit unlösbar in die Sache verstrickt, was eines Abends seinen dramatischen Höhepunkt auf einem der Luxusnildampfer finden sollte. Vielleicht war es zum Teil auch meine Schuld. Mir war klargeworden, daß ich Madge nicht einfach allein in den Ruinen herumwandern lassen konnte und sie jemanden brauchte, der auf sie aufpaßte. Doch während ich völlig zufrieden für mich auf dem Fahrrad herumgondelte, wollte Madge unbedingt eine richtige geführte Tour im Auto, also organisierte Mohammed Jussif eine für sie. Madge hatte endlos mit mir diskutiert, welche Gründe wohl hinter seinem Interesse an ihr steckten. Sie hatte herausgefunden, daß er nichts mit dem Museum zu tun hatte, wie er behauptete, so daß also keine gemeinsame Leidenschaft für Ägyptologie vorliegen konnte. Sie sei sicher, es handle sich nicht um reine Zuneigung, aber ich war gewiß, daß ihr romantisches Herz aus Tennessee das Gegenteil erhoffte.

Madge setzte die Tour auf den Tag fest, als sie das Hotel verließ, kurz bevor sie sich auf ihrem Nildampfer einschiffen wollte, daher trug sie all ihr Gepäck und ihre Wertsachen bei sich. »Kein Problem«, sagte Mohammed Jussif, »Sie können alles sicher in meinem Haus zurücklassen und es später abholen.« Madge, im Zwiespalt, ihn nicht durch falsche Verdächtigungen zu verletzen, obwohl ihr gesunder Menschenverstand sie warnte, drehte der Vernunft den Rücken zu und ließ alles Gepäck einschließlich Paß, Geld und Reiseschecks dort stehen. Nach dem Ausflug, der viel teurer gewesen war, als Mohammed Jussif angegeben hatte, kehrten sie zum Mittagessen in sein Haus zurück. »Zählen Sie all Ihr Geld nach«, sagte er. »Vergewissern Sie sich, daß nichts fehlt, und dann können wir nach nebenan gehen und essen. Sie können Ihre Tasche hierlassen, Sie wissen ja jetzt, daß sie da sicher ist.«

Ich erfuhr die Einzelheiten kurz vor der Abfahrt beim Abendessen an Bord des Schiffs. Madge brach nicht in Tränen aus, aber sie lechzte nach Rache – nur der Himmel weiß, zu was für einer Furie eine Frau werden kann, die man beraubt hat! Sie hatte nicht bemerkt, wie Mohammed Jussif ins Zimmer zurückgeschlichen war, um sich ein paar Reiseschecks und das Geld zu schnappen, und den Verlust erst später entdeckt, als sie im Büro von American Express einen Scheck einlösen wollte. Es war ein dummer Diebstahl, denn er mußte damit rechnen, geschnappt zu werden, wenn er die Schecks einlösen wollte. Der Angestellte dort hatte ihr geraten, nicht zur Polizei zu laufen, sondern Mohammed Jussif zu bewegen, ihr das Gestohlene zurückzugeben. Ich glaube, in diesem Stadium wäre es Madge piepegal gewesen, wenn der Mann lebenslänglich gekriegt hätte, doch sie hatte Angst, in die Mühlen der ägyptischen Polizei zu geraten. Sie dachte sich, wenn ich mit ihr käme, um ein paar Tatsachen zu bestätigen, würde sie den Vorfall dem Agenten der Schiffahrtgesellschaft erzählen und ihm dann alles Weitere überlassen können.

Dieser Agent war ein eleganter, blühend aussehender, wohlgenährter Mann mit einer schlecht kaschierten Verachtung für alleinreisende Frauen. Er stellte die Art Fragen mit offenen sexuellen Anspielungen über die »Affäre«, die ich nicht im geringsten relevant fand, die ihm Madge jedoch wie einem Beichtvater beantwortete – ja, er hatte sie geküßt, und ja, er hatte die ganze Zeit versucht, sie zu betasten ... Die Inquisition fand in der Bar statt, und die Barkeeper hingen mit offenem Mund und unverhohlenem Interesse über die Theke. Als wir etwas zu trinken bestellten, war ich die einzige, die Alkohol verlangte, doch der Whisky wurde automatisch vor Madge hingestellt. Sie war ganz klar die verführte Unschuld. Gerade als der Agent, der aus Kairo stammte, alle hiesigen Männer als »Abschaum« und »Schmutz« abqualifizierte (was mir mit der Zeit auf die Nerven ging, da ich die meisten von ihnen nett und hilfsbereit fand), marschierte Mohammed Jussif herein und begrüßte Madge, als ob überhaupt nichts Böses geschehen wäre. Inzwischen war Madge völlig in die Rolle der schwachen, hilflosen, verführten Frau geschlüpft, die männlichen Schutzes bedurfte. Sie schrak zurück, ließ sich in ihren Sessel fallen und blickte flehentlich zu dem Agenten hoch, der mit einer für seine Körperfülle erstaunlichen Behendigkeit aufsprang, sich brüllend wie ein Stier auf den verdutzten Mohammed Jussif stürzte, ihn ohrfeigte und den ganzen Weg die Landungsbrücke hinunter zurückstieß. »Der lassen Sie jetzt in Ruhe. Sie keine Angst mehr haben müssen«, sagte er, als er triumphierend zurückkam, rieb sich symbolisch die Hände und zupfte seine steifen Manschetten zurecht.

Doch die Sache war damit noch längst nicht abgetan. »Was ist mit meinem Geld und den Schecks?« fragte die plötzlich wieder sehr energische Madge. Der Agent zog sich zurück und kam nach kurzer Zeit in Begleitung zweier Männer in Zivil wieder, die er als Kriminalbeamte vorstellte. Meiner Ansicht nach waren sie jedoch eher Mitglieder der Schiffsbesatzung. Nach einem weiteren kurzen Verhör und ein paar halbherzig aufgeschriebenen Notizen machten sich die drei, Madge und ich zu einem kurzen Streifzug durch die Hotelbars auf, um Mohammed Jussif zu finden. Der Agent spielte währenddessen auf ihre zarten weiblichen Gefühle an, ließ versteckt anklingen, wie unangenehm die Folgen für sie sein könnten, und brachte Madge schließlich dazu, keine Anzeige zu erstatten, denn an schlechter Propaganda war ihm natürlich zuallerletzt gelegen, weil sie dem profitablen Kreuzfahrtgeschäft schaden konnte. All das kam mir wie eine gut einstudierte Farce vor. »Wir ihn werden ein wenig verprügeln«, meinte der Agent, welcher offensichtlich das Kommando führte. »Nicht zu fest, nur so, daß er nicht wieder macht und er gibt zurück Ihr Geld.« Und die »Polizisten« nickten beide zustimmend und fröhlich.

Ich sah Madge nach dieser Nacht nicht mehr und weiß nicht, ob sie ihr Geld wieder erhielt, aber am nächsten Morgen früh stellte das Hotelpersonal entgegen meinen Anweisungen einen Anruf in mein Zimmer durch. Es war Mohammed Jussif, der mich unbedingt sehen wollte, um mir »das gewisse Etwas, was Ihrer Freundin gehört«, zurückzugeben. Er schien ein bißchen weniger selbstsicher als gewöhnlich zu klingen, doch ich wollte nichts mehr damit zu tun haben. Ich riet ihm, was immer es auch sei, ins Büro von American Express zu bringen, und wechselte noch am selben Tag das Hotel. Ein paar Tage später sah ich ihn beim Vorbeiradeln noch einmal auf der anderen Straßenseite. Er entdeckte mich und winkte mir fröhlich zu, also konnte ich annehmen, daß ihm nichts allzu Drastisches zugestoßen war.

Selbst ohne alle diese Ablenkungen wäre es mir schwergefallen, mehr als nur einen flüchtigen Überblick über Luxor zu gewinnen – es gab einfach zu viel zu sehen. Zuerst wanderte ich fast einen ganzen Tag im Tempelkomplex von Karnak am Ostufer herum, ohne mich auf Einzelheiten einzulassen. An den Abenden fanden kunstvolle »Son-et-lumière«-Shows statt, wobei der Tempel von Luxor im schönsten Flutlicht stand und so geheimnisvoll erschien wie tagsüber nie. Dann konnte ich Stunden damit verbringen, in seinen Höfen herumzustreifen und einfach die Atmosphäre in mich einzusaugen. Das Westufer mit seiner legendären Nekropole, der Totenstadt, wirkte beängstigender. Hier verbrachten die Besucher die meiste Zeit. Zwei Fährboote kreuzten ständig auf dem Nil hin und her. Eins diente speziell für die Touristen und wurde an beiden Ufern sofort von Taxifahrern, Eseljungen und anderen Schleppern belagert; das andere, die »Fähre fürs Volk«, landete etwas weiter flußabwärts, abseits vom größten Trubel. Sie kostete viermal weniger und war voller Menschen, die mit einem bunten Gemisch von Waren zum Markt fuhren.

Für Streifzüge am Westufer waren Fahrräder nichts Ungewöhnliches, aber keins von ihnen kam dem »Ah Agala« gleich. Wie überall wurde es sehr bestaunt und trug zusammen mit dem Umstand, daß ich allein war, viel dazu bei, wie man mich in der Nekropole behandelte. Gruppenreisende standen viel stärker unter Druck, Souvenirs zu kaufen und für Dienstleistungen zu bezahlen, und ich hörte, wie viele Leute sich beklagten, dieser Ort sei für sie abgeschrieben, weil man sie andauernd schikaniere. Mir jedoch wurde fast der ganze Tag im Tal der Könige zum reinsten Vergnügen. Ich hatte das Agala am frühen Morgen in der Obhut der Andenkenverkäufer beim Tempel von Hatschepsut zurückgelassen – genau der richtige Platz übrigens, denn Hatschepsut war eine Frau gewesen, die trotz heftiger Opposition seitens der Männer an ihrer Macht festgehalten hatte und ungefähr ums Jahr 1500 vor Christus der einzige weibliche Pharao in der Geschichte Ägyptens wurde. Sie erlitt zwar dasselbe Los wie Echnaton – ihr Name wurde von ihrem Nachfolger aus der Liste der Könige herausgehackt –, doch ihr großartiger, unübertroffener Grabtempel ist weitgehend unversehrt geblieben. In kühnem Schwung steigen seine Säulenterrassen gegen ein großes, natürliches Amphitheater in den Klippen von Deir el-Bahri in den thebanischen Hügeln empor, und seine feinen Proportionen lassen ihn eher griechisch als ägyptisch aussehen.

Von Hatschepsuts Tempel zum Tal der Könige gibt es eine Abkürzung über die Hügel. Ein junger Andenkenverkäufer namens Achmed erklärte sich bereit, mich auf denselben Pfaden die Klippen hochzuführen, auf denen vor urdenklichen Zeiten ägyptische Kunsthandwerker gegangen waren, um die königlichen Grabstätten zu gestalten. An diesen unbewachsenen, steinigen Abhängen stand alle zwei Schritte ein moderner Thebaner und verkaufte gefälschte Antiquitäten, die er mit einem verschwörerischen Zischen aus den Falten seines Gewands zog: »Psst, psst! Ich weiß, Sie nicht Tourist, mein Freund, darum ich zeigen. Ich selber ausgraben. Nur schauen!« Es gab auch echte Stücke zu kaufen, wenn man das nötige Kleingeld hatte (wie das seit dem achtzehnten Jahrhundert gang und gäbe ist), doch diese wurden sehr viel diskreter angeboten, weil der Handel damit streng geahndet wird. Viele der Fälschungen sind übrigens sehr schön gemacht – vielleicht von den Nachfahren jener fernen Künstler, welche all die Lebensalter hier arbeiteten, die es brauchte, um diese Gräber zu erstellen. Und ebenso wie jene alten Ägypter, die sich nicht als Künstler betrachteten, sondern bloß als Arbeiter im Sold des Herrschers, erheben auch die modernen Souvenirhersteller keinen Anspruch auf künstlerische Anerkennung. Sie sind einfache Leute, die sich durchs Leben zu schlagen versuchen. Achmed schaute, daß keiner mich belästigte, und geleitete mich die abschüssigen Wege aus den staubbedeckten Hügeln ins enggewundene Tal der Könige hinunter, wo einst jeder Fußbreit mit Schätzen bedeckt war, die auf der ganzen Welt nicht ihresgleichen hatten.

Im Tal der Könige gibt es zweiundsechzig bekannte Gräber. Nur ein Dutzend ist elektrisch beleuchtet, und bloß sechs von ihnen werden normalerweise besucht. Sie sind schlechthin unübertrefflich. Vielleicht werde ich wirklich eines Tages zurückkehren, um sie mir noch einmal in Ruhe anzusehen, doch im Grunde glaube ich selbst nicht so recht daran, weil mir die nötige Hingabe abgeht. Hätte ich es bei einem einzigen Grab bewenden lassen, wären vielleicht klingendere Saiten in mir angeschlagen worden und reichere Erinnerungen geblieben; doch nach so vielen endlosen Stufen hinunter in die Tiefe, nach all den langen, heißen, stickigen Gängen begannen die hellen, wunderbar erhaltenen Reliefs sich allmählich alle zu gleichen. Busladung um Busladung Touristen strömten von überall her ins Tal, standen Schlange, um hinunterzusteigen und wieder hochzusteigen, vorbei an den Wänden mit den vertrauten dynastischen Ruhmestaten und den wiederkehrenden Anleitungen aus dem Ägyptischen Totenbuch. Und so steht der Besucher vor einem Dilemma: Der Besuch ist zwar ein Muß, aber wer hat schon die nötigen ein, zwei Jahre Zeit, um sich das alles richtig anzuschauen?

Am besten ist mir das Grab Tutanchamuns in Erinnerung geblieben, da ich in Kairo bereits seinen Grabschatz bewundert hatte. Obgleich die Grabstätte klein und relativ bescheiden ist, hat sie nichts von der Sensation verloren, daß sie bis in unser Jahrhundert hinein unentdeckt geblieben war. Zudem hat von allen Gräbern im Tal der Könige nur jenes von Tutanchamun den Leichnam des Pharaos »in situ«. Ich hatte überdies Thomas Hovings jüngsten Aufsatz über die Öffnung von Tutanchamuns Grab gelesen, worin enthüllt wurde, daß das publizistisch breitgetretene Spektakel, als Howard Carter und sein Gönner Lord Carnarvon in der Gegenwart von gespannt wartenden Museumsdirektoren und Zeitungsleuten das letzte Hindernis durchbrochen und die Grabkammer erreicht hatten, ein großangelegter Schwindel gewesen war. Anscheinend hatten sich die beiden bereits einige Tage zuvor eingeschlichen und fünfunddreißig Gegenstände geklaut, wonach sie das Grab wieder zumauerten, um die Öffentlichkeit an der Nase herumzuführen.

In einem anderen Teil der Nekropole gab es weitere Gräber, zu welchen ich gern und oft zurückkehrte: jene der Notabeln, der Beamten der Pharaos. Diese exquisit dekorierten Räume berührten mich mehr als alles andere, was ich in Ägypten sah. Aus der Zierlichkeit und künstlerischen Freiheit, mit welcher die Reliefs herausgehoben und gefärbt waren, sprach das Entzücken der Künstler, hier endlich von den Fesseln befreit zu sein, kaiserliche Wände dekorieren zu müssen. Der Erfindung waren keine Grenzen gesetzt, so daß sich keine zwei Gräber auch nur annähernd gleichsahen. Besonders gefiel mir das Grab Sennofers, des Aufsehers der königlichen Gärten von Amon, aus der Regierungszeit von Amenophis II. um 1500 vor Christus, bekannt auch unter dem Namen »Grab der Weinreben«, weil seine Decke mit einem gemalten Spalier verziert ist, an welchem schwere Büschel purpurfarbener Weintrauben hängen – das fließendste und natürlichste Gemälde in allen Gräbern, die ich besucht habe. Das Grab jedoch, das ich am häufigsten aufsuchte, war jenes von Ramose, der seine Ruhestätte um 1400 vor Christus vorbereiten ließ, zur Zeit der Machtübernahme Echnatons, des »monotheistischen Ketzers«.

Dort findet sich ein auffallender Übergang von einer Mauer, die noch mit einem wunderschönen Relief im Stil des Alten Reichs geschmückt ist, zu einer Szene aus dem neuen Glauben, der Anbetung der Sonnenscheibe, auf einer anderen Grabwand. Diese ist in der revolutionären, in die Länge gezogenen Stilart von Echnatons Regime ausgeführt – ein Stil, der stark an die Skulpturen Modiglianis erinnert.

Ramoses Grab lag direkt beim Haus einer ägyptischen Familie – Ibrahim und Zenab samt ihren Kindern Gebal, Fatin und Mohammed, die alle meine Freunde wurden. Das Dorf Gurna war über und rund um die Gräber der Notabeln gewachsen, die sich an der Seite des Hügelkamms eng aneinanderdrängen. Seit Jahrhunderten hatten die Fellachen ihre Häuser so gebaut, daß sie die Grabkammern als eine Art Kellergeschoß einschlossen, in welches sie sich vor der Winterkälte und der Sommerhitze zurückziehen konnten. Als nun die Ägyptologie in Mode kam und der Wert der Gräber publik wurde, riß man die Hütten über den wichtigeren, dekorierten Grabstätten nieder und unternahm mehrere Versuche, die Dorfbewohner völlig aus der Gegend zu vertreiben. Man stellte ihnen einen anderen Wohnort zur Verfügung, der näher bei ihren Feldern am Nilufer lag, aber weder Leitungswasser noch Elektrizität konnten den Einwohnern von Gurna dieses neue Dorf schmackhaft machen. Sie lieben ihren alten Ort am staubigen Berghang, wo es zwar keine Annehmlichkeiten gibt, dafür jedoch genügend Touristen, die ihnen ein Neben- oder sogar Haupteinkommen sichern. Und so wandern die Männer von Gurna noch heute in ihren anmutigen biblischen Gewändern wie Könige zwischen den Gräbern herum, und noch heute schleppen die Frauen das Wasser meilenweit heran, während sich die Kinder auf dem Aushub der Grabstellen tummeln und nur die zähen unter ihnen das Erwachsenenalter erreichen.

Meist ließ ich das Agala bei Ibrahims Haus stehen. Er hatte mich bei unserer ersten Begegnung zum Mittagessen eingeladen, was ich (wie die meisten meiner Einladungen) beinahe vergessen hätte, doch zum Glück kam er mich abholen, denn zu meinen Ehren war ein ausgedehntes Bankett vorbereitet worden. Ibrahim wohnte in einem vornehmen, zweistöckigen Haus, das sein Großvater, der Dorfscheich, vor etwas über hundert Jahren erbaut hatte. Drinnen war es geräumig und kühl, mit hohen Zimmerdekken und Fenstern mit Läden in den dicken Mauern. Die Zimmer waren sehr lang und eng und hatten Flügeltüren und Fliesenböden. Im Lauf der Jahre wurde das obere Stockwerk nicht mehr benutzt. Das Haus hatte schon bessere Tage gesehen: Es war nur spärlich mit ein paar Binsenmatten, Holzbänken mit Kissen zum Anlehnen und einer grob behauenen, selbstgemachten Anrichte möbliert, aber es lebte sich angenehm darin. Ibrahims Großvater war ein wohlhabender Mann mit viel Grundbesitz gewesen, doch zu viele Kinder hatten überlebt und ihren Anteil beansprucht, was die Lage für Ibrahims Generation völlig veränderte. Dies ist ja eine der großen Tragödien in der Dritten Welt: ein explosiver Bevölkerungszuwachs, mit dem die Möglichkeiten, sich sein Auskommen zu sichern, nicht Schritt halten können. Ibrahim gehörte zu den wenigen Ausnahmen, die ihre Familie auf drei Kinder beschränkten. Er schien überhaupt bewußter zu leben als die meisten Männer, welche ich in Ägypten traf, und er war sich im klaren, wie verheerend sich eine zu große Familie auswirken konnte. Dabei half ihm auch eine ungewöhnlich enge und liebevolle Beziehung zu seiner Frau Zenab, die ebenfalls sehr bewußt lebte und in meinen Augen viel emanzipierter war als die meisten Ägypterinnen.

Ich besuchte noch andere Häuser im Dorf, die beträchtlich armseliger aussahen und wo die Kakerlaken ungestört und in großer Zahl sogar bei Tageslicht herumkrabbelten, wie in der Hütte von Tya, einem jungen Mann, der gerade Urlaub vom Wehrdienst hatte und mich bat, ihm bei einem Liebesbrief an eine fünfundvierzigjährige Französin behilflich zu sein. Tya war ein viel typischerer Vertreter der Männer von Gurna als Ibrahim. »Sie schon probieren mit Haschisch?« fragte er mich mit verträumtem, abwesendem Blick, als ich den leidenschaftlichen Luftpostbrief durchlas, den er mir gereicht hatte.

Ich mußte zugeben, daß dies nicht der Fall war, und er schwärmte mir vor: »Du machen Liebe, vielleicht geht zehn Minuten. Alles vorbei. Aber mit Haschisch – eine Stunde, manchmal ganze Nacht. Sie dich nie mehr vergessen!«

Viele der Männer von Gurna hatten ihre Keksdosen voller Liebesbriefe von Frauen aus dem Westen, und die Einblicke in die »wilderen Gefilde der Liebe«, welche diese Episteln mir erlaubten, waren faszinierend. Seit der Viktorianischen Zeit scheint sich diesbezüglich nicht viel geändert zu haben, schon gar nicht die Liebe selbst, bloß die Schauplätze und die Partner. Alle diese Briefe waren von vernünftigen, gebildeten Frauen geschrieben, von denen viele gewillt schienen, alles daheim aufzugeben und sich hier in Gurna mit ihren arabischen Liebhabern niederzulassen. Wenige der Männer erwiderten diese Hingabe, bloß Tya schien eine Zukunft mit seiner französischen Dame zu erwägen und wischte den Altersunterschied von zwanzig Jahren sowie den Umstand, daß er bereits eine Frau hatte, einfach beiseite. »Was schlimm? Wir uns lieben! Wir glücklich sein werden!« Für die meisten war es jedoch nur ein leichtherziges Spiel, waren die Liebesbriefe Erfolgstrophäen. Nicht daß sie ohne Empfindungen oder gar lieblos gewesen wären, doch ihre Vorstellungen von den Frauen im Westen (und wohl auch von den Frauen ganz allgemein) führten zu einer Art doppelter Moral. Im Grunde waren sie anmutige, attraktive, heißblütige Männer, die einfach in den Tag hinein lebten – wie etwa Hamdi Hassan, der Kopftücher verkaufte und dem ich einmal wegen eines Briefes, in welchem eine Frau androhte, seinetwegen ihren Mann zu verlassen, sachte Vorhaltungen machte, worauf er mit ungespieltem Erstaunen erwiderte: »Aber ich ihr sage, ich finde andere Frauen, wenn sie fort. Ich bin junges Mann. Ich will alles machen. Später, vielleicht fünfunddreißig, ich aufhöre, gehe in Moschee wie mein Vater.«

Dank meiner Freundschaft mit Ibrahim und seiner Familie wurde ich nicht wie sonst üblich belästigt und sah auch bald, daß die meisten Männer ein klares, eindeutiges Nein respektierten. Nur Hamdi Hassan stellte mir, wenn er nicht gerade Busreisenden seine schmuddeligen Tücher verkaufte, mit unverminderter Begeisterung nach, was ich eher als freundliches Kompliment auffaßte. Als ich schließlich zum inoffiziellen Dorfschreiber aufgerückt war und die Antworten auf die Liebesbriefe der Männer Gurnas verfaßte, konnte ich nichts mehr verkehrt machen. Sie verteidigten mich notfalls sogar gegen andere Touristen, wie im Ramasseum, dem überladenen Totentempel von Ramses II. Dort liegt die umgekippte Kolossalstatue des Pharaos, welche in Shelleys berühmtem Sonett fälschlich als »Ozymandias, König der Könige« besungen wurde und mit den Worten »Schaut meine Werke an, ihr Mächtigen, und laßt die Hoffnung fahren« Berühmtheit erlangte – ein Rollenwechsel, von welchem der großspurige Ramses II. wohl kaum erbaut gewesen wäre. Besonders die Amerikaner drängten sich dort und versuchten keuchend, schnell zu einem Schnappschuß zu kommen, bevor sie atemlos zum nächsten Punkt auf ihrem Kulturfahrplan davonstürzten. Sie konnten ganz schön ruppig und herrisch werden, wenn sie meinten, irgendein unschuldiger Zuschauer stehe ihnen im Blickfeld. Wie die meisten anderen Besucher fand ich ihr Benehmen ärgerlich und gab mir Mühe, über ihr Geschrei hinwegzuhören. Eines Tages wurde ich mehrmals von einer Frau mit dem typischen Akzent des amerikanischen »Bibelgürtels« angekläfft; Hamdi Hassan jedoch, der sprungbereit mit seinen Tüchern auf der Lauer lag, gab seine Tarnung vorzeitig preis und hielt ihr eine Standpredigt: »Du nicht Boß hier! Sie unser Freund. Du sie nicht sagen, was tun muß!«

Aus dem kühlen Komfort von Luxor am Ostufer war ich in ein Nullsternhotel direkt unterhalb von Gurna gezogen, wo der Sand unvermittelt in fruchtbare Felder übergeht. Das zweistöckige Gebäude mit den dicken, ockerbraun getünchten Mauern umschloß einen baumbeschatteten Garten. Sein Besitzer, ein uralter Mann namens Scheich Ali, hatte die trüben Räume mit Fotografien geschmückt, die ihn als außergewöhnlich attraktiven jungen Mann zeigten, und hielt einen Vorrat billiger Perlenketten für seine weiblichen Gäste bereit, obwohl er kaum noch fähig war, die wenigen Schritte von seinem Zimmer zum Garten zu schlurfen. Ich war der einzige Gast und wurde von einem Urenkel des Scheichs betreut, ebenfalls ein Ali von etwa elf Jahren, der so gutaussehend zu werden verhieß wie sein bejahrter Vorfahr.

Mein Zimmer lag im ersten Stock. Es war einigermaßen sauber und sah aus wie ein provenzalisches Stilleben von van Gogh. Das Fenster war mit Gaze bedeckt, um die Fliegen abzuhalten, und schaute auf die sitzenden Gestalten der fast zwanzig Meter hohen Kolosse von Memnon, die sich ehrfurchtgebietend, aber in etwas lädiertem Zustand aus einem Meer von hellgrünem Zuckerrohr erhoben.

Es war eine ausgezeichnete Ausgangsbasis für alle die Sehenswürdigkeiten am Westufer. Abends trafen die Dorfbewohner ein, um drinnen Bier zu trinken, zu rauchen und zu schwatzen, und dies war die Zeit, wo ich mich mit meinen Pflichten als inoffizieller Schreiber abplagte und Antworten für die Frauen verfertigte, welche die Wahl getroffen hatten, sich diesen Männern hinzugeben. Manchmal gab es Musik mit Trommel und Querpfeife, und die Männer, ein langes Tuch um ihre Hüften geknotet, tanzten, allein oder zu zweit, geschmeidig, anmutig und selbstvergessen. Schwer hing der Duft der blühenden Sträucher in der Luft, die Sterne standen groß und hell am Nachthimmel, und zu solchen Zeiten hätte es wirklich eines völlig unromantischen Herzens bedurft, diese verführerische Situation nicht zu verstehen.

7. KAPITEL

Die Wüste rückt näher

Ein herrlicher Wind blies mich durch die Felder Oberägyptens voran, als ob ich durchs Gewoge von hohem, goldenem Zuckerrohr segeln würde. So mühelos und angenehm war das Radfahren bisher noch nie gewesen, und je schneller ich fuhr, desto mehr wirbelte die Luft um mich auf, blies mir das Haar aus der Stirn und fächelte mir willkommene Kühle ins Gesicht. Es war eine dieser seltenen Etappen, wo es eine Nebenstraße gab, was mir erlaubte, die Landschaft zu genießen, ohne vom Verkehr und von bedrohlichen Kindern abgelenkt zu werden. Dieser idyllische Zustand hielt bis zum sechzig Kilometer entfernten Städtchen Esna an, wo der erste einer Kette von ptolemäischen Tempeln tief unten in einer Grube inmitten des Suk lauert.

Alle die großartigen Tempel südlich von Luxor wurden von den Ptolemäern erbaut, Pharaonen griechischer Herkunft, die auf Alexanders des Großen Eroberung von Ägypten im Jahre 332 vor Christus folgten. Die Römer bauten sie nach oder schmückten sie neu aus, nachdem der Tod von Kleopatra 30 vor Christus das Zeitalter der Ptolemäer beendet hatte. Der Tempel in Esna war Knum, einer der ältesten ägyptischen Gottheiten, gewidmet, der den Menschen auf seiner Töpferscheibe erschuf, doch alles, was davon übriggeblieben ist, ist die elegante Säulenhalle. Sie wird Kaiser Claudius zugeschrieben, der sich im ersten nachchristlichen Jahrhundert in einer Orgie von baulicher Tätigkeit erging, um die Macht des Römischen Reiches zu verkünden. Weder Römer noch Griechen hatten das geringste Interesse, die einheimische Bevölkerung oder die mächtige Priesterschaft durch Eingriffe in ihre Religion zu provozieren, und errichteten daher all ihre Tempel auf uralten Stätten und im herkömmlichen Landesstil. Das Aufregendste am Tempel von Esna ist seine versunkene Lage inmitten einer Stadt, die inzwischen auf den Haufen jahrhundertealten Schutts fünfzehn Meter höher gewachsen ist. Wie die Zeichnungen von Amelia B. Edwards zeigen, schaute er damals ziemlich merkwürdig aus, denn er war erst zum Teil ausgegraben, und nur die obersten sechs Meter der Säulen mit ihren hübsch variierten Kapitellen waren sichtbar. Sie war viel begeisterter gewesen als ich jetzt: Einen ganzen Tag hatte sie völlig versunken damit verbracht, die Szene zu skizzieren, und dabei völlig vergessen, das reichliche Mittagessen einzunehmen, welches ihr vom Schiff herübergebracht wurde. Sie hatte sich ja auch nicht so verausgaben müssen wie ich auf meinem Agala, während sie langsam den Nil hinauftrieb – ich jedenfalls verdrückte mit Wonne Pittabrot und Felafel, während ich den nun vollständig freigelegten Säulenwald bewunderte.

Als ich wieder zurück auf Straßenniveau hochkletterte, machte mich der Hüter des Tempels darauf aufmerksam, daß mein Hinterreifen platt war. Die Tempelwächter waren von der rosa Karte, die mir freien Zutritt zu den Altertümern verschaffte, meist sehr beeindruckt und glaubten, ich müsse eine studierte Ägyptologin sein. Dies galt auch hier. »Die Professorin« (zudem die einzige Besucherin dieses Tages) hatte eine Reifenpanne erlitten, während ihr Agala in seiner Obhut war! Das kam einer mittleren Katastrophe gleich, und er hatte auch bereits einen Mechaniker aus der nahegelegenen Autowerkstatt herbeizitiert, um den Schaden zu beheben. Nur mit Mühe konnte ich die beiden Gentlemen davon überzeugen, daß ich keinerlei Hilfe benötigte – obwohl dies nicht ganz zutraf: Sie waren mir sehr nützlich mit ihren Bemühungen, die Menge der Schaulustigen in Schach zu halten, welche sich im Nu versammelte, sobald ich das Fahrrad auf den Kopf gestellt hatte und das Hinterrad löste. Ein großer, noch immer fest im Reifen steckender Nagel machte es leicht, das Leck zu lokalisieren. Normalerweise hätte ich nun den Ersatzschlauch montiert und die Reparatur am Abend ausgeführt, wenn ich Zeit und etwas Schweres, ein Tischbein zum Beispiel, in Reichweite hatte, um auf den

Flicken zu drücken, während die Gummilösung trocknete. Ein so zahlreiches Publikum verdiente jedoch etwas mehr Unterhaltung, also führte ich die Pannenhilfeprozedur von A bis Z vor ihren Augen aus und wurde dafür mit ehrfürchtigem Respekt bedacht. Ein Mann äußerte sogar, er hätte nie gedacht, daß eine Frau auch Ingenieurin sein könne. Eine Reifenpanne zu beheben schien mir jedoch für eine Stadt, die mit ihren Tanzmädchen und Lustdamen für die Kamelkarawanen einst als bekanntes Vergnügungszentrum gegolten hatte, nur ein sehr harmloser Ersatz zu sein.

Ich verweilte nicht lange in Esna, weil noch sechzig Kilometer bis Edfu vor mir lagen, wo ich die Nacht verbringen wollte – eine ungeschickte Wahl, wie sich zeigen sollte. Edfu gilt traditionell als die Stätte, wo Horus in seinem zeitlosen Kampf auf Seth traf, und es gibt dort einen Tempel, den Ptolemäus III. im zweiten Jahrhundert vor Christus errichten ließ, um den Triumph des Guten über das Böse zu verewigen. Er sollte wohl an Bombast alles im alten Ägypten in den Schatten stellen. Ihn monumental zu nennen wäre schlicht eine Untertreibung. Zwar ist er gewiß einer der größten und besterhaltenen Tempel in ganz Ägypten, doch nach so viel Massigkeit und Reichtum wirkt Größe allein nicht mehr eindrücklich. Ohne Zweifel hat er einst ein großartiges Cecil-B.-De-Mille-Bühnenbild für die jährlichen Festlichkeiten abgegeben, die hier zur Feier des Sieges von Horus abgehalten wurden. Die Statue des Himmelsgottes wurde in einer Parade herumgeführt, zusammen mit jener seiner Braut Hator, der Kuhohrigen, welche von Dendera in einer heiligen Barke den Nil hochgesegelt war. Doch ohne diese Pracht, der ein Ende gesetzt wurde, als das Römische Reich zum Christentum übertrat und heidnische Anbetung untersagte, ist Edfu ein kühler Ort und wirkt wie ein leeres, ausgeweidetes Kino.

Vielleicht war ich auch nur zu einer ungünstigen Zeit eingetroffen, nach einem langen Tag auf dem Sattel, als die Sonne schon tief stand und das hohe Gemäuer und der gigantische Pylon, das Eingangstor, düstere Schatten über den riesigen Innenhof warfen, so daß er wie vom Himmel abgeschnitten schien. Der Spaziergang durch die endlosen dunklen Hallen, die an ein unterirdisches

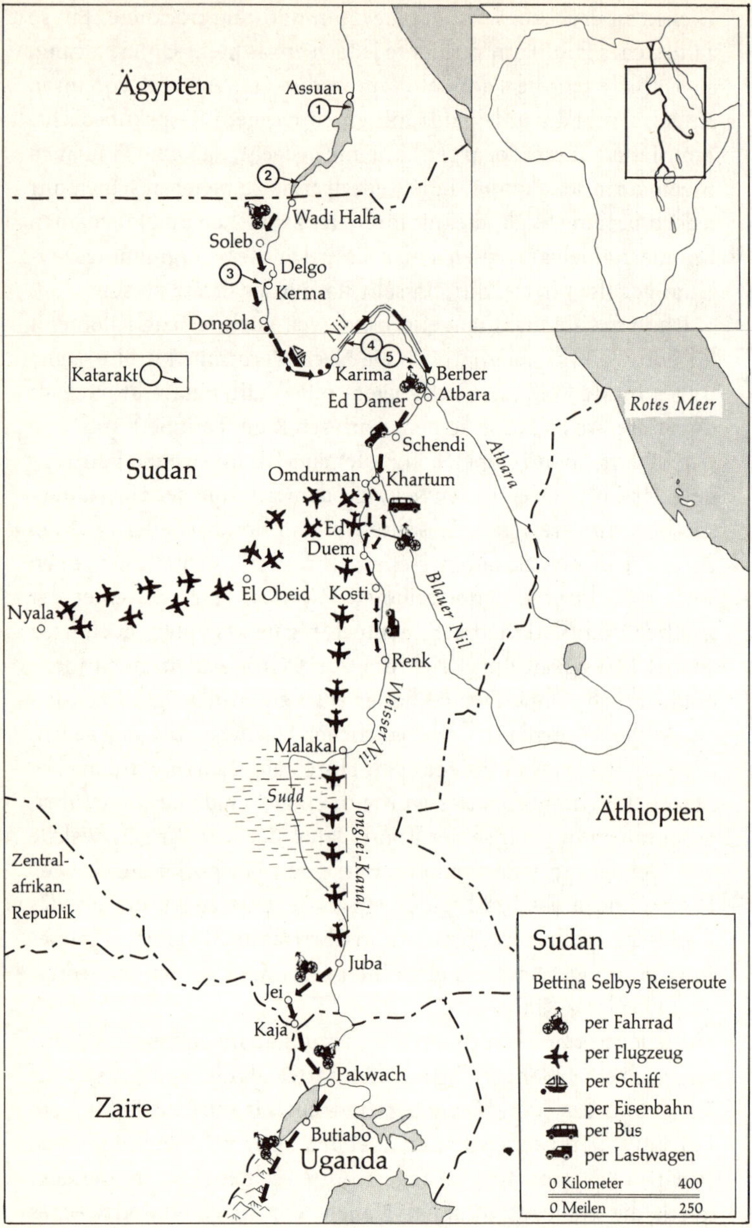
Ägypten
Assuan
1
2
Wadi Halfa
Soleb
Delgo
3
Kerma
Dongola
Nil
4
5
Karima
Berber
Katarakt
Ed Damer
Atbara
Rotes Meer
Schendi
Sudan
Omdurman
Khartum
Atbara
Ed
Duem
El Obeid
Kosti
Nyala
Blauer Nil
Renk
Weisser Nil
Malakal
Sudd
Jonglei-Kanal
Äthiopien
Zentral-
afrikan.
Republik
Juba
Jei
Kaja
Pakwach
Zaire
Butiabo
Uganda
Sudan
Bettina Selbys Reiseroute
per Fahrrad
per Flugzeug
per Schiff
per Eisenbahn
per Bus
per Lastwagen
0 Kilometer 400
0 Meilen 250

Gewölbe erinnerten, dauerte viel zu lang. Das einzige, was diese Eintönigkeit unterbrach, waren vier monströse, in Granit gehauene Vögel, welche die Doppelkrone von Ober- und Unterägypten trugen und die Eingänge bewachten. Einer war umgekippt und lag steif und wachsam wie eh da, ein unheilvoll blickendes Auge zum Himmel gewendet. Diese Riesenvögel stellten Horus in Falkengestalt dar, doch auf mich wirkten sie wie ein Schreckbild aus den Alpträumen eines Wurms. »Hüte dich vor dem Jabberwock, mein Sohn«, zitierte der Reiseführer mit feinem Einfühlungsvermögen.

Edfu wäre als Übernachtungsort wohl am Schluß der Rangliste gelandet, hätte ich nicht zufällig zwei städtische Polizeioffiziere getroffen, die mich unter ihre Fittiche nahmen. Sie waren nach Edfu versetzt worden, ohne daß man sie gefragt hätte, was im ägyptischen Polizeidienst, der ziemlich militärisch geführt wird, die Regel sein dürfte. Edfu galt nicht gerade als lukrativer Posten, und sie empfanden wohl viel Sympathie für etwaige Leidensgenossen, die hier von der Dunkelheit überrascht wurden. Das Beste, was sie für mich finden konnten, war ein Hotel dem Polizeiposten gegenüber, ein recht massives Wohnhaus, das harte Zeiten durchgemacht haben muß. Sein imposantes Treppenhaus, die Wandtäfelung und die hübschen Messingtürgriffe waren von Schichten zusammengeklumpten Schmutzes und dickem Spinnengewebe bedeckt – ein Haus der Sorte also, wo man vorsichtig versucht, nicht die Wände zu streifen. Die Beamten sprachen sehr dezidiert mit dem Besitzer. Sie verlangten, daß ein Zimmer gesäubert und warmes Wasser bereitet wurde, doch hier galt ihre Autorität nicht so viel wie bei ihrer eigenen Mannschaft, die sie auf der Wache zurückgelassen hatten, wo alles eimerweise mit stark desinfiziertem Wasser abgespült wurde. Keine ihrer Forderungen wurde wirklich erfüllt, obwohl jedermann vor Bereitwilligkeit zu glühen schien. »Machen Sie sich nichts daraus«, meinte einer der Polizeibeamten tröstend, »wir sind gleich nebenan, um Sie zu beschützen.«

Mit dem Essen klappte es schon besser, da sie eine Abmachung mit einer Witwe in der Stadt getroffen hatten, welche ihnen die

Abendmahlzeit zubereitete. Deren alter Vater brachte es herüber und lungerte herum, während wir aßen, aus Angst, es könnte uns einfallen, mit den angeschlagenen Schüsseln und den Blechlöffeln und -gabeln abzuhauen, die der Alte anscheinend für sehr wertvoll hielt. Wir aßen zusammen in dem für mich hergerichteten Zimmer, wo drei Betten, ein Tisch, ein mit Schnur zusammengebundener Stuhl und das Fahrrad standen, das ein Polizeirekrut die Treppe hochgetragen hatte. Ich kriegte den Stuhl, die Polizisten saßen gegenüber auf einem der Betten, und die Zeitung, in welche das Brot eingewickelt gewesen war, diente als Tischtuch. Das Essen – gebratener Flußbarsch aus dem Nil und Leber, in Knoblauch und einem grünen Gewürz geschmort, das wie Koriander aussah – war eine lokale Spezialität und hätte einen würdigeren Rahmen verdient. Beide Gerichte schmeckten köstlich, und ich merkte erst mitten im Essen, daß die Polizisten mir den Löwenanteil zugeschoben hatten, obwohl es ja eigentlich ihre eigene Abendmahlzeit war. Sie waren wirklich äußerst liebenswürdig.

Einer der beiden, ein Hauptmann, war Moslem, sein etwas jüngerer Leutnant dagegen koptischer Christ und sehr an religiösen Fragen interessiert. Niemand weiß genau, wie viele Kopten es in Ägypten gibt, obwohl sie vermutlich etwa zehn Prozent der Bevölkerung ausmachen. Die meisten von ihnen leben in Oberägypten. Kaum war der letzte Bissen Brot verschwunden, stellte mich der junge Mann auch schon zum Thema »Christentum im Westen« zur Rede. Nachdem er sich vergewissert hatte, daß ich Protestantin und nicht Katholikin war, fragte er gleich: »Warum mögen Sie die Jungfrau Maria nicht?« Ich merkte bald, daß ihn keine Antwort befriedigen konnte, weil er sich im voraus darauf festgelegt hatte, wie ich über die Angelegenheit denken mußte. Die koptische Religion ist die älteste Form des Christentums; da ihre Doktrin der Heiligen Dreifaltigkeit jedoch von jener der römisch-katholischen und griechisch-orthodoxen Kirche abweicht (die Person Gottvaters wird als über dem Sohn Jesus Christus stehend und höher eingestuft), gilt sie bei diesen als häretisch. Die Moslems hingegen, die ja auch den einen Gott so sehr betonen, sind mit den Kopten immer mehr oder weniger gut ausgekommen, ganz ähnlich wie mit den Juden, bevor sich das Problem mit Palästina stellte. Mit ihrem Glauben an die drei Personen der Trinität praktizieren die übrigen Christen in den Augen der Moslems, Juden und Kopten eine Art Vielgötterei, nicht viel besser als jede ausgesprochen heidnische Religion. Im Westen scheint sich fast niemand mehr um solch feine dogmatische Unterschiede zu kümmern, obwohl vor nicht allzu langer Zeit noch viele Menschen bereit waren, dafür auf dem Scheiterhaufen zu sterben – wie es auch bei diesem jungen Mann den Anschein hatte. Ich war daher in der folgenden Diskussion von vornherein im Nachteil und konnte bloß bewundern, welche starken Gefühle und welch leidenschaftliche Hingabe solche religiösen Detailfragen in ihm auslösten.

Diese Nacht zog ich es vor, meine aufblasbare Matratze auf dem Bett auszubreiten, das mir am wenigsten anrüchig vorkam, und nicht auf dem mit uraltem Schmutz bedeckten Fußboden. Ich ließ das Licht brennen, in der Hoffnung, damit die Kakerlaken in dem greulichen Klosett gegenüber abzuschrecken, die so riesengroß waren, daß sie Seite an Seite mit den Jabberwocks in jedem Alptraum hätten auftreten können. Ich schlief nicht gut. Bevor ich im ersten, noch unsicheren Licht der Morgendämmerung aufbrach, verlangte der freundliche, schmierige alte Hotelier, der auf einer Bank quer über der Türschwelle schlummerte, einen Zuschlag auf die lächerlich billige Rechnung, als Entschädigung für den exzessiven Gebrauch der 15-Watt-Glühbirne.

Während meiner letzten Tagesetappe durch Oberägypten wurde ich gewahr, wie die nackten Klippen beidseits des Nils bedrohlich näher rückten und der grüne, fruchtbare Streifen mehr und mehr schrumpfte. Im Umkreis des für Horus und den Krokodilgott Sobek erbauten Tempels von Kom Ombo zog sich die Wüste wieder etwas zurück und gab ein paar Hektar helles Kulturland frei, wo für eine Raffinerie in der Nähe Zuckerrohr angebaut wurde. Der Tempel von Kom Ombo ist in einem noch viel traurigeren Zustand als jene von Edfu und Esna, da er als Steinbruch für profanere Gebäude (inklusive der Zuckerraffinerie) diente. Die Wände sind fast abgetragen, die Höfe und Säulen stehen offen im

Licht des Himmels wie ein griechischer Tempel. Seine herrliche Lage auf einer Klippe, die auf den Nil schaut, mit welliger Wüste rundum bis zum Horizont und dem weiten, bräunlichgrünen, ruhig vorbeiziehenden Wasser verleiht ihm jene Zartheit und Einheit mit seiner Umgebung, welche vielen ägyptischen Tempeln abgeht. Zu seinen überraschenden Seiten zählen die steifen, mumifizierten Krokodile, die wie grinsende Planken in einer verstaubten Kapelle aufgestapelt sind, aber auch ein in ein Mauerfragment geritztes Relief mit Instrumenten für komplizierte Hirn- und Kieferchirurgie, die vor zweitausend Jahren hier in Gebrauch waren.

Hinter Kom Ombo nähert sich die Wüste wieder dem Nil. Hier, auf einem Mäuerchen neben dem schnell fließenden Wasser, nahm ich mein letztes ägyptisches Picknick ein. Deutlich kräuselten sich die Wellen, wo der Wind mit der Strömung kämpfte, und eine Feluke, die breitseits am Wind mit abgetakeltem Segel mitten im Strom trieb, wie die Segelboote seit jeher flußabwärts fahren, kam nur langsam voran. Die starke Strömung läßt ahnen, welch unvorstellbare Wassermassen den Fluß vorwärtsschieben, denn an diesem Punkt, tausendfünfhundert Kilometer vom Mittelmeer entfernt, liegt der Wasserspiegel nur gerade sechsundachtzig Meter über Meer.

Nach dem Mittagessen dann wieder das wohlbekannte Muster: immer schlimmere Angriffe von immer größeren Haufen kriegerisch gesinnter Jugendlicher, die aus der Schule kamen. Selbst die sonst so furchtlose Amelia B. Edwards hatte es sich zur Regel gemacht, nie ohne männliche Begleitung an Land zu gehen, und auch ich hätte mir in diesen schwierigen Zeiten manchmal einen solchen Beschützer gewünscht. Mit jeder Meile, die ich nach Süden kam, wurden die Angriffe schlimmer, was mich angesichts der Konzentration ärmlich aussehender Dörfer in der nun völlig kahlen Umgebung nicht eigentlich erstaunte. Viele Leute wurden hier in den letzten Jahren neu angesiedelt, nachdem ihre Häuser durch den Bau des Hochdamms zerstört worden waren – Nubien, das Land hinter dem ersten Katarakt, ist heute fast gänzlich unter den Fluten des größten künstlichen Sees der Welt verschwunden.

Zum Glück traf ich mitten in diesem letzten Sturmangriff auf einen Schutzmann mit Motorrad und legte die letzten wenigen Kilometer bis Assuan unter Polizeieskorte zurück.

In Assuan endet die langgestreckte Oase Ägyptens. Sand erstreckt sich östlich und westlich des Nilufers, und blickt man flußaufwärts, versperrt der erste Katarakt dem Strom den Weg. Assuan, seit jeher Grenzstadt und Handelsposten, war ein magnetischer Anziehungspunkt für den exotischen Reichtum des Landesinneren – wilde Tiere, Sklaven und Elfenbein aus dem fernen Süden, Gold aus dem Lande Nub, Gewürze und Parfüme aus Punt. Hier schwankten auf Wüstenpfaden die Kamelkarawanen heran, hier gingen militärische Expeditionskorps an Land und marschierten südwärts, um entlegene Territorien zu erobern. Juden, die im sechsten Jahrhundert vor Christus vor Nebukadnezar in die Diaspora flohen, fanden sich hier am Ziel ihres Leidensweges und ließen sich auf der Insel Elephantine nieder, und hier endete auch »das Geschenk des Nils«, denn hinter dem Katarakt lagerte sich der von den Fluten heruntergeschwemmte fruchtbare Schlamm nur gelegentlich an kleinen Flecken ab. Tempel wie Abu Simbel, die jenseits von Assuan in die Felsklippen gebaut wurden, dienten ihrer Natur nach als Mahnmal der Großmacht Ägypten und warnten vor all den Gefahren, die in der Wildnis des Sudans lauern mochten.

Ich fuhr direkt zum Old Cataract Hotel, wo Briefe, ein Vorrat Trockennahrung und Ersatzreifen auf mich warteten. Es ist das berühmteste Hotel Assuans, der Ort, wo Agatha Christie »Mord auf dem Nil« schrieb und wo jeder, der etwas auf sich hielt, abgestiegen war, bevor die Ansprüche heutiger Jet-Reisender die aufdringlich geschmacklosen, modernen Luxushotelkästen hervorbrachten. Wer kritisch urteilt, wählt heute noch das Old Cataract, teils weil man von seiner Terrasse den schönsten Ausblick in ganz Assuan auf den Nil und die Insel Elephantine genießt, teils aber auch wegen seiner denkwürdigen Inneneinrichtung, die an eine begütertere und kultiviertere Kundschaft erinnert. Ich gedachte nicht, selbst dort zu wohnen, da dies die Grenzen meines Budgets bei weitem überschritten hätte, doch die Hotelleitung bot mir freundlicherweise freie Unterkunft im neuen Kalabsha-Hotel hundert Meter weiter oben an. Zu behaupten, daß mir das Kalabsha gefiel, wäre gelogen, doch ein bißchen Viersterneluxus, wie geschmacklos auch immer, kam mir nach meinen jüngsten Behausungen nicht ungelegen. Ich schlief dort bestens, wenn mich nicht gerade das Bellen und Heulen herumstreunender Hundemeuten oder die Rufe zum Morgengebet um vier Uhr früh aus dem Schlaf rissen. Meine ganze Freizeit verbrachte ich aber auf der Terrasse des Old Cataract, wo ich türkischen Kaffee trank, den mir nubische Diener im roten Fes reichten.

Nicht daß ich viel Muße gehabt hätte! Assuan war das Sprungbrett für meine nächste Reiseetappe, und einmal mehr mußte ich mich hier mit der Bürokratie herumschlagen, um die notwendige Bewilligung für die Weiterfahrt mit dem Fahrrad jenseits des Hochdamms zu erhalten. Ich hatte nicht im Sinn, das überfüllte Schiff nach Wadi Halfa zu benutzen, denn ganz abgesehen davon, daß es in zweifelhaftem Ruf stand und ein Schiffbruch im krokodilverseuchten Wasser des Nuba-Sees keine verlockende Aussicht war, wollte ich allein durch die Wüste in den Sudan fahren und im Vorbeiweg Abu Simbel besuchen.

Ich brauchte tagelang, bis ich nur die zuständigen Büros gefunden hatte und die Öffnungszeiten kannte. Dort trug ich mein Anliegen vor und zeigte meinen ehrfurchtgebietenden Brief und die rosa Karte, die zwar beide gebührend bewundert wurden, mir aber nichts weiter einbrachten als Angebote für geführte Reisen zu weitentfernten Tempeln, Gratiseintritte für »Son et lumière« und Einladungen zum Abendessen. Das gesamte Gebiet rund um den See war Militärzone, Zutritt streng verboten, und außerdem, wie man andeutete, vermint, falls ich mir etwa in den Kopf setzen sollte, auf eine Bewilligung zu verzichten. Nun ist ja der Erfolg einer Reise oft eine Frage der Kompromißbereitschaft, und meine Situation bildete da keine Ausnahme. Zu viele Unsicherheiten lagen vor mir. Mir war wichtig, das große Nilbecken zu erreichen und auf dem Weg dorthin so viel als möglich zu sehen – wenn die einzige Alternative »Schiff oder gar nichts« lautete, nahm ich eben das Schiff! Da sich zudem das politische Klima im Sudan täglich verschlechterte, schien es geraten, so schnell als möglich dorthin zu gelangen, bevor Touristen die Einreise generell verweigert wurde.

Daß meine Kapitulation nicht automatisch eine leichte Überfahrt versprach, zeigte sich schon an der kilometerlangen Schlange sich drängelnder Sudanesen, die versuchten, sich nach ihren Einkaufstouren zu den Fleischtöpfen Ägyptens wieder zurück in ihre sandigen Weiten durchzuschlagen. Im Sudan fehlten, wie man mir sagte, viele Konsumgüter. Die Reichen flogen nach Europa, um sich einzudecken, die Minderbemittelten unternahmen die lange, mühselige Reise nach Kairo, das ihnen wie ein Eldorado vorkommen mußte. In Assuan herrschte jedoch noch immer eine gewisse Kolonialmentalität vor, und wenn ein Angestellter der Nile Navigation Company, welche den Dampfer nach Wadi Halfa betreibt, in dieser beängstigend langen Schlange ein westliches Gesicht erspähte, wurde man in ein Büro im Innern des Gebäudes geführt, wo man seine Fahrkarte in einer privateren, zuträglicheren Atmosphäre erstehen konnte. Kabinen waren Monate im voraus ausgebucht, weswegen ich mir aber keine Sorgen machen müsse, wie der zuständige Angestellte versicherte: »Kein Problem, meine Dame, Boot braucht jetzt nur noch zwei Tage. Gar nicht lang!«

Der junge Mann, der meine Fahrkarte ausstellte, versprach, er werde an der Anlegestelle sein, wenn das Schiff abfahre, um mir beim Verladen des Agala zu helfen. »Dann Sie geben mir Adresse in England?« bat er und verriet damit sein wahres Motiv. Ich fragte, wozu er sie brauche, obwohl ich es ganz genau wußte. »Ich Sie vielleicht besuchen? Etwas bleiben, finden Arbeit, nicht?« England schien für viele junge Männer aus der Dritten Welt noch immer ein Mekka zu sein.

Meine Weiterreise sollte erst ein paar Tage später erfolgen, und so nahm ich das Angebot an, zwei der bekanntesten Sehenswürdigkeiten Ägyptens zu besuchen, die ich beim besten Willen nicht auslassen konnte: die Tempel von Philä und Abu Simbel. Beide waren den Fluten zum Opfer gefallen – Philä, die heilige Insel der Isis, sogar schon 1902, als die Briten den ersten Staudamm in

Assuan bauten, der sie sechs Monate im Jahr unter Wasser setzte. Touristen konnten damals »Trips« hinüber zu der Insel buchen und vom Schiff hinuntergucken, wo sich die versunkenen Pfeiler im durchsichtig-grünen Wasser wiegten. Der Hochdamm hätte Philä für immer ertränkt, deshalb wurden in einem großangelegten Projekt für mehrere Milliarden Dollar sämtliche Bauten zerlegt und auf einer anderen Insel in der Nähe wieder aufgebaut, die man mit Bulldozern so umgestaltete, daß sie dem Original so ähnlich wie möglich sah. Im gesamten Komplex befinden sich etwa vier Tempel. Philä war einst die tollste Touristenattraktion für die alten Römer gewesen, denn der Kult der Isis wurde mit den Muttergottheiten im Mittelmeerraum und im Vorderen Orient assoziiert und hielt sich von allen heidnischen Bräuchen am längsten – zweihundert Jahre, nachdem der Rest des Römischen Reiches offiziell christlich geworden war, wurde Isis noch immer in Philä angebetet, und erst als Kaiser Justinian im sechsten Jahrhundert ein Machtwort sprach, wandelte man die Stätte in eine christliche Kirche um, die sinnigerweise der Jungfrau Maria gewidmet war. Auch für die viktorianischen Touristen war Philä ein Magnet, lag es doch überaus hübsch und romantisch auf seiner kleinen Insel und sah aus, als ob seine Säulen auf dem Wasser schwimmen würden. Philä war Amelia B. Edwards' Lieblingsplatz. Besieht man sich ihre Skizzen, auf denen viel Grün die harten Linien der Steinhauerkunst auflockert, müßten die Ruinen damals reizvoller als heute gewesen sein.

Ich besuchte sie eines Abends im Farbenspiel von »Son et lumière«, nur fuhr leider auch eine Gruppe ägyptischer Schüler mit. Es war der Stimmung nicht sehr zuträglich, mitten in einem Haufen hemmungsloser Teenager beiderlei Geschlechts zu stekken, die sich weit mehr füreinander als für die Geschichte ihres Landes interessierten. Abgesehen davon hatte ich den Eindruck, ein wohldotiertes, gutbeleuchtetes Museum zu besuchen, und auch Amelias ekstatische Schilderungen konnten mir beim besten Willen nicht darüber hinweghelfen. Die Seele dieses Ortes war verschwunden, geblieben war ein schön gestaltetes technisches Meisterwerk, eine große Ansammlung altehrwürdiger Gebäude, die einst Tempel gewesen und nun auf profanem Boden wieder aufgebaut worden waren. Halb hatte Miß Edwards hier »Klänge antiker Gesänge und eine Prozession weißgewandeter Priester, die hoch über sich den verschleierten Schrein Gottes trugen«, erwartet – »Son et lumière« kam dem zwar sehr nahe, doch machte es für mich leider keinen Unterschied.

Abu Simbel sah ich bei vollem Tageslicht. Ich fuhr die dreihundert Kilometer hin und zurück in einem komfortablen Bus auf einer nagelneuen Schnellstraße, die, wie man hört, eines Tages direkt nach Khartum führen soll (nur hört man das schon seit mindestens fünfzig Jahren). Auf beiden Seiten dieses neuen, glatten Asphaltstreifens war Wüste, soweit das Auge reichte, nur hier und dort lag das Skelett eines Kamels herum, wo das Tier mangels Wassers zusammengebrochen war und seine Seele ausgehaucht hatte. Die Falken waren gekommen und hatten die Knochen ratzekahl zu würdevoll-strengen, abstrakten Kunstgebilden abgenagt. Auf einer Strecke von etwa achtzig Kilometern standen Abertausende von Pyramiden verschiedenster Größe – ein vom Winde verwehtes Naturphänomen aus Sand, so perfekt geformt, daß man kaum glauben konnte, sie seien nicht von Menschenhand geschaffen. Ich fand sie viel ehrfurchtgebietender als den Tempel von Abu Simbel.

Abu Simbel ist ein zweites technisches Multimilliarden-Dollar-Wunder. Während der Wasserspiegel des neuen Stausees anstieg, spritzte man dem gesamten Kolossalbau von Ägyptens berühmtestem Tempel Harz ein, worauf er in tausend Stücke zersägt und dreihundert Meter über seinem ursprünglichen Standort auf einer Felsenklippe in einem riesigen, speziell konstruierten, als Berg kaschierten Gewölbe wieder zusammengesetzt wurde. In diesem hohlen Hügel kann der Besucher nun herumwandern und die Augen aufsperren. Er kann um die vier Kolosse von Ramses II. am Eingang spazieren und die Tempelhallen durchstreifen und wird nirgends eine Spur finden, wo alles wieder zusammengeleimt wurde – alles ist genau so wie früher. Dann kann er dasselbe Spiel mit dem Gegenstück spielen, dem großen Tempel von Nefertari, der Gemahlin von Ramses II. Wer so scharf auf technische Meisterleistungen ist wie mein Führer Musa Mohammed, wird hier für die dreihundert Kilometer Busfahrt reich belohnt; wer jedoch herkommt, um einen großartigen Tempel zu sehen, ist vielleicht enttäuscht. Auch Abu Simbel ist jetzt ein weiteres guterhaltenes Museum – wie in Philä ist seine Seele unter dem Wasser begraben worden.

Musa beharrte darauf, die Seele des modernen Assuan sei der Hochdamm: Keine Ägyptenreise sei abgeschlossen, ohne daß man ihm Reverenz erwiesen hatte. Er kannte seine Dimensionen auswendig und spulte sie herunter, während wir auf der Aussichtsplattform standen und die graue Masse anstarrten – der Damm enthalte so viel Baumaterial, daß man damit die Große Pyramide siebzehnmal nachbauen könnte, und genügend Stahl für fünfzehn Eiffeltürme. Doch mit diesen Gebilden hat die Staumauer nicht das geringste gemein. Nie weist sie über sich selbst hinaus, und sie vermittelt keine andere Botschaft als die von Kraft und Zweckmäßigkeit. Für die einen gilt, wie für Mustafa, der Damm als ein Symbol für die Mündigkeit des Menschen, der sich seine Umwelt verantwortungsvoll untertan macht; andere sehen darin ein unverantwortliches Herumpfuschen mit den Kräften der Natur, die sich unserer Kenntnis noch immer entziehen – »Das ›Geschenk des Nils‹ wird ihm in den Rachen zurückgestopft«, wie sich ein Kritiker pointiert ausdrückte.

Der Hochdamm wurde 1971 fertiggestellt und war von Anfang an ein strittiges Unterfangen, dessen Vor- und Nachteile noch heute heftig diskutiert werden. Ägyptens rasch anwachsende Bevölkerung benötigte gewaltige Wasserreserven, um Wüstenland wieder urbar zu machen, sowie entsprechende Elektrizitätsquellen. Der Damm lieferte beides, doch der Preis für diese Segnungen ist zum Teil noch unbekannt. Die Menschen, die unter dem fünfhundert Kilometer langen Stausee ihr Heim verloren, und die altehrwürdigen Tempel, welche von ihren Wurzeln abgeschnitten wurden, sind rein lokale Tragödien; die Auswirkungen auf die Ökologie von halb Afrika jedoch können erst heute langsam abgeschätzt werden. Der Grundwasserspiegel in der gesamten Sahara ist am Steigen, und all der lebenspendende Nilschlamm wird jetzt im Seebecken zurückgehalten und muß durch Chemikalien ersetzt werden, die man mit Hilfe des Stroms aus dem Staudamm produzieren muß. Unmengen des kostbaren Wassers (nach einigen Quellenangaben um die fünf Milliarden Kubikmeter jährlich) gehen heute durch Verdunstung verloren, und man schätzt, daß in fünfhundert Jahren die Seen vollständig von Schlamm aufgefüllt sein werden. Anderseits hat das bebaubare Land in Ägypten um dreißig Prozent zugenommen. Selbst in den jüngsten Dürreperioden, welche Äthiopien und Sudan verheerende Hungersnöte bescherten, ermöglichten die Wasservorräte Ägypten, seine drei Ernten im Jahr einzubringen, und nicht zuletzt hat sich auch die Elektrizitätsproduktion verdoppelt. Doch keine dieser Wohltaten wird lange anhalten, wenn sich die ägyptische Bevölkerung weiterhin alle zehn Monate um eine Million vermehrt.

Als neue Schranke zu Ägyptens südlicher Landesgrenze ist der Hochdamm eindrücklich und mit seiner Ausstrahlung grenzenloser Kraft fast ein wenig furchterregend. Ich konnte nur zu gut verstehen, warum das Gebiet Militärzone war: Bei dem heute auf der ganzen Welt blühenden Terrorismus könnte ein Dammbruch eine Sturmflut aufgestauten Wassers entfesseln, welche das ganze Land zerstören und alles hinwegfegen würde.

Meinen letzten Nachmittag in Ägypten verbrachte ich auf angemessene Weise in einer kleinen Feluke auf dem Nil. Das Segel am hohen Mast wurde von hundert Flicken zusammengehalten und fing den kleinsten Windhauch auf, der zufällig um die Inseln strich. Der Schiffer hieß Sajid. Er trug ein blaues Gewand und beteuerte, er sei hin und her gerissen zwischen Freundschaft und Verdienst, also mußten wir einen Kompromiß schließen, was die Kosten des Ausflugs betraf. Sein Gespräch drehte sich fast nur darum, wie schwierig das Leben doch sei. Schwierig sei es mit dem Sex für einen alleinstehenden gläubigen Moslem, der fünfmal im Tag betet, aber der Versuchung einfach nicht widerstehen kann (»Ich bin gut, ich versuche, ich versuche, aber mein Körper braucht nötig, und wenn Frau will, ich tue es«), schwierig sei auch die Ehe: »Geld nicht genug. Viel Geld für Heiraten. Ich zweiunddreißig, habe viele Schwestern und kleine Brüder, noch nicht Zeit für Heiraten.« Nur seine Familie war nicht schwierig, und seine Stimme wurde weich, als er von ihr erzählte: »Wir brauchen unsere Familie. Ich muß meine Mutter sehen jeden Tag. Und wenn einer von meine Brüder nicht da, ich ihn vermisse.« Nicht weit unter der Oberfläche fand sich tiefe Zufriedenheit, welche das ganze Gerede von Schwierigkeiten Lügen strafte. Er war an dem Ort verwurzelt, wo seine Familie seit Menschengedenken gelebt hatte, und er kannte jeden Wasserstrudel, jeden Felsen und jeden Trick des Windes auf diesem inselübersäten Strich des Nils.

Gerade als die Sonne unterging und sich der Abendhimmel violett verfärbte, glitten wir zu den Felsen unterhalb des Hotels zurück. Beim Gedanken an den morgigen Abschied fühlte ich plötzlich einen Stich im Herzen. Ich spürte, wie lieb mir Ägypten geworden war. Wie bei Sajid lagen die Schwierigkeiten mit diesem Land nur an der Oberfläche – zum Beispiel der ärgerliche, aber nie wirklich bedrohliche Kleinkrieg mit den Bakschischjägern. Ich hatte im wesentlichen ein sanftes Land vorgefunden, wo ich zuvorkommend und mit viel Freundlichkeit behandelt worden war. Ich dachte an den achtzigjährigen Scheich Ali, wie er durch den Garten seines Nullsternhotels bei der Nekropole im alten Theben schlurfte – bei meiner Abreise hatte er mir ein paar Schnüre mit billigen Perlen in die Hände gedrückt und gesagt: »Sie gut, Sie nettes Frau. Ich liebe Sie. Ich liebe Sie wie meine Mutter.«

8. KAPITEL

Hinter dem ersten Katarakt

Der größte Teil des Platzes auf dem Deck des Dampfers nach Wadi Halfa war fürs Gebet reserviert. Nur die Männer beteten. Sie standen Schulter an Schulter in einer Reihe auf speziell für sie ausgebreiteten Matten und hatten Schuhe und Sandalen ordentlich am Rand hingestellt. So hielten sie das vorgeschriebene Moslemritual ab, verbeugten sich tief, bis die Stirn den Boden berührte, und versuchten, sich vom Anblick junger, spärlich bekleideter westlicher Männer und Frauen, die sich rundherum niedergelassen hatten, nicht ablenken zu lassen. Bikinis und nackte Oberkörper waren zwar für dieses Wetter nicht ungeeignet, da es von Stunde zu Stunde spürbar heißer wurde, zeugten aber von mangelnder Einfühlung in die Mentalität dieses Teils der Erde, wo die Bewohner nacktes Fleisch unmoralisch finden und sogar die Männer ihre Beine bekleiden. Es gab etwa dreißig solcher weißer Sonnenanbeter, meist ziemlich junge Briten und Australier auf einer Busreise quer durch Afrika. Ich hatte ihr Gefährt schon gesichtet. Es sah mit seinen breiten, weichen Reifen eher wie eine Mondfähre aus und war auf einer Barke festgezurrt, die vor uns den See hinaufdampfte. Ich glaube, der Bus muß irgendwo mittendrin versunken sein, denn obwohl ich drei Tage in Wadi Halfa verbrachte, war er bei meiner Weiterreise noch nicht wieder aufgetaucht, und seine Passagiere waren alle stocksauer aufeinander und auf die ansässige Bevölkerung.

Es gab noch fünf andere unabhängige Touristen aus dem Westen. Zwei von ihnen reisten wie ich allein: Einen Deutschen mittleren Alters namens Heinz zog es zu den Wildreservaten in Kenia, Andi hingegen, ein jüngerer Landsmann von ihm, ging immer der Nase nach, wohin es ihn gerade gelüstete. Drei junge Amerikaner, Mark, Tom und Judy, wollten auf dem Landweg so schnell als möglich die Eltern der beiden Männer besuchen, die in Uganda als Missionare arbeiteten. Wir sechs hatten uns an der Hafenmole zusammengefunden und versuchten, uns von den halbnackten Buspassagieren abzusondern, denen viel daran gelegen schien, ihre Reihen mit uns zu verstärken. Es gab jedoch wenig Platz zum Manövrieren, da der uralte Kahn bis zum Bersten mit heimkehrenden Sudanesen und ihren Bergen von Gepäck vollgestopft war.

Unter Deck waren die Bedingungen miserabel. Jeder Zoll Boden war besetzt, und ich fürchtete für die Sicherheit meines Fahrrads, das von dem hilfreichen Schalterbeamten in eine Ausbuchtung beim Ausgang gestellt worden war und nun einigen fülligen Sudanesinnen und ihren Kindern zum Anlehnen diente. In den heißen, stickigen Salons, deren Wände und Polster zu einem durchgängigen Braun verblichen und in Tabakschwaden eingehüllt waren, herrschte ein wildes Durcheinander von Menschenleibern, welche auf den Sitzplätzen und rundherum campten. Innerhalb von wenigen Stunden waren die Decks von vielerlei Abfällen übersät, es gluckste und knirschte unter den Füßen, wenn man sich langsam wie ein Wurm einen Weg durch das Gedränge wühlte. Das Gewimmel war viel zu dicht, als daß man hätte sehen können, wohin man trat. Ließ man etwas fallen, so war es unwiederbringlich dahin. Ein Toilettenbesuch erforderte eine gehörige Willensanstrengung oder ein wirklich dringendes Bedürfnis, und als Judy und ich schließlich unseren Widerstand überwanden und dem klar mit »Ladies« bezeichneten Örtchen zustrebten, hielt es bereits ein kauernder Mann besetzt. Wir beschwerten uns bei einem vorbeigehenden Besatzungsmitglied, das sogleich hineinstürzte und den Gesetzesbrecher mit noch immer um die Mitte hochgeschürztem Gewand herauszerrte.

Alles in allem ließ sich nur auf dem kleinen Deckplatz leben, der nicht fürs Gebet benutzt wurde. Wir legten unsere Schlafsäcke und Matten aus, um unser Gebiet abzustecken, und bangten, daß die düsteren Blicke, die auf die nackten Glieder der Buspassagiere fielen, bewirken könnten, daß wir alle nach unten geschickt wurden.

Irgendwann in der Nacht kreuzten wir den Wendekreis des Steinbocks, der seit dem zweiten Jahrhundert vor Christus leicht nach Süden gewandert ist. Damals hatte Eratosthenes aus der Schule von Alexandria festgestellt, daß in Assuan die Sonnenstrahlen bei der Sommersonnenwende mittags genau senkrecht in einen Brunnen fielen, und daraus geschlossen, daß die Erde rund war. Er berechnete auch den Erddurchmesser mit einer Abweichung von nur achtzig Kilometern. Ich mußte an seine brillanten Schlußfolgerungen denken, als ich in meinem Schlafsack auf dem Metalldeck lag – eine der vielen säuberlich aufgereihten, umwikkelten Gestalten wie bei einer Ausstellung von Mumien im British Museum – und in die samtene Dunkelheit und das Sternengefunkel über mir starrte. Diese unsichtbare Barriere markiert den endgültigen Abschied von Ägypten und durchtrennt das letzte Band zur mediterranen Kultur. Vielleicht bildete ich mir nur ein, daß etwas Neues in der Luft lag, doch die Sternbilder waren auf einmal unvertraut und verwirrlich wie Bewohner fremder Himmelsräume. Der Große Bär, der am englischen Nachthimmel nie fehlt, steckte unsichtbar irgendwo unter dem nördlichen Horizont, während der sonst meist durch Abwesenheit glänzende Orion fast senkrecht über unseren Köpfen stand. Sternbilder, die ich nie zuvor erblickt hatte, füllten die südliche Hemisphäre, und ich schlief ein, noch während ich versuchte, einigen von ihnen einen Namen zu geben.

Der zweite Tag war schlimmer. Mein Bedürfnis nach Seife, Wasser und frischen Kleidern wuchs zusehends, und die Vorstellung, wieder auf einem Stuhl zu sitzen, statt sich ständig aufs Metalldeck zurückzulehnen, schien immer mehr wie der reinste Luxus. Der Hunger trieb uns schließlich, unsere Essensgutscheine einzulösen. Die Mahlzeiten wurden in Schüsseln geklatscht, die man sich zuerst bei denen, die schon gegessen hatten, zusammensuchen mußte. Es war nicht leicht zu erraten, was man da aß. Die Bohnen schmeckten eindeutig besser als die unförmigen Brocken von knorpeligem Fleisch, doch gab es gar keine Wahl: Jeder aß, was ihm ausgeschöpft wurde. Wir Einzelreisenden hatten uns einen eigenen Trinkwasservorrat mitgebracht, die Leute vom Bus dagegen nicht, und so mußten sie trinken, was eben da war, mit dem Resultat, daß sich viele von ihnen den Magen verdarben. Den Gedanken an die Schiffstoiletten gab ich völlig auf. Die Sudanesen ihrerseits hielten sich an Coca-Cola und Tee und verwendeten Wasser nur für ihre rituellen Waschungen vor dem Gebet.

Ums Schiff herum gab es nicht viel zu sehen, nur die Weite des Sees, eine entfernte, hügelige Wüstenlinie im Westen und hie und da einen Vogel, der über uns vorbeizog. Man fühlte sich nicht wie auf einem natürlichen Gewässer, vielleicht auch deswegen, weil in der Ferne kurz der verlegte Tempel von Abu Simbel zu sehen war oder weil mir bewußt wurde, wie alle die versunkenen Stätten unter unserem Schiffsrumpf durchzogen. Die Reise war eigenartig unbedeutsam, wie aufgehängt in einem Vakuum, wo nichts darauf hinwies, wie die Zeit verstrich. Ich war, wie ich merkte, ganz offensichtlich nicht für Kreuzfahrten geboren.

Das Schlimmste stand mir noch bevor, als wir endlich anlegten und ich hinunterging, um das Fahrrad zu beschützen – eine dringende Notwendigkeit, da es meiner Meinung nach so dicht vor dem Ausgang nicht überlebt hätte. Einige Beamte kamen an Bord, worauf die Türen wieder geschlossen wurden und dies während mehrerer Stunden auch blieben, während sich der Druck der Menschenleiber dahinter, die alle nach vorne drängten, beständig verstärkte. Die Temperatur stieg an, der Duft von ungewaschenem Fleisch intensivierte sich, das Agala und ich verwickelten sich immer enger ineinander. Mehreren Frauen schien es so übel zu werden wie mir. Eine fiel fast in Ohnmacht, obwohl die Menge viel zu dicht stand, als daß man hätte umfallen können. Ihre Notlage schien unter den anderen Passagieren eher Erheiterung als Besorgnis auszulösen, und mehrere junge Mädchen brachen in ein Gekicher aus. Später wurde mir klar, daß es sich einfach um eine nervöse Reaktion gehandelt haben muß, aber damals begann ich mich ernsthaft zu fragen, ob ich den Sudan je mögen würde. Bevor mich das Gedränge völlig mit dem Rahmen des Fahrrads verschweißen konnte, schoben glücklicherweise ein paar Besatzungsmitglieder die Menge zurück, es gelang ihnen, die Türe zu öffnen, und endlich durften wir an Land gehen.

Das befreiende Gefühl, der Enge des Schiffs und all diesen Körpern entronnen zu sein, ließ das trostlose Ufer wie ein kleines Paradies aussehen. Nach der mageren Palette von Eindrücken auf dem Stausee waren die ersten zehn Minuten ein Erlebnis. Silberreiher wateten am Seeufer, blendend weiß vor dem Grün der Binsen, ein feines Gewebe von Sand, Stein und Gefieder. Dann gingen mir weltlichere Dinge durch den Kopf – Nahrung, ein Obdach und ein Bad –, und ich stieg aufs Fahrrad und nahm die acht Kilometer bis zur Stadt Wadi Halfa in Angriff. Eine Stunde später strampelte ich mich immer noch ab. Langsam begann ich die Ungeheuerlichkeit meines Vorhabens einzusehen: Das vollbeladene Rad, obwohl speziell geländegängig konstruiert, sank bis zu den Achsen im weichen Sand ein. Ich mußte es mehr schieben als fahren, und selbst das kostete ungeheuer viel Kraft, so daß ich bald schweißgebadet war. Die verwirrlich vielen Abzweigungen machten alles noch schlimmer. Hunderte von Reifenspuren zogen sich kreuz und quer durch die sandige Einöde, und so folgte ich jeweils jener, die mir die Hauptspur schien, bis sie sich in einer konfusen Serie von tiefen Gräben verlor, wo offensichtlich ein Fahrzeug festgefahren war und ausgebuddelt werden mußte.

Als ich schließlich doch noch in Wadi Halfa ankam, war mir zunächst unklar, wohin ich mich wenden sollte. Niedrige, graubraune Gebäude waren planlos und ohne erkennbares Muster über ein sehr weites, ödes, sandiges Gebiet verstreut. Der Ort sah verlassen und bedrückend aus. Weil keiner da war, um mir weiterzuhelfen, steuerte ich mühsam auf ein Gewirr von Eisenbahnschienen zu, bis nach einiger Zeit ein liebenswürdiger junger Mann in einem schweren Tweedmantel auf mich zutrat und mich fragte, ob ich Geld wechseln wolle. Matars litt unter der Kälte von Sudans einzigem Wintermonat mit Temperaturen von etwa plus siebenundzwanzig Grad. Er hatte gerade nichts vor, und als ich ihm erzählte, ich suche ein Hotel, eskortierte er mich meilenweit über den lästigen Sand von Wadi Halfa. Das erste Hotel am Platz, traubenförmig zusammengebaute kleine Betonzellen und -klötzchen, die sich um kleine, staubige, mit ein paar vertrockneten Pflanzen begrünte Höfe scharten, hätte mir bestens gepaßt, war aber leider schon belegt. Also auf zum zweitbesten, einer ähnlichen Konstruktion, nur ohne Pflanzen und eine Spur weniger sauber – auch es war schon voll! Das dritte und letzte Hotel bewies nur, wie komfortabel die ersten beiden gewesen wären – nicht daß sich die Hotelleitung deswegen hätte Sorgen machen müssen, denn auch hier gab es kein freies Zimmer mehr. Ich begann mich schon zu wundern, ob ich als unbegleitete Frau diskriminiert wurde, bis mich Matara über die problematische Situation Wadi Halfas aufklärte.

Die alte Stadt Wadi Halfa mit all ihren urbaren Feldern und Dattelpalmen lag tief unter Wasser. Dieser neue Ort hatte nur eine einzige Existenzberechtigung: Er war der versunkenen Stadt am nächsten und lag am Kopfende der Eisenbahnlinie. Die meisten Bewohner des alten Wadi Halfa waren weit weg, oben am Fluß Atbara, neu angesiedelt worden, eine Handvoll war jedoch in dieser trostlosen Sandwüste geblieben und trauerte nun dem Verlorenen nach. »Wir konnten Land kriegen für Siedeln überall. Überall sie wollten uns geben Land, aber wir diese Ort lieben. Dies ist Land von unsere Großväter«, sagte Matara.

Seine eigenen Leute waren vergleichsweise Neuankömmlinge, Nachfahren eines ungarischen Soldaten, der von der türkischen Armee desertiert und sich in dieser abgelegenen Ecke des alten Osmanenreichs versteckt hatte. Matara behauptete, es gebe eine Ansiedlung mit blauäugigen Bewohnern, die unter dem Namen »Ungarisches Dorf« bekannt sei, doch als ich sie später aufsuchte, fand ich nur braune Augen.

Nachdem der Mahdi 1884 General Gordon besiegt hatte, ließ General Kitchener die Eisenbahnlinie von hier nach Khartum bauen, um das Land zurückzuerobern. Dieselbe antiquierte Bahnlinie mit demselben Rollmaterial wird noch heute betrieben. Laut Fahrplan hat sie Anschluß ans Schiff aus Ägypten und die Suk-Lastwagen, welche die Wüste mit Passagieren und Gütern aus den verstreuten Dörfern durchqueren; in Wirklichkeit bricht sie jedoch dauernd zusammen, so daß überhaupt nichts mehr klappt und sich alles in Wadi Halfa ansammelt und auf einen Weitertransport wartet. Die Sudanesen warten mit ruhiger, resignierter Ergebenheit, während die Europäer vor Wut kochen und meinen, sie könnten so den Lauf der Dinge beeinflussen.

Hier über so etwas Modernes wie eine Eisenbahn zu sprechen vermittelt allerdings bereits ein völlig verkehrtes Bild vom technischen Entwicklungsstand des Sudans. Mit seinen über zweieinhalb Millionen Quadratkilometern meistenorts noch immer unerforschter Wüste ist der Sudan das größte Land Afrikas. Es gibt hier keine befestigten Straßen außer der kürzlich im Osten fertiggestellten Verbindung zwischen Port Sudan am Roten Meer und Khartum und ein paar Kilometern holperiger Teerstraßen in einer bewässerten Gegend im Süden der Hauptstadt; zwischen Wadi Halfa und Khartum durchläuft der Nil vier weitere Katarakte, welche im Verein mit unzähligen Untiefen und Sandbänken verhindern, daß der Strom wie in Ägypten als Hauptverkehrsader benutzt werden kann. Zehn Jahre erbitterter Kämpfe zwischen dem islamischen Norden und dem christlichen Süden haben das Land wieder beinahe auf den Stand von 1870 zurückgeworfen, als Kamelkarawanen die einzige Verbindung zur Außenwelt darstellten. Bei meiner Ankunft in Wadi Halfa verstand ich endlich, was ein alter Moslem-Weiser gemeint hatte, als er schrieb: »Gott erschuf den Sudan, und dann lachte Er.«

Mehrere hundert Leute lagerten bereits inmitten ihrer Waren auf dem Sand längs der Eisenbahnschienen, und ihre Zahl vermehrte sich zusätzlich um meine Mitpassagiere vom Schiff, die jetzt in einer Flotte japanischer Lieferwagen aufkreuzten. Matara schlug vor, zum Polizeiposten zu gehen und dort um Erlaubnis zu bitten, den in solchen Notfällen für Europäer reservierten »Special Railway Room« benutzen zu dürfen. Auf dem Weg trafen wir meine Freunde von der Überfahrt, mit Ausnahme von Heinz, der so schlau war, beim besten Hotel herumzuhängen, bis jemand freundlicherweise auszog und sein Zimmer für ihn räumte. Die Leute vom Bus warteten unten an der Hafenmole auf ihr Gefährt, und so machten wir geziemend bekleideten Westler uns unter günstigen Vorzeichen auf den Weg. Der Polizeiposten erwies sich als eine kleine Hütte aus Lehmziegeln mit einer windigen Zelle, wo uns ein Häftling um Zigaretten bat. Ich erfuhr, daß er des Alkoholgenusses angeklagt war – ein schlimmes Vergehen in diesem Land, wo die islamische Rechtsprechung der Scharia erst kürzlich wieder eingeführt worden war und zu einer endlosen Reihe von amputierten Händen und Füßen für vergleichsweise harmlose Delikte geführt hatte.

Der »Special Room« erwies sich als Bahnsteig. Es war ein widerlicher Flecken, den selbst die campenden Sudanesen mieden. Gerade als wir uns entschlossen hatten, irgendwo draußen in der Wüste zu biwakieren, bot uns Matara an, sein »Hotel« zu benutzen, eine der verfallenen Bruchbuden, die in einer gezackten Linie einen Teil des Basars von Wadi Halfa bildeten. Es maß etwa zweieinhalb Meter im Geviert und war aus Teilen ausrangierter Eisenbahnschwellen, Pappe und Säcken gebaut, mit vielen Zwischenräumen, wo frische Luft und Licht einfallen konnten, ganz ähnlich wie die Hütten, welche kleine Jungen sich zusammenzimmern. Eines Tages würde Matara es in ein richtiges Hotel verwandeln und Tee servieren wie in all den umliegenden Schuppen, doch in der Zwischenzeit waren wir willkommen, es zu benutzen, und er breitete sogar ein paar Matten auf dem nackten Fußboden aus.

Diese Bude wurde die nächsten drei Tage unsere Zentrale, obwohl Judy und ich das Glück hatten, am folgenden Tag ein Bett im besten Hotel zu kriegen. Nach dem rauhen Leben erschienen mir die kalten Duschen in den kahlen Betonwürfeln als der Gipfel von Komfort. Das höchste Vergnügen waren jedoch Toiletten mit Wasserspülung, vermutlich die einzigen in dieser zersiedelten Stadt. Ich bin in diesen Dingen nicht pingelig und habe überhaupt nichts gegen ein einigermaßen sauberes Klo Modell »Loch im Fußboden« oder gegen einen Gang in Gottes weite Natur. Doch wie weit man in Wadi Halfa auch hinaus in die Wüste stapfte, immer waren da schon andere, welche die charakteristischen, recht eleganten metallenen Wasserkrüge mit den langen, gebogenen Tüllen herumtrugen, die an Stelle von Toilettenpapier verwendet wurden. Der ganze offene Platz rund um Wadi Halfa war tatsächlich ein gigantisches Freiluft-WC. Das einzig Gute daran war, daß der Sand und die heiße Sonne alles hygienisch austrockneten, nicht wie in den feuchten englischen Parks mit ihren unzähligen Häufchen von großen, überfütterten Hunden.

Ich hatte kein Bedürfnis, lange in Wadi Halfa zu verweilen. Wieder einmal war es die Bürokratie, die mich dort festhielt – und die Schwierigkeit, einen Weg hinaus zu finden. Es hat schon Radfahrer gegeben, die einfach dem Schienenstrang folgten, mühsam über die Schwellen holperten, für den Wasserbedarf auf die Unterhaltsbahnhöfe entlang der Strecke angewiesen waren und überhaupt nichts als leblose Wüste zu Gesicht bekamen, doch das war nichts für mich. Ich suchte kein Testgelände, sondern wollte dem Nil folgen, mir die Leute ansehen, die dort lebten, und mir auf dem Weg eine möglichst gute Zeit machen. Das Problem war einzig, daß die Route nicht immer dem Nil folgte, sondern durch sandige, weglose Landstriche führte und nur hin und wieder den Fluß berührte. Der erste Abschnitt, bekannt unter dem Namen »Felsenmagen«, ist besonders berüchtigt und schwierig und hat mehreren Armeen das Leben sauer gemacht, unter anderem auch den britischen Streitkräften auf ihrem Weg, General Gordon in Khartum zu entlasten. Schwierigkeiten hin oder her – ich fand nicht einmal den Anfang dieser Route, die aus Wadi Halfa hinausführen sollte, und zögerte, mich einfach in Richtung Süden durch den weichen Sand auf die Socken zu machen, in der Hoffnung, schon irgendwo einmal auf eine Fahrspur zu stoßen.

Alle meine Sorgen wegen Spuren im Sand waren sowieso rein akademischer Natur, da der Distriktkommissar nichts davon hören wollte, daß ich Wadi Halfa auf dem Fahrrad verließ. Ich mußte ihn aufsuchen, um meine Reiseerlaubnis und einen Fotoausweis zu erhalten. Dies war kein leichtes Unterfangen, da im Sudan das Frühstück mitten am Vormittag eingenommen wird und die Büros nur kurze Zeit zwischen den Mahlzeiten geöffnet haben. Der Kommissar saß in seinem vorfabrizierten, mit Fotos vom alten Wadi Halfa tapezierten Büro. Er wollte mir weismachen, in der kargen Wüste wimmle es von Wölfen und Schakalen, die alle nur darauf warteten, Radfahrer zu verschlingen. Mein Einwand, wenn es dort draußen solche Tiere gäbe, hätten sie wohl mehr Angst vor mir als ich vor ihnen, verfing nicht. Ich zweifelte sowieso etwas an seinem Sinn für Realität, denn er teilte mir mit, der Krieg im Süden nähere sich seinem Ende, ich könne also unbesorgt mit dem Fahrrad bis nach Uganda durchfahren. Die letzte Meldung, die ich aufgeschnappt hatte, besagte, daß die SPLA auf dem Vormarsch sei und alle Reisen südlich von Khartum verboten waren. Der Kommissar hatte darüber seine eigenen Ansichten: »Zuerst wir wollen nicht kämpfen gegen sie. Sie sind unsere Brüder. Aber sie tun den Leuten weh, schießen auf Flugzeuge. Frauen und Kinder töten sie. Wir müssen das beenden!« Hier weiteten sich seine Augen dramatisch, und er blickte wild und stolz. »Jetzt wir setzen dem ein Ende. Es ist aus! Rebellen werden in den Busch zurückgedrängt, Unruhe es gibt keine mehr!«

Wichtig war, erst einmal irgendwie aus Wadi Halfa hinauszukommen und dann weiterzuschauen. Ich sprach mit verschiedenen Leuten im Suk und erhielt die hoffnungsfrohe Zusage, auf einem Lastwagen mitfahren zu können. Mark und Judy sollten ebenfalls mitkommen, um noch etwas mehr vom Sudan zu sehen, bevor sie von Khartum nach Uganda flogen, Tom, Andi und Heinz hingegen wollten den Zug nehmen, wenn er endlich eintraf. Die knapp bekleideten Leute vom Bus lagerten immer noch unten am Seeufer und warteten ohne große Hoffnung auf ihr fehlendes Vehikel.

Man hing in den Schuppen des Suk herum, trank ein Glas Tee nach dem anderen und schlug die Zeit tot. Die Luft schwirrte von Gerüchten, doch niemand wollte sich darauf verlassen, also wechselten wir uns darin ab, den Lastwagen im Auge zu behalten und die letzten Neuigkeiten über den Zug zu erhaschen, der offensichtlich mehrmals zusammengebrochen und sogar entgleist war. Einmal gab es falschen Alarm, als mitten in der Nacht unter großem Gequietsche und Gepfeife ein Zug einfuhr, es war jedoch nur der Hilfszug, der von Atbara herübergeschickt worden war, und so ging die Warterei auf den nun schon drei Tage überfälligen Zug von Khartum weiter. In der Zwischenzeit wurde ich wegen Fotografierens verhaftet. Mein jüngst erworbener Fotografenpaß zeigte wenig Wirkung: Ich wurde abgeführt und dachte schon, dem Alkoholsünder in seiner Zelle Gesellschaft leisten zu müssen, statt dessen stellte man mir einen Haufen irrelevanter Fragen, worauf man mich unter vagem Gemurmel entließ, es sei unratsam, Fotos zu machen. Vor dem Posten wartete ein Mann auf mich und flüsterte mir ins Ohr: »Sudan schlechtes Land, aber Sie keine Angst. Ich Geheimpolizist.« Ich fühlte förmlich, wie die etablierte Ordnung rund um mich abbröckelte.

Endlich, am vierten Tag, kam der Zug an. In Minutenschnelle war er brechend voll, sogar die Dächer waren mit einem soliden Menschenteppich belegt. Unser Lastwagen war hingefahren und kehrte mit Säcken steinharter, getrockneter Datteln bis oben an die hohen Planken beladen zurück. Das Fahrrad wurde an die Ladeklappe gebunden, und Judy, Mark und ich wurden geheißen, auf die Ladung hinaufzuklettern, wo wir wortlos mit sechsundzwanzig knochigen Sudanesen um einen Sitzplatz rangelten, die unterschiedslos Ellbogen, Hände und Füße einsetzten, um ihr Revier zu verteidigen. Fünf sudanesische Frauen teilten sich die Führerkabine mit dem Fahrer und seinem Beifahrer – wie, kann ich mir immer noch nicht vorstellen, denn ich sah sie nur heraus- und hineinklettern, wenn wir anhielten.

Sobald sich die Dunkelheit herabsenkte, fuhren wir los, drei Lastwagen im Konvoi, damit man sich im Bedarfsfall gegenseitig helfen konnte. Einer der Männer erzählte uns, die Fahrer zögen es vor, diesen Streckenabschnitt jeweils in der Nacht zu fahren, da sich die Beschaffenheit des Sandes im Scheinwerferlicht besser abzeichne. Alle drei Lkws waren alte, hochrädrige Bedford-Zehntonner mit abgewetzten Reifen, was sie zu erstklassigen Wüstenfahrzeugen machte, und hochgezogenen Seitenwänden, die ein Maximum an Ladung aufnehmen konnten. Sie waren so oberlastig, daß es mir wie ein Wunder vorkam, daß sie nicht umkippten. Die Fahrer erwiesen sich als sehr geschickt darin, sie in fahrtüchtigem Zustand zu erhalten und auf diesem mörderischen Terrain den festesten Grund zu finden – das heißt, auf einem Sand, der unausgesetzt wanderte und wechselte, ständig in Sekundenschnelle zu entscheiden, welcher der vielen Reifenspuren zu folgen. Das allerwichtigste war jedoch, immer in Bewegung zu bleiben; mußte man anhalten, bedeutete dies normalerweise, das Gefährt mühsam wieder auszugraben, weshalb alle Fahrzeuge im Sudan Spaten, Matten und Wasservorräte mitführten.

Fast unmittelbar nach Wadi Halfa veränderte sich die Landschaft dramatisch. Hügel ragten dunkel gegen den Sternenhimmel, und geheimnisvolle Senken und Aushöhlungen öffneten sich vor dem Scheinwerferlicht. Der Lastwagen schlingerte in alarmierender Schräglage zuerst auf die eine Seite, dann zurück auf die andere und drohte uns aus unseren kostbaren Hochsitzen zu kippen. Es wurde immer kälter. Wir drei kuschelten uns unter Judys Schlafsack aneinander, dem einzigen, den wir erreichen konnten. Einige der Männer waren barfuß, manche trugen nur ein dünnes Hemd oder leichte Baumwollkleidung. Auch sie versuchten, sich anzuschmiegen und ihre Füße unter den Schlafsack zu stecken, was man ihnen nicht verargen konnte. (Nur Judy war nicht sehr erbaut, weil sie ihn nicht waschen konnte und gedachte, ihn einige Monate zu benutzen.) Davon abgesehen waren alle höflich und freundlich und ließen Datteln und Nüsse und andere Erfrischungen herumgehen. Bald wetteiferte ein peinigender Schmerz von zartem Fleisch, das unerbittlich gegen die harten Säcke rieb, mit den Krämpfen, die meine Beinmuskeln befielen, doch dafür entschädigte mich die wilde Schönheit dieser nächtlichen Szene, und ich hätte sie nicht missen wollen.

Wir hielten zweimal im Laufe der Nacht an, das erstemal bei einer »Station«, die bloß aus einem halboffenen Schuppen mit Pultdach bestand, wo ein Schaf, eine Ziege und zwei Männer hausten, der bitterkalten Luft ausgesetzt. Sie lag allein auf weiter Flur in dieser Wildnis. Die Männer rührten sich, um Tee zu bereiten, und kochten Wasser über ein paar Weißdornzweigen. Beim zweiten Halt waren wir zu steif, um hinunterzuklettern, und blieben auf unseren Plätzen. Jemand brachte uns freundlicherweise Tee, worauf alle für ein paar Stunden Schlaf in die umliegende Wüste verschwanden, während wir oben auf der Ladung vor Kälte zitterten. Vermutlich schliefen auch wir ein wenig, denn auf einmal dämmerte der Morgen, und die Sterne verblaßten.

Als der Lastwagen endlich aus dem »Felsenmagen« auftauchte

und der Nil wieder in unser Blickfeld rückte, befanden wir uns etwa hundert Kilometer flußaufwärts in einer dünnbesiedelten Landschaft mit engen, sandigen Feldern und Dattelpalmenhainen. Kleine Weiler lagen ein paar Meilen auseinander, rundum drohte die Wüste. Noch nie hatte ich etwas derart Verletzliches gesehen wie diese kleinen Nester voller Leben, die so völlig abgeschnitten von aller Zivilisation waren. Nur die allerkleinsten Gemeinden auf winzigen Inselfleckchen wie St. Kilda und North Rona, weit vor der Nordwestküste Schottlands, schienen mir ähnlich isoliert, doch ist es schon einige Zeit her, daß das Leben dort zum Aushalten war. Plötzlich fühlte ich mich sehr glücklich, hier zu sein. Die Ärgernisse in Wadi Halfa waren alle wie weggeblasen – ich wußte, der Sudan würde mir gefallen.

Nach einem nahrhaften Bohnentopf im Dorfcafé fühlte ich mich voller Energie und brannte darauf, loszufahren. Das Fahrrad schien die Reise gut überstanden zu haben, es hatte nur etwas von seiner Farbe eingebüßt. Als wir es von der Ladeklappe losbanden, war es unter seiner dicken Schicht hellroten Staubs völlig unkenntlich. Ich reinigte es, so gut ich konnte, und hoffte, daß nicht allzuviel Staub seinen Weg in die heiklen Radlager gefunden hatte. (Das war auch wirklich der Fall, doch das sollte ich erst viel später entdecken.) Dann ging ich daran, den notwendigen Wasservorrat aufzubereiten. Seit meiner Ankunft in Wadi Halfa war dies eine tägliche Pflichtübung, da es kein Wasser mehr gab, das ich unbedenklich verwenden konnte. Alles kam direkt aus dem Nil, eine dicke, dunkle Brühe mit besonders mannigfaltigen Fremdkörpern, besonders Gardia und Bilharzia. Jeder Tropfen, den ich zum Trinken, Zähneputzen oder Waschen meiner Kochtöpfe brauchte, mußte zuerst durch meine Spezialpumpe gepreßt werden, um diese gefährlichen Kleinlebewesen zu eliminieren. Meine Pumpe, eine geniale Schweizer Erfindung, arbeitete mit Mikrofiltration durch einen soliden Keramikkern. Ihr einziger Nachteil lag darin, daß es bei derart mit Feststoffen verschmutztem Wasser wie diesem viel Anstrengung kostete, bis es durchgepreßt war. Die Oberfläche des Kerns verklumpte sich rasch, und ich mußte ihn rund dreißigmal abmontieren, reinigen und wieder einsetzen, um etwa zwei Liter Wasser zu filtrieren. Mein täglicher Minimalbedarf lag bei sieben Litern, die Wasseraufbereitung war somit ein langer, mühseliger Prozeß. Daß ich überhaupt ohne fremde Mikroben heimkehrte, spricht für die Wirksamkeit der Pumpe wie auch für meine Ausdauer.

Mit all dem vielen Wasser an Bord war das Agala bedenklich überladen und ließ sich kaum mehr hochheben. Ich sagte Mark und Judy Lebewohl. Sie würden mich wohl an diesem oder dem nächsten Tag überholen, sobald sie einen anderen Lkw gefunden hatten, der sie nach Khartum mitnahm. Sollte es sich als unmöglich erweisen, mit dem Fahrrad vorwärtszukommen, wollten sie schauen, daß mich der Lastwagen auflud. Ich realisierte damals noch nicht, wie viele verschiedene Fahrspuren durch die Wüste führten: Die Wahrscheinlichkeit, sie wiederzusehen, war etwa ebenso groß, wie daß zwei kleine Schiffe auf dem Atlantik zusammenstießen.

Zu meiner Freude fand ich, daß der Sand die meiste Zeit mein Gewicht trug, sobald ich einmal die Technik raus hatte, in Bewegung zu bleiben, komme, was da wolle. Der Untergrund wechselte zwischen Gestein, Kies, Staub und Sand, der sich unter den Rädern wie Haferbrei anfühlte, und Sand, der so weich wie Talkumpuder war und wo nichts mehr lief. Die Fahrt erforderte äußerste Konzentration und war körperlich sehr anstrengend. Wenn ich auf einen Flecken weichen Sand stieß, blieb mir nichts anderes übrig, als abzusteigen und das Agala hindurchzuzerren, doch glücklicherweise waren solche Stellen nicht sehr zahlreich. Nach all den Tagen, wo ich vergleichsweise untätig gewesen war, fühlte ich mich bestens ausgeruht und war froh, wieder unter eigenem Dampf in die richtige Richtung weiterzufahren. Das Wetter hielt sich mit milden siebenundzwanzig Grad bestens. Noch ein Monat, und die Temperatur würde weit über die Fünfundvierziggradmarke klettern, dann waren solche körperlichen Anstrengungen unmöglich.

Ich folgte undeutlichen Reifenspuren im Sand, die mir die Illusion vermittelten, ich befände mich auf einer Art Autobahn. In Wirklichkeit hatte ich seit dem Weiler, wo mich der Lastwagen abgesetzt hatte, keine Menschenseele erblickt, nichts als Sand. Nach ein paar Stunden machte ich Rast. Rund um mich herum gab es nur rauhe, steinige Wüste. Zu meinen Füßen hastete ein schwarzer, gepanzerter Käfer zu einem niedrigen, blattlosen, mit bösartigen Stacheln gespickten Busch.

9. KAPITEL

Durch Wüstensand nach Dongola

Ich hatte nun endlich den Punkt meiner Reise erreicht, wo meine durch ganz Ägypten mitgeschleppte Ausrüstung zur Geltung kommen sollte. Das Zelt steckte noch immer in seinem Sack. Ich freute mich richtig, zum erstenmal darin zu schlafen. Es war sehr klein und tunnelförmig, mit vielen Fensterchen zur Kühlung, seine abgerundete Konstruktion machte das Aufstellen im Sand leicht, und seine gelbe Farbe ließ es unauffällig wirken. Auch der Herd war noch nie gebraucht worden. Ich hatte ein Modell gewählt, das mit Benzin betrieben wurde, weil ich glaubte, dieser Brennstoff sei überall am leichtesten erhältlich. Im Sudan mit seinem eingeschränkten Transportverkehr fuhr man jedoch größtenteils mit Dieselöl; Benzin war so kostbar wie Gold, deshalb war es nur gut, daß ich einen ausreichenden Vorrat bei mir hatte.

Meine Hauptnahrung bestand aus abgepackten, getrockneten Fertigmenüs. Die meisten waren in Skandinavien hergestellt und trugen solide klingende Namen wie »Fleischklößchen mit Nudeln«, »Fleischragout mit Reis« oder »Makkaroni mit Soße«. Im Unterschied zu vielen Speisekarten in Nobelgaststätten war hier keine Rede von »delikat in einer Marinade aus exotischen Gewürzen sautiert, zur Geschmacksabrundung leicht über Holzkohle gegrillt und als Schlußbouquet in edlem Armagnac flambiert«. Diese Fertiggerichte waren solch teurem Gaumenkitzel in einem überlegen: Ich konnte sie nur hinunterwürgen, wenn ich heißhungrig war. Sie sparten daher viel Gewicht ein und waren ideal für mich, selbst wenn ich viktorianische Reisende wie Sam Baker zuweilen um ihre Freßkörbe von Fortnum & Mason beneidete, die auf den Köpfen einer langen Reihe von Trägern schaukelten. Doch mit meinen Earl-Grey-Teebeuteln, der sich von allein aufblasenden Matratze, der Dauerkerze und weiterem häuslichem Krimskrams war ich eigentlich ganz gut bedient und erwartete voller Freude meine erste Nacht allein unter dem Wüstenhimmel.

Der erste Hinweis, daß sich diese gemütlich-romantische Vorstellung wohl kaum verwirklichen würde, erfolgte bereits, als ich den nächsten kleinen Weiler am Nil erreichte. Zwei Männer sahen, wie ich mich mit dem Agala im weichen Sand abzappelte, und rannten mir von ihren Feldern zu Hilfe. Sie konnten kein Englisch, und mein arabischer Sprachschatz war, abgesehen von der liebenswürdigen Begrüßung »Salaam Aleikum« (»Ich grüße dich im Namen Gottes«), nicht über einfache Substantive oder Zweiwortsätzchen wie »Hinna Waine?« – »Wo ist hier?« – gediehen. Doch obwohl sich unser Konversationsaustausch bald erschöpft hatte und ich wußte, daß »hier« irgendwo (und nicht auf meiner Landkarte verzeichnet) war, wichen die beiden Männer nicht mehr von meiner Seite, bis sie mich zu einem Haus eskortiert hatten, wo eine zerbrechlich wirkende Frau auf dem nackten Fußboden in einer überdachten Ecke des Hofes ein Feuer unterhielt. Sie bedeuteten mir, mich zu setzen, während die Frau mir etwas zu trinken holte, und gingen dann mit freundlichem Winken zu ihren Feldern zurück.

Die Frau und ich kauerten zu beiden Seiten des Feuers. Wir lächelten einander scheu an, während sie die Handvoll Zweige anblies, um eine Flamme zu erzeugen und in einer Blechdose Wasser zu kochen. Eine Prise Tee wurde ins kochende Wasser gerührt und mehrere Löffel Zucker zugegeben. Der Inhalt konnte sich eine Weile setzen, bevor er sorgfältig in ein Glas gegossen wurde. Während ich trank, war sie damit beschäftigt, eine ganz gewiß sehr sorgfältig gehütete Dose Sardinen zu öffnen und mit einigen gehackten Zwiebeln zu vermischen. Dazu servierte sie mir etwas waffeldünnes, ungesäuertes Brot. Jedesmal, wenn ich eine Pause einlegte, drängte sie mich, doch zuzugreifen. Ich fühlte mich unbehaglich, Menschen, die in unseren Augen offensichtlich bitterarm sind, das Essen wegzuessen – im Wissen, es ihnen auf keine Weise entgelten zu können, denn ihnen Geld anzubieten hätte sie zutiefst beleidigt. Ich hatte zwar einige Kugelschreiber und Ansichtskarten mit Koranstellen aus verzierten Manuskripten bei mir, doch dies waren nur dürftige Andenken im Vergleich zu ihrer grenzenlosen Freigebigkeit.

Der Abschied fiel nicht leicht. Die Frau wollte unbedingt, daß ich blieb und bei ihr übernachtete. Ein paar Wörter Englisch, die sie auf der Schule gelernt hatte, fielen ihr wieder ein, und sie erzählte mir, sie sei eine neue Ehefrau und noch kinderlos. Doch es war erst drei Uhr nachmittags, und ich wollte vor Einbruch der Nacht noch ein paar Meilen hinter mich bringen. Danach lagen die Dörfer enger zusammen. Überall, wo ich durchradelte, kamen lächelnde Menschen aus den Hütten und riefen mir zu, doch anzuhalten. Hätte ich mich darauf eingelassen, wäre ich überhaupt nicht mehr vorangekommen, und so erfand ich einen Trick: Ich erwiderte ihren Gruß, winkte, rief »Dongola« und fuhr weiter – in der Meinung, nach Dongola sei es nur ein Katzensprung, während die Stadt in Wirklichkeit noch sieben Tagesreisen weg war. Kein Wunder, daß jedermann verblüfft dreinschaute, wenn ich auf die Frage, wohin die Reise führe, mit kecker Stimme »Dongola« antwortete.

Die Dörfer sahen sich alle ähnlich. Abseits von den kostbaren bebauten Feldern standen sich meist zwei Reihen viereckiger Hütten mit hohen Mauern gegenüber, dazwischen lag ein Streifen weicher Sand. Es gab keine Fenster, nur metallene, mit geometrischen Mustern bemalte Flügeltüren. Auch die Mauern waren manchmal in wäßrigen Farbtönen gestrichen, nilgrün, rosa oder blau, meist jedoch sandfarben belassen. Gärten und Zäune fehlten. Die Häuser wirkten eher wie Miniaturfestungen. Im Sand vor den Haustüren spielten kleine Kinder. Sie schrien in panischer Angst auf, wenn sie meine weiße Haut erblickten, und stürzten mit Gebrüll ins Haus.

Kurz vor Sonnenuntergang gedachte ich, bald mein Zelt aufzustellen. Ich fuhr durch ein weiteres Dorf am Ufer des Nils und schrie mein »Dongola«, doch die Bewohner, die nach ihrem Tagwerk vor ihren Häusern saßen und sich ausruhten, schickten mir einen englisch sprechenden Jungen auf einem Fahrrad nach. Es werde in einer halben Stunde dunkel, sagte er mir, ich hätte keine andere Wahl, als umzukehren und bei ihnen zu übernachten. Es war schön, so begehrt zu sein, und so saß ich die nächste Stunde mitten auf der Dorfstraße auf einem Wiener Stuhl, trank Tee und beantwortete die Fragen der Männer, wobei der Junge übersetzen mußte. Die Schatten wurden immer länger, bis die Sonne fast untergegangen war. Unvermittelt wurde es derart kühl, daß jedermann seinen Stuhl nahm und wegging, worauf man mich durch die verzierte Tür führte, durch welche das Agala eine Stunde zuvor verschwunden war.

Ich weiß nicht recht, was sie von mir hielten – vermutlich dachten sie, ich sei weder Mann noch Frau, sondern irgend etwas Drittes. Der ganze Haushalt wurde umgestellt, damit ich ein eigenes Zimmer hatte, das beste im Haus. An einer der Wände hing ein schreiend moderner Teppich, eine Art Wandbehang mit einem aus fluoreszierender Wolle gestickten Bergmotiv. Zwei Fenster mit schweren Läden gingen auf den Hof hinaus. Durch das Flachdach aus Papyrusstengeln war der Himmel schwach sichtbar. Von irgendwoher war ein Bett hineingestellt worden, und das Agala lehnte sorgfältig gegen eine der lehmverkleideten Wände wie ein weiterer geehrter Gast. Ich aß mit den Männern in einem recht modernen Raum mit Metallbetten, die Kopf- an Fußende rundum den Wänden entlang standen und auf denen sich die Männer auf einen Ellbogen zurücklehnten wie die alten Römer bei einem Gelage. Über den Betten hingen Lamettafäden, als ob Weihnachten gefeiert würde. Ich erfuhr nicht, was das zu bedeuten hatte, und auch die Frauen und ihr Quartier, das auf einen anderen Teil des Hofes hinausging, bekam ich nicht zu Gesicht. Ein Junge brachte die Schüsseln mit den Speisen herein und trug ab. Es gab Ful, gekochte Eier und zusammengerollte Scheiben waffeldünnes, blättriges Brot. Sobald die Mahlzeit zu Ende war, legten sich die Männer auf ihre Betten, was mir ein Zeichen schien, mich zurückzuziehen. Ich erhielt eine Sturmlampe, die mir zu meinem Zimmer zurück leuchten sollte. Das einzige, was ich vermißte, war ein Ort zum Waschen – in dieser Gegend ein ungelöstes Problem. Vermutlich waschen sich die Leute an den seichten Stellen im Nil, was ich wegen der Bilharzia und Gardia unter keinen Umständen riskiert hätte. Ich behalf mir diese und die folgenden Nächte notgedrungen mit meinem Waschlappen und ein paar Tropfen des mühsam gereinigten Wassers.

Als ich am nächsten Morgen aufwachte und anfing, meine Siebensachen zusammenzusuchen, gewahrte ich eine kleine, alte Dame, die draußen mit heißem Tee und Biskuits herumgeisterte. Als ich losfuhr, drückte sie meine Hände zwischen den ihren und rezitierte etwas, was wie ein Segensspruch klang. Von den Männern konnte ich mich nicht mehr verabschieden, denn obwohl es erst sieben Uhr war, arbeiteten sie bereits auf den Feldern. Um zehn war es Zeit fürs zweite Frühstück: Sobald ich ein Dorf erreichte, hieß man mich anhalten und mitessen, und diese Gastfreundschaft bestimmte meinen Tagesablauf, bis ich in Dongola ankam. Das Zelt benutzte ich kein einziges Mal, und nur selten kochte ich mir eine der Fertigmahlzeiten oder braute mir Tee. Und wer immer auch für mich sorgte, ließ mich fühlen, daß ich es sei, der ihm eine Ehre erweise.

Ich kam nur mühsam vorwärts und legte selten mehr als dreißig bis vierzig Kilometer im Tag zurück. Der Nil lag stets irgendwo zu meiner Rechten und war für gewöhnlich nicht zu sehen, weil Klippen und Sanddünen mich ständig ins Landesinnere zwangen. Nur wo es Flecken von Kulturland gab, senkte sich die Route wieder gegen den Fluß hinunter. Wie von Zauberhand erschien er, nachdem ich eine steinige Klippe umrundet hatte, unvermutet weit unter mir und floß ruhig mit seiner breiten, silbernen Flut durch dieses tote Land – oft hätte ich tagelang nur dasitzen und zuschauen können, wie er vorbeiströmte. Auch die kleinen Siedlungen an seinem Ufer, die in dieser wilden Landschaft so überaus verletzlich wirkten, waren ein rührender Anblick. Das dunkle Grün der Palmen und das hellere der frisch bebauten Felder hoben sich überraschend von der Wildnis ab. Rund um diese Weiler dröhnten unaufhörlich langsame, dumpfe Schläge wie ein riesiges Herzklopfen in der Luft. Sie stammten von alten, einzylindrigen Lister-Dieselpumpen, die trotz fünfzigjährigen Einsatzes noch immer unermüdlich die Felder bewässerten.

Nur wenige hundert Meter weiter und außer Sichtweite des Nils lag eine völlig andere, fremdartige Welt. Hier war die Gefahr, sich zu verirren oder im Kreise herumzuwandern, sehr real, besonders wenn sich Erschöpfung bemerkbar machte und der Verstand verrückt spielte. Nirgends gab es den kleinsten Fleck Schatten. Eine allgegenwärtige Sonne brannte bedrohlich. Sie sog die Feuchtigkeit aus dem lebendigen Gewebe, so daß es unerläßlich war, sich bis zur Nasenspitze zu vermummen. Es war ein Glück, daß ich meinen Sonnenhut wieder ergattert hatte. Der Schweiß rann mir immerzu übers Gesicht und in die Augen, und wo er trocknete, hinterließ er eine Salzschicht, welche die Haut reizte und meine Kleider zerfraß. Wenn ich nicht ständig eine Spezialsalbe aufstrich, wurden meine Lippen und das Innere meiner Nasenlöcher schnell schrundig, und dunkle Gläser waren lebenswichtig, um meine Augen vor dem Glitzern der Sonne auf dem Sand zu schützen. Ich erschrak fürchterlich, als ich eines Tages entdeckte, daß eine Flasche Insektenschutzmittel in der Lenkertasche ausgelaufen war, die Plastikseitenteile meiner Sonnenbrille aufgelöst, mein Blitzlicht und die Linse meiner Taschenlampe beschädigt und mehrere Kugelschreiber in eine klebrige Pappe verwandelt hatte. Nach diesem Vorfall sorgte ich dafür, daß das Mittel für sich allein in einer Außentasche steckte – doch wenn es schon Plastik auflösen konnte, wie würde es wohl erst auf der Haut wirken? Die dunklen Gläser sahen runzlig und zernagt aus, ließen sich jedoch glücklicherweise noch verwenden. Meine einzigen, speziell für Radfahrer verfertigten Schuhe hatten steife Sohlen, um den Druck gleichmäßig auf die Pedale zu verteilen, und eine perforierte Oberseite aus Leder, damit meine Füße kühl blieben. Sie erfüllten ihre Pflicht vorzüglich und überlebten die gesamte Reise, doch in der Wüste mußte ich arg leiden, da sie sich jedesmal, wenn ich absteigen und das Agala über die weichen Stellen hieven mußte, mit brandheißem Sand füllten.

Weil die Sonne jetzt fast senkrecht über meinem Kopf stand, war es nicht so leicht wie weiter nördlich, sich nach ihrem Stand zu orientieren. Ich wußte meist, wo Süden lag, steckte mir jedoch meinen Kompaß ans Hemd, um von Zeit zu Zeit einen Kontrollblick darauf zu werfen. Eine ständige Gefahr bildeten die Habub, blindwütige Sandstürme, die ohne Vorwarnung plötzlich losbrechen konnten. Sie erstickten alles in einer dunklen Wolke und dauerten oft den ganzen Tag an. Wer in einem solchen Fall keinen Kompaß zur Hand hatte, forderte das Schicksal heraus. Doch selbst ohne Habub war der Staub ein ständiges Ärgernis. Er legte sich auf alles, kroch unter meine Augenlider und in meine Nasenlöcher, und ich muß pfundweise davon verschluckt haben.

Wasser wurde zum kostbarsten Gut der Welt. Meine Tagträume drehten sich meist um ein kühles Bad in eiskalten schottischen Flüssen, oder ich lag in tiefen, stillen Becken unter Wasserfällen. Die tägliche Ration von sieben Litern Trinkwasser reichte gerade aus: Ich gewährte mir streng nach Uhr jede halbe Stunde einen kleinen Trunk, und wenn die Verhältnisse manchmal hart waren, konzentrierte ich mich auf den nächsten Becher lauwarme Flüssigkeit und hielt mich mit dieser Aussicht auf Trab. Tee war ein Luxus, den ich mir für besonders schlimme Tage aufsparte, wo ich das Gefühl hatte, ich müsse mich etwas verhätscheln. Jemand in Wadi Haifa hatte mir eine Handvoll steinharter, geschmackloser winziger Limonen geschenkt, die ich zu den Earl-Grey-Teebeuteln gab – das Ergebnis schmeckte herrlich.

Trotz all ihrer Bedrohlichkeit war die Wüste ein Erlebnis und von gestrenger Schönheit. Einst, vor langer Zeit, ein fruchtbarer, baumbewachsener Landstrich, wo Hirtennomaden wohnten und wilde Tiere hausten, war sie jetzt allen Lebensformen mit Ausnahme von Skorpionen und robusten Insekten feindlich gesinnt. Doch jeden neuen Morgen brach ich voller Spannung auf, um mehr von ihr zu sehen. Sie forderte etwas in mir heraus, und gleichzeitig schenkte sie mir ein unendliches Gefühl von Frieden und Freiheit. Ich verstand jetzt, wieso die Heiligen der verschiedensten Religionen an solchen Orten zu ihrer Spiritualität gelangt waren. Es war nicht nur das Fehlen jeglicher Ablenkung, was die Wüste so anziehend machte, sondern vielmehr ein absoluter Sinn für das, was ist, für das Wesentliche des Lebens, dem man sich hier stellen mußte. Ich wußte: Wenn Gott irgendwo existierte, so war Er hier.

Eines Abends gelangte ich kurz vor Sonnenuntergang hinunter zum Nil, im freudigen Vorgefühl, an seinem Ufer zu campen. Für einmal verspürte ich keine Lust auf menschliche Gesellschaft, auf das mühselige Geschäft, sich einander mitzuteilen. Ich hatte den ganzen Tag keine Menschenseele gesehen und wollte nur ungern die Stille der Wüste verlieren. Nur die Notwendigkeit, meinen Wasservorrat aufzufüllen, hatte mich davon abgehalten, das Zelt draußen im Sand aufzuschlagen. Sobald ich in Sichtweite der kleinen, festungsähnlichen Häuser kam, deren Mauern fensterlos waren und die in die Innenhöfe schauten, bog ich in einen kleinen Weg ein, der durch die umliegenden Felder führte. Ich hoffte, nicht aufgespürt zu werden, aber es war zwecklos: Ich wurde sogleich gesichtet und in der üblichen freundlichen Art von einigen jungen Männern begrüßt, die gerade ihre Bohnensetzlinge fertig ausgepflanzt hatten. Ich sagte ihnen, ich hätte vor, am Fluß zu zelten, doch Achmed, der in der Schule Englisch gelernt hatte, dachte wohl, ich wolle wissen, wo ich mich hier befand, und erzählte mir von einem Ort namens Sub irgendwo auf der anderen Seite des Flusses. Mir schwante plötzlich, daß er den alten Tempel von Soleb meinen könnte, aus welchem zwei einzigartige Steinlöwen abtransportiert worden waren, die zu den kostbarsten Schätzen im British Museum zählen. Ich hatte diese Löwen schon immer geliebt, selbst als ich mich noch nicht für ägyptische Skulpturen interessiert hatte, und war ganz aufgeregt, als ich erfuhr, der Tempel, aus welchem sie stammten, liege gleich gegenüber – bis ich schließlich merkte, daß ich ja gar kein Transportmittel hatte.

»Sie wünschen dort gehen?« fragte Achmed. »Tajil und ich Sie jetzt mitnehmen.« Und im Handumdrehen saß ich in einem Gefährt, das aussah, als sei es aus einer der Bootsgruben bei den Pyramiden ausgegraben worden. Es war aus massiven, roh behauenen Planken gebaut und hatte mittschiffs einen hohen, quadratischen Aufbau. Der Mast war ungeheuer hoch, und weil ein starker Wind herrschte, war die Gaffel nur so weit entrollt, daß sie einen schmalen Streifen eines zerschlissenen, geflickten Segels freigab. Wieder einmal waren die Dinge nicht nach Plan verlaufen – sondern unendlich viel besser!

Die Sonne stand schon tief, als wir über den Strom glitten. Wir steuerten einen Zickzackkurs, um Sandbänken und Untiefen auszuweichen. Es gab nur wenige Stellen, wo ein Boot anlegen konnte, und so mußten wir am anderen Ufer drei Kilometer durch Felder und Dattelhaine wandern und erreichten den Tempel erst zehn Minuten vor Sonnenuntergang. Er war ganz in violetten Schatten getaucht, mit einem hellroten Rand rund um die ungedeckten Eingänge, wo die Sonne kurz aufblitzte, bevor sie verschwand. Sehr wenig war übriggeblieben, nur einige Säulen und beschriftete Mauern, die auf einem Hügel inmitten eines Feldes voller herausgebrochener Steine standen. Trotz allem machte dieser Tempel in seiner Entrücktheit einen mindestens ebenso tiefen Eindruck auf mich wie alle die Ruinen, die ich in Ägypten gesehen hatte. Amenophis III. hatte ihn um 1420 vor Christus erbauen lassen, als Ägypten im Zenit seiner Macht stand und seinen Einfluß weit nach Asien und Afrika ausdehnte. Der Pharao wurde hier als Manifestation Amuns, des Gottes von Theben, angebetet, und die Ruinen legen Zeugnis ab, wieviel dichter diese Wildnis zu jener Zeit bevölkert gewesen sein muß als heute. Nahe am Fußende einer zusammengestürzten Treppenflucht lagen ein paar Fragmente eines steinernen Löwen. Er war ganz eindeutig ein Gefährte der beiden vollständig erhaltenen Exemplare in London, und sein Anblick knüpfte gleichsam ein unsichtbares Band zur Heimat.

Der Rückfahrt zum Ostufer nach diesem späten Tempelbesuch verdanke ich meine tiefste Erinnerung an den Nil im Sudan. Schon damals schien sie mir fast unvorstellbar idyllisch und unwirklich. Die Oberfläche des Stroms, mit Silber und Schatten gescheckt, kräuselte sich in kleinen Wellen ums Röhricht rund um die Inselchen. Schilf raschelte flüsternd im Abendwind; das leise Plätschern des Bootsrumpfes, der auf dem Wasser dahinglitt, und das Knarren der Takelage über uns, wenn sich das große Segel zur Seite neigte, schienen ihm zu antworten. Achmed lehnte sich gegen die lange, archaische Ruderpinne, eine Figur wie aus der Legende, und Tajil kauerte still und wachsam zu seinen Füßen. Das Boot segelte einen breiten Streifen Mondlicht hinunter dem jenseitigen Ufer zu, einem schwarzen Rand mit steifen, scherenschnittartigen Palmwedeln, die scharf gegen die Sterne abstachen. Ich konnte kaum glauben, daß ich mich in demselben rauhen, trockenen Land befand, durch welches ich mich erst wenige Stunden zuvor mühsam durchgekämpft hatte.

Diese Nacht schlief ich in einem kleinen Raum in Achmeds Haus, wo jemand bereits das Agala hingestellt hatte. Die Essenszeit war schon längst vorüber, und man reichte mir eine Handvoll getrockneter Datteln zur Stärkung. Ich war so müde von dem Spaziergang nach einem langen, anstrengenden Tag durch die Wüste, daß ich statt meiner üblichen fünf bis sechs Stunden achteinhalb Stunden durchschlief. Bevor ich losfuhr, schenkte ich Achmed meinen zweiten Miniaturkompaß, denn ich spürte, daß ich diesem unvergeßlichen Abend ein Zeichen setzen mußte, so gut ich eben konnte.

Das kleine Städtchen Delgo, welches ich einige Tage später erreichte, kam mir nach all den Dörfern riesengroß vor. Es gab dort sogar ein Krankenhaus. Es werde von Leuten aus weitem Umkreis aufgesucht, was die lokale Einwohnerschaft ganz schön durcheinanderbringe, erklärte mir ein junger Distriktkommissar, der mich aus einer Horde ungebärdiger Kinder herauspflückte, welche mir den Weg versperrten. Er hob das Agala in seinen Toyota-Lieferwagen und brauste mit mir zum Krankenhaus davon, um den Abend mit seinem Freund Ibrahim zu verbringen, dem einzigen Arzt dort. Ibrahim hatte in Rumänien studiert und grämte sich sehr über den Zustand seines Krankenhauses, wo es keinen Sauerstoff, keinen Kühlschrank und nur drei Stunden täglich Elektrizität gab. Die Gebäude waren alt und baufällig und alles andere als reinlich. Er bestätigte mir, daß Gardia und Bilharzia in dieser Gegend endemisch waren, und meinte, es sei ziemlich sinnlos, sie zu behandeln, wenn man gegen ihre Ursache, den Schmutz, nicht angehen konnte. Es gab nur zwei Patienten in den Abteilungen: ein Kind mit Bronchitis, dessen Mutter von Ibrahim ausgeschimpft wurde, weil sie ihr Abendessen neben dem Bett ihres Kindes statt draußen im Hof kochte, und ein Neugeborenes, das mit der Nabelschnur um den Hals zur Welt gekommen war, dem es jedoch bereits besser ging. Mutter und Kind lagen zusammengeknäuelt auf einer schmutzigen, gestreiften Matratze, und die Mutter strahlte überglücklich.

Es war hier, wo mir die subtilen Unterschiede in der Bekleidung der sudanesischen Männer aufzufallen begannen. Bevor Ibrahim mich im Krankenhaus herumführte, hatte er sich in ein westlich geschnittenes Hemd und ebensolche Hosen gestürzt, die ihm offenbar einen höheren Status verliehen, während er bei seiner Rückkehr wieder in seine Gallabija aus Baumwolle schlüpfte, da er sie kühler und angenehmer zum Tragen fand. Obwohl ich mich in seinem Haus notdürftig waschen konnte, war es ziemlich verwahrlost. Außer zwei Betten und einigen harten Stühlen gab es kaum Möbel. Ibrahim war in Khartum geboren und aufgewachsen und fühlte sich in diesem rückständigen Provinznest fehl am Platz. Seine Begeisterung für die Medizin war längst verkümmert. Er sorgte nicht einmal mehr für seine eigene Gesundheit und trank von dem trüben Wasser, ohne es aufzubereiten, obwohl es ihm bei seiner Ankunft davor gegraut hatte. Seine Hoffnungslosigkeit wirkte niederschmetternd. Ich fühlte, hier wurde ich mit etwas konfrontiert, was mir vielleicht besser verborgen geblieben wäre. Später kehrte der Kommissar mit zwei Lehrern zurück, und die Männer spielten bis spät in die Nacht Karten. Bevor ich mich zurückzog und sie ihrem Zeitvertreib überließ, machte ich noch Bekanntschaft mit einer der Blüten des Alkoholverbots, einem scharfen, hausgebrannten Destillat, das farblos wie Arrak aussah. Ein Schluck reichte mir – fürwahr ein tödliches Gesöff! Diesen illegal hergestellten Schnaps sollte ich überall im Sudan antreffen, und weil sonst nichts zu haben war, lernte ich ihn mit der Zeit sogar schätzen, da er die müden Muskeln wundervoll entspannte, obwohl man ihn immer mit äußerster Vorsicht genießen mußte.

Am nächsten Tag stand ich mit der Morgendämmerung auf, ließ einen Dankesbrief für Ibrahim zurück und fuhr los, bevor sich jemand zeigte. Ich radelte vier Stunden bis zum ersten, sehr ärmlich wirkenden Dorf, wo mich gleich ein paar alte Männer aufforderten, anzuhalten und etwas Brot und Dattelsirup zu mir zu nehmen – unter vielen Entschuldigungen, daß sie mir nur so wenig anbieten konnten. In jedem Dorf hatte sich bisher jemand gefunden, der Englisch verstand. Theoretisch mußten alle Kinder zur Schule gehen und wurden in diesem Fach unterrichtet, und der Sudan rekrutierte zu diesem Zweck sogar jährlich zweihundert Hochschulabsolventen aus Großbritannien (um so mehr, als dadurch sudanesische Lehrer freigestellt werden konnten, um in Saudi-Arabien für beträchtlich höhere Gehälter zu unterrichten, als man sie den jungen britischen Lehrern bezahlte). Weil so viel Nachdruck auf die englische Sprache gelegt wurde, war meine Unkenntnis des Arabischen hier kein so großes Problem, und auch in diesem Dorf waren junge Leute daheim in den Schulferien und konnten übersetzen. Während ich mich stärkte, saßen die Männer um mich herum und erzählten mir, wie die Zeiten sich änderten und daß die Jungen sich nicht mehr dafür begeistern könnten, auf den Feldern zu arbeiten, wo das Leben hier doch so gut und friedvoll war, sondern lieber in Autos herumfahren und so rasch als möglich in die Stadt ziehen wollten.

Doch erst im Kreis von Frauen bemerkte ich, wie groß der Generationenkonflikt wirklich war. In der kleinen Ortschaft Kerma nahm mich eine noch junge Grundschullehrerin namens Aida zu sich heim. Sie lebte dort mit ihrem Mann, der ebenfalls unterrichtete, und seinen vier jüngeren Brüdern. Als die Männer endlich verpflegt worden und weggegangen waren, um mit ihren Freunden Karten oder Domino zu spielen, wurde ich auf einen Rundgang zu Aidas Freundinnen mitgenommen. Wir schlängelten uns durch ein Labyrinth miteinander verbundener Häuser und Höfe, ohne auch nur einmal auf die Straße zu treten. Immer wieder kamen wir in Zimmer voller Frauen und Mädchen, die sich auf den Betten und auf dem Fußboden zusammendrängten und Schwarzweißfernsehen schauten. Dieses technische Wunderwerk in arabischen Lehmziegelhütten mit Betten und ein paar niedrigen Hockern als einziger Möblierung anzutreffen wirkte immer wieder völlig ungereimt. Wo es auch nur für wenige Stunden am Tag Elektrizität gab, folgte der Fernsehapparat auf dem Fuß. In den Küchen dagegen hatte das technische Zeitalter noch nicht Einzug gehalten: Überall kauerten die Frauen auf den Fersen auf dem

Fußboden oder saßen auf sehr niedrigen Hockern und bliesen in die Holzkohlenherde. Bei diesen Kochgelegenheiten handelte es sich meist um Zweiliter-Öldosen, in welche viele Löcher gebohrt waren, manchmal sah ich auch einen mit Paraffin betriebenen Primuskocher. Ein Spülbecken kam mir nie in die Quere, vielfach gab es einfach einen Wasserhahn draußen im Hof.

Es war sehr vergnüglich, diese Frauen und Mädchen kennenzulernen, und vermittelte mir eine Ahnung von den Umwälzungen, die sich im modernen Sudan abspielen. Die jungen Frauen kamen in den Genuß einer höheren Schulbildung und wirkten alle sehr viel selbstsicherer als ihre sanften, zurückhaltenden Mütter (obwohl sich dies vielleicht weitgehend auf ihre Sprachkenntnisse zurückführen ließ). Sie brannten darauf, über die Probleme ihres Landes zu diskutieren, die in ihren Augen vorwiegend ökonomischer Art waren. Sogar über die Klitorisbeschneidung wurde bereitwillig und offen gesprochen. Es erscheint absurd, daß ein Land mit einer derart zerstreuten Bevölkerung und mit so wenigen Krankenhäusern solche Praktiken billigt, welche es den Frauen verunmöglichen, ihre Kinder auf natürliche Weise zu Hause zu gebären. Dieser Brauch geht jedoch sehr weit zurück und ist im gesellschaftlichen Muster so tief verwurzelt, daß eine unbeschnittene Frau als sozial minderwertig gilt und man glaubt, die Männer fänden sie nicht begehrenswert. Obwohl sich im Koran nichts zu ihrer Rechtfertigung findet, hat die Beschneidung offenbar eine sehr stark religiöse Bedeutung. Sie beschränkt sich nicht etwa auf abgelegene Landstriche, sondern betrifft allein in Afrika mindestens zehn Millionen Frauen und in der gesamten islamischen Welt wohl noch weit mehr. Doch nirgendwo wird sie so radikal praktiziert wie im Sudan.

Obgleich viele Ämter versuchen, sie auszurotten, spricht nichts dafür, daß sie dabei Erfolg hätten; die jüngsten Erhebungen deuten vielmehr darauf hin, daß die Klitorisbeschneidung wieder im Vormarsch ist, weil sich der Einflußbereich der Moslems nach Süden ausbreitet und in der Nachbarschaft sozialer Druck ausgeübt wird, sich diesem Brauch anzupassen.

Die Beschneidung findet im Alter von etwa sechs Jahren statt.

In ihrer extremsten Form werden alle äußeren Genitalien des Mädchens weggeschnitten, worauf die Öffnung so eng zugenäht wird, daß nur ein winziges Loch übrigbleibt. Abgesehen von den offensichtlichen Einwänden gegen eine so schwere Verstümmelung, gibt es auch besorgniserregende medizinische Nebeneffekte wie Harnverhaltung und ein größeres Infektionsrisiko. Am schlimmsten ist jedoch, daß die Frauen bei jeder Geburt wieder aufgeschnitten werden müssen. Es finden sich auch weniger extreme Formen dieser Prozedur. Vielfach wird sie in Krankenhäusern ausgeführt, mit der Begründung, da sie ja ohnehin erfolge, sei es besser, dies geschehe unter hygienischen Verhältnissen und mit der Möglichkeit, die Schmerzen etwas lindern zu können, als bei irgendeinem Quacksalber mit all den damit verbundenen Risiken und seelischen Erschütterungen.

Keine der jungen Frauen, die mit mir über diesen Eingriff diskutierten, verdammte ihn von Grund auf oder fand ihn gar barbarisch. Ihr größtes Anliegen schien viel eher, daß sich jede Frau selber sollte entscheiden können. Die meisten meinten, wenn sie frei wählen könnten, würden sie ihren eigenen Töchtern die Beschneidung ersparen, doch viele glaubten auch, daß sie unter dem Druck der älteren Frauen in der Familie schließlich nachgeben würden. Die Großmütter schienen zusammen mit den Hebammen, die solche Operationen routinemäßig ausführen, die Hauptverantwortlichen für die Beibehaltung dieses Brauchs zu sein, bildet er doch die Haupteinnahmequelle für die staatlich ausgebildeten Hebammen. Ein kurioser Aspekt dabei ist, daß die Klitorisbeschneidung schon 1957 von der sudanesischen Regierung offiziell verboten wurde.

Bereits vor meiner Reise hierher hatte ich von den Beschneidungspraktiken im Sudan gehört, da kürzlich besonders im Zusammenhang mit der Deklaration der Vereinten Nationen über die Rechte des Kindes ein großer publizistischer Wirbel veranstaltet wurde. Es erstaunte mich deshalb, wie hoch die Akzeptanz selbst unter der jüngeren, gebildeten Generation der sudanesischen Frauen war. Sie ihrerseits waren verblüfft über einige unserer Sitten, im besonderen, daß man bei uns keine Mitgift zahlen muß – wie ich hörte, muß ein Bräutigam im Sudan dem Brautvater zwischen drei- und viertausend Pfund bezahlen und überdies ein Haus bereitstellen, während die Braut für die Möbel verantwortlich ist. Sehr überrascht waren sie auch, daß mir mein Mann erlaubt hatte, diese Reise allein zu unternehmen. Sie dachten sich wohl, das komme davon, daß er keinen Brautpreis hatte bezahlen müssen.

Nach Kerma lag eine weitere wundervolle Tagesreise durch die Wüste vor mir. Auf den Rat einiger Leute, die mich zum Frühstück bewirteten, fuhr ich weit ins Landesinnere. Diese Route kürzte einen großen Bogen des Nils ab und kletterte zu einem seltsamen, mondkraterähnlichen Plateau hoch, wo sich überall einzelne kahle, gezackte rote Hügel erhoben. In der Mitte stand wie auf einem surrealistischen Gemälde eine tote Akazie. Sie schien mit Votivgaben vollbehängt zu sein, meist Papier- und Plastikfetzen, und jemand hatte an ihrem Fuß ein Feuer entzündet und unbedacht einen Großteil des Stammes verbrannt. War der Baum auch abgestorben, so übte er dennoch in der leeren, offenen Ebene eine ungeheure Anziehungskraft auf mich aus. Ich verweilte eine Zeitlang neben ihm und braute mir einen Tee. Danach fuhr ich stundenlang über Felsgrund, der sich herrlich fest unter den Rädern anfühlte. Es war, als ob ich nach all den Tagen, wo ich nur unter großem Kraftaufwand durch die endlosen Meilen von nachgiebigem Sand vorwärtsgekommen war, die Freuden des Radfahrens neu entdeckt hätte.

10. KAPITEL

Verhaftet!

Wenige Meilen vor Dongola fuhr ich auf eine weite Ebene hinunter, wo der Sand immer tiefer und weicher wurde, bis ich nach stundenlangem Schieben und Wuchten, das mir nicht mehr als ein paar hundert Meter einbrachte, erschöpft aufgab und einem vorbeifahrenden Lastwagen winkte. Die zähen japanischen Lieferwagen mit Vierradantrieb – Toyotas, Mitsubishis und Isuzus – haben diese Ecke der Welt für sich erobert. Später auf meiner Reise, als ich einen davon durch ein ebenso unwirtliches Gelände fuhr, begann ich ihre Vorzüge erst wirklich zu schätzen; hier, in der Wüste vom Sudan, stellte ich vorerst erstaunt fest, wie leicht ihre großen Räder und der Allradantrieb mit dem weichen Sandstaub fertig wurden, in dem ich jämmerlich steckengeblieben war.

Der Lastwagen, der meinetwegen angehalten hatte, war zu einem Taxi umgebaut worden. Gewundene schmiedeeiserne Stützen trugen so etwas wie ein Dach, um die Sonne abzuhalten, und auf beiden Seiten verlief längs eine Sitzbank. So viele Leute, wie überhaupt Platz fanden, saßen zusammengequetscht mit ihren Waren für den Markt von Dongola. Alle rückten fröhlich noch etwas näher zusammen, und das Agala wurde den Mittelgang nach hinten geschoben, wo es von Knien, Gemüsesäcken, Hühnern und Eierkörben aufrecht gehalten wurde. Ich kriegte einen Sitz am Ende der einen Bank. Zwei Männer, die mir Platz gemacht hatten, saßen mit den Köpfen draußen gefährlich hoch auf der Ladeklappe. Die Fahrt war nicht sehr bequem, denn der Lastwagen schlitterte und rumpelte durch den Sand, und die scharfen Kanten des Fahrrads gruben sich in weiches Fleisch. Meine Reisegefährten wollten unbedingt wissen, wozu seine einzelnen Teile dienten, da keiner von ihnen je etwas Ähnliches gesehen hatte, und manche meinten, es müsse sich um ein Motorrad handeln. Es war nicht leicht, Menschen, die fast kein Englisch verstanden, seine technischen Raffinessen zu erklären und gleichzeitig zu verhindern, daß mein Kopf gegen das Dach des herumtanzenden Lasters krachte.

Bei der Fähre am Flußufer, wo wir aus unserem vollgestopften Taxi befreit und abgesetzt wurden, herrschte geschäftiges Treiben. Viele Pfade durch die östliche Wüste liefen hier zusammen, und ein großer Haufen von Menschen und Fahrzeugen wartete bereits auf die Überfahrt nach Dongola, einem Regionalzentrum auf der anderen Seite des Nils. Von irgendwoher tauchte eine große Hochzeitsgesellschaft auf einem Lastwagen auf, und alle jungen Frauen schürzten ihre Röcke und kletterten die hohen Seitenwände herunter. Die einen sangen, andere heulten ihr charakteristisches Heulen, eine schlug auf einem großen Plastikkanister den Takt. Wie so viele der Einwohner des Nordsudans sahen sie bemerkenswert attraktiv aus und auch sehr unterschiedlich, denn die Sudanesen sind eine Mischung verschiedenster Rassen, und ihre Hautfarbe reicht von einem so tiefen Schwarz, daß es fast bläulich wirkt, über jede erdenkliche Schattierung von Schwarz und Braun bis zu einem sonnengebräunten Beige. Die arabischen Invasoren des siebten Jahrhunderts hatten sich mit den einheimischen Nubiern und früheren Eroberern aus Äthiopien vermischt, und als der Sklavenhandel mit Zentralafrika blühte, kam Negerblut in großen Quantitäten hinzu, denn die arabischen Sklavenhändler waren sich nicht zu gut, von ihrer Ware zu kosten. Anders als in Indien, wo eine Haut desto mehr gilt, je weißer sie ist, schien es im Sudan nicht die geringsten Vorurteile bezüglich der Hautfarbe zu geben.

Die Frauen dieser Hochzeitsgesellschaft trugen die knöchellangen Wickelkleider in hellen Farbtönen, wie sie hier auf dem Land üblich sind. Wie die indischen Saris waren sie stets von einem langen Umhangtuch begleitet, dem Tobe, das wie in Indien der Bescheidenheit zuliebe um den Körper gewickelt wird und mit welchem sich Kopf und Gesicht bedecken lassen, wenn man völlig verschwinden will. Diese jungen Frauen hatten jedoch nicht den geringsten Wunsch, sich zu verstecken, sondern schienen erpicht darauf, daß jedermann mit ihnen mitfeierte, ich inbegriffen. Sie zogen die Braut nach vorne, um mir das Geflecht des zarten Hennamusters zu zeigen, das ihre Hände, Arme und Füße bedeckte, und wiesen auf weitere Einzelheiten hin, die ich mir ja nicht entgehen lassen durfte, wie den reichlichen Goldschmuck und die hübschen, hochhackigen goldenen Sandalen. Die meisten anderen Frauen hatten bloß die Handflächen oder Fingerspitzen und auch die Fußsohlen mit Henna gefärbt. Auf der Fähre zogen sie mich in ihren Kreis, versuchten mir ihre Lieder beizubringen und posierten für Fotoaufnahmen. Als sie auf der anderen Seite des Flusses wieder auf ihren Lastwagen kletterten, luden sie mich ein, ihnen nachzufahren, doch ich konnte nicht lange mithalten, und es gab zu viel Neues zu sehen, das mich ablenkte, so daß ich nicht bemerkte, wohin ihr Fahrzeug schließlich verschwand.

Vom Anlegeplatz der Fähre aus konnte man die Stadt noch nicht sehen, also folgte ich einfach allen anderen auf einem holperigen Pfad. Auf der einen Seite pflügte ein Mann ein Feld mit zwei großen Ochsen, dunklen, mächtigen Tieren, die sich eifrig ins Geschirr legten und an jedem Wendepunkt mit schnellem Schritt herumstürmten, während der Bauer an den Pfluggriffen hing und um ein Haar die Kontrolle verloren hätte, dabei aber stolz und vergnügt dreinblickte. Alle Leute trugen ihre Waren zum Markt. Viele hockten gebückt auf Eseln und balancierten sehr lange Stangen, an welchen Körbe und Bündel mit Gemüse herumschwangen, andere gingen zu Fuß mit ähnlichen Stangen, die auf ihren Schultern lagen. Es sah alles ein wenig aus wie ein leicht verfremdeter Holzschnitt vom ländlichen Leben aus dem europäischen Mittelalter.

Kurz vor der Stadt traf ich auf ein Stück geteerte Straße, das erste seit elfhundert Kilometern. Zwar war es sehr uneben und voller Schlaglöcher, doch mir schien es geradezu märchenhaft, und ich konnte kaum fassen, wie glatt und mühelos sich darauf fahren ließ. Nach kurzer Zeit degenerierte es wieder zu garstigem Sand, doch weckte es in mir beim Radeln Erinnerungen an einige der Vorteile unserer Zivilisation des zwanzigsten Jahrhunderts, von denen ich selbst dann nicht geträumt hatte, wenn Badezimmer und andere Bequemlichkeiten fehlten. Wie die Bruchstücke des steinernen Löwen in Soleb verband mich dieser Asphaltstreifen mit meiner eigenen Welt, so daß ich einen Moment lang mitten in all der Aufregung meiner Reise ein stechendes Heimweh empfand.

Dongola selbst wirkte seltsam fehl am Platz. Die übliche Uferpromenade längs des Nils war ganz eindeutig die renommierteste Straße der Stadt, mit guterhaltenen Steinhäusern aus den Tagen der britischen Kolonialherrschaft und einem vornehmen Teerbelag. Auf der anderen Seite lag ein trefflich gebauter Brustwall mit eleganten Sitzplätzen, doch dahinter, wo eigentlich der majestätische Nil vorbeifließen sollte, war nichts als ein breiter, tiefer, trockener Graben mit ein paar Gemüsegärten. Der Fluß hatte sein ehemaliges kanalisiertes Bett aufgegeben und die Stadt mit ein paar Gemüsebeeten als ihrem Herzen zurückgelassen. Während ich auf diesen prosaischen Anblick hinunterschaute, näherte sich ein junger, europäisch gekleideter Mann und sprach mich in ausnehmend fließendem Englisch an. Er sagte, er heiße Mustafa, und da ich gewiß aus England komme, müsse ich ihn unbedingt begleiten und bei seiner Familie wohnen wie alle Touristen aus England. Ich fragte ihn, ob er schon viele Besucher gehabt hätte, worauf er antwortete: »Nun, vor ein paar Jahren hatten wir zwei. Es war sehr nett, mein Englisch ein bißchen aufzufrischen.« Um seiner Einladung mehr Gewicht zu geben, fügte er hinzu, das Hotel in der Stadt sei nicht der richtige Platz für eine Frau, da es nur aus einem einzigen Raum bestehe, wo jedermann schlafe, und wegen der vielen Moskitos nicht auszuhalten sei.

Ich begleitete also Mustafa durchs Stadtzentrum. Marktfahrzeuge, zu Bussen umgebaute Lastwagen, Lieferwagen, Esel und Straßenverkäufer plärrten und hupten, lärmten und schrien in den heißen, engen, staubigen Sträßchen und auf den überfüllten, farbenfrohen Marktplätzen. Nach der Ruhe in der Wüste war diese ohrenbetäubende Kakophonie nur schwer zu ertragen. An der breiten Straße, welche die Stadt in zwei Teile zerschnitt, lagen ein Krankenhaus und rund ein halbes Dutzend Apotheken, in deren einer Mustafa arbeitete. Auch hier herrschte lautes, geschäftiges Treiben. Lange Menschenschlangen warteten vor dem Krankenhaus, und Familien saßen herum und hielten ein Picknick ab. Ich konnte verstehen, daß die sechs Apotheker alle Hände voll zu tun hatten, um der Nachfrage gerecht zu werden.

Auch das Hotel lag in dieser Straße. Schon ein kurzer Blick darauf genügte, um zu verstehen, warum mir Mustafa davon abgeraten hatte. Für die Stechmücken war es ein Paradies, denn rund um die überfließenden Wassertröge lagen trübe Pfützen, wo sie sich laben und ihre Eier ausbrüten konnten. Im Sudan war ich bis jetzt von den Mücken einigermaßen verschont worden, da es so wenig stehendes Wasser gab, in Ägypten hingegen hatten sie mir manchmal sehr zu schaffen gemacht. Jeden Sonntag schluckte ich zwei Tabletten zur Vorbeugung von Malaria, und sobald ich Khartum erreichte, wo das Risiko dramatisch anstieg, sollte ich jeweils mittwochs noch eine weitere zu mir nehmen – dies auf Empfehlung von British Airways, wo man einen vorzüglichen Impfservice unterhält und die meisten Krankheiten, die den Reisenden befallen können, scharf im Auge behält. Man sagte mir dort aber auch, die Malariaerreger seien inzwischen derart resistent gegen sämtliche Formen der Prophylaxe geworden, daß der einzig sichere Weg, sie nicht zu kriegen, darin bestehe, sich nicht von den Mücken stechen zu lassen. Zu diesem Zweck hatte ich ja mein plastikfressendes Insektenschutzmittel bei mir und außerdem einen Sack aus Moskitonetz, um im feuchten Dschungel, wo es vermutlich von angriffslustigen, bissigen Insekten nur so wimmelte, mein Gesicht zu schützen. Ich konnte ihn mir über den Hut ziehen und sah darin aus wie ein Bankräuber mit einem neuartigen Modell einer düster wirkenden Strumpfmaske. Er hatte sich bereits als nützlich erwiesen, als ich in der Wüste von ganzen Wolken von Sandfliegen angegriffen worden war, aber wenn ich unter Leuten war, konnte ich ihn unmöglich überstülpen.

Die Wohnviertel der Stadt, wo ruhige, einförmige, in einem ordentlichen Gitterrostsystem angelegte Straßen von ausdruckslosen Fassaden flankiert wurden, gewährten den Ohren eine Erholungspause, boten aber einen traurigen Anblick. Wie die meisten

Städte im Sudan, die ich besuchte, atmeten sie einen Hauch von Verfall, welcher aus einer Kombination von schmutzigem, abfallübersätem, festgetrampeltem Sand, abbröckelnden Lehmziegelmauern und dem völligen Fehlen von Bäumen und Grünpflanzen herrührte. Überall bot sich das gleiche Bild. Nichts sah sauber oder festumrissen aus, alle Linien waren verschwommen, alle Farben verwaschen und undefinierbar. Es gab nur wenig, worauf sich das Auge richten konnte oder was seine Aufmerksamkeit anzog, und es war sehr schwierig, einen Weg zu finden oder zurückzuverfolgen. Der Sand war König, und was nicht eh schon daraus verfertigt war, wurde bald von einer dicken Schicht bedeckt. Die sudanesischen Städte boten den gleichen desolaten Anblick wie verlassene, abfallübersäte Seebäder am Ende der Saison. Wie anders war es doch in der Wüste, wo sich die Landschaft die unverfälschte Qualität eines Strandes bewahrte, von welchem die Flut alle menschlichen Spuren weggespült hatte!

Trat man durch die hohen Metalltüren in der Vorderfront eines sudanesischen Hauses, kam man wie aus einer heißen, überbelichteten und nichtssagenden Filmszene in eine Oase von Schatten und Kühle. Die Eintönigkeit draußen war hier durchbrochen, keine zwei Häuser schienen sich völlig zu gleichen. Mustafas Türflügel öffneten sich auf einen unerwartet langen Pfad. Unmittelbar hinter dem Tor lag die Toilette, mit einem kleinen, niedrigen Türchen auf die Straße hinaus, um auf praktische Weise den anfallenden Inhalt zu beseitigen, denn es gab hier keine Wasserspülung. Am anderen Ende war ein Hof. Kreuz und quer waren Wäscheleinen gespannt, an einer Mauer lehnte ein Spültrog mit einem Wasserhahn darüber, gegenüber lag ein aus Lehmziegeln gebauter Duschraum. Ein Bogengang mit je einem Zimmer an beiden Seiten führte in einen zweiten langen, engen Innenhof, dessen Mitte überdacht war. Dort standen ein großer Kühlschrank, drei Metallbetten, eine Waschmaschine und ein Fernsehgerät. Am einen Hofende lagen zwei Schlafzimmer und eine Küche, am anderen ein Taubenschlag und ein Verschlag für die Ziege. Ein paar Hühner kratzten den Schlafzimmern gegenüber in behelfsmäßiger Gefangenschaft herum.

Auf einem der Betten saß eine sehr füllige Dame, Mustafas Mutter, und rüstete Gemüse. An ihren beiden Wangen verliefen drei tiefe, parallele Narben, das Stammesmuster, das einst jedem sudanesischen Kind in die Gesichtshaut geritzt wurde – ein Brauch, der heute am Aussterben ist. Sie behielt meine Hand zwischen ihren Händen, während sie einen langen Willkommensgruß auf arabisch aufsagte, den mir Mustafa übersetzte: »Im Namen Allahs biete ich dir alles an, was ich dir geben kann, wenn es in meiner Macht steht.« Mustafas Schwester, eine pummelige junge Frau, hatte ein Tuch um den Kopf geknüpft, die Ärmel bis zu den Ellbogen hochgekrempelt und eine Schürze aus Sackleinwand um ihre mollige Mitte gebunden. Wie sie so mit vollen Wassereimern durch den Hof hastete, auf Schritt und Tritt hoffnungsfroh von einer braun und weiß gefleckten Ziege verfolgt, sah sie aus wie ein Bauernmädchen auf einem Gemälde von Vermeer. Auf den Betten saßen auch ein paar Kinder, einige der vielen Nichten und Neffen von Mustafa. Er hatte mehrere ältere Brüder, welche alle schon verheiratet oder draußen in der weiten Welt waren. Sein Vater war Getreidehändler. Der kleine, dünne alte Mann schlief jedesmal prompt ein, wenn eine Mahlzeit zu Ende war, und sprach wie seine Frau kein Wort Englisch.

Hier in diesem Haus konnte ich einen Teil der Gastfreundschaft, die mir entgegengebracht wurde, vergelten: Mustafas Mutter war eine passionierte Raucherin, konnte jedoch wie alle anderen Raucher in dieser Gegend ihrer Leidenschaft nicht frönen, denn zurzeit herrschte akuter Tabakmangel, und niemand hatte seit Wochen eine Zigarette gesehen. Sobald sie ihre Willkommensrede beendet hatte, ließ sie mich durch Mustafa fragen, ob ich nicht eine Zigarette für sie hätte. Zufällig hatte ich ein paar zum Verschenken dabei, und da ich nicht wußte, daß sie hier Gold wert waren, gab ich ihr ein ganzes Päckchen. Dies wiederum schien Mustafa zu verärgern. Er meinte, ein solches Geschenk sei viel zu wertvoll, da Zigaretten auf dem Schwarzmarkt zum hundertfachen Preis gehandelt wurden. Seine Mutter werde sie außerdem horten und selber rauchen, während er sie mit seinen Freunden geteilt hätte. Ein zweites Päckchen stellte dann den

Hausfrieden wieder her – was nur gerecht war, denn ich sollte in Mustafas Zimmer schlafen, den Hühnern gegenüber. Ich vermutete angesichts des Bergs von Kleidungsstücken, die aus zwei großen Schränken herausquollen und an einem langen Gestell hingen, daß ihm das nicht sehr gelegen kam, denn er verbrachte genau wie der Arzt in Delgo den größten Teil des Tages damit, von sudanesischer Kleidung in westliche zu wechseln und umgekehrt.

Kurz nach meiner Ankunft wurde das Mittagessen serviert. Mustafas Vater beehrte mich mit den besten Bissen. Zum Glück rauchte er nicht auch noch, denn meine kleine Goldmine war erschöpft. Es gab reichhaltigere Kost, als ich bisher im Sudan gewohnt war: ein Gericht aus gegarter Niere, Auberginen, Gumbo und Ful. Während sich die älteren Leute auf den Betten im Hof hinlegten, um ein Verdauungsschläfchen zu halten, und die Schwester, auf welche die Hauptbürde der häuslichen Pflichten zu fallen schien, mit dem Abräumen begann, nahm mich Mustafa auf einen Streifzug durch Dongola mit.

Nachdem wir eine Weile durch die konturlosen Straßen gewandert waren, tauchte ein Freund Mustafas in einem Lieferwagen auf, auf dem Weg zu einem benachbarten Dorf, um einige Medikamente abzuliefern. Wir stiegen ein, damit ich ein junges Mädchen treffen konnte, das angeblich eine berühmte Wahrsagerin war, und standen lange bei ihrem Haus am Rande der Wüste herum. Aus einer etwa fünfzehn Meter tiefen Grube im Sand pumpte eine Motorpumpe einen endlosen Strom schwefliges Wasser hoch. Rund um die bewässerten Felder und die alten, verlassenen Lehmziegelhäuser huschten Scharen brauner Ratten hin und her, zerrten lange Halme herum und arbeiteten so intelligent zusammen, daß man leicht vergessen konnte, was für eine Bedrohung sie für dieses arme Land darstellten. Wir gingen wieder weg, ohne die Wahrsagerin getroffen zu haben – anscheinend hatte sie gerade einen schwarzen Tag. Statt dessen half mir Mustafa, Auskünfte für meine Weiterreise einzuziehen.

Jeder, bei dem ich mich erkundigte, sagte mir, daß der Sand den Nil entlang weiter oben nicht besser wurde und mit dem Fahrrad kein Durchkommen möglich sei. Es gab mehrere Alternativen.

Die Suk-Lastwagen und die prächtigen Busse, die auf Lastwagenfahrgestelle montiert waren, fuhren quer durch die Wüste von Dongola nach Khartum und kürzten damit rund sechshundertfünfzig Kilometer ab, was mir jedoch nichts nützte, weil ich am Nil bleiben und mir auf dem Weg einiges ansehen wollte. Dies bedeutete, fast einen ganzen Kreisbogen um den größten Mäander der Welt zurückzulegen, der mich nach dreihundert Kilometern an einen Punkt weiter nördlich führen würde, als ich jetzt war, bevor er wieder nach Süden abdrehte. Es sollte auch ein Boot geben, das bis Karima unterhalb des vierten Kataraktes fuhr. Mir würde das sehr gelegen kommen – wenn es wirklich zutraf. Wir wandten verhältnismäßig viel Zeit und Mühe auf, Näheres darüber zu erfahren, doch im Sudan scheint sich nichts über ein Gerücht hinaus zu konkretisieren, auch dieses Schiff machte da keine Ausnahme: »Vielleicht fährt es morgen. Vielleicht auch nicht. Alles liegt in Allahs Händen.«

Das Schiff dampfte tatsächlich zwei Tage später los. Den Tag zuvor verbrachte ich abwechslungsweise in den Fängen der Geheimpolizei und denen ihrer uniformierten Kollegen. Ich machte auf dem Früchte- und Gemüsemarkt mit williger Kooperation all der farbenfrohen Verkäufer ein paar Fotos, als ein ältlicher Mann in einem Tweedmantel über seiner Gallabija, dessen Kragen bis über die Ohren hochgeschlagen war, und mit Stielaugen wie hartgekochte Eier hinter exzentrischen dunklen Brillengläsern einschritt. »Sie das nicht tun, ist verboten«, fuhr er mich an und stieß mich roh beiseite. Ich zog den zuständigen Fotografenpaß hervor, den er höchst beleidigt musterte. »Ich nicht Englisch sprechen«, log er, als ob er damit ein höchst verderbliches Laster abstreite. Also steckte ich meinen Paß in die Tasche zurück und versuchte, in der Menschenmenge unterzutauchen, hatte aber kein Glück: Im Nu fand ich mich von einem seiner Spießgesellen abgeführt. Ich hatte keine Angst, denn ich war sicher, daß es sich um ein Mißverständnis handeln mußte und meine Genehmigung alles wieder ins Lot bringen würde, doch der unliebsame Zwischenfall, der die freundliche Stimmung vermiest hatte, ärgerte mich. Es war schwierig genug, die nötigen Aufnahmen zusammenzukriegen, und wenn die Leute schon nichts dagegen hatten, daß ich sie ablichtete, schien es mir doppelt ungerecht, wenn man mich daran hinderte.

Ich wurde zu einem weit entfernten Gebäudetrakt geführt und von mehreren Individuen verhört. Sie stöberten eifrig in meinen Papieren herum, besonders im Reisepaß, den sie immer und immer wieder durchblätterten, wohl in der Hoffnung, etwas Inkriminierendes zu finden, zum Beispiel einen Stempel aus Israel oder Südafrika. Da ich wußte, daß nichts Derartiges darin stand und meine Papiere alle in Ordnung waren, machte ich mir noch immer keine Sorgen, wurde jedoch langsam ungeduldig und wollte endlich weg aus diesen cremefarbigen und grünen Büros. Die Zeit fürs zweite Frühstück war gekommen, und weil die Polizeibeamten essen gehen wollten, ließ man mich frei, allerdings mit der Auflage, ich müsse nach dem Frühstück wieder anrücken, um »dem Chef« vorgeführt zu werden – sozusagen gegen Kaution also.

Mustafa begleitete mich dorthin zurück, um zu dolmetschen, und die ganze Prozedur wiederholte sich, sehr zu meinem Verdruß, denn die Temperatur draußen stieg merklich an. »Sie besuchen viel arabisch Länder?« fragte der »Chef«, nachdem er eine halbe Stunde lang meinen Reisepaß befingert hatte, von vorne nach hinten und wieder zurück. Ich bejahte und fügte hinzu, in keinem sei ich von der Polizei derart schikaniert worden wie hier. Es folgte eine gemurmelte Entschuldigung, damit hatte es sich aber, und mehrere Männer, die an den Wänden herumsaßen, feuerten ihre Fragensalven auf mich ab: wie ich mein Geld verdiente, wo ich wohnte und so fort. Ich glaube, nicht einer von ihnen erwartete wirklich eine Antwort. Sie gaben einfach Laut, um mit ihrem Englisch zu prahlen oder um sich wichtig fühlen zu können. Nach einer Weile ignorierte ich sie und ließ Mustafa für mich antworten; und langsam verpuffte das Ganze, weil sie das Interesse an mir verloren, und ich konnte endlich gehen. Mustafa meinte, für ihn sei dieser Zwischenfall sehr nützlich gewesen, da er jetzt wisse, welche Männer in der Stadt der Geheimpolizei angehörten, denn sie waren kürzlich ausgewechselt worden, als Sadik al-Mahdi die Regierung von Numeiri übernommen hatte.

Er war der Ansicht, die einzige Funktion der Geheimpolizei bestehe darin, Zeichen der Staatsverdrossenheit unter der Bevölkerung zu rapportieren, und dieser Haufen hier sei recht dämlich, sein Inkognito auffliegen zu lassen.

Kaum war ich zum Markt zurückgekehrt, diesmal, um Früchte für die (wie ich hoffte) morgige Schiffahrt einzukaufen, als mich ein junger uniformierter Polizist auf einem Fahrrad anhielt und mich anbellte: »Wer sind Sie, Madame? Wo gehen Sie?« Ich war derart erbost, daß das Gesetz schon wieder an mich herantrat, daß ich beschloß, ihn einfach links liegenzulassen, bis es ihm zu dumm wurde. Dies war gar keine gute Idee. Als ich Mustafa endlich wiedergefunden hatte, der übersetzen mußte, hatte mir der junge Mann mein Uhrband aus Metall ins Handgelenk gerieben, damit ich ihm ja nicht entwischen konnte. Noch einmal folgte ein kilometerlanger Marsch zum Polizeiposten, doch diesmal wurde ich in ein Areal geführt, das direkt neben jenem der Geheimpolizei lag. Die uniformierte Gattung hatte anscheinend nichts mit der geheimen Spezies zu schaffen und stritt rundweg ab, daß es sie überhaupt gab. Via Mustafa teilte man mir mit, ich stecke ernsthaft in der Klemme, weil ich mich bei meiner Ankunft bei der Polizei hätte melden müssen – alle Touristen seien verpflichtet, sich an jedem Ort weit und breit im Lande, den sie passierten, auf dem Polizeiposten zu melden und zum Beweis dafür ihre Reisegenehmigung abstempeln zu lassen. Es gelang mir schließlich, sie davon zu überzeugen, daß ich von dieser Auflage nichts gewußt hatte und mir in Wadi Halfa kein Wort davon gesagt worden war. Als ich endlich wieder auf freiem Fuß war, meinte Mustafa nur, es sei wohl klüger, ich würde mich die wenigen verbleibenden Stunden bis zum Abend nicht mehr allein auf der Straße blicken lassen.

Dies fiel mir nicht schwer, denn Dongolas Reize waren doch arg lädiert, und ich mußte unbedingt noch das Agala überholen und meine Wäsche waschen, bevor ich weiterreiste. Ein kurzer Abstecher mit Mustafa zum Hafengebiet bot einen erfreulichen Anblick: Ein zerbeulter Dampfer hatte an der baufälligen Mole angelegt, und wenn mir das Glück hold war (oder besser, wenn es Allah so gefiel), würde er morgen früh abfahren.

Mein Fahrrad brauchte dringend etwas Pflege. Die Kette war knochentrocken und knirschte hörbar, ebenso die Zahnkränze am Hinterrad. Diese verschieden großen Zahnkränze erlauben dem Fahrer, die Gänge zu wechseln, und sind auf ein Mittelstück an der Nabe geschraubt. Darin befindet sich der Freilaufmechanismus, der trotz seiner robusten Konstruktion die schwächste Stelle der ganzen Übersetzung ist. Staub und Sandkörner bekommen ihm nicht gut, und in der letzten Zeit waren kleine Mengen davon eingedrungen. Mit der Kette stand es nicht allzu schlimm, denn vor meiner Abreise aus England hatte ich alles Fett sorgfältig entfernt und es durch ein nichtfettendes Schmiermittel ersetzt, das keinen Staub anzog. Ich reinigte die beiden Teile und opferte noch ein wenig von meinem kostbaren Schmiermittel. Dann ging ich noch einmal das ganze Fahrrad durch, wobei Mustafas drei junge Neffen mir begeistert assistierten. Der unbeschränkte Wasservorrat verleitete mich dazu, meine ganze Ausrüstung gründlich zu waschen und die Satteltaschen abzuschrubben, die dick mit Staub imprägniert waren. Eigentlich war es die reinste Zeitverschwendung, denn man mußte nur etwas auf den Boden legen oder gegen eine Wand lehnen, und schon war es wieder so dicht mit Staub bedeckt wie zuvor.

Der Abend verging im Kreis der Familie. Wir saßen alle draußen im Hof auf den Betten beim Fernsehen, in Decken eingewickelt, um uns vor dem plötzlichen Kälteeinbruch zu schützen. Obwohl es jeden Tag spürbar heißer wurde, waren die Nächte meist ziemlich kühl, denn es war noch Winter. Auf dem Programm stand eine rührselige ägyptische Familienserie. Es wurde dieselbe Folge ausgestrahlt wie in der Nacht zuvor, und Mutter und Tochter sahen genauso gespannt zu wie beim ersten Mal und knackten währenddessen mit großem Geschick Sonnenblumenkerne. Auch die Ziege kam herüber, um die Sendung anzusehen, schaute sich mit klugen, spöttischen Augen die Handlung an und trottete schließlich davon, um die Rückseite des Geräts zu inspizieren. Ein Gockel jagte die Hennen im Hof herum und piesackte sie schrecklich, so daß immer wieder eine halb rennend, halb fliegend vor den Bildschirm flatterte und gackerte, worauf sich die

Tochter mißmutig hochstemmte und alles Federvieh in die andere Hofecke zurückscheuchte. Die Tauben, die den verlotterten Schlag bewohnten, stürzten sich herunter und pickten die Brosamen auf, welche die Hühner übriggelassen hatten, und eine Katze kreuzte hin und her. Zwischen ihren Kiefern hing ein zusammengerolltes Kätzchen, weil sie ihre Familie in ein neues Quartier brachte.

11. KAPITEL

Die große Schlaufe

Die Abfahrt war zur Zeit der Morgendämmerung angesagt, also stellte ich mich schon früh am folgenden Morgen unten am Flußufer ein. Auf echt sudanesische Art blieb das Schiff jedoch bis zum Mittag dort liegen, wo es war, bis der Kapitän völlig unerwartet und aus keinem ersichtlichen Grund beschloß, jetzt sei es Zeit, abzulegen, so daß mehrere Leute, welche versuchten, den schwierigen Zugang zum Schiff zu bewältigen, der über morastiges Ufer und zerbrochenes Plankenwerk führte, das Nachsehen hatten und zurückgelassen wurden.

Mittlerweile hatte der verblichene Zauber des alten Gefährts mein Herz gewonnen, und es war mir ziemlich egal, ob wir uns vorwärtsbewegten oder nicht. Die Hauptattraktion war meine Unterkunft. Man hatte mir eine Erstklaßkabine geräumt, die mich umgerechnet etwas mehr als zwei Mark im Tag kostete und für diese Gegend so luxuriös war, daß mir meine zeitlich befristete Besitznahme die Feindschaft eines Besatzungsmitglieds zuzog, welches umquartiert worden war, um mir Platz zu machen. Der Mann schaute während der ganzen dreitägigen Reise immer wieder herein, um sich dies und jenes zu holen, was er überall in der Kabine versteckt hatte – zwei Zigaretten hinter einem Spiegel, ein zusammengerolltes Hemd sowie eine große, zerbeulte Emailschüssel unter dem Bett –, und als alle seine Dinge endlich draußen waren, kam er, um mir eine flammende Strafpredigt zu halten, wie unfair es doch sei, daß ich zum Preis einer einzigen Fahrkarte zwei Schlafkojen zur Verfügung hatte.

Die kleine Kabine gehörte zu acht weiteren, die einen Block im vorderen Teil des ersten Zwischendecks bildeten, dahinter lag ein zweiter Block mit zehn Zweitklaßkabinen. Sie waren zwar nur geringfügig kleiner, konnten sich jedoch nicht der Vorteile eines zersprungenen Waschbeckens, einer Kommode, deren Schubladenböden verschwunden waren, und eines Stücks Spiegel rühmen. Letzterer war ein großer Schock für mich, denn seit Ägypten hatte ich mein Gesicht nicht mehr erblickt und mir aufs Geratewohl das Haar gekämmt und die Zähne gebürstet. In meiner Prunkkabine gab es auch Kleiderhaken an den Wänden und einen Stuhl mit drei Beinen, selbst ein Wasserhahn war am Waschbekken angebracht und lieferte, obwohl er sich frei im Kreis herumdrehen ließ, sogar Wasser, falls es jemand von der Besatzung in den Sinn kam, den Tank auf dem Oberdeck zu füllen. Wenn der Generator arbeitete, erglühte zuweilen eine elektrische Glühbirne von wenigen Watt Leistung zu trübem Lebenslicht; die Lampe über dem Bett – welch ein Luxus! – schaffte es nicht mehr.

Nur noch eine weitere Erstklaßkabine war der Öffentlichkeit zugänglich, die anderen sechs waren verriegelt. Vielleicht genügten sie den erforderlichen Sicherheitsbestimmungen nicht mehr (Löcher in den Deckplanken, Waschbecken, die schräg von den Wänden hingen ...). Sicherheit wurde bei der Schiffahrtsgesellschaft offenbar großgeschrieben, denn bevor ich meine Fahrkarte kaufen konnte, mußte ich ein Formular unterschreiben, das sie jeglicher Haftung entband, falls mir auf der Fahrt irgendein Unglück zustoßen sollte. Das kam viel billiger zu stehen als Schwimmwesten oder Rettungsboote, doch da der Lederhandel den Nil seiner Krokodile beraubt hat (ich hatte auf den fast zweieinhalbtausend Kilometern noch kein einziges zu Gesicht bekommen), glaubte ich mir keine großen Sorgen machen zu müssen.

Als ich an Bord kam, nahm einer von der Schiffsmannschaft, der den Steward spielte, das schmutzige Laken von der noch schmutzigeren Strohsackmatratze der unteren Schlafkoje und ersetzte es durch ein anderes, ebenso schmutziges Laken. Er teilte mir mit, ich könne das »ach so nette Agala« ruhig an der Reling vor meiner Kabine angekettet lassen. Später brachte er den »Direktor dieses Schiffs«, den Kapitän, zu meiner Kabine, der mir die Hand schütteln wollte – ich fühlte mich wie eine Mischung aus

Schulmädchen und Vorzugspassagier auf einem Transatlantikkreuzer. Als ich endlich meine Satteltaschen ausgepackt, meinen Schlafsack ausgebreitet und meine Besitztümer auf der Kommode zurechtgelegt hatte, schwelgte ich im Gefühl eines Wanderers, der vorübergehend einen Unterschlupf gefunden hat, für eine Weile die Tür hinter sich zuziehen kann und sich nicht mehr ständig mit Sonne, Sand und Polizisten herumschlagen muß.

Nebst den zehn Zweitklaßkabinen, von denen einige in ihren engen Wänden eine große, lebhafte sudanesische Familie beherbergten, lagen weitere Unterkünfte für die Steuerleute auf einem tieferen Deck, angenehm nahe bei der Kombüse. Hier produzierte ein temperamentvoll veranlagter Koch auf einem enorm großen gußeisernen Herd Riesenmengen von Fleischtopf mit Bohnen und Linsen. Der Herd sah so bezaubernd antik aus, daß er bei jeder Auktion ein Vermögen erzielt hätte. Auf jedem Deck gab es Toiletten System »Loch im Boden«, die täglich irgendwann ausgespült wurden, wonach sie kurze Zeit einigermaßen benützbar waren. In einem Raum konnte man sich duschen, doch ließ man es lieber bleiben, weil man schmutziger herauskam, als man hineinging. WCs und Dusche waren wie mein Waschbecken abhängig vom Einsatzwillen eines dafür zuständigen Matrosen, der Flußwasser in den oberen Wassertank pumpen sollte, aber berüchtigt dafür war, seine Pflicht unregelmäßig zu erfüllen.

Auch das Trinkwasser wurde direkt aus dem Fluß hochgepumpt und auf den Decks in großen Amphoren in Metallständern hingestellt. Diese klassischen Gefäße waren leicht porös und hielten das Wasser schön kühl, doch wimmelte es darin von all den endemischen Nilbewohnern, insbesondere Gardia. Töpfe wie diese werden überall im Sudan verwendet. Interessanterweise erfuhr ich von einem Arzt, daß das unten aus den Böden herauströpfelnde Wasser, das man gewöhnlich wegschüttete, fast hundertprozentig frei von Gardia sei, weil die Mikroben durch die Lehmschicht herausgefiltert wurden. Nach genau diesem Prinzip funktionierte ja auch meine Schweizer Wunderpumpe: Sie preßte das Wasser durch einen so engporigen Keramikkern, daß nicht einmal die kleinste Mikrobe durchschlüpfen konnte. An Bord versuchte ich deshalb, die aus den Amphoren sickernde Flüssigkeit aufzufangen, da dies meine kräfteraubende tägliche Pumperei wesentlich erleichterte, denn der Großteil des klumpigen Schlicks war bereits ausgeschieden.

Zu beiden Seiten des Dampfers war je eine riesige Barke festgezurrt. Sie waren viel größer als das Schiff selbst und gaben ihm ein etwas pathetisches Aussehen – wie ein winziger Weidenlaubsänger, der versucht, zwei fette Kuckucksjungen aufzuziehen. Die eine Barke war mit einem Gemisch von Waren beladen, die andere diente als eine Art Arche für die zahlreichen Besatzungsmitglieder und ihre Freunde, die unter einem Strohdach ein entspanntes, sorgloses Leben führten und unablässig kleine Mahlzeiten kochten, zu denen sie sich am Ufer mit viel Aufregung und Geplapper Feuerholz holten. Im ganzen nördlichen Sudan war Holz knapp, und so bedeutete jeder tote Ast, der an Bord geschleppt wurde, einen Triumph für das Schiff auf Kosten irgendeines Dorfs am Nilufer. Falls die Crew nicht gerade auf solche Raubzüge aus war oder kochte oder betete, lagen alle auf dem Deck herum und schliefen in der Sonne, und wenn der Kapitän wollte, daß irgend etwas erledigt wurde, mußte er sich weit aus dem Fenster seiner Brücke lehnen und kräftig auf einer Schiedsrichterpfeife blasen. Waren alle endlich aufgeschreckt, tobte zunächst ein wilder verbaler Schlagabtausch hin und her, bis sich endlich ein Matrose widerstrebend bequemte, die Instruktionen auszuführen. Es war ein sehr demokratisches Völkchen, und alles wäre wohl ziemlich schnell in völlige Anarchie ausgeartet, hätte der Kapitän nicht so offensichtlich viel mehr Energie gehabt als alle übrigen zusammengenommen.

Was das Schiff antrieb, war mir ein Rätsel. Ich denke, es fuhr mit Dieselöl, doch ich konnte kaum mehr als ein paar Meter glänzendes, verwickeltes Messingrohrwerk durch die offene Tür des großen Maschinenraums hinter der Kombüse ausmachen und wurde jedesmal, wenn ich ihn genauer inspizieren wollte, von einem furchteinflößenden Individuum weggescheucht, dessen Domäne er war. Wäre mir wirklich daran gelegen gewesen, hätte ich mich an den Kapitän wenden können. Er hatte mich ins Herz geschlossen und schickte häufig den »Steward« aus, um mich mit der Einladung »Direktor von Schiff sagt, Sie kommen!« auf die Brücke zu lotsen. Doch der »Direktor« verstand kein Englisch, und so fand ich nie heraus, weshalb eigentlich diese Aufgebote erfolgten – wahrscheinlich, damit ich mich willkommen fühlte. Nachdem ich eine Weile zwischen dem Dutzend Männer gesessen hatte, die sich ständig dort aufhielten, und dem Steuermann zulächelte, der sich an dem übergroßen Steuerrad ordentlich abrackern mußte und es mochte, wenn man ihn lobte, wie geschickt er die endlosen Sandbänke vermied, ging ich zufrieden wieder meinem eigenen Kram nach. Endlich hatte ich begriffen, was die Freuden einer Kreuzfahrt ausmacht: das »dolce far niente«. Die kräftezehrende Reise seit Wadi Halfa, die ständige Anstrengung, mich verständlich zu machen, und nicht zuletzt die doppelte Verhaftung in Dongola hatten ihren Tribut gefordert. Ich brauchte dringend Ruhe und Erholung, und diese Schiffahrt war dafür genau richtig. So kochte ich mir ein paar Fertiggerichte und führte meine Notizen nach, sonst aber saß ich einfach zufrieden da und betrachtete das endlose, gleichförmige Panorama aus Sand und vereinzelten Palmen, von dem ich nie genug bekommen konnte.

In einer der Zweitklaßkabinen reisten noch zwei weitere Engländerinnen mit, zwei der vielen jungen Hochschulabsolventinnen, die von der sudanesischen Regierung angeheuert waren, um in den Schulen Englisch zu unterrichten. Leider fanden sie nicht den geringsten Gefallen an diesem Erlebnis. Weil gerade Ferienzeit war, reisten sie ein wenig herum und hofften, andere junge Briten zu treffen und mit ihnen Weihnachten zu feiern. Ihre Gesellschaft war oft etwas deprimierend, da sie diesem Land gegenüber eine so negative Einstellung hatten und so manches ihnen Verdruß bereitete, besonders der Charakter der jungen Menschen, welchen sie Englisch beibrachten. Sie waren ohne die geringste positive Motivation hierhergekommen, in der Dritten Welt Hilfe zu leisten, ja nicht einmal aus Freude am Unterrichten, sondern weil sie die Nase voll hatten, in Großbritannien arbeitslos zu sein, und sich dachten, es sei doch nett, auf fremde Kosten ein wenig herumzureisen. Ihre Haltung war einem derart armen, zerrissenen Land wie dem Sudan kaum förderlich und ließ vermuten, daß beim Auswahlverfahren für diese Jobs etwas verkehrt laufen mußte. Das einzige, was den beiden Mädchen ihren Aufenthalt hier zu versüßen schien, war der leichte Zugang zu Bang (Marihuana), das selbst bei dem Hungerlohn, den man ihnen bezahlte, spottbillig war.

Wir drei durften eine kleine, abgeschlossene Glasveranda auf unserem Deck benutzen, die oben im Bug direkt unter der Steuerbrücke lag. Wir verbrachten viele Stunden dort in arg lädierten Korbstühlen, aus welchen wir uns sehr vorsichtig herauswinden mußten, um nicht von den vielen Nägeln zerkratzt zu werden, die überall herausstanden, wo das Rohrgeflecht verrottet war. Das Schiff machte es wohl nicht mehr sehr lange: Seine Decks waren vom hohen Alter schon abgewetzt und ausgebleicht, der Fugenkitt zwischen den Planken war verschwunden und der Anstrich an den meisten Stellen völlig abgeblättert. Die Mannschaft rührte keinen Finger, um es etwas aufzumöbeln. Es war eins der vielen Überbleibsel aus der Kolonialzeit, ganz ähnlich wie die Dieselpumpen am Nilufer oder die Strandpromenade und das Gitterrostsystem der Häuser in Dongola, und muß einst speziell für diese nur zweihundertfünfzig Kilometer lange Flußstrecke zwischen dem dritten und dem vierten Katarakt gebaut worden sein, die »Gartenprovinz Dongola«, wie sie auch genannt wurde.

Hinter diesem Sonnendeck mit seinen zerbrochenen Fliegendrahtgittern und den Korbstuhlwracks lag eine kleine, perfekte, mit schönster Walnußtäfelung ausgelegte Offiziersmesse. Beim gegenwärtigen Stand der Dinge gab es für ein solches Relikt verblichener Vornehmheit keine Verwendung mehr, denn jetzt kauerte man auf Deck oder saß auf einer der Schlafkojen, um die Mahlzeiten einzunehmen. Und so blieb die Messe verschlossen – ein heiliges Mahnmal fremdartiger Gebräuche der Briten.

Von Zeit zu Zeit sahen wir an den Ufern Zeugen des alten Königreichs von Kusch. Steinerne Fragmente ragten wie Spitzen von Eisbergen aus dem Sand heraus und wiesen auf Tempelkomplexe und Paläste, die jedes Jahr etwas mehr unter dem Sand verschwanden. Ich besuchte keinen von ihnen, denn ich konnte ja nicht mehr einfach nach Belieben haltmachen. Ich war an den Rhythmus des Schiffs gebunden, das sich langsam gegen die unerbittliche Strömung seinen Weg flußaufwärts kämpfte und nur anhielt, wenn es um praktische und geschäftliche Dinge ging – um ein willkommenes Stück Holz zu schnappen, Passagiere an scheinbar einsamen Uferstellen abzusetzen oder in Dörfern, die nur aus einer Handvoll Häuser bestanden und zu klein waren, als daß sie auf meiner Karte verzeichnet gewesen wären, Waren auszuladen. Ich machte mir nicht das geringste daraus. In Ägypten hatte ich genug Altertümer gesehen, und in dieser Gegend ist bis jetzt noch nichts ausgegraben worden, was sich mit der Schönheit der Löwen von Soleb messen könnte.

Die Macht Ägyptens hatte hier in diesem einst fruchtbaren Landstrich kulminiert und war wieder verebbt, im Wettstreit mit der großen Zivilisation von Meroe, deren Hauptstadt Napata direkt unter dem vierten Katarakt lag. Aus dieser Stadt waren hin und wieder Eroberer vorgedrungen und hatten ihrerseits Ägypten überrannt, neue Dynastien gegründet und auf den Statuen der Pharaonen Gesichtszüge fremdartigen Zuschnitts zurückgelassen. Das Land muß damals, um etwa 1500 vor Christus, viel grüner gewesen sein, obwohl die Ausbreitung der Wüste bereits zu dieser Zeit begann. Hier war der Nil nicht über die Ufer getreten und hatte nicht jedes Jahr mit seiner reichen Schlammflut die Fruchtbarkeit der Erde erneuert. Wie bei anderen frühen Hochkulturen war der Boden bestellt worden, bis er ausgelaugt war, dann wurde er von den Ackerbauern aufgegeben und der Erosion überlassen. Als die assyrischen Eroberer im sechsten vorchristlichen Jahrhundert in Ägypten einfielen und dem gesamten Niltal die Eisenzeit bescherten, brauchte es ungeheure Mengen Holz, um Kohle zum Schmelzen des neuen Metalls zu gewinnen. Die Bäume dieser Gegend wurden abgeholzt, was wiederum die lokalen klimatischen Verhältnisse beeinflußte und den Boden noch stärker der Erosion aussetzte. Seither haben Nomadenstämme längst die letzten Spuren der meroitischen Kultur zerstört, genauso unbarmherzig, wie ihre Ziegen-, Schaf- und Rinderherden im Kampf ums Überleben unter diesen harten Bedingungen das Zerstörungswerk am Boden vollendeten. Heute hat der Sand bis auf winzige Überreste alle Spuren der einstigen Bodenkulturen vertilgt, und jedes Jahr rückt die Wüste – der schrecklichste und unversöhnlichste Eroberer aller Zeiten – ein Stück weiter vor.

Die drei Tage auf dem kleinen Schiff vergingen wie im Traum. Bevor ich seiner Enge überdrüssig werden konnte, hatten wir auch schon die erste große Schlaufe des Flusses umrundet und tuckerten in nordöstlicher Richtung um die Sandbänke nach Karima, wo sich mein Kampf gegen Sand, Sonne und Staub fortsetzen sollte. Wir legten früh am Morgen an. Nach all den kleinen Nildörfchen, wo ein einziger Esel kaum Platz fand, sah Karima wie eine ansehnliche Metropole aus. Ich rackerte mich längs der Eisenbahnlinie zum Stadtzentrum durch, doch schon diese kurze Strecke überzeugte mich vollends, daß meine Informationen leider zutrafen: Der Sand war noch weit schlimmer als rund um Dongola. Es war der weichste Sand, den ich je gesehen hatte – er fühlte sich eher wie grauer Talkumpuder an. Ein Durchkommen mit dem Fahrrad war ausgeschlossen.

Eigentlich hatte ich vorgesehen, einige Tage in Karima zu verweilen und die meroitischen Ruinen zu erkunden, änderte jedoch meine Pläne, als ich hörte, daß der wöchentliche Zug in wenigen Stunden abfahren sollte. Wollte ich am Nil bleiben, war dies die einzige Lösung, denn die Suk-Lastwagen benutzten verständlicherweise die Abkürzung quer durch die Wüste, um den zweiten riesigen Bogen abzuschneiden, wo der Fluß wieder auf Südkurs dreht. Ich mochte nicht eine ganze Woche in einer Stadt vergeuden, die so wenig Reizvolles zu bieten hatte – immer vorausgesetzt, daß der nächste Zug überhaupt planmäßig abfuhr. Ein paar Tage im Sudan reichen aus, um jeden Reisenden von der Notwendigkeit zu überzeugen, schnell zuzugreifen, wann immer sich eine Transportmöglichkeit bietet und die Richtung annähernd stimmt.

Der Tip mit dem Zug stammte von einer schottischen Krankenschwester mittleren Alters namens Lexa, die von ihrer Kirche in Glasgow finanziell unterstützt wurde und im Krankenhaus von Karima arbeitete. Ich machte ihre Bekanntschaft, weil mich ein

Mann am Ärmel zupfte, als ich mich mit dem Agala vorwärtskämpfte, mir zulächelte und etwas sagte, das wie »Koadscher, Koadscher« klang. Er erwartete offensichtlich, daß ich ihm folgte, und da nichts dagegen sprach, ging ich mit, und er führte mich zum Krankenhaus. Im Sudan geschieht dies sehr oft, denn die Einheimischen nehmen an, daß Ausländer – »Koadschers« – gerne mit anderen Koadschers zusammensein möchten, und so schleppen sie einen dorthin, wo die ansässigen Ausländer wohnen oder arbeiten. Für Touristen kann dies sehr hilfreich sein, und den hier lebenden Ausländern kommt es selten ungelegen, weil sie es meist schätzen, hie und da wieder ein Gesicht aus der Heimat zu sehen. Lexa versicherte mir wiederholt, wie es sie freue, mich kennenzulernen, und drängte mich zum Bleiben, da britische Frauen in ihrem Alter hier äußerst rar seien. Wir frühstückten zusammen in einem Flügel des Krankenhauses, wo die kleinen Patienten alle von ihren zahlreichen Verwandten gefüttert wurden. Jede Familie war für ihr eigenes Essen verantwortlich, daher wimmelte es auf dem ganzen Platz von Menschen, die mit Schüsseln und Gerichten herein- und hinausrannten und neben den Betten lebhafte Picknicks abhielten. Die Kinder litten alle an Bronchialentzündung. Lexa meinte, in ein paar Monaten würde sich das ändern, dann werde es heiß und die Stationen seien voll mit Fällen von Malaria und akuter Diarrhöe. Trotz der Bronchitis ging es den Kindern im Winter gesundheitlich am besten, und sie konnten Gewicht zusetzen; wenn jedoch die fürchterliche Sommerhitze das Land packte, verloren sie den Appetit, und falls sie sich dann noch eine Darminfektion zuzogen, dehydrierten Säuglinge und Kleinkinder sehr rasch. Dies und nicht der Infekt selbst war der Hauptgrund, warum so viele von ihnen starben. Komplikationen wegen der Klitorisbeschneidung, ein weiteres gravierendes Problem, fielen hingegen das ganze Jahr hindurch an.

Nach dem Frühstück machten wir einen Besuch in der Säuglingsklinik, die von Lexa ins Leben gerufen worden war und nun von sudanesischem Personal geführt wurde. Der Hauptteil der Arbeit bestand darin, die Kinder zu wägen, da die Klinik an Säuglinge und Kleinkinder mit Untergewicht Zusatznahrung austeilte, daneben aber auch ein Impfprogramm durchführte und versuchte, die Mütter in elementarer Gesundheitsvorsorge anzuleiten. Trotz der Armut der Mütter, welche die Klinik aufsuchten, herrschte jeweils eitel Freude, wenn verkündet wurde, eins der Kinder sei nun gesund genug und benötige keine Zusatzrationen mehr. Überall an den Wänden hingen freizügige Plakate mit den schrecklichsten Folgen verstümmelter weiblicher Genitalien, doch Lexa sagte, daß sie bis jetzt sehr wenig Wirkung zeitigten, weil der soziale Druck viel zu stark sei, als daß die Mütter gewagt hätten, sich gegen die Tradition aufzulehnen. Der sudanesische Arzt, welcher das Krankenhaus leitete, war ihres Wissens der einzige Elternteil im ganzen Bezirk, der sich geweigert hatte, seine Töchter beschneiden zu lassen, zu einem hohen Preis allerdings, denn die Mädchen seien in der Schule durchweg geächtet worden und die Familie könne in der Stadt kein normales gesellschaftliches Leben führen.

Lexa beeindruckte mich besonders durch die Art, wie sie sich abkömmlich machen und das aus der Umgebung rekrutierte Personal die Führung übernehmen lassen konnte. Sie verfolgte ganz eindeutig eine Politik, nicht direkt einzugreifen oder einzuspringen, wenn irgendwo gepfuscht wurde. Ihr Ziel sei, sich so rasch als möglich überflüssig zu machen, indem sie ihre Kenntnisse anderen weitergab und allmählich Selbstvertrauen aufbaute. Später, nachdem ich viele andere praktische Entwicklungshelfer kennengelernt hatte, wurde mir bewußt, wie selten eine solche Einstellung ist. Würden mehr ausländische Helfer diese Haltung teilen, gäbe es viel weniger Unwillen unter der Bevölkerung, der geholfen werden soll. Es war nicht nur eine Frage des guten Willens, sondern auch eine der Lebensanschauung: Lexa mochte und respektierte die Sudanesen von Herzen, ganz im Gegensatz zu den beiden jungen Lehrerinnen auf dem Dampfer. Was Lexa geben konnte, rührte aus ihrem innersten Wesen als Mensch. Sie war in sich selbst so erfüllt, daß sie sich fast ausschließlich auf die Bedürfnisse anderer konzentrieren konnte, was mir das christliche Ideal der Nächstenliebe auf einfachste und direkteste Weise zu verkörpern schien.

Ich könnte von mir nicht behaupten, daß ich in den folgenden vierundzwanzig Stunden sehr viel Nächstenliebe empfand, weder christliche noch wer weiß was für welche, denn ich war viel zu sehr in meine eigenen Unannehmlichkeiten verwickelt, um an etwas anderes denken zu können. Dank der Widerborstigkeit der Schalterbeamten von Karima, welche die erforderlichen Formulare später als zwei Stunden vor der geplanten Abfahrt des Zuges nicht mehr ausstellen wollten, konnte ich nur noch eine Fahrkarte dritter Klasse kriegen. Hätte ich geahnt, was das bedeutete, hätte ich mich wohl zu den nichtzahlenden Passagieren aufs Wagendach geschwungen und der mörderischen Kälte der Wüstennacht getrotzt, denn nichts konnte schrecklicher sein, als in diesem Wagen drinzustecken. Ich war schon erledigt, bis ich nur das Fahrrad sicher im Dienstwagen verstaut hatte. Widerstrebend hatte ich mir einreden lassen, dies sei Sache des Zugpersonals, und wollte eben weggehen, als ich gerade noch rechtzeitig einen Blick zurückwarf und sah, wie mein getreues Streitroß durch die Luft flog, gefolgt von einem dumpf hallenden Geräusch und einer Wolke von Staubschwaden, die aus der Ladetür eines Lastwagens quoll. Ich stürmte zurück und konnte in letzter Sekunde verhindern, daß ein schwerer Kühlschrank daraufgewuchtet wurde. Der Lkw hatte Zement transportiert, und auf der Ladebrücke lag noch immer eine fußhohe Puderschicht, die den Fall des Agala dämpfte. Obwohl man alle Anstrengung unternahm, mich zu vertreiben, weigerte ich mich standhaft, mich vom Fleck zu bewegen, bis der Zug abfuhr. Ich schnallte auch die Satteltaschen alle wieder fest, damit mein Fahrrad besser geschützt war, falls es jemandem einfallen sollte, es als Wurfgeschoß zu verwenden. Weil mehrere Beamte alle das große Wort führen wollten und andauernd Waren wieder ausluden oder umstellten, wurde ich ziemlich schmutzig, bevor ich einsteigen konnte.

Im Drittklaßabteil waren nur die kahlen Gerippe der Sitze übriggeblieben. Die Polsterung war ganz weggerissen, und unter den Sitzen lagen Sandwehen und Dreckhaufen. Toiletten ohne Spülvorrichtung zwischen den türlosen Wagen strömten einen penetranten Geruch aus. Jeder Fußbreit war mit eng zusammengepferchten Männern, Frauen und Kindern besetzt, so daß ich anfangs dankbar war, außer meiner Lenkertasche mit den Ausweisen und Reiseschecks kein Gepäck bei mir zu tragen. Aber schon nach kurzer Zeit merkte ich, wie gelegen mir Schlafsack, Luftmatratze und warme Kleider gekommen wären – Dinge, die nun alle im verschlossenen und versiegelten Güterwagen steckten und für mich unerreichbar waren.

Bald zeichnete sich ab, daß der Zug im Durchschnitt nicht mehr als fünfzehn Kilometer pro Stunde zurücklegte. Nach zwei Stunden erwies sich auch diese Schätzung als lächerlich optimistisch, denn auf eine halbe Stunde gemächliche Fahrt folgte eine Dreiviertelstunde Ruhepause. Da ich nichts zwischen mir und dem flachen Stück Hartfaserplatte hatte, auf dem ich saß, litt ich schon bald an qualvollen Krämpfen, die nach etwa vier Stunden kaum mehr zum Aushalten waren. Ein paar Schritte zu tun, um meine unbequeme Lage zu lindern, war unmöglich, denn ich hätte über dicht aneinandergepackte Körper stelzen müssen. Alle anderen hatten in weiser Voraussicht Tücher und Bündel mitgebracht, um ihren Sitzplatz auszupolstern. Als die Nacht hereinbrach, wurde mein Elend durch den plötzlichen Temperatursturz noch verschlimmert. Ich begann ernsthaft zu überlegen, ob ich in meinem dünnen Hemd und den leichten Hosen die Reise wohl überleben würde, und war gerade zum Schluß gekommen, dies sei höchst unwahrscheinlich, als Rettung in Gestalt eines Streckenhalts nahte. Der Zug bremste, und viele Leute verließen den Wagen, so daß ich meine abgestorbenen Glieder strecken und ihnen mit steifen Schrittchen nachklettern konnte.

Im Verlauf der Nacht hielten wir mehrmals in diesem nur spärlich bevölkerten Abschnitt des Nils. Jedesmal torkelten die Passagiere aus den unbeleuchteten, staubigen Eisenbahnwagen oder kletterten durch die Fenster hinaus in die Wüstennacht, wo schöne, vom unruhigen Geflacker der harzgetränkten Feuer beschienene Mädchen im Sand neben den Schienen kauerten und Datteln, Kuchen und heißen Tee verkauften, der wie das reinste Lebenselixier schmeckte – die einzige Linderung in meinem Dauerelend, das sich achtzehn Stunden hinzog und nicht enden wollte.

In dieser Zeit hatten wir nicht mehr als zweihundertfünfzig Kilometer zurückgelegt.

Die schlimmsten Augenblicke kamen jedoch erst, als es hell wurde. Alle außer mir schliefen auf den Sitzen oder lagen unter einer dicken Staubschicht auf dem Boden ausgebreitet. Es war kein schöner Anblick. Staub schien meine Kehle zu füllen, knirschte zwischen den Zähnen, hatte sich in die Falten meiner Kleider geschlichen und bedeckte meine Haut wie ein Leichentuch. Ich sah aus wie etwas kürzlich Ausgegrabenes. Als ich an meinen gefühllosen Beinen hinunterschaute, bemerkte ich mit Schrecken, daß meine Knöchel vom langen, unbequemen Sitzen unförmig angeschwollen und zweimal so dick wie sonst waren. Weil mir so etwas bisher noch nie passiert war, brütete ich düster, ob ich mir wohl eine der scheußlichen afrikanischen Krankheiten zugezogen hatte, Elephantiasis zum Beispiel. Es hätte ausgezeichnet zu dem elenden Zustand gepaßt, in welchen ich versunken war.

Beim nächsten Halt (ich glaube, es war in Berber, bin aber nicht ganz sicher, weil ich derart benommen war) kroch ich aus dem Zug. Ich hatte nur den einen Wunsch: einen Platz zu finden, wo ich schlafen und mich waschen konnte – vor allem waschen, denn ich spürte, wie der Staub tief in die Poren meiner Haut eingedrungen war und nur ein langes Einweichen in einem wohligen, heißen Bad ihn dort je wieder herausbringen würde. Ein Bad diesseits von Khartum – bitte schön, gleich um die Ecke! verhöhnte ich mich selbst. Ich hatte seit meiner Abreise aus England kaum ein Bad zu Gesicht bekommen, schon kalte Tröpfelduschen aus rostigen Röhren waren ein Luxus. Irgendwie schaffte ich es, mein dringendes Bedürfnis nach Wasser zur Seite zu schieben und mich ganz darauf zu konzentrieren, jemanden zu finden, der den Gepäckwagen aufschloß und das Agala befreite. Ich versuchte schon gar nicht, die dicke, weiße Schicht Zementstaub wegzuwischen, sondern setzte mich einfach drauf und fuhr los – südwärts, in die richtige Richtung. Auf einmal merkte ich, daß ich auf Asphalt statt auf Sand fuhr, was mir derart unwahrscheinlich schien, daß ich es aufgab, mir darüber den Kopf zu zerbrechen, und alle meine Kraft zusammennahm und in die Pedale trat.

Nach langer, langer Zeit – es müssen mehrere Stunden gewesen sein – fand ich mich in einer Stadt mit breiten Straßen wieder, und da ich spürte, daß ich am Ende meiner Kräfte war, fragte ich irgend jemanden, wo ich ein Hotel finden könne, und dieser Jemand führte mich zu einem ziemlich nobel aussehenden Gebäude in einem Garten. In der Tür empfing mich ein kleiner, ältlicher Mann, wie wenn man mich erwartet hätte, und ich wurde in ein großes, schattiges Schlafzimmer geführt, wo es nach Paraffin roch, zweifellos, um die Kakerlaken auf Abstand zu halten. Es gab ein Bett mit einem einzigen, sauberen Laken, wie es, wie ich später herausfand, im Sudan der Brauch ist, und kaum zu glauben: ein richtiges Badezimmer mit Badewanne und sogar heißem Wasser! Zu diesem Zeitpunkt hätte mir der Himmel wohl kein größeres Geschenk machen können.

Gurna, das Dorf bei den Grabstätten der Notablen.

Die ägyptische Sippschaft, die meinen Sonnenhut raubte.

Mein Freund Ibrahim, der mich kulinarisch verwöhnte.

Zwischen Nil und Straße: wie in alten Zeiten.

Schilluk-Mutter mit ihrem Kind (Renk).

Neidisch gucken junge Mädchen zu, wie Vimto mit den Jungen lernt.

Vimto und Fatima.   Vagabundierender Junge in Nyala.

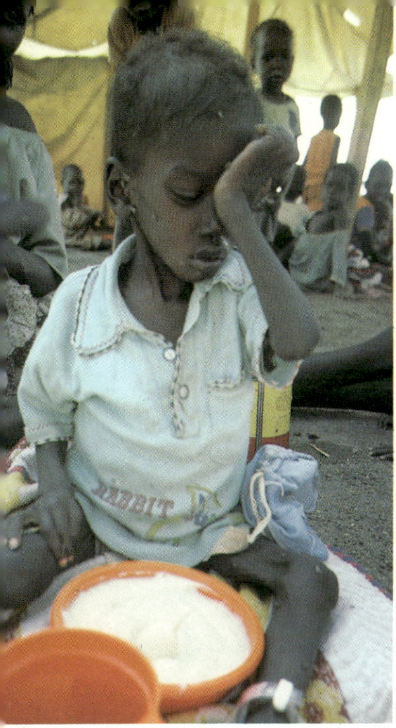

Der kleine Michael, der dem Tod trotzte (Renk).

Saba.

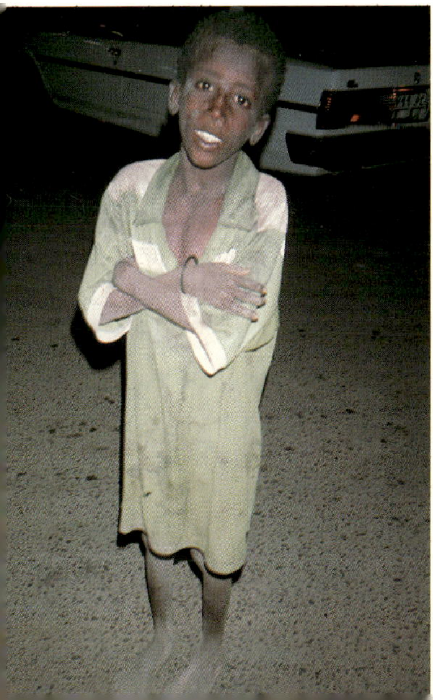

Straßenjunge in Khartum.

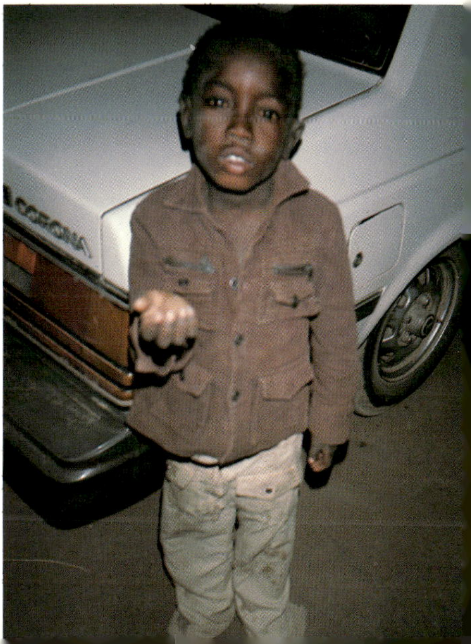

Junger vagabundierender Bettler (Khartum).

Beim Pflügen in Nordsudan.

Vertriebener Schilluk (Renk).

Viehpferch der Mundari (Juba).

Vieh der Mundari.

Mundari-Mädchen aus Juba.

Meine Träger auf den Mondbergen.

Luta Nzige (Albertsee).

12. KAPITEL

Von Schutzengeln und Wunschfeen

Während ich in dem unglaublichen Komfort meines zweiten heißen Bads schwelgte, sorgfältig darauf bedacht, meine wasserdichte Taschenlampe nicht zu verschieben, die statt eines Stöpsels im Spundloch steckte, begann ich mich zu fragen, wer wohl hinter der Person steckte, die mich zu diesem köstlichen Ort geführt hatte. Ich hatte nicht die geringste Andeutung von Flügeln unter seiner Gallabija bemerkt, doch Schutzengel können bekanntlich viele Gestalten annehmen, und mein eigener war bisher auf dieser Reise so aktiv gewesen, daß es mich schon nicht mehr überraschte, wo und wie auch immer er erschien. Nie hatte ich sein Bemühen um mich mehr geschätzt als jetzt. Ich hatte bereits rund um die Uhr geschlafen und fing nun langsam an, die seltsam unwirklichen Qualitäten dieses Hotels zu würdigen, wo ich der einzige Gast zu sein schien. Die Mahlzeiten, die ich ganz allein im großen, trüben Speisesaal einnahm, waren sehr einfach und nicht besonders gut zubereitet, doch Omeletts, gefüllte Paprikaschoten und aufgeschnittene, geteilte Pampelmusen waren Gerichte aus fernen, fernen Zeiten und kamen mir in meinem Zustand ebenso märchenhaft vor wie das Bad. Ein kleiner, stiller Mann bediente mich. Er tauchte, wie von Geisterhand hergezaubert, auf, kaum ließ ich mich im Speisesaal blicken, und legte sorgfältig Riesenmengen schweren Bestecks auf ein zwar fleckiges und gräuliches, aber immerhin aus doppeltem Damast gewirktes Tischtuch. Ich wurde nie gefragt, was ich wünschte, das Essen wurde einfach hereingetragen und mir vorgesetzt. Bad, Tischtücher, gemachte Betten (selbst mit nur einem Laken), Handtücher und Besteck – alles wirkte so elegant, so im Widerspruch zu allem, woran ich mich im Sudan gewöhnt hatte, daß ich meinen Aufenthalt im »Gasthaus« von Atbara wie in Trance verbrachte.

Ich nutzte die Zeit, so gut es ging, einmal nichts zu tun, außer zu baden, zu essen und zu versuchen, mich mit hochgelegten Füßen auszuruhen, um die Schwellung in meinen Knöcheln zu lindern. Selbst die wenigen Treppenstufen hinunter in den Speisesaal kosteten mich Mühe und bewiesen mir, wie erschöpft ich eigentlich war. Nur allzu leicht werden die Anforderungen einer Reise, wie ich sie unternahm, unterschätzt, nur allzu gerne ignoriert man die pausenlose, harte körperliche Anstrengung, das heiße Klima, die unzureichende Ernährung, die ständigen Bemühungen, sich in einer fremden Sprache zu verständigen und dauernd auf dem Präsentierteller zu sein – und muß es weitgehend auch, wenn man zu so abgelegenen Orten reist. Der springende Punkt ist, zu erkennen, wo die Grenze liegt. Verlangt man zu lange Zeit vom Körper oder vom Kopf zuviel, finden sie immer einen Weg, sich zu rächen, und dann funktionieren sie einfach nicht mehr richtig. Die Lethargie, die ich in mir spürte, und meine geschwollenen Knöchel zeigten deutlich, daß ich einer längeren Erholungspause bedurfte, als die drei Tage auf dem Schiff von Dongola mir gewährt hatten. Ich konnte ruhig ein, zwei Tage bleiben, wo ich war, tüchtig essen und wieder etwas von dem verlorenen Gewicht zulegen, und genau das schien mir auch das Vernünftigste. Doch Khartum lag nur noch wenige Tage entfernt, falls der freundliche Asphaltstreifen nicht aufhörte, und in Khartum warteten Freunde, mit denen ich Weihnachten feiern wollte – und Briefe! Der Gedanke an Post hat einen starken Einfluß auf Reisende fernab der Heimat. Seinetwegen haben sich schon Forscher, die dem Tod nahe waren, noch endlose Monate durch dichten Dschungel weitergeschleppt, und auch auf mich übte er eine ähnliche Wirkung aus. Ich wollte so rasch als möglich weiter.

Als mein Entschluß einmal feststand, konnte ich mich endlich richtig entspannen und den Rest des Tages genießen. Ich machte es mir auf dem Holzbalkon vor meinem paraffinimprägnierten Schlafzimmer bequem, wo meine frischgewaschenen Kleider und das Gepäck rund um mich herum zum Trocknen aufgespannt waren. Der Himmel hing voller riesiger, bräunlichroter Falken, die sich auf ihrer endlosen Suche nach Aas vom Wind tragen ließen. Sie hatten meine vertrauten Begleiter in der Wüste abgelöst, düster wirkende Vögel mit schmutzigweißem Gefieder, gelben Köpfen und schwarzen Flügelspitzen, die mir nachfolgten und nur darauf zu warten schienen, daß ein Hitzschlag mein Lebenslicht ausblies und sie mich verspeisen konnten.

Der Balkon schaute auf einen halb verfallenen Garten. Hie und da flammte ein ungewöhnlich heller Farbfleck aus dem vorherrschenden stumpfen Ocker der sudanesischen Landschaft auf – ein paar blühende Büsche, die zäh genug gewesen und nicht eingegangen waren. Noch immer säumten Steinbrocken mit weißen Farbspuren die mit militärischer Präzision angelegten Wege rund um trockene, weite Flächen, wo einst Rasen gewachsen war. In der Mitte stand ein krummer, abgetakelter Fahnenmast. Längs der breiten Straßen hinter dem Garten gab es Reihen von Laubbäumen und sogar Überbleibsel von Bürgersteigen. Je mehr sich dieses Bild einprägte, desto stärker stieg das Gefühl eines Déjà-vu-Erlebnisses in mir hoch, bis mir plötzlich bewußt wurde, daß ich ja alles hier kannte, daß dieselben Gespenster in dieser Oase herumschwebten wie jene, die durch die Orte im Bergland von Nordindien geisterten. Tee mit Scones, Krocket, kleine Drinks – es war die unverwechselbare Aura des britischen Kolonialreichs, und die sechzig oder siebzig vor sich hin rostenden Lokomotiven »Made in Darlington«, die ich auf der Hinfahrt gesehen hatte, gehörten genauso in jene noch unvergessene Welt.

Atbara war General Kitcheners Kopfbahnhof für seinen Sudanfeldzug gewesen, und hier fand die erste Schlacht statt, um den Tod von General Gordon zu rächen und »diesen verdammten Mahdiisten eine Lektion zu erteilen«. Kein Kenner der Lage wäre je auf die Idee gekommen, daß der Nachfolger des Mahdi, Kalif Abdulla, mit seinen Kriegern eine Gefahr für die Sicherheit Kairos und des Suezkanals darstellen könnte, obwohl dies ein wichtiges Argument war, um die Strafexpedition zu unternehmen. Der wirkliche Grund war viel eher, daß eine stolze und mächtige Nation von einer Horde »nackter Wilder« zum Gespött gemacht und einer ihrer Helden, General Gordon, ermordet worden war. Die »heidnischen Wuschelköpfe« hatten seinen Kopf zur Belustigung herumparadiert, und diese Schandtat schrie nach Vergeltung, genau wie die »unverschämte Frechheit«, daß der Mahdi später einen Brief an Königin Viktoria gesandt hatte, worin er sie aufforderte, sich Allahs Willen zu unterziehen. Eine erste Strafexpedition von zehntausend Mann unter General Hicks war bereits 1883, zwei Jahre vor dem Fall von Khartum, vom Mahdi niedergemacht worden, und es war also allerhöchste Zeit, daß Britannien seiner Christenpflicht nachkam und den Sudan wieder unter angloägyptische Herrschaft zwang! Und als die unrechtmäßige Besitznahme der zentralafrikanischen Gebiete begann, wuchs der Druck der öffentlichen Meinung erst recht an, sich dieser Wüstenödnis, durch welche der größte Teil des Nils floß, zu bemächtigen.

Dreizehn Jahre nachdem Khartum gefallen war, bewegte sich also Kitcheners beachtliche anglo-ägyptische Streitmacht am Ostufer des Nils flußaufwärts, auf derselben Route, die ich soeben mit meinem Rad gefahren war. Einer der Emire des Kalifen hatte sich in Atbara mit zweitausend Stammeskriegern verschanzt, in der vergeblichen Hoffnung, den Vormarsch aufhalten zu können. Am Karfreitag 1898 griff Kitchener die Männer des Emirs mit der ganzen Wucht seiner modernen Artillerie an und radierte sie aus. Zu der Handvoll Überlebenden des kurzen Scharmützels zählte auch der junge Emir selbst. Er wurde in Ketten und Handschellen an der Spitze des Siegeszugs mitgeschleppt und von Mitläufern mit Abfällen beworfen, während Kitchener auf seinem weißen Schlachtroß saß und die Parade abnahm und ein junger Soldat namens Winston Churchill sich sorgfältig Notizen über das Geschehen machte.

Nachdem er seinen Eisenbahnbrückenkopf eingerichtet hatte, marschierte Kitchener weiter nach Omdurman, zur Entscheidungsschlacht seines Feldzugs. Hier stellte sich ihm der Kalif mit einer Streitmacht von fünfzigtausend Kriegern entgegen, die er dort postierte, wo Allah es ihm aufgetragen hatte: am anderen Flußufer auf gleicher Höhe wie damals beim Sieg über Khartum, in Reichweite von Kitcheners Kanonenbooten.

Die britischen Truppen zählten weniger als die Hälfte des Feindes, nur etwa zwanzigtausend Mann, doch während die Sudanesen größtenteils nur mit Speeren bewaffnet waren, hatte Kitchener Kanonenboote der Royal Navy, Maschinengewehre, Flinten und hundert Stück Artillerie. Niemand gab dem Kalifen auch nur die geringste Chance. In seiner Schlachtbeschreibung notierte Churchill: »Die ganze schwarze Linie, die wir für Büsche gehalten hatten, begann sich zu bewegen. Hinter ihr erschienen weitere ungeheure Massen und Linien von Männern über dem Hügelkamm; und während wir verblüfft diesen wunderlichen Vorfall beobachteten, verfärbte sich der ganze Abhang schwarz mit wimmelnden Wilden.« Es war ein Bild, wie es später in Hunderten von romantisierenden Filmen inszeniert werden sollte: eine dünne rote Linie mit weißen Tropenhelmen, die standhaft einer riesigen Übermacht trotzte. Doch in Omdurman war nichts dergleichen geschehen. Die Araber hatten Kitcheners Linien nie erreicht, sondern waren in dem mörderischen Artilleriefeuer, das in ihre massierten Reihen schlug, niedergemäht worden. »Es war keine Schlacht, sondern eine Exekution«, hielt ein anderer Augenzeuge fest. Binnen zweier Stunden lagen zehntausend Männer des Kalifen in verknäuelten Haufen tot auf dem Sand, der Rest strömte in wilder Flucht zurück nach Omdurman. »Der Feind«, bemerkte Kitchener, als er sein Feldglas absetzte, »hat einen kräftigen Nasenstüber abgekriegt.« Bei den alliierten Streitkräften wurden nur vierhundert Opfer gemeldet, von denen die meisten aufs Konto eines unnötigen und nicht befohlenen Kavallerieangriffs des Lancer-Regiments gingen.

Darauf folgte ein abscheulicher Vorfall, der an barbarische Zeiten gemahnte und alle viktorianischen Anstandsprinzipien in den Wind schlug: General Kitchener ritt zum Grab des Mahdi in Omdurman und ließ seinen Leichnam ausgraben und in den Nil werfen, nachdem er zuerst den Kopf abgeschnitten hatte, um daraus ein Tintenfaß anzufertigen. Königin Viktoria in Person erteilte ihm deswegen eine Rüge, doch in Ungnade fiel er nicht – dafür war sein Sieg viel zu populär gewesen. Der Kopf wurde in aller Stille in Wadi Halfa wieder begraben, wo er sich demselben

Element zugesellt hat wie der Körper, denn das Grab liegt jetzt mehrere Meter unter den Wassern des Hochdamms. Solche Missetaten einzelner haften lange im Gedächtnis und bringen den Kolonialismus als Ganzes in Mißkredit. Sie überschatten die langsamen, geduldigen Bemühungen, den unmenschlichen Sklavenhandel zu unterbinden, Recht und Ordnung einzuführen und eine gewisse ökonomische Grundlage für das wirtschaftliche Wachstum des Landes zu schaffen – Bemühungen, die schon seit mehreren Dekaden vor dem Fall Khartums in Gange waren und die als »die Bürde des weißen Mannes« noch lange nachdem Kitchener im Ersten Weltkrieg vor den Orkney-Inseln mit einem Schiff versunken war, weitergehen sollten.

Auf dem Weg nach Khartum wollte ich mir etwas von den Auswirkungen dieser modernen »Bürde des weißen Mannes« in Gestalt eines Projekts »Grüne Wüste« anschauen. Es sah vor, Teile der Bayuda-Wüste mit Bäumen aufzuforsten und sich dabei der Arbeitskraft eben jener Hirtennomaden zu bedienen, deren Vorfahren für die Überweidung verantwortlich gewesen waren, die das Land in die heutige Einöde verwandelt hat. Schon als ich das erstemal in England davon hörte, fand ich es ein aufregendes Vorhaben; jetzt, wo ich bereits einige Erfahrungen mit diesem Landstrich gesammelt hatte, war ich um so gespannter, was für ein Wunder die Wüste wieder zum Blühen bringen konnte.

Ich reiste ziemlich früh von Atbara weg. Noch immer war mir niemand begegnet außer dem stillen, kleinen Mann, der meine Mahlzeiten serviert und mir zum Schluß die bescheidene Rechnung überreicht hatte. Der Himmel war schmutzig und in ein ungewöhnlich kränklichgelbes Licht getaucht, doch ich achtete nicht weiter darauf, da mir das Radfahren bei starkem Rückenwind auf dem geteerten Straßenstück viel Spaß bereitete. Zuerst überquerte ich eine baufällige Brücke, die über das breite, steinige Bett des Atbara führte, des letzten großen Nebenflusses des Nils. (Für mich, die ich stromaufwärts reiste, war er der erste und markierte zugleich die Zweitausendmeilengrenze.) Jetzt war er nur ein Rinnsal, doch sobald in Äthiopien der Regen fällt, verwandelt sich der Atbara in einen reißenden, fast fünfhundert Meter breiten Strom und trägt den reichen Schlamm aus dem äthiopischen Hochland herunter. Der Nil selbst, den ich nur kurz zu meiner Rechten erblickte, sah zum erstenmal eisengrau und unansehnlich aus: Ein stumpfes Licht beraubte ihn all seines Glanzes.

In Ed Damer radebrechte ich mit Erfolg mein Arabisch und konnte mich der Dienste eines intelligenten, alten Mannes versichern, der mit mir auf der Suche nach den Leuten des Projekts »Grüne Wüste« kreuz und quer durch die sandigen Straßen stapfte. Mein Führer mußte eine ganze Schar von Jungen ausfragen, bevor wir schließlich in einem Sträßchen ein bulliges Fahrzeug entdeckten, auf dem in großen Lettern »Grüne Wüste« aufgemalt war. Aus dem Haus, vor welchem es abgestellt war, kam jedoch keine Reaktion auf unser Klopfen und Rufen. Dann erschienen Nachbarn und berichteten, der Lastwagen sei schon vor geraumer Zeit zusammengebrochen – die »Grüne Wüste« schien sich in Luft aufgelöst zu haben. Ich war enttäuscht, aber keineswegs überrascht: Wer hatte in diesem so hoffnungslos verarmten Land schon die notwendigen Mittel zur Hand, um ein derart schwieriges Unterfangen in Angriff nehmen zu können? Internationale Hilfsprojekte für zig Millionen Dollar zur Rettung alter Tempel vor den Fluten eines Staudamms sind eine Sache – der viel unspektakulärere Prozeß, Bäume anzupflanzen, eine andere, an der offenbar nur wenigen Leuten etwas gelegen zu sein schien. Der »moderne« Mensch ist viel zu sehr damit beschäftigt, aus den großen Regenwäldern und aus den Kiefernwäldern des Himalaja neue Wüsten zu erzeugen, als daß er sich darum kümmern könnte, die alten Wüsten, die seine Vorfahren geschaffen haben, wieder zu reparieren.

In Ed Damer hielt mich nichts mehr, also gab ich meinem Führer ein paar Zigaretten und schwang mich aufs Agala. Doch der alte Mann hinderte mich daran, wegzufahren. Er klammerte sich am Gepäckträger fest, bis ich merkte, daß ihm etwas zu schaffen machte, was er wegen der Sprachbarriere nicht ausdrükken konnte. Schließlich erwies sich, daß das kränkliche Licht, dem ich keine Bedeutung zugemessen hatte, der Vorbote eines Habub war, eines sich zusammenbrauenden Sandsturms, und der Mann um meine Sicherheit fürchtete, weil, wie ich nicht wußte, der einzige Weg nach Khartum durch Wüste führte. Eine weitere Schar Jungen wurde befragt, worauf er mich erneut durch viele Straßen geleitete, bis er endlich an einem hohen, pastellfarbenen Doppeltor anklopfte, das sich in nichts von hundert anderen unterschied. Als es sich jedoch öffnete, stand dahinter ein Engländer mit langen, bloßen Beinen und versuchte in fruchtlosem Bemühen, schnell eins hinter dem anderen zu verstecken, als wäre er in unzüchtiger Bekleidung erwischt worden (was vom Standpunkt der Moslems ja auch der Fall war).

Zwar war mir gerade ein Entwicklungsprojekt durch die Finger geschlüpft, hier war ich dafür, wie ich bald merken sollte, über ein anderes gestolpert – eigentlich gar kein so großer Zufall, wie ich später entdeckte, denn fast jedes weiße Gesicht im Sudan hat irgend etwas mit Entwicklungshilfe zu tun. David und Julie waren beide als professionelle Entwicklungshelfer in einem Krankenhaus tätig. Im Vorjahr, als die große Hungersnot wütete, waren sie erstmals nach Ostafrika gekommen und hatten drei qualvolle Monate in einem Flüchtlingslager verbracht, wo die Kinder rundherum wie die Fliegen starben; jetzt waren sie als Ehepaar-Team bei einem der kleineren Hilfswerke angestellt, um im Gebiet des Atbara medizinische Grundversorgung zu leisten. Die beiden waren gerade beim Packen. Sie wollten Weihnachten in Khartum verbringen und boten mir an, mich mitzunehmen, da der Straßenzustand zum Radfahren viel zu schlecht sei. Selbst mit ihrem Toyota mit Allradantrieb sei die Fahrt manchmal eine prekäre Angelegenheit, und sie würden, wie sie sagten, nie ohne Spaten und Matten losfahren, um das Auto notfalls ausgraben zu können, und hätten immer einen reichlichen Wasservorrat für längere Pannen bei sich. Ich nahm ihr freundliches Anerbieten dankbar an. David und sein sudanesischer Fahrer luden das Agala sorgfältig oben auf einen Berg von Gepäck, das mit einem Spinnennetz aus Seilen festgezurrt war, während Julie mir in der Zwischenzeit Haus und Garten zeigte.

Das Paar wohnte in einem kleinen, typisch sudanesischen, von einer hohen Mauer umgebenen Haus mit separaten Zimmerchen, die um einen Hof gebaut waren und malerische Ecken und Winkel formten. Alles sah recht primitiv aus, mit Ausnahme der weißgetünchten Mauern und einer Fülle von Pflanzen, welche in mehreren kleinen Blumenbeeten wuchsen, ein in sudanesischen Häusern höchst ungewohnter Anblick. Es machte einen gewaltigen Unterschied, denn in dem überall vorherrschenden monotonen Lehmziegeleinerlei dürstet das Auge ständig nach ein wenig Farbe. Ich bin sicher, daß dies auch der Hauptgrund war, warum den Leuten mein knallrotes Agala so gut gefiel und weshalb die Sudanesen ihre Haustüren in den buntesten Farben bemalen, die sie in die Finger kriegen können. Doch nichts bot eine so angenehme Abwechslung wie Blumen, Büsche und Bäume. Sie schienen gleichsam Feuchtigkeit in die trockene Atmosphäre zu tragen und ließen alles ein bißchen weniger staubig und öde aussehen. Julie meinte, sie könne hier auf diesem Fleckchen beinahe alles anpflanzen, es brauche nur häufiges Bewässern und Schatten, denn die Erde sei sehr fruchtbar.

In diesem Garten erblickte ich erstmals den unscheinbaren, ligusterähnlichen kleinen Busch, aus welchem Henna hergestellt wird. Ohne Henna auf den Fingerspitzen und Fußsohlen fühlt sich keine sudanesische Frau richtig angezogen. Die Frauen im Sudan, wie arm sie auch sein mögen, kennen viele Schönheitsprozeduren, die ich noch nie zuvor gesehen hatte: Rauchbäder zum Beispiel, wo die Frau stundenlang über einem Feuer in einer Vertiefung im Fußboden des Hauses kauert und ihren Tobe wie ein Zelt über sich drapiert hat, sollen die Haut geschmeidig machen und ihr einen blanken Schimmer verleihen. Körperbehaarung gilt hier als unschön und wird mit hausgemachten Enthaarungsmitteln aus Zitrone und Zucker entfernt, worauf parfümierte Öle in die Haut gerieben werden. Kein Duft gleicht dem andern, denn jede Frau stellt aus zerstoßenen Kräutern und Blumen ihre eigenen Tinkturen her, und die Rezepte werden sorgfältig gehütet.

Wir verließen Ed Damer nach dem Mittagessen mit der Absicht, in der Nähe der Ruinen der Königsstadt Meroe zu campen. Der Habub blies jedoch immer stärker, und so steuerten wir statt dessen Richtung Schendi. Ich war froh, daß ich nicht auf dem

Fahrrad saß. Jetzt wurde mir auch klar, warum so viele Seile um unser Gepäck herumgeschlungen waren, denn der Wagen hüpfte und bockte im tiefen Sand, prallte mit unangenehmem Aufschlag in die vielen Senken und Löcher, und das Steuerrad schien sich ständig den Händen des Fahrers entwinden zu wollen. Einige der Mulden stammten von Kamelen, die sich auf der Fahrspur wie Pferde hin und her gerollt hatten und ihre wollenen Rücken gegen den Sand scheuerten, um Parasiten loszuwerden. Der Fahrer schien von diesen Senken geradezu magnetisch angezogen zu werden und brauste mit hoher Geschwindigkeit in sie hinein. Meiner Meinung nach fuhr er nicht annähernd so gut wie die anderen Sudanesen, mit denen ich weiter nördlich gereist war, vermutlich weil der Wagen nicht ihm gehörte und es ihm egal war, wenn er beschädigt wurde. Er gehörte auch nicht David, der sich jedoch ernstlich Sorgen machte, weil nach nur sechsmonatigem Gebrauch bereits größere Reparaturen anstanden. Die Federung war schon vorher strapaziert gewesen, doch als wir Khartum erreichten, stellte sich heraus, daß ein Stoßdämpfer zerbrochen war, was mich nach den zwei leidvollen Tagen Knochengerüttel gar nicht überraschte.

David wußte viel Interessantes zum Thema »Entwicklungshilfe heute« und erklärte mir fachmännisch, wie sie aufgezogen war. Er hatte sich seinen Arbeitsbereich sorgfältig ausgewählt und sah dort Aufstiegsmöglichkeiten vor sich liegen, denn in Entwicklungsländern boten sich verlockende Aussichten auf Beförderung. Zuerst hatte er an der Universität einen Diplomkurs in Entwicklungshilfe belegt und darauf zielstrebig seine praktische Ausbildung in Krankenpflege absolviert. In meinen Augen war Entwicklungshilfe stets etwas Begrenztes gewesen, etwas, was sich mit ziemlich kurzfristigen, spezifischen Bedürfnissen befaßte: David hingegen sah sie viel längerfristig, als eine Aufgabe, die sich bis weit ins einundzwanzigste Jahrhundert erstrecken würde – eine für mich völlig neuartige und auch beunruhigende Perspektive. Es fiel mir zunehmend schwer, diese komplizierten Zusammenhänge zu verstehen, während wir auf einer arglistigen Fahrspur auf und ab hüpften und die seltsamen Ruinengebilde der Königsstadt Meroe drohend aus den Staubwolken aufragten, und ich muß gestehen, daß mir nur ein Bruchteil all dessen geblieben ist, was ich über die Philosophie und Struktur dieser neuen Wachstumsindustrie zu hören bekam. Je besser ich den Sudan kennenlernte, um so mehr steigerte sich übrigens meine Verwirrung, die hier ihren Anfang hatte.

An vorderster Front tätig, waren sich David und Julie der politischen Aspekte der Entwicklungshilfe sehr wohl bewußt, ohne direkt in sie verwickelt zu sein. Ihre Aufgabe bestand darin, bei den Einstellungen und Bräuchen, die den drei schrecklichen Plagen Krankheit, Armut und Unwissenheit zugrunde lagen, praktische Veränderungen zu initiieren, was, wie sie genau wußten, sehr viel Zeit brauchte. Sie waren sich auch im klaren, daß die hiesigen Mitarbeiter, welche sie angestellt hatten, um bei den Impfprogrammen und in den Kliniken zu helfen, die sie in Gang zu bringen versuchten, am liebsten die ganze Ausrüstung, die Transportmittel und das Geld für sich beansprucht hätten, um die Dinge auf ihre Art zu schaukeln. Ein nagendes Gefühl der Unzufriedenheit war von vornherein in ihrer Arbeit einprogrammiert, denn was konnten sie in diesem riesigen Einzugsgebiet mit den beschränkten Mitteln, die ihnen zur Verfügung standen, schon ausrichten? Selbst die Einsicht, daß die Dinge nun einmal so standen, half nicht viel weiter. Die unermeßliche Weite, die fürchterliche Hitze und die fehlenden Kommunikationsmittel und Straßenverbindungen stellten dem wenigen, das sie hatten, fast unüberwindliche Schwierigkeiten in den Weg und führten leicht zu Frustration.

Wenn ich ihre Aufgabe mit jener von Lexa in Karima verglich, konnte ich erst richtig ermessen, wie viel härter und unersprießlicher sie ihrer Natur nach sein mußte und wie sehr sich beide voneinander unterschieden. Lexa hatte viel mehr Kontakt mit den Menschen, denen sie half. Sie sprach ihre Sprache, und ihr beschränkter Wirkungskreis ermöglichte ihr eine viel engere Beziehung zu den Leuten, die sie ausbildete. Da sie finanziell direkt von ihrer Kirche daheim unterstützt wurde, konnte sie alles, was sie benötigte, ohne monatelange ärgerliche Verzögerungen unmittelbar anfordern. David und Julie ihrerseits hatten zwar mehr Spielraum, weil sie die Bedürfnisse in ihrem Operationsfeld selbst abklären konnten, standen jedoch angesichts der ungeheuren Probleme mit den einzelnen Menschen, denen sie zu helfen versuchten, in keinem ständigen Kontakt und sahen sie kaum mehr als einmal. Zudem benötigten sie dauernd einen Dolmetscher, was beträchtliche Schwierigkeiten mit sich bringen und ihren Erfolg schmälern mußte. Obwohl ich ihre Absichten bewunderte, hätte ich ihren Job nie im Leben angenommen.

Durchgeschüttelt von der Fahrt und voller blauer Flecken kamen wir früh am Abend in Schendi an. Plötzlich war es sehr kalt geworden. Das Licht, welches sich am Mittag etwas aufgehellt hatte, war wieder grau und drohend, und ein wütender Wind wirbelte die oberste Lage Sand zusammen mit einem bunten Gemisch von Abfällen durch die Luft. Schendi schien ein trostloses Kaff zu sein. David und Julie hatten Freunde hier, bei denen sie übernachten wollten, ein Ehepaar mit zwei jungen Söhnen, das etwas mit »Grüne Wüste« zu tun gehabt hatte und jetzt bei einem anderen Aufforstungsprojekt mitarbeitete. Ihr Haus war leicht zu finden, denn davor stand ein einzelner Baum, dessen Stamm durch eine etwa eineinhalb Meter hohe, runde Backsteinmauer vor herumstreunenden Ziegen geschützt war. Wenn es schon so viel Aufwand erforderte, im Nordsudan einen einzigen Baum großzuziehen, war leicht ersichtlich, wieso es so wenige davon gab. Das Schicksal wollte es jedoch, daß ich nichts Genaueres über die Aufforstungsprojekte in dieser Gegend erfuhr, denn die Familie lag mit einer Kombination von Hepatitis und Malaria im Bett, und so wurden wir mit typisch sudanesischer Großzügigkeit im Haus von Freunden des Fahrers untergebracht.

Unser Gastgeber war eine ägyptische Familie, die seit Jahren in Schendi lebte und Handel trieb. Daß sie ohne viel Federlesens und mit allen Anzeichen freundlichen Willkommens vier unerwartete Gäste in ihrem kleinen Heim unterbringen konnte, war eins der immer wiederkehrenden Wunder, die das Leben im Sudan bereithielt. Wo der Fahrer unterschlüpfte, weiß ich nicht, doch Julie, David und mir wurde ein Zimmer mit drei Betten und einem

Kleiderschrank abgetreten. Wir waren alle so müde von der Fahrt, daß wir nach einer Dusche in einem Lehmziegelschuppen im Hof, wo auch eine moderne Waschmaschine untergebracht war, sofort zu Bett gingen, wobei uns ein tüchtiger Schluck des lokalen Feuerwassers trostreich begleitete.

Schon eine Stunde nach unserer Abreise von Schendi am nächsten Morgen hatten wir uns verirrt. Es war höchst eigenartig. Soeben hatten wir uns offensichtlich noch auf einer Fahrspur mit Hunderten von Reifenabdrücken rundherum vorwärtsgepflügt, und schon steckten wir in unberührtem Sand. Nur unsere eigenen Profilspuren erstreckten sich hinter uns. Wir waren einem Kompaßkurs gefolgt und hatten aus einer Unmenge auseinanderlaufender Spuren, auf die wir alle hundert Meter trafen, eine ausgewählt, die sich nun einfach im Sand verlief, weil der Wind alles verwischt hatte. Anfangs waren wir nicht weiter beunruhigt. Wir hielten einfach etwas nach Westen, doch die Spur fand sich nicht wieder, also drehten wir nach Osten ab, doch auch dort war sie nicht – ein Beweis, wie leicht man sich in der Wüste hoffnungslos verirren kann, wie ich weiter nördlich bereits selbst herausgefunden hatte. Auf einem Fahrrad ist jedoch alles viel gemächlicher, und so war es mir meist gelungen, eine verlorene Fahrspur wieder aufzuspüren, bevor sie für immer verschwunden war. Mit einem Auto hingegen ging das nicht so leicht. Bei dieser Geschwindigkeit konnte schon eine Kursabweichung von einem oder zwei Grad ganze Welten ausmachen, und vielleicht befanden wir uns bereits Meilen von der Fahrspur und vom Nil entfernt. Wir waren jedoch nie ernstlich in Gefahr, da wir zwei Kompasse bei uns hatten und, falls alles schiefging, einfach nach Westen fahren konnten, bis wir auf den Fluß stießen. Das Schlimmste, was uns passieren konnte, war ein mechanischer Defekt, oder wir konnten in unwegsamem Sand steckenbleiben, wo es wenig wahrscheinlich war, daß uns andere Fahrzeuglenker auffinden würden.

Mehrere Stunden lavierten wir in einer weglosen Ödnis herum. Gelegentlich fuhren wir an Nomadenlagern vorbei, freudlosen, verlassen wirkenden Plätzen mit einem oder zwei mehrfach geflickten Zelten, neben denen ein altes Vehikel oder ein Motorrad abgestellt war und wo Haufen von halb von Sand bedecktem Schrott herumlagen, ohne daß sich eine Menschenseele blicken ließ. Ein- oder zweimal gerieten wir in eine Gegend mit Gestrüpp und Akazien, aus denen herauszufinden, ohne den Wagen zu beschädigen, nicht eben leicht war. Nach einem weiteren dieser Ausfälle beschloß David, rechtsumkehrt zu machen, was uns in eine ziemlich gefährliche Situation brachte, denn der Habub fing von neuem an zu wehen und verwischte unsere Spuren. Als wir erstmals wieder weiter als ein paar Meter über die Motorhaube hinaus sehen konnten, merkten wir, daß wir direkt in ein Militärmanöver gefahren waren und uns mitten im Feuerbereich befanden, mit roten Flaggen, Haufen von Armeelastwagen und Hunderten bewaffneter Soldaten, die um uns herumhasteten. Sie waren nicht besonders erbaut, und wir machten, daß wir so schnell als möglich wegkamen.

Schließlich tauchte, wie altehrwürdige Tradition es verlangt, eine einsame Gestalt aus den Staubwolken auf und schwankte auf einem großen Kamel hin und her, dicht umdrängt von ihrer Ziegen- und Schafherde. Nur ihre Augen waren durch die um den Kopf gewickelten Tücher sichtbar. Als unser Retter einmal begriffen hatte, wohin wir wollten, ließ er sein Kamel niederknien, trat zu uns und zeichnete uns eine Karte in den Sand.

Danach war alles ein Kinderspiel. Zwar stockte das Herz noch ein, zwei Momente, wenn die Räder wirkungslos in allerfeinstem Sand durchdrehten, doch mit umsichtigem Einsatz des Allradantriebs gelangten wir schließlich auf eine vielbefahrene Spur zurück, wo David und Julie sich auskannten. Nach einigen weiteren Strafstunden auf gräßlichen Fährten mit fast metertiefen Rinnen stießen wir auf eine harte, gerippte Strecke von ungemilderter Wildheit. David jagte mit großer Geschwindigkeit über sie dahin, um noch vor der Dunkelheit an ihr Ende zu gelangen, und während die Nacht über uns hereinbrach, erreichten wir völlig erschöpft und voll von Sandkörnern und -körnchen, die jede Pore verstopften, endlich den lädierten Asphaltstreifen, der uns nach Khartum bringen würde.

13. KAPITEL

Khartum

An einer jener einzigartigen, bedeutsamen Stellen auf der Erde, wo zwei große Flüsse sich vereinen, breitet sich Khartum planlos wuchernd über eine sandige Ebene aus. Von den Höhen Äthiopiens stürzt der Blaue Nil nieder und erlaubt sich zwei weite, schwungvolle Bogen, bevor er auf den Weißen Nil trifft, dessen eigener jäher Fall aus den großen Binnenseen Afrikas durch die riesigen Sümpfe des Sudd etwas gezähmt wurde. Von einer der Brücken Khartums läßt sich sehr schön beobachten, wie die beiden Ströme Seite an Seite nordwärts fließen, der eine deutlich dunkler als der andere, ohne daß sich ihre Fluten vorerst vermischen. Hier stand ich an einem Scheideweg – von nun an würde ich nur noch dem Lauf des Weißen Nils folgen.

»Warum Sie halten hier an?« fragte mich ein Polizist militärischen Zuschnitts jedesmal, wenn ich vom Agala stieg, um diesen erhabenen Anblick zu genießen. »Anhalten auf Brücke verboten!« Und jedesmal machte sein Gewehr einen schwachen, kaum wahrnehmbaren Ruck gegen mich, wie um zu unterstreichen, daß er nicht mit sich spaßen ließ. Ich hätte liebend gerne eine Fotoaufnahme gemacht, aber ich war zunehmend nervös geworden, irgendwo im Sudan meine Kamera zu zücken, zudem wußte ich nur zu gut, daß hier alle Brücken als militärisches Geheimnis gelten und nur von Spionen fotografiert werden. Diese Stelle übte jedoch eine so magische Anziehungskraft auf mich aus, daß ich trotz des Polizisten jeden Tag, den ich in Khartum verbrachte, hierher zurückkehrte und so langsam, wie ich nur konnte, über die weite Brücke radelte. Der Blaue Nil ist hier ebenso breit wie sein Bruder, und wenn er im Spätsommer anschwillt und aus dem äthiopischen

Hochland massenhaft reichen Schlamm, das »Geschenk des Nils«, mit sich trägt, ist seine Wucht so gewaltig, daß er den Weißen Nil zurückstaut, bis dieser einen Monat später sein eigenes Hochwasser heranführt.

Es fällt schwer zu glauben, daß es hier ursprünglich überhaupt keine Stadt gab, bis die türkisch-ägyptischen Invasoren des frühen neunzehnten Jahrhunderts Khartum als Handelsposten für den Sklavenhandel einrichteten. Heute liegen beim Zusammenfluß der beiden Ströme drei große Städte, die sich alle von verschiedenen Ufern weit in die Wüste hinein erstrecken. Das eigentliche Khartum wurde vom Mahdi zerstört und unter General Kitcheners Verwaltung zu Beginn unseres Jahrhunderts wieder aufgebaut. Seine behäbigen Häuser im eduardischen Stil sind in einem Rechteck neben dem Blauen Nil angelegt, und die Straßen kreuzen sich im Muster des Union Jack, angeblich, weil die Stadt so leichter zu verteidigen war, doch ebensosehr, um ein Fanal für den Kolonialismus zu setzen. Alle größeren Gebäude in Kitcheners Khartum beherbergen heute Regierungsstellen, ausgenommen das Grand-Hotel, auf dessen Marmorterrasse an der Uferpromenade sich am angenehmsten herumsitzen, eine Limonade schlürfen und eine Weile der Hitze und dem Staub der Stadt entfliehen ließ. Khartum-Nord, zu Beginn des zwanzigsten Jahrhunderts von den Briten als Industriezentrum errichtet, liegt gegenüber am anderen Ufer und ist, abgesehen von seinem Hafenviertel, das von reizenden, abgewrackten Raddampfern gesäumt wird, ein häßlicher Ort, ganz im Gegensatz zu Omdurman, der farbenfrohen und interessanten Stadt des Mahdi am Westufer des Weißen Nils. Bedingt durch den Zustrom von Flüchtlingen und durch die allgemeine Landflucht infolge der jüngsten Dürrejahre und Hungersnöte, breiten sich alle drei Städte wie ein Buschfeuer aus.

»Man kann sich kaum einen elenderen, verkommeneren und ungesünderen Ort vorstellen«, schrieb Sir Samuel Baker von Khartum, als er mit seiner Frau 1862 erstmals dort eintraf. Ich fragte mich, was er sich wohl denken würde, bekäme er die drei großen Städte heute zu Gesicht. Samuel Baker war mir häufig durch den Kopf gegangen, seit ich den Atbara überquert hatte, denn er war es gewesen, der ihn als erster erkundete und kartographierte, wobei er gleichzeitig das Geheimnis lüftete, woher der lebenspendende Nilschlamm kam und weshalb es jährlich zwei Überschwemmungen gab. Unter all den Nilforschern war er für mich der farbigste und liebenswerteste, obwohl er nicht in Königin Viktorias Gunst gestanden hatte. Grund für das königliche Mißfallen war seine zweite Frau Florence. Samuel Baker, ein Witwer mit beträchtlichem Privatvermögen und einer Schar Töchter, die er in der Obhut seiner Schwester in England zurückließ, stieß auf einer Reise durch Zentraleuropa auf ein ungarisches Mädchen, siebzehn Jahre jünger als er selbst, das auf einem türkischen Sklavenmarkt verkauft werden sollte. Sie erregte sein Mitleid, und er erwarb sie. Da er unterwegs zu seiner Nilexpedition war, nahm er sie mit, und auf der abenteuerlichen Fahrt zur Quelle des Nils wurde Florence seine »chère amie«. Nachdem sie eine Reihe außerordentlicher Fährnisse überstanden hatten, die sich wie ein Abenteuerheft für Jungen lesen, kehrten die beiden schließlich nach England zurück, hielten eine Hochzeitszeremonie ab und lebten zusammen glücklich bis an ihr seliges Ende. Ehen auf Probe waren im Viktorianischen England jedoch verpönt, und als ebenso unschicklich und ungeschickt galt es, eine Vergangenheit wie die von Florence zu haben. Diese widrigen Umstände nebst Florences freimütigem Bekenntnis, sie habe in der Wüste Männerkleidung getragen und sich als Sams Sohn ausgegeben, wogen auf den Waagschalen gesellschaftlicher Anerkennung schwer zu ihren Ungunsten. Daß die Bakers dennoch fast überall, sogar bei einigen Mitgliedern der königlichen Familie, empfangen wurden, zeigt deutlich, wie hoch im Kurs die Afrikaforschung damals gestanden haben muß. Nur Königin Viktoria selbst blieb unversöhnlich und hielt an ihrer Ansicht fest, die beiden seien »nicht salonfähig«.

Ich glaube kaum, daß Khartum den Bakers heute besser gefallen hätte als damals, und muß gestehen, daß auch ich dieser Stadt nichts abgewinnen konnte. Ich fand ihre Anlage äußerst verwirrlich und verirrte mich am laufenden Band. Es half nichts, daß man mir erklärte, alles sei doch sehr logisch auf einem Gittersystem aufgebaut, denn mit Ausnahme der Altstadt sah sich alles derart ähnlich, daß nichts im Gedächtnis haften blieb, wonach man sich richten konnte. Da ich zudem dauernd den Kratern in der Straße ausweichen und versuchen mußte, Khartums Piratenfahrstil zu überleben, wußte ich nie, wo ich mich gerade befand, und konnte mich hundert Meter von meiner Unterkunft entfernt hoffnungslos verfahren. Sie lag draußen beim Flughafen im »Botschaftsviertel«, dem neusten Viertel der Stadt. Wollte man sich hier zurechtfinden, merkte man sich am besten die Nationalflaggen und die Embleme auf den Toren, da es keine Straßenschilder gab.

Es war eine eigenartige Gegend – eine Kombination von geschmacklosem Überfluß und Verkommenheit. Die großen, blockähnlichen, modernen Häuser sahen zwar alle verschieden aus, doch fehlte es ihnen an Charakter. Ihre weiten Mauerflächen waren in vielfältigen, schreienden Pastelltönen bemalt, und manche waren mit Stacheldraht umwickelt und standen da wie unverdauliche, gepanzerte Hochzeitstorten. Vor jedem Haus waren Toyotas und Landrover mit Vierradantrieb geparkt, die Statussymbole der hier lebenden Ausländer. In der Nacht wurden sie hinter die hohen Tore gefahren, wo ein Nachtwächter auf einem Bett mit Schnurbespannung schlief, bereit, aus dem Schlaf hochzuschrecken, falls ein Eindringling die Verteidigungslinien durchbrechen sollte.

Die Straßen sahen aus, als wären sie für Panzermanöver gebraucht worden – die Gehsteige in Stücken, die Fahrbahn voller Krater und Buckel. Fast nirgends gab es einen richtigen Straßenbelag, so daß überall Staub durch die Luft wirbelte. Jede Straße hatte mindestens eine große, abfallübersäte Zahnlücke, wo ganze Scharen von Ziegen auf den Außentreppen halbfertiger Gebäude herumkletterten und auf den offenen Betonfußböden Schutz vor der Sonne suchten. Chai-Frauen kauerten hier bei ihren Kochherden und Töpfen auf dem Boden und servierten den Büroangestellten aus den Botschaften Tee, andere dieser großen, ungepflasterten Plätze dienten als Bushaltestellen und Marktplätze oder einfach als Spielplatz für den Wind, wo er die Abfälle herumblasen konnte. Die ganze Stadt schrie nach Wasser. Ein Netz von Brunnen und kleinen Seen hätte sie erträglich gemacht, doch alles, was es hier gab, war zuweilen eine geborstene Abwasserleitung, die die Straße überschwemmte und eine ideale Brutstätte für Schwärme von Stechmücken bot.

Khartum war voll von Ausländern, die meist irgendein Hilfswerk vertraten, von denen es über hundert gab. Wegen der Abkürzungsmanie waren Gespräche für Nichteingeweihte meist unverständlich (»Bei DEBESCA gibt's heute abend eine Party für die CRITCHS. Alle von LODDY haben schon zugesagt, und auch die von FITSA sind dabei.«) Eine schreckliche Hungersnot war eben überstanden, so daß sich viele dieser Hilfsagenturen alle Mühe gaben, ihre weitere Existenzberechtigung nachzuweisen, wogegen die sudanesische Regierung alles tat, um die Zahl der Ausländer im Land zu reduzieren, ohne dabei die riesigen Geldsummen zu verlieren, die auf dem Spiel standen. Großbritannien jedenfalls schien sich von vielen seiner Verpflichtungen zurückzuziehen. Der Sudan Club, wo die ansässigen Briten eifrig für ihre jährliche Weihnachtsaufführung probten, hallte laut von den Klagen und Beschwernissen, die dieser Rückzug mit sich brachte. Bill, die Triebfeder der dramatischen Produktion, war einer dieser Unzufriedenen. Er war bei ODA (British Overseas Development Association) angestellt und erfreute sich in Khartum eines Lebensstandards, den er sich daheim nie hätte leisten können. Seine drei Kinder wurden in Privatschulen in England erzogen, zwei Diener und ein Landrover standen ihm zur Verfügung, doch vor allem war er hier ein großes Rädchen in einem kleinen Getriebe und daher sehr verbittert, das alles aufgeben zu müssen. »Die werden nie jemand anderes kriegen, der so viel Extraarbeit hineinsteckt wie ich«, sagte er. Ich glaubte ihm aufs Wort, denn er drillte seine Theatertruppe von frühnachmittags bis spätabends, bis die Nerven zum Zerreißen gespannt waren und die Luft von Eifersüchteleien und verletztem Stolz knisterte.

Es war ein nach innen gekehrtes Völklein, das sich da jeden Nachmittag um den kleinen Swimmingpool versammelte und sich um die Bar drängte, wo nur alkoholfreie Getränke ausgeschenkt werden durften, wo aber Würstchen und Chips und weitere nostalgische britische Leckereien über das fehlende »Große Dunkle«

oder einen Gin Tonic hinwegtrösteten. Nicht daß es an Alkohol gefehlt hätte: Wer irgend jemand vom diplomatischen Dienst kannte, konnte sich leicht eindecken, und dies schien praktisch auf jedermann zuzutreffen, denn fast überall, wo ich eingeladen wurde, standen zu Privatzwecken alkoholische Getränke zur Verfügung. Zur Zeit der extremen Sommerhitze muß es nervenaufreibend sein, in Khartum zu leben, doch sonst schien man hier eine ruhige Kugel zu schieben, ohne allzu hohe Anforderungen, aber auch ohne den geringsten Anreiz – sicher nicht gerade die Ambiance, welche ein Samuel Baker anregend gefunden hätte. So wie der Sudan Club aus seinem früheren, renommierten Quartier in neue, bescheidenere Räumlichkeiten verlegt worden war, so unterschieden sich auch die Leute, die Großbritannien jetzt im Sudan vertraten, von jenen, die nur schon zwanzig Jahre früher hier gewesen waren. Die ganze Szene wirkte viel prosaischer und farbloser. Der unaufhaltsame Niedergang des britischen Einflusses schien sich im Stadium der Agonie zu befinden, und der Auszug von Mitarbeitern, die höher hinaus wollten und fettere Weiden suchten, wurde im Märchenstück »Hans und die Bohnenranke« zur Begleitung einer alten, in Vergessenheit geratenen Volksweise sehr sinnig symbolisiert.

Meine hauptsächliche Aufgabe in Khartum bestand darin, herauszufinden, wie ich meine Reise fortsetzen konnte. Das war gar nicht so einfach. Zuallererst suchte ich die Britische Botschaft auf, um mich über die gegenwärtige politische Lage ins Bild zu setzen. Dort erhielt ich ein offizielles Warnschreiben des Inhalts, allen britischen Staatsbürgern werde dringend abgeraten, sich irgendwie in Richtung Südsudan oder Norduganda zu begeben. Die SPLA kontrollierte den gesamten Süden bis hinter Malakal und infiltrierte das Gebiet nordwärts bis nach Renk. Auch in den Nilgegenden von Norduganda waren wieder Kampfhandlungen im Gange. Inoffiziell wurde mir mitgeteilt, meine einzige Chance bestehe darin, nach Juba zu fliegen, wo eine Rumpfmannschaft von Entwicklungshelfern auf dem britischen Gelände zurückgeblieben sei, während alle anderen evakuiert wurden. Von dort konnte ich mich vielleicht auf einem der Nahrungsmittelkonvois nach Uganda durchschlagen, die auf der einzigen noch offenen und entminten Straße von der belagerten Stadt zurückfuhren – selbstverständlich müsse man mir jedoch dringendst davon abraten!

In weiser Voraussicht, daß es Probleme geben würde, war ich über diese Einschätzung der Lage nicht eben bestürzt. Daß überhaupt noch eine offene Straße aus Juba führte und Lastwagen zur Entlastung der Stadt durchkamen, war eine ausgezeichnete Nachricht, denn die letzten Monate war Juba völlig abgeschnitten und nur aus der Luft zu erreichen gewesen. Ich hatte nicht im Sinn, unbedachte Risiken einzugehen, doch da ich nun einmal schon so weit gekommen war, wollte ich, falls wirklich eine Straße offen war und ungefähr in die richtige Richtung führte, nicht einfach aufgeben, sondern den Versuch wagen. Das beste schien mir, mit dem Fahrrad so weit wie möglich nach Süden zu fahren, dann nach Khartum zurückzukehren, zu versuchen, von hier nach Juba zu fliegen und mich dort genauer umzusehen. Die Situation veränderte sich von Tag zu Tag. Ich gewann überhaupt nichts, wenn ich über den Schauergeschichten von Journalisten oder von Zivilflugzeugen brütete, die von Minen zerfetzt beziehungsweise von der SPLA abgeschossen worden waren.

Ich verließ die Botschaft mit einer neuen Sorge: Auf die Frage, ob mein Visum für Uganda in Ordnung sei, hatte ich entgegnet, meines Wissens brauchten britische Staatsbürger keins, doch dem schien nicht so zu sein, obwohl niemand richtig Bescheid wußte. Für eine Botschaft im Nachbarland kam mir das befremdlich vor – wozu sind solche Einrichtungen schließlich da? Wie sich herausstellte, war es zu meinem eigenen Besten, denn auf meinen Streifzügen durchs »Botschaftsland« stieß ich auf die Vertretung von Uganda, wo mir ein charmanter Absolvent von Oxford bestätigte, daß ich kein Visum benötigte. Ich konnte ihn dazu überreden, mir einen offiziellen Brief zu schreiben, des Wortlauts, ich sei eine harmlose Schriftstellerin, die per Fahrrad zur Quelle des Nils reise, und die Regierung von Uganda wäre dankbar für jede Unterstützung, die man mir zukommen lasse. Ich kam mehrmals vorbei, um ihn daran zu erinnern, und hielt schließlich wirklich diesen »Ferman« in den Händen, der sich als äußerst wertvolles Dokument erweisen sollte, ohne welches ich wohl erschossen worden wäre.

Von den sudanesischen Behörden eine Reisebewilligung zu erhalten war ein mühseliges und geisttötendes Geschäft. Nachdem ich viele Tage stundenlang in gräßlichen, rauchigen Büros herumgestanden hatte, wo jedermann ausgiebig auf den Boden spuckte, durfte ich endlich eine kostspielige amtliche Genehmigung kaufen, um die hundertsechzig Kilometer südlich nach Kosti per Fahrrad zurückzulegen, und erhielt das vage Versprechen, eine Erlaubnis für den Flug nach Juba zu kriegen, wenn ich ein Flugticket vorweisen konnte. Diese Nuß war schwierig zu knakken, da es keine offiziellen Flüge nach Juba mehr gab, seit die SPLA früher im Jahr ein Passagierflugzeug über Malakal abgeschossen hatte. Ich hoffte, auf einem der privaten Fracht- oder Hilfsgüterflüge mitfliegen zu können, doch dafür wurden keine Tickets ausgestellt. Man hatte mich vorgewarnt, die kleinen Flugzeuge würden auf viertausend Meter Höhe fliegen und dann wie ein Stein hinunterplumpsen, um die Wahrscheinlichkeit, von einem feindlichen Geschoß der Rebellen getroffen zu werden, möglichst gering zu halten – eine Aussicht, die nicht besonders verlockend klang. Ich wollte jedoch alles in Kauf nehmen, wenn ich nur nicht gleich wieder versandfertig nach Khartum zurückgeschickt wurde, weil meine Papiere nicht in Ordnung waren. Jedenfalls schien der Gouverneur von Juba an Größenwahn zu leiden und nach Lust und Laune seine eigenen Regeln aufzustellen, mal so und mal anders. Er hatte bereits einen Mitarbeiter von Oxfam und einen europäischen Priester mit fadenscheinigen Anschuldigungen ausgewiesen, ich konnte also keinesfalls mit einer unbehelligten Durchreise rechnen, sondern mußte mich einmal mehr auf mein Glück verlassen.

Nachdem ich vergeblich meine Fühler zu den Leuten von der Luftfracht ausgestreckt hatte, ließ sich im Moment bezüglich Juba nichts weiter unternehmen, und so beschloß ich, mich ein paar Tage nach Weihnachten auf den Weg nach Süden zu machen. Ich wollte die Fahrt ausnutzen, um mir so viele Hilfsprojekte wie nur möglich anzusehen, und versuchte daher Verbindung mit Oxfam aufzunehmen, deren Hauptquartier in Oxford mir bereits behilflich gewesen war, mir ein Bild von der Lage zu machen, bevor meine Reise begann. In Khartum jemanden aufzuspüren grenzte an ein Wunder: Es gab keine Telefonbücher, das Telefon funktionierte sowieso fast nie, und Adressen bestanden meist aus Postfachnummern, so daß man oft tagelang herumirrte, bis man den gesuchten Ort fand. Als ich Oxfam endlich aufgestöbert hatte, wimmelte mich der Direktor übers Telefon in barschem Ton ab, da er einige Tage frei habe und niemand sonst da sei, der mich informieren könne. Ich war nicht sonderlich erbaut, aber mein Schutzengel muß wieder einmal unter neuer Verkleidung an der Arbeit gewesen sein, denn gleich im Büro nebenan war Unicef zu Hause. Ich präsentierte meine »Referenzen«, worauf man sich freundlich anerbot, mir bei der Lösung meiner Reiseprobleme zu helfen. Die Zeitungsartikel, die ich geschrieben hatte, gefielen ihnen. Sie dachten offenbar, wir könnten bei einem Projekt zur Betreuung herumvagabundierender Kinder voneinander profitieren, und arrangierten deshalb eine Verabredung mit ihrem Direktor für die kommende Woche, wenn ich wieder zurück in Khartum sein würde.

Es war eine Lust, endlich weiterzukommen, nachdem ich mir eine Woche lang in schmuddeligen Büros frustriert die Beine in den Bauch gestanden hatte! Selbst die reizlosen Industrieviertel am Stadtrand von Khartum konnten den Genuß nicht trüben. Meine Route verlief längs der Gezira, der Gegend zwischen dem Blauen und dem Weißen Nil, wo ein ausgeklügeltes Bewässerungssystem es ermöglicht, die für den Export so wichtige Baumwolle anzubauen. Noch standen die Felder leer, und auf den endlosen braunen Flächen wuchs kein einziges Blatt. Die Straße schien sich ins Unendliche fortzusetzen, nur der getreue afrikanische Wind blies stetig und stark von Norden. Ich dachte bei mir, dies sei die einzige Radreise, die ich je unternommen hatte, wo das uralte irische Gebet »Möge der Wind stets in deinem Rücken sein« nicht nötig war. In Windeseile legte ich die achtzig Kilometer bis Jebel Aulio zurück, wo ich nach Westen drehte und erstmals seit

Khartum wieder den Nil erblickte. Es gab hier einen Staudamm, den die Briten in den dreißiger Jahren gebaut hatten und dessen Maße im Vergleich zum Assuan-Damm sehr menschlich wirkten – er hatte eine Schleuse, damit die Schiffe stromaufwärts fahren konnten, und zwischen der Maschinerie waren kleine Gärten angelegt. Alles sah ganz genauso aus wie Teddington Lock an der Themse, doch als ich auf dem Damm stand, hörte die Ähnlichkeit auch schon auf, denn dahinter lag ein phantastisch weiter See. Nach Wochen in der Wüste fühlte sich die unmittelbare Nähe von soviel Wasser wie ein Wunder an.

Ich hielt auf dem erhöhten Fußweg an und kochte mir ein Päckchen meiner Fertignahrung auf, als ein kleiner Junge mit zwei flachen, silbernen Fischen daherkam, die er soeben gefangen hatte, sich still neben mich setzte und hoffnungsvoll zum brodelnden Kochtopf guckte. Als es ihm Zeit zu sein schien, glitt er hinunter ans Wasser, wusch sich die Hände und gab mir mit einer Handbewegung zu verstehen, er erwarte »mitzumischen« – eine alte sudanesische Geste des Teilens. Diesmal war's »Hackfleisch mit Makkaroni«. Da ich nur einen einzigen Löffel besaß, ließ ich Klumpen des unappetitlich aussehenden Geköchs in seine Hand fallen. Ich befürchtete, sein Gaumen sei noch nicht abgehärtet genug, um mit dem Natriumglutamat und all den übrigen Zusätzen fertig zu werden, doch schien es ihm eindeutig mehr zu munden als mir. Er »mischelte« auch meine Apfelsine und machte sich dann rasch mit seinen Fischen davon. Das war sehr höflich von ihm, denn wäre er dageblieben, hätte das bedeutet, daß er noch Weiteres erwartete.

Auf dem Rückweg über die Schleusenkammer wurde ich von drei vorbeischlendernden, jungen Offizieren eingeladen, die Nacht in einem nahegelegenen Armeelager zu verbringen. Sie waren erst kürzlich nach Abschluß der Militärakademie in Omdurman hierher in ein großes Ausbildungscamp verlegt worden. Ihr nächster Standort war der Dschungel im Süden, wo sie gegen die Streitkräfte von John Garang und seiner SPLA kämpfen sollten, eine Aussicht, die sie nicht sehr begeisterte. Sie steckten voller jugendlichem Idealismus und waren überzeugt, für eine gerechte Sache zu streiten, meinten jedoch, Garang habe die besseren Waffen, außerdem sei das Gelände auf seiner Seite. Sie fühlten sich für den Dschungelkrieg schlecht ausgerüstet, und ihre Verluste waren immer höher als die der Rebellen.

Die drei gaben sich alle Mühe, es mir in einem Zimmer mit einer Decke aus zerbrochener Pappe, wo nur ein durchhängendes Bett stand, gemütlich zu machen. Einer von ihnen legte ein Laken, sein eigenes, wie ich vermutete, über die fleckige Baumwollmatratze, und ich wurde mit einer Taschenlampe zu einem spartanischen Waschraum geführt, der keine Tür hatte und wo es von Kakerlaken wimmelte. Sie hörten nicht auf, sich zu entschuldigen, daß alles in einem derart erbärmlichen Zustand sei, doch ihr Land sei sehr arm. Ich war jedoch ganz glücklich und entzückt, mit so netten jungen Männern zusammenzusein. Leider tauchte nach einer Weile ein Major auf, und das Agala und ich wurden in seinen Lieferwagen gewedelt, da ich die Nacht in seinem Haus verbringen sollte. Ich wäre lieber geblieben, wo ich war, um so mehr, als sich die Frau Major in Khartum aufhielt, aber ich hatte hier nichts zu sagen. Nachdem er einige rosa geblümte Leintücher auf ein Bett in einem der inneren Zimmer gelegt und mir in einem Mixer einen Grapefruitsaft gepreßt hatte, verschwand der Major für den Rest des Abends.

Ich fand mich allein in einem merkwürdigen Betonhaus mit vier ineinandergehenden Zimmern, einem frei verlegten Wellblechdach und in hellem Jadegrün gestrichenen Wänden, die im Neonlicht besonders giftig wirkten. Es herrschte eine denkwürdige Unordnung. Überall an den Wänden hing Spinnengewebe, kleine Häufchen Schutt und Zigarettenstummel lagen auf den nackten Zementfußböden, und das meiste Mobiliar war in den zwei unbenutzten Zimmern aufgetürmt. Ich fragte mich, wie lange die Frau des Majors wohl schon weg war. Ein wenig schüchterten mich auch die bedrohlichen, schwarzgepanzerten Käfer ein, die im Schutt herumstolzierten und Jagd auf Kakerlaken machten, welche im Vergleich zu ihnen geradezu sylphenhaft wirkten.

Am nächsten Morgen fuhr ich in aller Frühe weiter. Ich hatte herrlich geschlafen und gar nicht gehört, wie der Major heimgekommen war, muß mich also sicher gefühlt haben. Bevor ich ging, zeigte er mir noch ein Fotoalbum mit Schnappschüssen, die meisten von seiner Frau und seinem kleinen Sohn, andere wiederum von Offizierskollegen, die im Süden getötet worden waren. Es sei ein »schrecklicher Krieg«, sagte er, »zu schrecklich, um darüber zu sprechen«. Wenn man nach ein paar Monaten dort unten noch nicht tot war, war man ausgezehrt und krank. Es sei schrecklich, nur daran zu denken, dorthin zurückzugehen, doch man habe keine andere Wahl, denn es sei seine Pflicht.

Der Neuigkeitswert, auf Asphalt zu fahren, hatte sich bereits abgenutzt. Wie leicht und geschwind ich auch vorwärts kam, ich fand den Preis dafür zu hoch. Lastwagen und Busse ratterten mit rücksichtsloser Leidenschaftlichkeit vorbei, Wolken von stickigem Staub wirbelten in ihrem Kielwasser. Am Straßenrand lagen die Leichen von Kühen und Schafen, die ihnen zum Opfer gefallen waren, und zeigten ihre Knochen durch die gähnenden Löcher, die in ihre straff wie ein Trommelfell gespannte Haut gepickt waren. Der Wind hatte wohl meine selbstgefällige Zufriedenheit von gestern und das fehlende Gebet, mir weiterhin seine Gunst zu schenken, bemerkt und nach Westen gedreht. Immer wenn die Straße in diese Richtung verlief, gab es überhaupt nichts in der flachen Ebene, was seine Gewalt gehemmt hätte, und es kostete mich ein hartes und unangenehmes Stück Arbeit, mitten in seinen staubigen Rachen zu fahren. Das einzige, was die topfebene, ausgebleichte Landschaft gelegentlich unterbrach, waren Hütten, wo den Buspassagieren Verpflegung verkauft wurde. Als ich bei einer anhielt, um gekochte Eier mit Ful zu essen und etwas in mein Reisetagebuch einzutragen, demonstrierte mir ein Junge, der neben mir stand und zuguckte, seine Bildung und seine Englischkenntnisse: Er behauptete, ich hätte das falsche Datum aufgeschrieben. Er hatte zwar unrecht, brachte mich aber eine Zeitlang ziemlich durcheinander.

Ich wurde der nichtssagenden Landschaft langsam überdrüssig und beschloß, den Nil zu überqueren und die Nacht in einer Stadt namens Ed Duem zu verbringen. Als ich das Ufer erreichte, glaubte ich auf einen weiteren Staudamm gestoßen zu sein, denn der Fluß war noch immer so breit wie ein riesiger See, doch es handelte sich nur um den Rückstau des Damms von Jebel Aulio hundertzwanzig Kilometer weiter südlich. Eine Autofähre führte nach Ed Duem hinüber, ein kleiner Kahn, der auf der zwanzigminütigen Überfahrt jeweils nur zwei Wagen auf einmal beförderte. Aus seiner Seite war ein Stück herausgeschnitten worden, und durch diese Lücke wurden die Autos beschwatzt und geschubst, was ihnen meist nicht sehr gut bekam. An Deck war ein halbes Dutzend junger Mädchen in hellen Kleidern und mit viel Schmuck, die große, flache Körbe auf dem Kopf trugen. Sie hatten den Buspassagieren an der Asphaltstraße Beutel mit Sonnenblumenkernen und dergleichen verkauft (hin und zurück immerhin zehn Kilometer) und warfen bei der Heimkehr den jungen Männern aus der Gegend kühne, blitzende Blicke zu. Es waren Felata-Mädchen, eine Art Zigeuner, in deren Kultur die Kinder von frühauf angehalten werden, selber für ihr Leben zu sorgen. Im Gegensatz zu den anderen sudanesischen Mädchen erwartet man von ihnen auch, daß sie sich ohne männlichen Schutz bewegen.

Diese Nacht verbrachte ich im Haus eines holländischen Ehepaars, zu dem mich einheimische Fährpassagiere geführt hatten. Es war, obwohl im traditionellen Stil mit einem Hof und Zimmern rundherum gebaut, das sauberste Haus, das ich im ganzen Sudan angetroffen habe. Bas und Wil hatten ein Baby und waren fest entschlossen, es gesund zu behalten, deshalb hatten sie, bevor sie einzogen, zwei Wochen damit verbracht, alle Löcher im Verputz aufzufüllen und alles zu schrubben und zu streichen. Das Resultat ließ sich sehen, ohne prätentiös zu wirken oder sie weit über ihre sudanesischen Nachbarn zu heben. Sie waren beim International Labour Office der Uno angestellt, einer Institution, die sich weltweit um die Arbeitsbedingungen der Menschen kümmert. Bas leitete ein arbeitsintensives Trinkwasserprojekt in die Wege, seine Frau Wil führte eine Untersuchung durch, was die Frauen am liebsten lernen wollten, sobald einmal Möglichkeiten dazu bestünden. Auch Kochen mit Sonnenenergie stand im Angebot und weckte viel Interesse, was an Orten, wo es praktisch keinen natürlichen Brennstoff außer Kuhmist gibt, nicht weiter verwundert.

Beim Abendessen erzählten mir die beiden von ihrer Arbeit. Es gab schwerwiegende Probleme in dieser Gegend, obwohl sie bis vor kurzer Zeit sehr fruchtbar gewesen und genügend Regen gefallen war. Wie Bas mir berichtete, erinnerten sich die alten Leute noch genau daran, wie man in den Wadis, den ausgetrockneten Flußtälern, Fische fangen konnte. Sie waren das halbe Jahr über voll Wasser gewesen, jetzt aber zu Wüste verkommen. Es gab zuviel Vieh, welches das Land überweidete, und nicht genügend Bäume und Hecken, um Schutzgürtel zu bilden, das Land zu segmentieren und der Erosion Einhalt zu gebieten. Das größte Einzelproblem bildete das Trinkwasser, denn auf einem Landstrich von hundert Kilometern konnte die Regenmenge zwischen null und vierhundert Zentimetern im Jahr variieren. Immer wieder stürzten Brunnen ein, und in der Regenzeit tranken die Kinder aus Pfützen am Boden und wurden krank. Schon zehn Kilometer vom Nil entfernt gab es oft kein Wasser mehr, daher vergeudeten die Dorfbewohner viel Energie damit, lange Distanzen hin und zurück zu wandern und jeden Tropfen, den sie brauchten, vom Fluß herbeizutragen. Das Gebiet, in welchem Bas und Wil arbeiteten, war nicht zu groß, so daß bereits erste Resultate vorlagen: Bas hatte einen Bewässerungskanal fertiggestellt und einige Brunnen graben lassen, meinte jedoch, dies sei nur ein winziger Tropfen in einer riesigen Wüste von Armut und Vernachlässigung, und es falle schwer, die Zukunft des Sudans optimistisch einzuschätzen, wenn im Westen nicht ein drastisches Umdenken stattfinde.

14. KAPITEL

Südwärts nach Renk

Bis Kosti waren es ungefähr hundertfünfzig Kilometer auf einer Holperstraße am Westufer des Nils. Nachdem ich mich erkundigt hatte, glaubte ich, das sei zu schaffen, selbst wenn es hier nur noch wenig Verkehr gab, weil am Ostufer eine neue geteerte Straße verlief. Für einen Tag war die Distanz zu groß, doch so sah ich viel mehr von Land und Leuten, als wenn ich den leichteren Weg durch die gesichtslose Ebene weitergefahren wäre. Hat sich ein Reisender zwei Monate lang ständig beeilt und liegt sein Ziel noch immer in weiter Ferne, kann es leicht geschehen, daß er sich unnötig antreibt und aus den Augen verliert, was ihm die Fahrt von Moment zu Moment bringt. In meinem Fall war es jedoch derart unsicher, wie weit nach Süden ich überhaupt vorstoßen konnte, daß ich nie vergaß, wie kostbar jede Meile war.

Ich bereute meinen Entschluß keinen Augenblick, denn diese Route führte mich durch eine einzigartige, faszinierende Gegend mit rauhem, trockenem Buschland, wo die quadratischen arabischen Lehmziegelhäuser langsam runden Hütten mit konisch zulaufenden Grasdächern Platz machten und das Rassengemisch der sudanesischen Araber einem Volk wich, das viel negroider aussah. Es war, als beträte man ein neues Land, als finge hier »das richtige Afrika« an, wie Churchill es genannt hatte. Der Wohlstand der Siedlungen, durch die ich fuhr, variierte sehr stark, je nachdem, wie nahe mich mein Weg zum Nil führte. Die Dörfer nahe am Wasser hatten hohe, schattige Bäume, einen größeren Anteil Häuser im arabischen Stil und hie und da sogar ein Teehaus, während die abgelegensten nur aus einigen kleinen Grashütten bestanden, die eng hinter einer Dornenhecke zusammengepfercht waren. Überall ritten Scharen von Kindern mit Wasserbehältern aus Fünfliter-Blechkanistern auf ihren Eseln hin zum Nil, der unsichtbar irgendwo zu meiner Linken lag, und wieder zurück. Die meisten Esel und Kinder wurden nervös, wenn ich vorbeifuhr, wahrscheinlich weil sie nur wenige Weiße zu Gesicht bekamen und schon gar nicht eine Frau auf einem knallroten Fahrrad. Die Kinder waren zerlumpt und abgemagert. Viele hatten irgendeine Mißbildung oder waren verkrüppelt, doch wenn sie nicht erschraken, schienen sie sehr lebendig, lächelten mir zu oder winkten freudig, und gelegentlich rannten eins oder zwei eine Weile neben mir her.

Alle die Probleme, von denen mir Bas und Wil am Tag zuvor berichtet hatten, lagen offen zutage: die Überweidung, der Mangel an Wasser und an Schutzgürteln sowie die daraus resultierende Erosion. Im Umkreis von etwa anderthalb Kilometern von jedem Dorf mußte ich absteigen und das Agala mühsam vorwärtsstoßen, obwohl das meiste Gepäck in Khartum zurückgeblieben war, denn eine verblüffend große Zahl Ziegen und Großvieh, die in riesigen Herden herumstapften, hatte den Erdboden in einen trockenen Staubhaufen verwandelt. Doch nicht bloß der Staub bildete ein Hindernis: Einmal führte die Fahrspur durch einen bewässerten Fleck, ich brach durch die verkrustete Erde und begann sehr schnell zu versinken. Ich konnte gerade noch die Satteltaschen losreißen und sie auf ein Stück trockenen Boden vor mir werfen, bevor das Agala und ich knietief in dickem, matschigem Dreck steckten. Es war schwierig, herauszukraxeln, und es dauerte längere Zeit, das klebrige Zeug wieder abzukratzen.

In keinem der Dörfer gab es auch nur eine Spur von Gastfreundschaft. Für den Sudan war das so ungewöhnlich, daß es mir ein deutliches Anzeichen schien, wie arm diese Region war. Etwa auf halber Strecke lag ein Rastplatz für Lastwagen, doch der Umsatz war wohl eher mager, denn ich hatte tagsüber nur gerade zwei Lkws gesehen, beides alte, hochrädrige, mit Leuten vollgestopfte Bedfords, die angehalten hatten, um sich zu vergewissern, daß ich wohlauf war. Der Rastplatz bestand aus einer Reihe kleiner, aus Grasmatten verfertigter, vorne offener Buden, in denen weitere

Matten zum Sitzen auf dem Boden lagen. Es gab etwa ein Dutzend davon, und sogleich entbrannte ein heftiger Wettstreit um meine Wenigkeit. Die Hütte, die ich betrat, servierte nur Tee. Ich machte Zeichen, ich wolle essen, worauf ein Mann fortging und mir eine Schüssel mit etwas Undefinierbarem brachte, das derart abscheulich schmeckte, daß ich es beim besten Willen nicht hinunterwürgen konnte. Als ich es zurückwies, befürchtete er, ich würde nicht bezahlen, kaum hatte er aber sein Geld, verdrückte er geschwind und mit allen Anzeichen von Genuß den Inhalt der Schüssel selbst. Mein Halt war nicht sehr erholsam, denn alle Jungen aus dem Dorf kamen herbei, standen herum und starrten mich an. Sie drängelten sich nach vorne, so nahe es ging, während die Chai-Frau und mehrere ältere Männer versuchten, sie wegzujagen.

Obwohl das Terrain so schwierig war und ich oft absteigen mußte, kam ich relativ gut vorwärts. Kurz vor Einbruch der Nacht, als sich der mit feurigen Federwolken übersäte Himmel mit violetten Schatten zu überziehen begann, war ich nicht mehr weit von Kosti und sah bereits seine Lichter in der Ferne blinken. Ich hatte beabsichtigt, die Dunkelheit abzuwarten und dann meinen Schlafsack unter einem Busch auszubreiten; doch je mehr ich mich Kosti näherte, desto häufiger und ärmer wurden die Dörfer, und als es einzunachten begann, schien mir die Atmosphäre verdächtig und feindselig gesinnt. Bedrohlich aussehende Hunde mit gesträubten Rückenhaaren patrouillierten rund um die Dornenhecken und knurrten mich an, wenn ich vorbeifuhr. Ich war gar nicht erpicht darauf, mich unter solchen Umständen zur Ruhe zu legen – und plötzlich kam mir in den Sinn, daß heute ja Silvesternacht war, und ich fühlte eine Sehnsucht in mir aufsteigen, mit ein paar Landsleuten nach heimischen Neujahrsbräuchen zu feiern. Daher verdoppelte ich meine Anstrengungen, um die Stadt zu erreichen. Die Dunkelheit überholte mich jedoch leicht, während ich noch immer mitten im Buschland steckte, und hätte nicht ein Isuzu-Lieferwagen angehalten und mir einen Platz angeboten, wäre ich wohl schwerlich weitergekommen, denn ohne daß ich es bemerkte, hatte sich soeben ein tückischer Dorn in den Vorderreifen des Agala gebohrt.

Mit seinen soliden Gebäuden, der Eisenbahn und sogar Straßenbeleuchtung kam mir Kosti als ein Wunder modernster technischer Perfektion vor, doch so groß war es nun auch wieder nicht, daß Koadschers unbemerkt bleiben konnten. Ich wurde stracks zum Haus zweier junger britischer Frauen geführt, die beide Jane hießen und im sudanesischen Schuldienst angestellt waren. Sie nahmen ihre Aufgabe ernst, anders als die beiden, die ich auf dem Schiff in Dongola getroffen hatte: Jane und Jane hatten sich nach einem Jahr im Sudan entschlossen, die Lehrerinnenlaufbahn einzuschlagen, und planten, nach Großbritannien zurückzukehren, um sich richtig dafür auszubilden, bevor sie ihre nächste Stelle hier antraten. Sie empfingen eine Landsmännin, die aus heiterem Himmel bei ihnen hereinschneite, als wäre dies hier alltäglich, und ich hatte kaum zehn Minuten Zeit, eine Tasse Tee hinunterzustürzen, bevor sie, ich und zwei Freundinnen, die bei ihnen wohnten, von einem Auto abgeholt und auf eine Neujahrsparty entführt wurden. Diesmal schien nicht mein Schutzengel dahinterzustecken, sondern gewiß eine gute Fee, obwohl sie mein von der Reise mitgenommenes Aussehen ruhig noch etwas hätte aufmöbeln können, bevor sie die Kürbiskutsche vorfahren ließ.

Das für diese Gegend riesige, luxuriöse Haus, zu dem wir gefahren wurden, war im Besitz einer amerikanischen Transportgesellschaft. Es wurde nur zum Teil benutzt, denn bei den gegenwärtigen Unruhen und mit nur der Hälfte des einstigen Operationsgebiets war die Firma ziemlich zusammengeschrumpft. Wir sollten alle nach dem Fest hier schlafen, denn das war einfacher, als jedermann noch nach Hause zu bringen. Bevor die Party richtig begann, wurde für die Gäste des Hauses ein Wunder nach dem andern hergezaubert – zuerst ein Bad, dann Berge von Essen aus einer riesigen Tiefkühltruhe. Alles war wie im Schlaraffenland, und zum erstenmal seit Wochen fühlte ich mich wieder ausreichend ernährt.

Es wimmelte von Menschen aller Nationalitäten, sogar einige kummervoll blickende Finnen waren da. Noch nie hatte ich eine so internationale Neujahrsfeier erlebt. Schotten gab es leider keine, also war nichts mit den trauten Bräuchen, Dialektgedichte von

Robert Burns aufzusagen oder den ersten Besucher im neuen Jahr zu umhalsen; dafür floß reichlich Alkohol (sowohl vom heimischen Fusel als auch vom illegal importierten), um jedermann leicht beschwipst zu machen, und alte Beatles-Kassetten sorgten für die nötige Nostalgie. Es wurde eine lange Nacht, weil alle das neue Jahr dann begießen wollten, wenn es in ihrem eigenen Land zwölf Uhr schlug, was überall später als im Sudan der Fall war. Bis dahin war der letzte Tropfen Alkohol längst verschwunden. Die meisten der Anwesenden waren Iren von einem Hilfswerk namens CONCERN, unter ihnen auch zwei Krankenschwestern, die in Renk, einer Ortschaft etwa zweihundertfünfzig Kilometer weiter südlich, eine Station für unterernährte Kinder leiteten. So beiläufig, als lüden sie mich zu einer Tasse Tee ein, schlugen Claire und Joan vor, sie doch morgen früh in ihrem Landrover dorthin zu begleiten, wenn ich Lust hätte; und fast ebenso nonchalant sagte ich zu, denn langsam hatte ich mich daran gewöhnt, daß mir auf dieser Reise alles auf mysteriöse Weise in den Schoß fiel. Wie manche Tage hatte ich frustriert in Khartum verplempert, ohne die Erlaubnis zu erhalten, weiter südlich als bis Kosti zu fahren, und jetzt bot sich mir hier eine Gelegenheit, noch einmal zweihundertfünfzig Kilometer anzuhängen! Meines Wissens hatte in den vergangenen Monaten nur ein einziger Journalist nach Renk reisen dürfen, und er war derart aufgebracht gewesen, wieviel Zeit und Aufwand ihn diese Genehmigung gekostet hatte, daß sich sein ganzer Artikel fast nur darum drehte und kaum etwas von Renk drinstand. Wie ich mich erinnerte, war ihm besonders sauer aufgestoßen, daß nach all den Hindernissen, die er überwinden mußte, nicht einer von ihm verlangt hatte, das kostbare Papier vorzuweisen. Da ich nichts Derartiges besaß, mußte ich mich darauf verlassen, daß sich an dieser Praxis nichts geändert hatte.

Am nächsten Morgen war ich mir nicht ganz sicher, ob nicht alles nur ein feuchtfröhlicher Traum gewesen war. Die Iren waren verschwunden, und die vier jungen Lehrerinnen schliefen noch fest. Es hatte nicht den Anschein, als ob sie bald erwachen würden, daher spazierte ich ein wenig im Garten herum und beobachtete vier tollpatschige Storchenkinder, die in ihrem Nest herumpurzelten, das hoch oben in einer Akazie bedenklich hin und her schwankte, während die Eltern aus der Nähe ein wachsames Auge auf sie hielten und ihre langen, spitzen Schnäbel den riesigen Falken folgten, die unaufhörlich herumkreisten und nach Beute spähten. Nach einer Weile rief mich der afrikanische Koch zu einem weiteren cholesterinreichen, unmoslemischen Festmahl aus Würsten, Eiern und Speck aus der unerschöpflichen Kühltruhe herein, und als ich endlich das allerletzte Loch im Bauch zugestopft hatte, erschien auch schon eine der Janes, um mich nach Hause mitzunehmen.

Während ich auf die beiden irischen Krankenschwestern wartete, die mich abholen sollten, blieb mir genug Zeit, den Reifen zu flicken und das Agala vom Rest der dicken Schmutzschicht zu säubern. Als sich zwei Stunden nach dem versprochenen Start um zehn Uhr noch immer niemand blicken ließ, fuhr mich Jane zum Haus von CONCERN, wo wir sämtliche Mitglieder des Hilfswerks bei einem Mittagessen zur Feier des Unabhängigkeitstags vorfanden (ich glaube, es ging um die sudanesische Unabhängigkeit, nicht die irische). Mit Ausnahme des Organisators schien sich das gesamte Personal von CONCERN aus Freiwilligen zusammenzusetzen, die alle Experten auf verschiedenen Gebieten waren und für einen Pappenstiel eine begrenzte Zeit mitarbeiteten. Ihre Unterkünfte waren alles andere als komfortabel, und sie nahmen offensichtlich beträchtliche Einbußen im gewohnten Lebensstandard in Kauf, um hier draußen zu arbeiten. So hatte ich mir Entwicklungshilfe schon eher vorgestellt als das, was ich in Khartum gesehen hatte.

Wir fuhren in einem hoch mit Wolldecken beladenen Landrover los. Am Steuer saß ein junger Sudanese namens Musa, denn Ausländer durften in dieser Gegend nicht selbst fahren. Bald überquerten wir eine riesige, weiße, aggressiv moderne Brücke, die in dieser leeren, primitiven Landschaft völlig paradox wirkte, und fast unmittelbar danach tauchte ein gigantischer weißer Gebäudewürfel auf, der aus einem Meer von Zuckerrohr ragte und sinnigerweise die Zuckerraffinerie von Kenana war. Alle weiteren Pläne, Kosti zu einem modernen Industriezentrum zu machen, waren im Moment schubladisiert, daher wirkten die beiden einsamen, kompromißlosen Bauwerke in dieser Wildnis besonders kurios und völlig fehl am Platz, fast wie auf einem Bild von Salvador Dalí. Bevor wir nach Süden in Richtung Renk abdrehten, gab es zwei Polizeikontrollen. Beidemal versuchte ich, möglichst unbeteiligt auszusehen, doch meine Handflächen waren schweißnaß vor Angst, jemand könnte mich nach meiner Reisegenehmigung fragen. Aber nur die Wagenpapiere wurden überprüft, für die Insassen interessierte sich niemand.

Die Straße war mörderisch. In den großen Staubverwehungen und an tief zerfurchten Stellen legte sich das Fahrzeug in gefährlich schrägem Winkel zur Seite. Mehrmals kippten wir beinahe um, und Musa kämpfte wie wild, um nach einer zu schnell gefahrenen Kurve den Wagen wieder unter Kontrolle zu bringen. Wir mußten uns beeilen, um noch vor der Dunkelheit in Renk einzutreffen, sonst hätten wir die ganze Nacht auf einem Polizeiposten verbringen müssen. Es war heiß, viel heißer als in Khartum. Die großen Kamel- und Viehherden, die von Zeit zu Zeit durch die ungeheure Weite dieses Buschlandes zogen, verwandelten sich zu zerstückelten, zerbrochenen Gebilden und flirrten unstofflich durch den Hitzeschleier wie Traumbilder von verlorenen biblischen Stämmen. Das Land war von einer dramatischen Schönheit jenseits aller menschlichen Maßstäbe. Große, felsige Dschebels ragten abrupt aus den Ebenen, ohne Anzeichen eines Busches oder Grashalms, der dort oben wuchs – steinerne Burgen, auf denen die Geier Ausschau hielten.

Sobald wir die Provinz White Nile hinter uns hatten und in die Southern Province fuhren, häuften sich die Polizeikontrollen, auch sahen wir mehr und mehr verlassene Dörfer. Einige waren von der Armee niedergebrannt worden, weil man sie von der SPLA infiltriert glaubte, aus anderen waren die Bewohner panikartig geflüchtet, als die Streitkräfte das Feuer eröffnet hatten. Den Nil erblickten wir nur einmal, während wir in einem Städtchen an seinem Ufer kurz Rast machten, um uns zu erfrischen. Es war ein ruhiger, freundlicher Ort, wo die Menschen sehr schwarz aussahen und die Frauen keinen Tobe trugen. Ich hatte mich schon so daran gewöhnt, alle Frauen im Sudan in dieses lange Tuch eingewickelt zu sehen, daß mir erst hier im Süden, beim Anblick dieser Frauen mit ihrem freien Gang, bewußt wurde, wie einengend so ein Kleidungsstück in Wirklichkeit ist. In diesem Landesteil trug jedermann viel weniger Textilien, und es war schön, daß die Beine nicht mehr unter langen Roben oder Hosen versteckt werden mußten.

Die Polizeikontrollen gemahnten mich an die Reise der Bakers durch diese Gegend, an ihre ständigen Scherereien mit Korruption, Ausbeutung, Trägheit und Amtsanmaßung. Hatte sich wirklich so viel geändert? Zwar lagen keine Sklaven mehr angekettet in Schuppen am Nilufer, wo sie auf den Weitertransport warteten und von den Sklavenhändlern rasch außer Sichtweite gebracht wurden, wenn der weiße Mann erschien und dazwischentrat, doch die unterschwellige Gleichgültigkeit gegenüber den Leiden anderer Menschen war noch immer augenscheinlich, und ebenso augenscheinlich war die Spaltung zwischen Nord und Süd, zwischen Arabern und allen anderen.

Kamen wir zu einem Kontrollpunkt, hielten wir jeweils an. Musa stellte den Motor ab, wir übrigen saßen mit steifem, gefälligem Lächeln auf den Gesichtern da, bis einer der herumliegenden Wachtposten sich aufzurichten geruhte und mit seinem Gewehr langsam auf uns zuschlenderte. Manchmal waren sie selbst dazu zu müde und winkten uns aus ihren Stühlen heraus weiter, doch sobald einer von ihnen die Wolldecken erspähte, strichen sie alle wie Schakale um uns herum. Sobald sich Joan als Leiterin zu erkennen gab, wurde sie weggeführt und mußte sich etwa zwanzig Minuten lang gegen Überredungskünste, Argumente und versteckte Drohungen zur Wehr setzen, mit denen man ihr die Wolldecken abjagen wollte. Zwar versuchte sie zu erklären, sie seien für die Armen und Bedürftigen im Süden bestimmt, konnte jedoch die Posten damit nicht erweichen: Auch sie waren arm, und die Leute im Süden galten ihnen nicht wirklich als Menschen – sie waren keine Moslems und außerdem potentielle Rebellen, wieso also Wolldecken an sie verschwenden?

Kurz bevor es Nacht wurde, kamen wir endlich in Renk an, so

daß mir nur der flüchtige Eindruck einer kleinen, von sehr vielen Dörfchen aus Grashütten umringten Stadt am Nil blieb, bevor wir das baufällige Haus erreichten, das CONCERN für seine Mitarbeiter gemietet hatte. Schade, daß die einzigen anderen Europäer, ein paar Polen, die mit Flugzeugen aus dem Zweiten Weltkrieg waghalsige Einsätze flogen, um die Felder mit Schädlingsbekämpfungsmitteln zu besprühen, gerade abwesend waren, denn sie füllten den Krankenschwestern jeweils auch den Wassertank auf. Ich hätte bei diesen Temperaturen hier nicht gerne lange ohne Wasser und ohne Elektrizität gelebt. Strom war zwar vorhanden, wenn erst einmal ein diabolischer Generator in Gang gesetzt wurde, doch machte er einen so fürchterlichen Lärm, daß ihn niemand lange aushielt. Es gab auch eine Art Faktotum, ein Mädchen für alles in Gestalt eines Einheimischen, der seine nicht besonders schmackhaften Mahlzeiten unter derart primitiven Bedingungen zubereiten mußte, daß sich niemand beklagen durfte. Mit jeder Stunde, die ich in Renk verbrachte, wuchs meine Hochachtung für diese Iren, die sich nicht nur mit den desolaten Verhältnissen abfanden, sondern extrem hart arbeiteten und dabei guten Mutes blieben.

Es war noch dunkel, als ich vom ersten moslemischen Gebetsruf irgendwo ganz in der Nähe geweckt wurde. Ich lag in einem jetzt schon heißen, kleinen Zimmer und machte mich langsam mit dem Gedanken vertraut, daß ich mich nun in einer unsicheren Grenzstadt befand. Renk, einst ein kleines, schläfriges, bedeutungsloses Städtchen am Nil, bildete gegenwärtig die Grenze. Bis hierher reichte der Einfluß der Regierung, südlich davon herrschte die SPLA, die im Busch lebte und mit modernsten Waffen einen Guerillakrieg führte. Sämtliche größeren Städte am Nil wie Malakal, Bor und Juba waren seit einiger Zeit wirksam von der Umwelt abgeschnitten. Barken, die den Strom hochfuhren, waren unter Beschuß genommen worden, was der Rolle des Nils als Hauptverkehrsader zwischen Kosti und Juba schlagartig ein Ende gesetzt hatte; und als die SPLA ein Passagierflugzeug über Malakal abschoß, war auch die Verbindung mit dem Gebiet zwischen Renk und Juba praktisch zum Erliegen gekommen, was das Ende für alle die multinationalen Multimilliardenprojekte zur materiellen Besserstellung dieses Teils der Welt bedeutete. Eines jener Vorhaben, der Bau des dreihundertfünfzig Kilometer langen Junglei-Kanals, der die Sümpfe des Sudd trockenlegen und ungeheure Mengen zusätzliches Wasser liefern sollte, hatte kurz vor der Vollendung gestanden. Es wird wahrscheinlich kaum je fertiggestellt, denn der riesige Spezialbagger ist von den Rebellen zerstört worden, und alles, was bereits ausgehoben wurde, füllt sich langsam wieder mit Sand auf.

Die Satellitendörfer rund um Renk dienten als temporäre Lager für die Schilluk, die zu Tausenden nach Norden getrieben wurden, weil die Regierungsarmee eine Politik verfolgt, Gebiete, welche der SPLA helfen könnten, zu »säubern«. Die Schilluk lebten seit dem sechzehnten Jahrhundert in eng verbundenen Ackerbaugemeinschaften auf ihrem angestammten Territorium längs des Nils. In ihrer ursprünglichen Religion erhält ein »Höchstes Wesen«, Nyikang, die Harmonie von Erde, Himmel und Strom und schickt jedes Jahr den Regen, um die Verderbnis abzuwenden, die von der Sonne droht – in diesem glühend heißen Teil der Welt wird die Sonne selten als wohltätige Gottheit angesehen. Die Schilluk glaubten auch an ein Gottkönigtum, und ihr Herrscher galt als Manifestation von Nyikang, was einen stark einigenden Effekt auf den Stamm ausübte und dem Land half, die Jahrhunderte des arabischen Sklavenhandels zu überleben. Seit Mitte des achtzehnten Jahrhunderts gründeten christliche Missionare Schulen und Krankenhäuser auf Schilluk-Gebiet und konnten viele von ihnen bekehren, bis 1963 die sudanesische Regierung im Rahmen ihres Versuchs, das ganze Land unter dem Islam zu vereinen, sämtliche Missionare aus dem Süden auswies. Obwohl viele Schilluk heute Christen sind, folgt die Mehrzahl von ihnen noch immer dem alten Glauben.

Vor dem Frühstück gingen wir zur Kinderstation hinüber, die unter zwei offenen Markisen neben einem verlassenen Krankenhaus untergebracht war. Ein Strom eifriger, lächelnder, kleiner schwarzer Kinder war auf dem Weg dorthin. Jedes kämpfte sich, so schnell es konnte, vorwärts, viele mit Säuglingen und Kleinkindern auf den Armen, die kaum kleiner waren als sie selber. Hie und da hielten sie inne und versuchten, ihre kleinen Lasten höher auf noch nicht existierende Hüften zu hieven. Sie kamen alle aus den provisorischen Schilluk-Dörfern im Umkreis, und für einige von ihnen war es ein recht langer Anmarschweg. Kinder zwischen sechs Monaten und zwei Jahren sind bei diesen zwangsumgesiedelten Menschen dem größten Risiko ausgesetzt. Daheim hatte es eine Vielzahl verschiedener Nahrungsmittel für sie gegeben, doch hier erhielten sie, sobald sie entwöhnt waren, als einziges das ungenießbare Durra, die Mohrenhirse, das ihnen nicht bekommt, und deshalb sterben sehr viele von ihnen. Auf einer Ernährungsstation wie dieser findet man mittels eines international anerkannten Maßstabs für das Verhältnis von Körpergröße zu Gewicht heraus, welche der Kinder am meisten gefährdet sind, und so müssen den ganzen Tag lang hungrige Kinder abgewiesen werden, nur weil sie noch nicht genügend ausgemergelt sind. Wird ein Kind einmal angenommen, erhält es im Center dreimal täglich eine Art angereicherten Porridge zum Essen, ebenso wie die Person, die es bringt. Es kann dann jeden Tag wiederkommen, bis es das erforderliche Gewicht erreicht hat. Im Gegensatz zu den Flüchtlingen erhielten diese zwangsumgesiedelten Schilluk überhaupt keine staatliche Hilfe. Was CONCERN zuerst als zeitlich begrenztes Problem angesehen hatte, war noch nicht besser geworden, und während ich dort weilte, wurde beschlossen, das Center zu reorganisieren und es auf eigene Füße zu stellen.

Das erste Kind in der Schlange an diesem Morgen war ein Neuankömmling von nicht ganz zwei Jahren namens Michael, der fast komatös in den Armen seiner Mutter lag. Er befand sich in einem Zustand fortgeschrittener Auszehrung: Sein Kopf glich dem Schädel eines alten Mannes, Arme und Beine wirkten so zerbrechlich wie bei einem Vogel, und sein stark geschwollener Bauch war mit einem T-Shirt bedeckt, auf dessen Vorderseite in obszönem Kontrast zu dem bis aufs Skelett abgemagerten Kind ein Trickfilmkaninchen grinste. Seine Mutter hatte das traurigste Gesicht, das ich je gesehen habe, und eine Weile lang war der Drang übermächtig, mich abzuwenden, um zu verbergen, daß ich weinte. Es berührt seltsam, daß nichts, was man im Fernsehen sieht oder irgendwo liest, dem nahekommt, was man fühlt, erlebt man den Skandal, daß ein Kind vor Hunger stirbt, von Angesicht zu Angesicht. Wohl niemand kann sich eines tiefen Schuld- und Schamgefühls erwehren, einfach da zu sein, so, wie man ist, wohlgenährt und gesund. Claire legte ihren Arm um die Mutter und sagte, sie wolle versuchen, daß ihr Kind im Krankenhaus aufgenommen würde, damit man es künstlich ernähren könne. Die Frau verstand die Worte nicht, doch Wärme und Trost drangen durch. Sie versuchte zu lächeln, und das war wohl am allerschwersten von allem zu ertragen.

Innerhalb einer Stunde war der hinterste Platz unter der Zeltbahn mit schwarzen Menschen vollgepackt, die sich Kopf an Kopf über die roten, bis zum Rand mit dickem, gelbem Papp gefüllten Plastikschüsseln beugten. Plastiklöffel flitzten auf und nieder, so schnell es eben ging, und die Augen wandten sich keine Sekunde von den Schüsseln ab. Kleine Jungen und Mädchen von etwa fünf Jahren löffelten die Mixtur in die jüngeren Kinder hinein, deren Gesichter von dem Zeug bald völlig verschmiert und voller Fliegen waren, welche überall an ihnen herumkrabbelten. Der Brei wurde in riesigen Kesseln von Schilluk-Frauen zubereitet, die man unter den Umgesiedelten rekrutiert hatte. Sie waren gut zu den Kindern, füllten jede Schale so voll wie nur möglich und freuten sich, wenn alles aufgegessen war. Einige der älteren Kinder versuchten, heimlich etwas von dem Porridge in alten Flaschen und Büchsen zu verbergen, um es nach Hause mitzunehmen, dem wurde jedoch Einhalt geboten, weil unter den überall herrschenden unhygienischen Bedingungen die Gefahr einer akuten Lebensmittelvergiftung bestand. Aus demselben Grund ließ man die Kinder mit Löffeln essen, während sie daheim die Hände gebrauchten.

Das ganze Gebiet rund um die Zelte war eine einzige offene Latrine, da die Kinder die zur Verfügung stehenden Toiletten nicht benutzten und es unter den gegebenen Umständen unmöglich war, sie zu Hygiene zu erziehen. Jetzt, wo hier eine permanente Station entstehen sollte, waren bereits Pläne im Gang, das Gebiet einzuzäunen, das unbenutzte Gebäude in Eßräume umzubauen und zwischen den Mahlzeiten irgendwelche erzieherische Aktivitäten für die Kinder zu organisieren, damit sie nicht immer herumsitzen mußten. Einige der Köchinnen konnten meiner Meinung nach sehr gut als Hilfskindergärtnerinnen amtieren, besonders Elisabeth, eine schöne, junge Frau, die, wenn sie nicht gerade Essen ausschöpfte, immer eins der kleinen Kinder auf den Knien schaukelte und ihm sanft vorsang: »One, two, three, Jesus love me; two, three, four, he love you more.« Die Schilluk-Frauen sind ganz vernarrt in ihre Kinder und können sich nichts Schöneres denken, als noch mehr davon auf die Welt zu bringen. Während Claire und ich bei den Köchinnen saßen und mithalfen, die Getreidekäfer aus dem Mehl zu sieben, berührte Elisabeth sanft einer Frau nach der andern den Bauch und ließ uns stolz wissen: »Sie drei Monate – vier Monate ihre – ihre vielleicht zwei!«, begleitet vom verschwörerischen Kichern der übrigen.

Es ließ sich nicht abschätzen, wie viele der zwangsumgesiedelten Schilluk in den Dörfern rund um Renk lebten – es müssen Zehntausende gewesen sein, doch niemand kannte auch nur ihre ungefähre Zahl. Auf der Flucht nach Renk hatten sie versucht, in ihren ursprünglichen Dorfgemeinschaften zusammenzubleiben, was für ein derart eng verbundenes Volk offenbar von großer Wichtigkeit war, und sich selbst in dieser schlimmen Notlage einen Sinn für Harmonie bewahrt, der sehr einnehmend wirkte. Sie waren auch vom Aussehen her ein überaus attraktives Volk: schlank, anmutig, mit schöner, gelassener Kopfhaltung und dem traditionellen Stammesnarbenmuster, welches ihre Erscheinung eher noch mehr zur Geltung brachte. Es sieht sehr ähnlich aus wie jenes der Dinka: Quer über die Stirn läuft eine horizontale Linie mit »Perlen«, wo Asche in Abständen in den Einschnitt gerieben worden war.

Jude nahm mich mit zu einer Visite in eines der nahen Schilluk-Dörfer. Er war bei CONCERN angestellt und selbst ein Schilluk, hatte jedoch das College in Malakal besucht, bis es von der Regierung geschlossen wurde, worauf er nach Khartum gezogen war, um dort seine Ausbildung fortzuführen. Nach Schulabschluß konnte er wegen der Straßensperren nicht mehr zurückkehren und wartete jetzt in Renk auf eine Gelegenheit, nach Hause zu kommen und seine Stelle als Laienarbeiter bei der lutheranischen Kirche anzutreten.

Die meisten Schilluk lebten in Großfamilien in drei oder vier kleinen, runden, mit einem Flechtwerk aus Zweigen umzäunten Hütten. Diese waren schön gearbeitet, jedoch bar jeglicher Besitztümer, mit Ausnahme vielleicht von ein paar wenigen aufgeschnittenen Mehlsäcken zum Schlafen. In dieser Jahreszeit können die Nächte sehr kalt werden, und die Decken, die wir mitgebracht hatten, waren in all dem Elend nur ein Tropfen auf den heißen Stein.

Es gab nur wenige Leute dort – die meisten waren weggegangen, auf die endlose Suche, etwas zum Überleben zu finden. Viele Frauen wanderten jeden Tag in entfernte Gehölze und lasen Stekken zusammen, um sie zu Holzkohle zu verbrennen und auf dem Suk zu verkaufen. Die Männer nahmen alle nur möglichen Arbeiten an, doch nur während der Erntezeit fanden sie jeweils Gelegenheit, einige Wochen fest angestellt zu werden, um Baumwolle, Zuckerrohr und Mohrenhirse einzubringen. Eine größere Zahl jüngerer Männer war beschäftigt, Wasser vom Nil in die Stadt zu transportieren und dort zu verkaufen. Sie verwendeten dazu selbstgebastelte Karren (eigentlich bloß gestrichene Ölfässer auf Rädern) und durften hoffen, für einen langen Arbeitstag knapp eine Mark zu verdienen, wovon die Hälfte an den Besitzer des Gefährts ging. Renk hatte früher einmal ein Wasserleitungsnetz, doch war es schon seit längerem zusammengebrochen. Ich sah auch mehrere Jungen, die erstaunlich detaillierte Modellautos und -lastwagen aus alten Konservendosen herstellten, deren Einzelteile von Draht zusammengehalten waren, welcher durch mit einem Nagel gehämmerte Löcher gefädelt wurde. Diese Modelle kosteten viele Stunden geduldiger Arbeit und wurden für ein paar Kupfermünzen verkauft.

In einem der Lager unterhielten wir uns mit einem Mann, der ein Fischernetz flickte, als sich eine zerzauste alte Frau schreiend auf mich stürzte, die Hände wie Krallen zum Zuschlagen gespreizt. Mehrere Familienangehörige fingen sie ein, bevor sie mich erreicht hatte, und führten sie weg. Sie sei verrückt, sagte der Mann zu Jude, und benehme sich so, seit sie vor sechs Monaten von zu Hause fliehen mußten – wahrscheinlich hatte sie mich irgendwie mit dem Feind in Verbindung gebracht.

Während wir miteinander sprachen, kamen eine ganze Reihe weitere Leute herbei. Jude sagte mir, sie wollten mir »ihre Geschichte« erzählen, und nachdem ich sie mir schließlich angehört hatte, konnte ich mich nur noch darüber wundern, daß nicht mehr von ihnen den Verstand verloren hatten. »Wir erzählen Ihnen diese Dinge«, sagten sie, »weil wir wissen, Sie sind eine Journalistin und wollen die Wahrheit erfahren. Wenn die Regierung hört, daß wir Ihnen diese Dinge erzählen, wird man uns vielleicht umbringen. Es bringt uns in große Gefahr, mit Ihnen über diese Dinge zu sprechen. Wenn jemand uns fragt, warum wir hier sind, sagen wir, weil John Garang all unser Vieh aufgegessen hat. Das sagen wir, doch es ist gar nicht wahr! John Garang hat nicht all unser Vieh aufgegessen. Er hat nur etwas davon genommen. Dann kam die Armee und sagt, wir helfen John Garang, und sie treiben all unser Vieh weg und jagen die Leute hinaus, und die Leute rennen weg, und dann schießt die Armee auf uns. Viele haben wir tot dortgelassen, viele kleine Kinder, Frauen und auch Männer, viele. Dann schlachtet die Armee unser Vieh. Wir kommen hierher mit nichts in den Händen, alles haben wir in unseren Dörfern zurückgelassen. Wir hatten dort alles. Selbst die Armen hatten Fische in den Bächen und Mangos, die wild in den Wäldern wuchsen. Unser Volk hat bis jetzt noch nie Hunger gekannt. Doch die Regierung kümmert sich überhaupt nicht um uns. Wir sind Christen. Für sie ist es besser, wenn wir und unsere Kinder sterben. Unsere einzige Hoffnung ist, wieder unser eigenes Land zu haben. Darauf hoffen wir.«

Bevor ich Renk verließ, machte ich mit Musa einen Rundgang durch die Stadt selbst. Das Stadtzentrum mit Polizeikasernen, Bank und den Häusern von ein paar wenigen wichtigen Leuten war fest in arabischer Hand und von einem hohen Drahtzaun umgeben, der in der Nacht abgesperrt werden konnte und für den Fall eines Überfalls der SPLA bewacht war. Der Rest der Stadt sowie die umliegenden Dörfer mit den zwangsumgesiedelten Schilluk waren ungeschützt. Man sagte mir, es gebe häufig Infiltrationen. Wenn die Armee von einer höre, bringe sie Artillerie herbei und zerbombe das Dorf, obwohl es voller Leute sei.

Abgesehen von ein paar Straßen mit verlotterten arabischen Häusern ähnlich dem von CONCERN gemieteten, setzte sich Renk aus den traditionellen afrikanischen Familienverbänden zusammen. Ein geflochtener Rundzaun beschützte sechs oder sieben Grashütten, die Ziegen und Hennen, das Rindvieh und einige wenige Hunde. Es gab aber auch größere Komplexe. Zuweilen zeigte eine rote Fahne an einem hohen Mast an, daß man hier selbstgebrautes Bier trinken konnte, während eine weiße Fahne bedeutete, daß Schnaps zu kaufen war. Unten am Fluß, wo das Gemüse für die Versorgung der Stadt wuchs, lagen riesengroße Barken am Verrotten und setzten schon Unkraut an. Es war mehr als ein Jahr her seit ihrer letzten Fahrt. Damals hatte die SPLA eine Reihe Barken auf dem Nil beschossen und die Hauptverkehrsader des Landes jäh unterbrochen. Nichts bewegte sich jetzt mehr auf dem Wasser, mit Ausnahme einer Pumpe, die unaufhörlich arbeitete, um die Ölfässer einer endlosen Schlange von Wasserträgern zu füllen.

Auf dem Rückweg hielt ich an, um ein paar lächelnde Kinder zu fotografieren, die im Staub neben kleinen Häufchen mit Früchten und Gemüse kauerten, welche sie verkauften. Sogleich trat ein betrunkener Polizist hinzu und begann mich mit seinem Schlagstock zu bedrohen. Ich hatte in Khartum einen vollumfänglichen Kameraausweis erhalten, mit Foto von mir und »Presse« und »Spezialgenehmigung« in großer Schrift vorne drauf. Es stand sogar drin, ich dürfe Kinofilme drehen, doch auf diesen uniformierten Rüpel machte er keinen Eindruck – vermutlich konnte er sowieso nicht lesen. Eingedenk meiner fehlenden Reisegenehmigung kletterte ich rasch in den Landrover zurück, ehe er in Versuchung kam, mich zu verhaften.

Bevor ich am folgenden Morgen von Renk abreiste, machte ich einen Abschiedsbesuch beim Ernährungszentrum, und dort war wider Erwarten der kleine Michael. Noch immer zu schwach, um ohne Hilfe sitzen zu können, löffelte er doch langsam Brei in sich hinein, und das mit einer so grimmigen Entschlossenheit, daß mir einmal mehr das Weinen zuvorderst stand. Die Erwachsenen und die größeren Kinder wiesen voller Stolz auf seine Anstrengungen hin und sahen so vergnügt aus, als wäre es ihr eigener Triumph – was es wohl auch war: Eins mehr von ihnen hatte den Tag überlebt!

15. KAPITEL

Noch einmal: Khartum

Der große, abfallübersäte offene Platz in Kosti war voll von uralten, durchhängenden Bussen. Doch nur wenige funktionierten noch, und es war unmöglich, in dieser wogenden Menschenmenge herauszufinden, was lief und was nicht. Der unvorhergesehene Besuch in Renk hatte mir herzlich wenig Zeit übriggelassen, bis Montag morgen die fünfhundertfünfzig Kilometer zurück nach Khartum zu bewältigen, um meine Verabredung mit Unicef einzuhalten. Ich hatte Kosti erst Samstag spät erreicht und war von der gräßlichen Reise im Landrover ganz zerschlagen und zerbeult. Selbst auf einer Teerstraße waren die restlichen dreihundert Kilometer gegen den Wind viel zuviel für einen Tag.

Ein Bus war also der einzige Ausweg – nur stand jetzt das sudanesische Transportwesen seit neuestem ebenfalls auf der langen Liste der Versorgungsengpässe, und zwar so weit oben, daß das Militär soeben sechzig große, bis oben beladene Lastwagen der Vereinten Nationen beschlagnahmt hatte, welche versuchten, mit dringend benötigten Lebensmitteln zur belagerten Stadt Wau durchzukommen. Die Entwicklungshelfer in Kosti, von denen ich dies erfuhr, waren alle sehr besorgt über die möglichen Auswirkungen, besonders weil Gerüchte zirkulierten, die Armee hätte die Lastwagen mit Waffen beladen und sie südwärts an ein unbekanntes Ziel gefahren. Im Vergleich dazu schienen meine eigenen Sorgen trivial, obwohl es das Warten auch nicht leichter machte.

Nach mehrstündigen fruchtlosen Erkundigungen, die mich zunehmend nervös machten, wies einer der Umstehenden freundlich auf einen Bus nach Khartum. Sein Fahrer hielt sich klugerweise aus der Gefahrenzone und verkaufte die Fahrkarten durch ein Fenster des abgeschlossenen Gefährts. Eine Menge knochiger Sudanesen hüpfte aufgeregt unter seiner Nase auf und ab und drängelte, um einen Fahrschein zu ergattern. Zuerst wartete ich, bis die Reihe an mir war, wurde aber immer wieder weggeschoben und hatte, behindert durch mein Fahrrad, nicht die geringste Chance. Dann erspähte ich zwei junge Männer von CONCERN, die ebenfalls nach Khartum wollten. Ich dachte, sie könnten sich doch für mich ins Getümmel stürzen und für uns alle Fahrscheine kaufen, aber sie waren viel zu schüchtern, also gab es nur noch einen Ausweg: Nach dem Motto »Man muß sich immer seiner Umgebung anpassen« ließ ich das Agala in ihrer Obhut zurück, wühlte mich ins Gedränge und wurde wirklich mit drei Fahrkarten nebst einer fürs Agala belohnt.

Die beiden jungen Männer vergalten mir meine sportliche Leistung, indem sie mir halfen, das Fahrrad die Außenleiter aufs Busdach hinaufzustemmen, und mich auf dem zerbrochenen Rücksitz in die Mitte nahmen, was angenehmer war, als neben einem Sudanesen zu sitzen, denn die irischen Jungen waren besser gepolstert. Die Rückreise nach Khartum war anstrengend und heiß. Der Bus war mit mehr als dem Doppelten seines offiziellen Fassungsvermögens vollgestopft, und die sudanesischen Männer machten sich hemmungslos breit. Erst als wir in eine Polizeikontrolle kamen, die nach infiltrierten Rebellen fahndete, konnten wir uns ein bißchen Platz schaffen. Alle sudanesischen Männer mußten aussteigen und sich aufreihen, doch weil es unter ihnen anscheinend keine Verdächtigen gab, kamen ebenso viele wieder herein, und wir büßten wegen ihrer unbarmherzigen Drängeltechniken unseren Vorteil bald wieder ein.

Meine Besorgnis, ob ich einen Flug nach Juba kriegen würde, verflog, sobald ich ins Büro des Direktors bei Unicef geführt wurde. »Warum fliegen Sie nicht einfach mit uns?« fragte Cole Dodge, »wir bringen unsere Maschine nächste Woche dort hinunter, es hat Platz genug für Sie und Ihr Fahrrad.« Dann merkte ich, daß sein Angebot nicht ganz so beiläufig erfolgte, wie es klang: Er hatte Fotokopien meiner Zeitungsartikel vor sich liegen, und sicher dachte er, ich könne ihm ebenso nützlich sein wie er mir. Das

Projekt für die Wiedereingliederung vagabundierender Kinder, das er mir ans Herz legte, interessierte mich außerordentlich. Schon bevor ich aus England abreiste, hatte ich von den Tausenden obdachloser Jungen gehört, die durch die Straßen von Khartum streunten, und wollte so viel als möglich darüber herausfinden. Unicef flog am nächsten Tag einen Psychologen aus Norwegen in eine Stadt an der Grenze zu Tschad, damit er sich ein laufendes Teilprojekt ansehen konnte, und Cole Dodge meinte, ich solle ruhig mitgehen. Nicht zum erstenmal merkte ich, daß die Amerikaner mit viel größerer Kelle anrühren als die Briten. Ich packte daher die Gelegenheit am Schopf, ein weiteres Gebiet des Sudans zu sehen, obwohl mir nur ein paar Stunden blieben, um mich mit den Hintergründen dieses Problems etwas vertraut zu machen. Ein einheimischer Angestellter namens Sadik würde mir jedoch helfen, »mich ins Bild zu setzen«.

Sadik drängte mich von Büro zu Büro, wo ich einer Vielzahl verschiedenster Leute die Hand schütteln mußte. Ich hatte keine Ahnung, welche Funktionen sie ausübten, doch alle sprachen mit amerikanischem Akzent und erweckten den Eindruck überwältigenden Eifers, wie die Einpeitscher der Fans beim Fußball. »Drahtzieher« und wichtigster Mann war jedoch ein Sudanese, der sämtliche Reisegenehmigungen für die Unicef-Agentur arrangierte und meinen Reisepaß für den Flugplan benötigte. Dokumente, die zu beschaffen sonst Tage dauerte, konnte er in wenigen Stunden herzaubern, weil er, wie er sagte, mit einer anderen Regierungsstelle verhandle, als ich sie aufsuchen mußte. Das mochte stimmen, entsprach aber nur einem Teil der Wahrheit, und langsam begann mir zu dämmern, daß hier im Sudan ohne so einen »Macher« kein Hilfswerk und kein Geschäft funktionieren konnten.

Als ich wieder herauskam, drehte sich mir alles im Kopf, doch ich hatte keine Zeit, meine Gedanken zu ordnen, denn schon wurde ich zu einem Rohbau geführt, wo sich »Saba« (»Morgen«), eine Zufluchtsstätte für Straßenjungen, befand. Mein erster Eindruck: ein Innenhof, der vor rowdyhaft aussehenden, zerlumpten Jungen und Jugendlichen aus allen Nähten platzte. Zwei mit langen Stöcken bewaffnete Männer hatten alle Mühe, sie im Zaum zu halten und die erbitterten Kämpfe und Handgemenge im Keim zu ersticken, die ständig aufflammten, während die Jungen Teller mit Essen faßten, welches aus einem großen, schwarzen Kochkessel geschöpft wurde. Der Platz brodelte von zornigen, verletzten jungen Menschen voller Auflehnung und Argwohn. Ich spürte förmlich, wie Wellen von Unmut gegen mich schwappten – oder vielmehr gegen das, was ich repräsentierte: eine Fremde, eine aus einer privilegierten Welt, die sie in derart demütigenden Umständen erblickte. Dann fiel mir auf, daß vielen Jungen Hände oder ganze Gliedmaßen fehlten, und ein schrecklicher Verdacht stieg in mir hoch: »Gütiger Himmel, das kann doch nicht ...« Selbst unter der kürzlich eingeführten unmenschlichen islamischen Rechtsprechung der Scharia, wo überführten Dieben zur Strafe Hände und Füße amputiert wurden, konnte man mit diesen Kindern doch nicht so umspringen! Dieser Gedanke war so entsetzlich, daß ich glaubte, in Ohnmacht zu fallen. Ohne es zu merken, hatte ich laut gesprochen, und Sadik entgegnete in nüchternem Ton, zwar seien einige der Jungen alt genug, um auf diese Weise bestraft zu werden, doch diese Verstümmelungen seien wohl eher zufällig und nicht absichtlich zugefügt worden – während sie nach Khartum ausrissen, seien viele der Jungen im Zank oder im Schlaf von den Wagendächern der Züge gefallen und unter die Räder gekommen.

Sadik meinte, es gebe in Khartum rund zwanzigtausend obdachlose Jungen zwischen sieben und zwanzig Jahren, die unter freiem Himmel lebten, es könnten aber auch mehr sein. Nachdem jetzt die schlimmste Hungersnot gebannt war, wandten sich viele Hilfswerke dem Problem dieser obdachlosen Kinder zu, und einige schienen sich spontan etwas einfallen zu lassen. Bei all der Rivalität zwischen den verschiedenen Agenturen und unter dem ständigen Druck, die eigene Existenzberechtigung nachweisen zu müssen, drohte die Gefahr eines selbstsüchtigen Gerangels, ohne daß die verschiedenen Anstrengungen koordiniert wurden und auf dem aufgebaut wurde, was bereits geleistet worden war. Niemand war sich dieser Gefahr mehr bewußt als eine charismatische Jugoslawin namens Blanka, die ich in Saba kennenlernte. Sie stand an vorderster Front und war mit diesem Problem vertrauter als alle anderen, die ich traf, zusammengenommen.

Blanka, eine praktische, energische Frau in den Fünfzigern, hatte einen Sudanesen geheiratet, den sie von der Universität her kannte, und lebte seit dreißig Jahren im Land. Nach zwei Jahrzehnten waren ihre drei Söhne groß genug gewesen, daß sie fand, es sei an der Zeit, etwas aus ihrem ziemlich nutzlos gewordenen Leben zu machen, denn die Einschränkungen, die Frauen in islamischen Ländern auferlegt werden, sind selten leicht zu ertragen, schon gar nicht für eine hochgebildete Frau aus dem Westen. Das Gehalt ihres Mannes, eines Universitätsprofessors, erlaubte ihr nicht, jedes Jahr für einen Besuch nach Jugoslawien zurückzukehren – ihr letzter Rettungsanker, wie ihr schien. Daher entschloß sie sich mit vierzig, dem Widerstand, der sich in einer solchen Gesellschaftsstruktur zwangsläufig gegen die Initiative einer Frau richten würde, mutig die Stirn zu bieten und sich selbst zu helfen, und nach vielen Wenn und Aber eröffnete sie eine Eisdiele, die erste in ganz Khartum. Die Idee schlug sofort ein und brachte Blanka viel mehr als bloß finanzielle Unabhängigkeit: Sie lernte das Problem der Straßenjungen von Grund auf kennen.

Das Eis zog die obdachlosen Jungen an wie das Licht die Motten, und sie lungerten lange genug dort herum, daß Blanka feststellen konnte, wie verzweifelt ihre Notlage war. Sie waren ausgehungert, gingen in Lumpen und brauchten häufig ärztliche Pflege, aber ebensosehr bedurften sie psychologischer Unterstützung und einer Ausbildung. Anfangs gab sie ihnen zu essen und hie und da Kleider (obwohl die sogleich weiterverkauft wurden) und versuchte auch, ihnen ärztliche Hilfe zu vermitteln. Langsam, langsam faßten einige von ihnen Zutrauen zu ihr und erzählten ihr von ihrem Leben und ihren Problemen. Die Zwangslage der älteren Jungen quälte sie am meisten und ließ sie nicht los. »Wer von den Jüngeren schlau ist, kann sich mit Betteln durchschlagen«, erzählte sie mir, »doch sechzehn ist kein günstiges Alter mehr dafür. Die strecken ihre Hand schon gar nicht mehr aus, weil sie wissen, daß sie doch nichts kriegen werden. Ich kann zusehen, wie solche Jungen sich jeden Tag mehr in sich selbst verkriechen, bis sie völlig verzweifelt sind.«

Vor ein paar Jahren war die Zahl der Straßenjungen infolge der Dürre- und Hungerkatastrophe dramatisch angestiegen. Blanka war klargeworden, daß sie mit diesem Problem nicht mehr allein fertig werden konnte. Eines Tages stieß sie auf einen Jugendlichen, der in einem Gäßchen lag. Sein eines Bein war so brandig, daß sich ihm wegen des Gestanks niemand nähern konnte. Irgendwie schaffte es Blanka, ihn in ihr Auto zu bekommen. Ein Taschentuch vors Gesicht gepreßt, damit sie sich nicht übergeben mußte, fuhr sie durch ganz Khartum, auf der Suche nach einem Arzt, der ihr helfen wollte. Schließlich fand sie einen, doch damit war ihre Prüfung noch längst nicht vorbei: Sie mußte den Jungen fest in ihren Armen halten, während der Arzt das verfaulte Fleisch wegschnitt und versuchte, genügend gesundes Gewebe zu finden, um eine Amputation zu vermeiden.

Danach war es an Blanka, die Hände auszustrecken, und wie es manchmal so geht, wenn eine Notlage publik wird, tauchten auch hier plötzlich Privatpersonen und lokale Hilfswerke auf, um ihr beizustehen. Oberste Priorität hatte ein Zentrum, ein zeitweiliger Schlupfwinkel, weg vom Leben auf der Straße und ein Stück weit von der Eisdiele entfernt, wo die Jungen bereits die Kunden belästigten und verschreckten. Das Geld dafür war vor genau einem Jahr zusammengebracht worden, und Saba – »ein Ort, der den Jungen etwas Platz gibt, um sich über ihre Situation klarzuwerden«, wie Blanka sich ausdrückte – öffnete seine Tore.

Saba gibt ihnen auch eine erste Möglichkeit, wieder zu lernen, Vertrauen zu fassen. Wenn Blanka bei diesen abgebrühten Burschen steckte, konnte man beobachten, wie sich ihre verschlossenen Gesichter aufhellten. Sie drängten sich um sie, lächelten und lachten, und jeder wollte etwas sagen oder geknuddelt werden oder einen ihrer Arme um seine Schulter spüren. Vor meinen Augen entspannten sie sich zusehends und wurden wieder zu Kindern. Saba war etwas vom Besten, was ich im Sudan gesehen habe, und doch stand es auf äußerst wackeligen Beinen: Seine einzigen Geldquellen waren gelegentliche Spenden von ein paar tausend Dollar, die von hier und dort zusammentröpfelten. Eine feste finanzielle Grundlage war nicht vorhanden, und die größte Hoffnung ruhte im Moment auf Unicef, welche für den Kostenaufwand des folgenden Jahrs aufkommen sollte.

Weil ihr die Kinder so frei alles anvertrauen, konnte die psychologisch geschulte Blanka ein detailliertes Bild zeichnen, was die Jungen von ihrem Zuhause wegtreibt und wie ihr Leben auf der Straße aussieht. Ihre Flucht in die Stadt hat im wesentlichen zwei Ursachen. Einesteils ist das Auseinanderbrechen der Familienstrukturen dafür verantwortlich, denn besonders in Zeiten von Dürre und Hungersnot finden im ganzen Gemeinwesen tiefgreifende soziale Umwälzungen statt und schwächen sich die traditionellen sozialen Wertsysteme und Interdependenzen. Viele Väter sind abwesend, müssen irgendwo anders Arbeit suchen und lassen oft nichts mehr von sich hören, Mütter leben plötzlich mit einem anderen Mann zusammen, und daraus ergeben sich Feindschaften und Ressentiments – genügend Gründe also, um einen Jungen von daheim wegzutreiben.

Andernteils gibt es eine Reihe weiterer Faktoren, warum es ehrgeizige Burschen in die unendlich verlockenden »goldenen« Städte zieht. Wie in vielen benachteiligten Ländern hat auch im Sudan das Kino Hochkonjunktur und zeigt eine Unmenge billiger Importstreifen mit häufig wechselndem Programm. Manche dieser Filme glorifizieren ein rauhbeiniges, städtisches, auf materielle Werte ausgerichtetes Leben im Kung-Fu-Stil, wo jeder sich nimmt, was er kriegen kann. Diese »Traumpaläste« werden für viele Jungen Wirklichkeit, und Filmschauspieler ersetzen den abwesenden Vater oder die männlichen Vorbilder, nach denen sie sich bisher gerichtet haben. Natürlich möchten sie diesen Traum ausleben, und so beginnen sie, darüber mit Gleichaltrigen zu sprechen. In den meisten Fällen wird ein älterer Junge zum Katalysator und bringt ein Kind schließlich dazu, von zu Hause wegzurennen. Vielfach hauen sie auch in Gruppen ab, unter der Führung eines Älteren. Sie glauben, die Straßen seien mit Gold gepflastert – es gibt sogar eine Geschichte von einem Jungen, der vor dem Bahnhof von Khartum eine Banknote auf dem Boden sah und sie liegenließ, weil er überzeugt war, es würden noch ganz viele herumliegen, wann immer er eine nötig hätte.

Sind sie einmal in der Stadt, folgt ihr Leben unvermeidlich einem gnadenlosen Schicksalsmuster. Es ist unmöglich, Arbeit zu finden, ausgenommen Gelegenheitsjobs als Träger in den Suks. Viele müssen daher betteln, manche werden zu Dieben. Einige fangen gleich damit an und treten in die von älteren Jungen organisierten Diebesbanden ein, doch nach kurzer Zeit werden die meisten von der Polizei geschnappt, und dann ist es leicht möglich, daß sie eine beträchtliche Zeit im Gefängnis absitzen, bevor sie zu fünfzehn Peitschenhieben verurteilt werden und wieder auf der Straße landen. Es gab eine Zeit, wo die Polizei gegen die Straßenjungen eines bestimmten Stadtteils Razzien durchführte, sie einkesselte, auf Lastwagen verlud, Hunderte von Kilometern in die Wüste hinausfuhr und sie dort ablud; aber sie fanden immer wieder einen Weg zurück, und heute sind ihrer so viele, das diese Strategie sinnlos geworden ist. Sehr oft werden die Jungen auch sexuell ausgebeutet. Viele sind verschreckt und entwickeln Phobien, vergewaltigt zu werden. Nur in einem Kino finden sie zeitweilig etwas Sicherheit, sonst müssen sie ständig befürchten, daß man sie belästigt. Sie haben Angst, einzuschlafen und vielleicht angegriffen zu werden, folglich streunen die meisten die ganze Nacht herum. So ist es auch kein Wunder, daß viele anfällig für Unfälle sind und sich dauernd verletzen. Drogenmißbrauch mit Lösungsmitteln ist mittlerweile ebenfalls ein akutes Problem geworden, selbst unter den Jüngeren.

Sadik nahm mich mit zu einem der ersten Rehabilitationsprojekte für eine Handvoll aus dieser Armee verlorener Kinder. Es befand sich in einem Technikum, wo nach den normalen Schulstunden, wenn die Studenten weg waren, zwanzig Jugendliche von Saba die Werkstätten benutzen konnten. Sie hatten soeben einen achtmonatigen Kurs beendet, der Grundschulbildung mit einer technischen Ausbildung zum Schreiner, Elektronikfachmann und Ingenieur verband. Die Jungen lebten in einfachen Unterkünften zusammen, lernten kochen, ihre eigenen Kleider waschen und im wesentlichen für sich selbst zu schauen. Auf mich wirkten sie wie eine Gruppe normaler, motivierter Teenager, die Interesse an ihrer Tätigkeit zeigten und mit einem Minimum an Supervision auskamen. Es war kaum zu fassen, daß sie nur acht Monate zuvor noch argwöhnische, feindselige, asoziale Jugendliche gewesen waren, wie ich sie in Saba gesehen hatte. Wie immer man es auch drehte: Eine äußerst rasche Resozialisierung war gelungen, die sich auf Prinzipien stützte, welche auf eine »kurzfristige, scharfe Schockbehandlung« verzichten konnten. Diesen jungen Menschen war eine Chance geboten worden, ihre Selbstachtung wiederzufinden, und sie hatten sie mit beiden Händen ergriffen. Ich konnte nur hoffen, daß noch möglichst vielen ein ähnlicher Durchbruch gelingen würde.

Der Psychologe Magne Raundalen sollte nach El Obeid und Nyala geflogen werden, um einen Bericht über diesen Problemkreis vorzubereiten und die Projekte zu begutachten, die für die Ausreißer daheim in ihren eigenen Gemeinschaften ins Leben gerufen wurden. Ich war dankbar, daß ich mitreisen durfte und aus der Vogelperspektive einen Überblick über den Westsudan erhielt, wurde aber das Gefühl nicht los, daß Magne vor einer unlösbaren Aufgabe stand. Selbst für den hervorragendsten Fachmann ist es unweigerlich von Nachteil, wenn er kein Arabisch spricht, das Land nie zuvor bereist hat und in weniger als einer Woche herausfinden soll, was Blanka erst nach langjährigem geduldigem Zuhören entdeckt hatte. Zu allem Unglück litt er außerdem an einem Sonnenbrand, da er von einem verschneiten norwegischen Winter direkt ins Tropenklima geraten war.

Um fünf Uhr morgens flogen wir mit einer kleinen, sechsplätzigen Piper Aztek vom Flughafen Khartum los. Es war mein erster Flug in einer so winzigen Maschine. Sie schien viel zu zerbrechlich für ein richtiges Flugzeug, und es war kaum zu glauben, daß wir plötzlich in der Luft schwebten. Weit unten floß der Weiße Nil – ein rotglühender Strom, der sich in gleißendes Gold verwandelte, als die Sonne am östlichen Horizont hochkletterte, die graue Wüste mit Licht überflutete und ein Muster quadratischer, toter Felder, trockener Wadis und gerader Bänder freilegte, die wohl als Straßen dienten. Ich konnte mir nicht vorstellen, daß dort unten je etwas wuchs, und fragte mich, ob die jüngsten Dürrejahre diesem kargen Lebensraum nicht vollständig den Garaus gemacht hatten. Niemand im Flugzeug wußte etwas darüber. Sadik war im Ausland aufgewachsen, hatte erst kürzlich seine Ausbildung in England abgeschlossen und kannte sein Heimatland mit Ausnahme von Khartum fast gar nicht; selbst viele seiner Landsleute glaubten ihm nicht, daß er ein Sudanese sei. Der Pilot war Italiener und zusammen mit weiteren Ausländern aus Äthiopien ausgewiesen worden; der Sudan bedeutete für ihn ein Exil, und er kümmerte sich nicht darum, was hier vorging. Magne seinerseits war tief in seinen Papierkram versunken. Für alle im Flugzeug außer mir war diese Reise bloß eine langweilige Strecke zwischen Start und Landung, und niemand zeigte die geringste Neugier für das, was dazwischen lag. Bald streckten sich die seltsamen, wurzelähnlichen Äste der Affenbrotbäume zu uns hoch, und wir senkten uns über die uralte Hauptstadt Kordofan. El Obeid war die erste Stadt gewesen, die vom Mahdi erobert wurde, hier waren die zehntausend Mann von General Hicks plötzlich wie vom Erdboden verschwunden. Gleich nach der Landung wurden wir mit einem Muster sudanesischer Ineffizienz konfrontiert, denn keiner war da, um uns abzuholen. Sadik, verbindlich und gelassen wie immer, fand uns ein Taxi, und bald ratterten wir durch die Schlaglöcher ins Stadtzentrum. Auf dem Weg passierten wir die sechzig beschlagnahmten weißen Uno-Lastwagen. Überall schwärmte Militärpersonal herum, überall standen schwer bewaffnete Wachen mit dem Finger am Abzug. Der Taxifahrer forderte Sadik auf, uns zu warnen, ja nicht auf die Lkws zu starren, denn die Armee reagiere sehr empfindlich.

Eine weitere Schludrigkeit zeigte sich, als wir hörten, Magnes Kontaktleute in El Obeid seien gerade im Begriff, nach Khartum abzureisen. »Was soll's?« meinte Sadik liebenswürdig, »wir werden jetzt erst mal frühstücken.« Es wurde ein sehr leckeres Frühstück in einem staubigen, aber belaubten Garten, mit einem schmackhaften Gericht aus in frischem Koriander gekochter Leber, Ful, Fisch und Eiern.

Darauf schlug Sadik einen Stadtbummel vor, während der Pilot die Maschine auftankte. Magne, mit den Sitten im Sudan offenbar noch nicht vertraut, zückte seinen Fotoapparat, was sich als großer Fehler erwies, denn im Nu waren wir von einer feindseligen Menschenmenge umringt. Alles wäre vielleicht gnädig verlaufen, hätte Magne nicht gesagt: »Bitte tun Sie mir nichts, ich bin ein harmloser Mann!« Seine Worte schienen den Rädelsführer nur noch heftiger aufzustacheln. Er war überzeugt, Magne müsse ein Spion oder Saboteur sein und es sei seine Bürgerpflicht, ihn zu verhaften. Wenn wir vor Einbruch der Nacht noch nach Nyala kommen wollten, war jetzt keine Zeit für Verhaftungen, und so fischte ich meinen Kamerapaß heraus (Magne selbst hatte keinen), und Sadik zeigte unsere Unicef-Reisepässe. Dazu machten wir entschuldigende und beschwichtigende Gesten und Geräusche, worauf man uns gehen ließ, obwohl wir den ganzen Weg zurück zum Flughafen verfolgt wurden. Noch einmal hätte es uns beinahe erwischt, als Magne wiederum seine Kamera hervorzog, um die entführten Uno-Lastwagen zu fotografieren, was uns, wären wir entdeckt worden, mit Sicherheit eine beträchtliche Zeit hinter Gitter gebracht hätte. Ich sah die Lastwagen später nie mehr und weiß nicht, ob sie je in Wau ankamen.

Der Weiterflug nach Nyala war heiß und dunstig. Die Sichtweite betrug nur wenige hundert Meter, und der Pilot mußte ständig auf seine Landkarten schauen und tiefer fliegen, um herauszufinden, wo wir eigentlich waren. Alles sah sich gleich: endlos flache, trockene, in rechteckige Felder geteilte Wüste, von Zeit zu Zeit ein rundes Dorf, das aus der Luft völlig leblos wirkte. In Nyala gab es keine Navigationshilfen, nicht einmal Funk; es war daher gut, daß der Pilot den Kompaß richtig gelesen hatte, denn als wir über die schmutzige Landepiste hereinschwebten, stand der Treibstoffanzeiger bei beiden Tanks auf Null.

Auch diesmal war niemand da, um uns abzuholen, und Taxis gab es auch nicht. Weil Sadik bisher ein privilegiertes, behütetes Leben geführt hatte, war es diesmal an mir, meine Fähigkeiten zu beweisen und uns eine Mitfahrgelegenheit in die Stadt zu organisieren. Sadik meinte, die Funknachricht, die unseren Besuch angekündigt hatte, müsse sich wohl verirrt haben, und weil niemand uns erwarte, sei es das Beste, eine Unterkunft für die Nacht zu suchen. Der Fahrer, der uns mitnahm, fuhr uns direkt zum Hotel der Stadt. Es nannte sich »Zum warmen Willkommen« – »der reinste Witz«, wie er erklärte, »es gibt nämlich keine Klimaanlage dort, verstehen Sie? Ja? Hahaha!« Witz oder nicht, es war bereits belegt, und wir wurden ins städtische Rasthaus abgeschoben, einen primitiven, pittoresken Bau, wo in staubigen Gärten und Höfen viele Männer halbnackt herumsaßen. Auch dort war kein Platz mehr, doch zufällig trafen wir hier die Leute, die wir aufsuchen wollten. Die Funknachricht war also nicht in die Irre gegangen. Sie hatten einfach die Zeit vertrödelt und hasteten jetzt herum, um uns eine Schlafgelegenheit zu finden.

Das VIP-Gästehaus, wo wir schließlich untergebracht wurden, stammte noch aus der britischen Kolonialzeit und wirkte eher provinziell, war aber überraschenderweise mit einem eher nutzlosen gekachelten Kamin geschmückt. Ein feiner Garten hatte es einst umgeben, mit prächtigen Bäumen, auf denen Schwärme schwarzer Vögel saßen. Sie waren so groß wie Krähen, hatten ungeheuer lange Schwanzfedern und flöteten eine sanfte Weise. Nach der Hitze und dem Staub der Wüste schienen sie wie aus einem Märchen entflogen. Wir erhielten Zimmer im Anbau, und hätten Wasserleitungen und Elektrizität funktioniert, wäre dies eins meiner komfortabelsten Quartiere im Sudan gewesen.

Es ging schon gegen sechs Uhr. Der Gedanke, daß wir am nächsten Morgen um zehn nach Khartum zurückfliegen sollten, kam mir absolut widersinnig vor, wo wir doch von so weit her gekommen waren und noch so wenig gesehen hatten. Meine diesbezügliche Bemerkung verfing jedoch bei Magne nicht. Er mußte sich an seinen Fahrplan halten und schien im Unterschied zu mir die notwendigen Informationen im Blitztempo einholen zu können. Zum Glück kam mir der Pilot zu Hilfe. Die Flugbedingungen hätten erfordert, daß wir noch vor der Morgendämmerung starteten, um rechtzeitig nach Khartum zu gelangen, solange die Sicht einigermaßen ausreichte, doch da ein Rückflug um vier Uhr morgens außer Frage stand, verschoben wir die Abreise auf den folgenden Morgen und gewannen so einen Tag in Nyala.

Ein junges Mädchen namens Vimto (eine im Sudan sehr populäre Brauselimonade) ließ mir Nyala unvergeßlich werden. Vimto und ihre Schwester Fatima waren Felata-Mädchen und lungerten im Rehabilitationszentrum herum, wo sie zusammen mit den heimgekehrten Ausreißern so etwas wie eine Ausbildung erhielten. Fatima war etwa zehn, ihre Schwester zwei Jahre jünger. Beide waren sehr hübsch, doch Vimto trug Shorts und ein T-Shirt wie ein Junge. Für ein sudanesisches Mädchen galt dies als unerhört. Die Lehrer waren höchst schockiert, aber Vimto scherte sich keinen Deut darum. Sie sagte, dies seien die Kleider, die ihre Mutter ihr bereitgelegt habe, also trage sie sie auch. Ihre Mutter schickte sie auch zum Betteln, und Vimto hatte sich bereits einen festen Kundenkreis aufgebaut, den sie regelmäßig einmal wöchentlich besuchte. Nie kam sie mit leeren Händen zurück, was nicht verwunderte, denn sie strahlte jenen undefinierbaren Zauber aus, auf den die meisten Leute ansprechen und gegen den nur wenige gefeit sind. Ich hätte sie vom Fleck weg adoptiert, wenn so etwas möglich gewesen wäre.

Der Umstand, daß diese beiden kleinen Mädchen sich hier unter den Jungen aufhielten, wirft ein Schlaglicht auf die Stellung der Frau im Sudan. Mädchen, die von zu Hause fortlaufen, gibt es hier keine, denn sowohl für das Gemeinwesen als auch für die Familie wäre es eine Schande, wenn ein Mädchen allein auf der Straße herumliefe, zudem verstößt es auch gegen die Grundsätze des Islams, der den Männern die Pflicht auferlegt, diese »schwächeren Geschöpfe« zu beschützen. Die Umstände mögen noch so widrig sein – eine Familie wird sich wohl immer bereit erklären, eine bedürftige junge weibliche Verwandte bei sich aufzunehmen, während unter den heute loseren Familienbanden und den gespannten ökonomischen Bedingungen einem Jungen viel eher zugemutet wird, sich allein durchs Leben zu schlagen. Einzig der Stamm der Felata behandelt seine Töchter anders, erlaubt ihnen viel größere Bewegungsfreiheit und erwartet von ihnen bereits in jungen Jahren einen Beitrag an den Unterhalt der Familie. Der Direktor des Projekts, ein sehr fürsorglicher Mann, wie mir schien, gestand, er habe den beiden Mädchen nicht so sehr deshalb erlaubt, am Unterricht teilzunehmen, weil er glaubte, sie würden viel von der Ausbildung profitieren, sondern weil er einfach nicht mit ansehen konnte, wie sie auf der Straße lebten – »ein herzzerbrechender Anblick«, wie er meinte. Als Fatima und Vimto im Kreis der Jungen ihre Schullektionen absaßen, sah ich mehrere junge Mädchen, welche Säuglinge auf den Hüften balancierten und den beiden durch die offene Klassenzimmertür neidisch zuguckten.

Etwa zwanzig Jungen waren von ihrem Leben in den Straßen Khartums nach Nyala zurückgebracht worden. Magne befragte sie mit Hilfe eines Dolmetschers. Nur ein einziger Junge äußerte, vielleicht werde er eines Tages doch wieder nach Khartum zurückgehen, der Rest versicherte einhellig, es sei ein »schlechter Ort«. Was sie von ihrem Leben dort berichteten, entsprach ziemlich genau den Angaben, die mir Blanka gemacht hatte. Sie hatten schreckliche Dinge erlebt und wollten jetzt möglichst rasch alles vergessen und sich in Sicherheit fühlen dürfen. Bei unserem Blitzbesuch war schwierig abzusehen, was ihnen das Projekt bot, weil es noch gar nicht richtig angelaufen war und alles noch etwas improvisiert wirkte. Obwohl anscheinend nur minimalste Geldmittel zur Verfügung standen, erhielten die Kinder zu essen, und man versuchte in den baufälligen Räumlichkeiten Klassen einzurichten. Die Jungen waren nicht gezwungen, den Unterricht zu besuchen. Sie konnten kommen und gehen, wann sie wollten, und nahmen auf eigenen Wunsch teil, und vielleicht war gerade dies der Grund, daß sich eine Atmosphäre wachsenden Vertrauens und wachsender Zuversicht feststellen ließ.

Ich verbrachte längere Zeit damit, bei einer Gruppe von Jungen mitzuarbeiten, die versuchten, ihre Kleider zu flicken. Sie waren alle völlig zerlumpt, und einige der Älteren liefen kaum noch anständig herum. Daß ihnen Kleider so viel bedeuteten, ist wohl dem Einfluß des Kinos zuzuschreiben – kaum einer trug eins der traditionellen Gewänder. Ein paar ältere Jungen halfen den jüngeren, doch waren sie in punkto Zusammenarbeit und Selbstvertrauen noch nicht so weit, wie ich es beim Projekt in der Technischen Schule von Khartum gesehen hatte, und immer wieder flammten Eifersüchteleien und Rivalitäten auf. Die Kleineren nahmen die ganze Zeit Kung-Fu-Posen ein und hatten ein unersättliches Bedürfnis, fotografiert zu werden und Aufmerksamkeit zu kriegen. Sadik und ich trafen abseits vom Gebäude auch auf einige Jungen, die vom Schnupfen von Leim vollkommen beduselt waren; im großen und ganzen schien jedoch ein Rahmen gesteckt zu sein, in welchem die jungen Vagabunden wieder einen Weg zurück in die Gemeinschaft finden konnten.

Die meisten Jungen kehrten abends zu ihren Familien zurück. Wir besuchten einige zu Hause und sprachen mit ihren Müttern. Wie Renk war auch Nyala von kleinen Satellitendörfern mit runden Grashütten umgeben, sah jedoch nicht derart armselig aus. Hier lebten teils Menschen, welche Dürre und Hungersnot hergetrieben hatte, aber auch viele, die der allgemeinen, weltweit beobachtbaren Anziehungskraft der Städte erlegen waren. Manche wohnten schon so lange hier, daß sie als Einheimische galten. Dies waren also Sudans Slumviertel. Sie sahen viel attraktiver aus als die meisten Slums im Rest der Welt, obwohl das Leben hier vermutlich auch nicht einfacher war. Wir wurden nach drinnen gebeten und duckten uns unter den kleinen, runden Eingängen. In jeder Hütte gab es mindestens zwei Schnurbetten zum Sitzen, in die sich nachts bis zu zwölf Leute teilen mußten. An den Wänden hingen in Netzen viele kleine Habseligkeiten nebst einigen Kochtöpfen und Pfannen. Alles sah eher aus wie in einer Puppenstube und konnte als Familienheim nur deshalb funktionieren, weil rund ums Haus ein eingezäunter Platz lag. Die ärmeren Hütten, wo Familien mit nur einem Elternteil hausten, mußten oft sogar darauf verzichten – ein Kind stand dort buchstäblich auf der Straße, wenn es durch die Tür getreten war.

Ich konnte mich des Eindrucks nicht erwehren, daß die beiden Leiter, die uns herumführten, zwar reizende Leute waren, den Müttern gegenüber jedoch einen ziemlich überheblichen Ton anschlugen und sie barsch belehrten, was für ihre Kinder gut sei. Viele der Frauen behaupteten, es nütze nichts, daß ihr Sohn zurück sei, er stecke sowieso die ganze Zeit im Zentrum und trage nichts zum Unterhalt der Familie bei, sie hätten bloß ein Maul mehr zum Füttern. Diesen Frauen war von Kind auf eine unterwürfige Haltung eingeimpft worden. Nun sollten sie auf einmal die Pflichten beider Elternteile übernehmen – kein Wunder, daß sie es nicht schafften! Ihre Ehemänner hatten sie verlassen, sie mußten ganz allein gegen übermächtige Schwierigkeiten ankämpfen. Für viele blieb als einziger Weg, sich etwas Geld zu verdienen und die Familie durchzubringen, heimlich Bier zu brauen und es in ihren Hütten zu verkaufen. Einige von ihnen waren gerade dabei, als wir hereinschauten. Wären wir von der Polizei gewesen, hätte man sie sogleich verhaftet und die Kinder ihrem Schicksal überlassen. Die Lehrer schimpften mit ihnen und belehrten sie, sie sollten besser Gemüse verkaufen, worauf sie die Köpfe noch mehr hängen ließen. Es war eine traurige Sache, um so mehr, als ich den Eindruck hatte, in den Suks im Sudan gebe es schon viel zu viele Frauen, die Gemüse verkauften. Der einzige schwache Hoffnungsschimmer auf eine bessere Zukunft für die mit Füßen getretenen Frauen dieses Landes war die kleine, selbstbewußte Vimto, die einen Präzedenzfall darstellte, wie sie da, so gut es eben ging, bei den Jungen herumstrich und versuchte, sich etwas von der Ausbildung zu holen, welche sie eines Tages zur Ärztin machen sollte.

16. KAPITEL

Im Sturzflug nach Juba

In der Nacht war Khartum wie ausgestorben. Um acht oder neun Uhr hatten nur noch die Kinos ihre Tore offen, die Straßen gehörten herumwildernden Meuten räuberischer Hunde und ein paar wilden Katzen. Die obdachlosen Jungen, deren Notsituation ich fotografieren wollte, um meine Artikel zu illustrieren, waren schwer aufzustöbern, meist waren sie in den Kinos oder in einem Labyrinth versteckter Schlupfwinkel untergetaucht, wo ich sie nicht finden konnte. Sadik fuhr mich langsam in seinem großen weißen Mercedes durch die trüb beleuchteten Straßen. Der teure Wagen schien in dieser heruntergekommenen Stadt auf groteske Weise fehl am Platz. Einige kleine Jungen tauchten aus den Schatten rund um die kleineren Hotels auf und bettelten uns an, wohl in der Meinung, wir seien ein reiches Touristenpaar. Einem hatte der Mißbrauch von Lösungsmitteln fürchterlich zugesetzt: Sein Haar war ihm bis auf einige Büschel ausgefallen, und er war so ausgemergelt, daß es an ein Wunder grenzte, daß er überhaupt noch stehen konnte. Sadik versuchte ihn zu überreden, nach Saba zu gehen, doch er schien viel zu benommen, um noch irgend etwas aufzunehmen.

Ich wollte sehen, wo diese Jungen schliefen, denn ich konnte mir nicht vorstellen, daß sie die ganze Nacht herumstreiften. Sadik vermutete, einige der älteren Jungen würden rund um die Polizeihauptwache schlafen – ironischerweise der einzige Ort, wo sie sich sicher fühlten. Und da lagen sie auch schon, Reihen mitleiderregender Menschenbündel, eng an die Mauern gepreßt und mit Pappkartonstücken zugedeckt. Äußerst behutsam, um sie nicht zu wecken, machte ich eine einzige Aufnahme und wollte mich gerade diskret zurückziehen, doch fast augenblicklich streckte sich eine Hand aus der Finsternis und entwand mir die Kamera. Sie entpuppte sich als Teil eines Polizisten, der sich ohne ein Wort anschickte, uns abzuführen. »Malisch«, schnaufte Sadik – ein Ausdruck für sämtliche mißlichen Lebenslagen im Sudan, gegen die man machtlos war, zum Beispiel dann, wenn einem der Kopf abgeschossen wurde oder wenn man auf eine Bananenschale trat. Diesmal konnte ich mich wirklich nicht beklagen: Ich war ein Risiko eingegangen, im vollen Wissen, daß weder das Bildmotiv noch die Örtlichkeit behördliche Zustimmung finden würden. Hätte ich damals geahnt, daß alle zwölf Filmspulen, die Unicef irgendwo für mich aufgetrieben hatte, schon verdorben waren und praktisch nichts mehr hergaben, wäre ich wohl kaum so empört gewesen. So aber blutete mir das Herz, denn selbst wenn man mir die Kamera zurückgab, würde man den Film sicher behalten. Ungefähr zwanzig Jungen, darunter auch jener, den ich fotografiert hatte, wurden von dem Polizisten brüsk geweckt und mußten aufstehen. Sie beteuerten ihre Unschuld und rieben sich Mitleid heischend die Augen, wurden jedoch mit uns zusammen als Corpus delicti abgeführt. Es war eine jämmerliche Prozession, doch wenigstens lag die Polizeiwache diesmal gnädigerweise in der Nähe.

Ich war nur eine Frau, hatte also gefälligst den Mund zu halten und nichts zu meiner eigenen Verteidigung vorzubringen, sondern schön geduldig zu warten, während der eisern von der Rechtmäßigkeit unserer Sache überzeugte Sadik über den Fall disputierte – höchst geschickt, wie es schien, denn zum erstenmal wurde mein Fotografenpaß als gültiges Dokument anerkannt. Zwar belehrte man uns, besser keine Kamera in der Nähe einer Polizeiwache zu gebrauchen, kam aber überein, daß es mein gutes Recht sei, Aufnahmen zu machen, und so erhielt ich den Fotoapparat komplett mit Film und einem fettigen Daumenabdruck auf der Linse zurück. Sadik erzählte mir, er sei schockiert gewesen, wie feindselig sich die Polizisten über die ausländischen Hilfsorganisationen geäußert hätten. Sie warnten ihn, sich nicht mit ihnen einzulassen, da sie meist nur ein Deckmantel für andere, weit weniger harmlose Tätigkeiten seien.

Das wenige, was mich – einmal abgesehen von seinen Bewohnern – an Khartum bezaubert hatte, war nach dieser erneuten Verhaftung ziemlich verblaßt, und ich konnte es kaum erwarten, weiterzureisen. In den zwei Tagen vor meinem Abflug nach Juba war noch recht viel zu erledigen. Wenn ich nicht gerade auf Fotopirsch war, brachte ich meine Notizen in Ordnung und schrieb Briefe und Zeitungsartikel fertig. Eine geraume Zeit würde ich keinen Briefkasten und kein Telefon mehr vorfinden und vermutlich auch niemanden antreffen, der zurückreiste und eine Botschaft von mir mitnehmen konnte. Wie die Forscher aus der Viktorianischen Epoche erwartete ich, längere Zeit von der Außenwelt abgeschnitten zu sein, immer vorausgesetzt, ich kam durch und wurde nicht gleich wieder nach Khartum zurückverfrachtet (ein Schicksal, das auch meinem Helden Samuel Baker drohte, als er und Florence diese Strecke um die gleiche Jahreszeit im Jahre 1862 in Angriff nahmen).

Die meiste Zeit schrieb ich neben dem kleinen Schwimmbecken im Garten des Sudan Club vor dem Hintergrund der Theaterproben. Je näher die Aufführung rückte, desto schriller erklangen die Regieanweisungen. Ein athletisch gebauter, bärtiger Mann, der in einem hübschen, rosaroten Ballettröckchen eine Fee spielen sollte, konnte sich ein paar besonders bissige Kommentare nicht verkneifen, da ihn der Regisseur drängte, den Hanswurst zu spielen und das Publikum mit Possen zum Lachen zu bringen, wo die Fee doch viel lieber maßvoll-zurückhaltend und anmutig aufzutreten wünschte. Nichts hätte weniger mit dem Leben außerhalb der Klubmauern zu tun haben können! Nur frühmorgens drängte sich ein bißchen Afrika in diese englisch angehauchte Szene: Wenn beim Schwimmen im Morgengrauen die erste Andeutung eines Sonnenstrahls den Himmel erhellte und berauschende Gartendüfte erweckte, nahm ein Bulbul-Vogel seinen Stammplatz oben auf einer leeren Coca-Cola-Flasche ein, und sein kleiner, grauer Körper zitterte vor Konzentration, während er sein wunderschönes Lied in die flüchtige Morgenröte hinausflötete.

Am letzten Tag kehrte ich Khartum mit seinen Ausländern und Straßenjungen den Rücken und überquerte den Nil, um mir in

Omdurman die Derwischtänze anzusehen. Es war ein tolles Spektakel, was sich da im Freien in der Nähe des Schreins eines Lokalheiligen abspielte, dessen Leichnam vor einigen Jahrhunderten auf wundersame Weise konserviert aus dem Fluß geborgen worden war. Dieses Ereignis hatte die Derwische, den mystischen Zweig des Islams, zur Andacht inspiriert. Auf dem öden Gelände mit seinen ungepflegten, staubigen arabischen Friedhöfen und vor Schmutz starrenden Hütten- und Zeltdörfern tanzte sich eine große Zahl Derwische mit Hilfe eines einheimischen Orchesters in einen Zustand religiöser Verzückung. Die meisten trugen grüne und rote Gewänder und hohe Spitzhüte und waren mit altertümlichen Waffen gegürtet. Am hingebungsvollsten tanzte jedoch eine kleine, alte, verhüllte Dame, die sich nicht um die Regeln kümmerte und zwischen den strahlenden Männern herumwirbelte. Weibliche Zuschauer wurden zwar geduldet, doch nur solange sie sich in einer abgelegenen Ecke stillhielten, wie man es auch in einer Moschee von ihnen erwartete. Die Zeremonienmeister waren korpulenter als die übrigen, trugen die kostbarsten Kostüme und versuchten, etwas Form und Ordnung in die eigenwillige Schar der Tänzer zu bringen, welche alle lieber ihre eigenen Kreise zu drehen schienen, ganz ähnlich wie die Schauspieler beim Theaterstück im Sudan Club. Mehrere dieser erlauchten Persönlichkeiten machten Anstalten, die kleine alte Dame zu packen, wenn sie mit erhobenen Armen und verzückt flatternden Händen vorbeihuschte. Ihr Gesicht war dem Himmel zugekehrt und trug einen leeren und ekstatischen Ausdruck, und trotzdem gelang es ihr immer wieder, mit umsichtigen Wiegebewegungen und perfekt abgestimmten Drehungen den ausgestreckten Armen, die sie zu erhaschen versuchten, elegant zu entwischen.

Meine letzte Nacht in Khartum verbrachte ich damit, mein Fahrrad zu reinigen und einzuölen. Ich wagte nicht, zu Bett zu gehen, aus Angst, den Abflug um Viertel vor fünf am Morgen zu verschlafen. Ich wechselte die Reifen aus, wusch die Satteltaschen und ging jedes Teil der Ausrüstung mehrmals durch, um sicherzugehen, daß alles für die vor mir liegende rauhe Fahrt in bester Ordnung war. Ich war etwas beunruhigt, weil der Freilauf an der

Nabe beim Drehen des Hinterrads völlig geräuschlos war, statt das gewohnte angenehme Klicken zu erzeugen. Dies hätte mich warnen sollen. Der Mechanismus war derart voll von verklumptem Sand und Staub, daß die Klauen, die in die Rätschsperräder griffen und die Kraftübertragung sicherstellten, kaum noch Platz fanden. Noch etwas mehr Staub, und sie faßten überhaupt nicht mehr, was bedeutete, daß ich mir die Seele aus dem Leib strampeln konnte, ohne das Fahrrad auch nur einen Millimeter vorwärtszubewegen. Aus unerfindlichen Gründen wollte mein Gehirn nicht wahrhaben, was dieses fehlende Klicken im Grunde bedeutete. Eigentlich war es nur gut so, denn um den Schaden zu beheben, hätte ich den Radkranzblock von der Achse abziehen müssen, hatte jedoch, um Gewicht zu sparen, das erforderliche Spezialwerkzeug zu Hause gelassen. Ich wußte also von nichts und war aller Sorgen enthoben, bis die Unglücksstunde schlug.

In der Vorfreude auf meine Weiterreise waren all meine Ängste und Befürchtungen wegen der Kampfhandlungen, des allgemeinen Chaos und der unberechenbaren Verwaltung im Süden wie weggeblasen. Es war noch Nacht, als ich auf dem Agala durch die aufgerissenen Straßen von Khartum fuhr – das letztemal, wie ich hoffte. Ich war dankbar, keiner der berüchtigten Meuten wildernder Hunde zu begegnen. Wir kletterten in eine De Havilland Twin Otter, einen mächtigen, geräumigen Zwölfplätzer, der mühelos von der dunklen Startbahn abhob und sich wie ein Adler hoch zu den Sternen emporschwang. An Bord herrschte eine verschwörerische Atmosphäre: fünf Männer auf geheimer Mission! Ich dagegen mit meinem Fahrrad war überzählig und gehörte nicht zum Bund. Da war als erstes ein Arzt, der ein Jahr lang im Auftrag von Unicef abklären sollte, welche Bedürfnisse für Impfaktionen im Süden vorlagen und in Khartum bereits sieben Monate vertrödelt hatte, ohne in sein Zielgebiet gelangen zu können. Da waren weiter ein Organisationsbeauftragter in einer ähnlichen Situation sowie ein seltsamer junger Mann, der seit seinem Schulabschluß in der weiten Welt herumgezogen und nun als Experte für vagabundierende Jugendliche angestellt war, sich jedoch weigerte, sein Fachwissen mit mir zu teilen, da ihm Leute wie ich schnuppe seien, so daß ich leider nicht erfuhr, welche Rolle er bei dem Vorhaben spielte. Der europäische Pilot hingegen war brillant und temperamentvoll. Man spürte förmlich, daß er nie über die Enttäuschung hinweggekommen war, den Zweiten Weltkrieg verpaßt zu haben, und es ihm Lust bereitete, in der gegenwärtig gespannten politischen Lage Flugtechniken zur Feindvermeidung zu üben. Cole Dodge schließlich, der Leiter der Expedition, trug einen lustigen Hut auf dem Kopf und wirkte als Kopilot.

Ziel der Mission war es, herauszufinden, ob die Möglichkeit bestand, die Aktivitäten in Juba wieder aufzunehmen. Unicef hatte sich zur gleichen Zeit wie die meisten anderen Hilfsorganisationen abgesetzt. Man fürchtete einen Vormarsch der SPLA und ließ Oxfam und ein Konsortium kleinerer Hilfswerke allein inmitten einer wachsenden Anzahl Vertriebener zurück. Jetzt hatte der eigenwillige Gouverneur von Juba an Unicef geschrieben und sie gebeten, zurückzukehren, da die Notlage in seinem Gebiet akut sei und keine Gefahr von der SPLA mehr drohe. Zwischen Oxfam und diesem Gouverneur hatte es jüngst Differenzen gegeben, worauf einer der Angestellten von Oxfam mit der Anschuldigung, den Rebellen zu helfen, ausgewiesen worden war, und im Flugzeug ließ sich mehr als nur ein Anflug von Siegesgewißheit bei den rivalisierenden Unicef-Leuten verspüren.

Es gab eine kleine Panne, als wir auf einem Flugfeld im Kordofan-Gebirge landeten, um die Maschine aufzutanken. An der Handpumpe platzte eine Dichtung, und alles im Umkreis von mehreren Metern wurde mit Benzin übersprüht, was den Piloten zu einem eindrucksvollen Temperamentsausbruch veranlaßte. Falls wir hier festsaßen, gedachte ich die Gelegenheit zu nutzen und klammheimlich weiterzuradeln, denn nochmals nach Khartum zurückzukehren, hätte ich nicht ausgehalten. Amerikanische Geschicklichkeit im Umgang mit allem, was Technik anbelangt, brachte jedoch die Pumpe bald in Ordnung, und innerhalb von einer Stunde waren wir wieder in der Luft und begannen unseren Anstieg auf viertausend Meter.

Unter uns entfalteten sich wie auf einer Landkarte der Lauf des Nils und der halb fertiggestellte Junglei-Kanal. Weiter weg winkte aus dem leblosen Braun der Wüste der Sudd, das größte Sumpfgebiet der Welt, das aus unserer Höhe zu einem Lustgarten von der Größe eines Parks zusammengeschrumpft war, von einem bezaubernden, unschuldigen Grün. Vom Flugzeug aus gesehen, erhält die Landschaft etwas Unwirkliches, steht man dagegen auf derselben Höhe im Gebirge, bleiben die Proportionen der Dinge gewahrt. Von hier oben schien es kaum glaublich, daß Sam und Florence Baker in diesem grünen Fleck monatelang von der Außenwelt abgeschnitten gewesen waren. Bedroht von Meuterei, Mord und Aufruhr, hatten sie verzweifelt versucht, sich durch dichtes, klaustrophobisches Röhricht und hochaufragendes Elefantengras einen Kanal für ihre Boote zu hauen. Irgendwo dort unten hatte Sam, nachdem er einem mitternächtlichen Mordkomplott entgangen war, stolz in sein Reisejournal geschrieben: »Florence schrie nicht einfach los. Eine leichte Berührung an meinem Ärmel genügte ihr, um mich zu warnen.«

Die Bakers mußten gegen fast unüberwindliche Schwierigkeiten ankämpfen, um sich in den Süden des Sudans durchzuschlagen. Das Land, damals Teil des Osmanischen Reichs, war unter dem korrupten Gouverneur Musa Pascha in einen erbärmlichen Zustand gesunken. Sam Baker verabscheute ihn aus tiefstem Herzen: »Er verband die schlimmsten Schwächen des Orientalen mit der Brutalität einer Bestie. Unter seiner Verwaltung wurde der Sudan völlig ruiniert. Mit militärischer Gewalt preßte er Abgaben heraus, die in keinem Verhältnis zu den Staatsausgaben standen, und erhob von den Einwohnern derart hohe neue Steuern, daß das ganze Land gelähmt wurde.« Es lief den Interessen eines solchen Regimes zuwider, wenn Leute wie die Bakers die schrecklichen Auswüchse des illegalen Sklavenhandels am Oberlauf des Nils entdeckten, und man hatte ihnen jedes nur erdenkliche Hindernis in den Weg gelegt, als sie aus Khartum abreisen wollten. Ich konnte da recht viele Parallelen mit dem heutigen Sudan feststellen.

Für meine Reisestrecke an diesem Morgen hatten Sam und Florence mit dem Schiff monatelang gebraucht. Zu den Schrekken, sich »langsam durch dieses scheußliche Labyrinth endlosen

Morasts, durch Schwärme von Stechmücken zu winden«, kamen die Feindseligkeiten seitens der einheimischen Bevölkerung, die von den jahrelangen Raubzügen des Sklavenhandels herrührten. Die Jagd auf Büffel und Flußpferde sowie sein nie erlahmendes Interesse an seiner Umgebung waren Sams einziger Trost. Er entdeckte einen Fisch, der sich zu riesiger Größe aufblähte, wenn man ihn aus dem Wasser zog, und verwendete seine Haut, um den Schaft seiner Flinte auszubessern – sie wurde, als sie trocknete, »so hart wie Metall«. Nilpferdfleisch galt ihm als besondere Delikatesse, vor allem für die Herstellung von falscher Schildkrötensuppe, und »gesottener Nilpferdkopf schmeckt sehr viel besser als Preßkopf«, wie er notierte. Viele Male beneidete ich Florence um einen solchen Reisegefährten. Ich hätte mich liebend gern mit den Mücken, der Platzangst und weiteren Unannehmlichkeiten herumgeschlagen, wenn ich dort unten im Kielwasser der Bakers hätte reisen können, und ich bedauerte, daß ich nun all die Flußpferd- und Büffelherden und die Krokodile, welche im Schilf lauerten, nicht zu Gesicht bekam.

Als wir über diesen trügerisch unschuldig wirkenden Sumpf flogen, kam es zu einem Autoritätskonflikt. Cole Dodge fragte mich, ob es mir gelungen sei, eine Reisegenehmigung zu bekommen, was mich ziemlich verwirrte, stand doch mein Name zusammen mit denen der anderen Passagiere auf dem Reisedokument, von dem jeder einen Durchschlag erhalten hatte. »Wir hatten abgemacht, daß Sie Ihre eigene Genehmigung beschaffen sollten«, sagte er aufgebracht. Da ich mir keiner solchen »Abmachung« bewußt war und seine eigene Organisation alles arrangiert hatte, ohne daß ich darum gebeten hätte, schrieb ich seine Verärgerung dem Reisestreß zu. Später ging mir auf, daß er wohl annehmen mußte, man würde ihm die Verantwortung zuschieben, wenn mir etwas zustieß, weil er eine unabhängig reisende Radfahrerin in ein Krisengebiet transportiert hatte – die Amerikaner wittern ja überall gleich Geiselnahmen. Ich erwiderte, die sudanesischen Behörden hätten nichts dagegen, daß ich Juba besuchte, und ich müsse mich bei der Ankunft sowieso bei der Polizei melden, was ihn jedoch nicht im geringsten zu besänftigen schien. In schroffem

Tonfall sagte er, beim geringsten Anzeichen, daß meine Anwesenheit in Juba nicht genehm sei, müsse ich mit ihnen noch in jener Nacht zurückfliegen. Ich wunderte mich im stillen, ob es wohl einen internationalen Zwischenfall auslösen würde, wenn ein britischer Staatsbürger unter Protest von einem Amerikaner nach Khartum geschleppt wurde, welcher zudem eine Organisation der Vereinten Nationen vertrat, hielt jedoch den Mund, da ich in der Minderzahl war.

Man hatte mir gesagt, die De Havilland Twin Otter sei genau das richtige Flugzeug für den spiralförmigen Sturzflug hinunter nach Juba. Mir wurde speiübel, und mein Magen versuchte vergeblich, den Anschluß an den restlichen Körper zu finden. Wir mußten aus viertausend Metern Höhe, wo wir seit einer Stunde in der kalten, dünnen Luft gezittert hatten, in so kurzer Zeit als möglich auf die Landebahn hinunterstechen, um für allfällige Guerillastreitkräfte, die in dieser Gegend eine Rakete mit Wärmezielsuchgerät aufgestellt haben mochten, eine minimale Angriffsfläche zu bieten.

Mein Magen war noch immer verkrampft, und meine Ohren schmerzten scheußlich, als wir endlich ausrollten und die Tür aufschwang. Davor stand ein kleines Empfangskomitee. »Unicef kommt im Triumph nach Juba zurück«, krächzte jemand ausgelassen. Cole Dodge sprang als erster hinunter, während ich das Fahrrad auslud und mich diskret im Hintergrund hielt. Trotzdem trat jemand hervor, um mich zu begrüßen. »Sie gehört nicht zu uns«, sagte Cole Dodge. Der Mann schien ihn nicht zu hören, lächelte und schüttelte mir herzlich die Hand. »Sie gehört nicht zu uns«, wiederholte Cole Dodge, »sie hat keinen Paß.« »Kein Problem, das werden wir schon hinkriegen«, sagte einer der Männer, wohl in der Meinung, Cole Dodge damit einen Gefallen zu erweisen. »Aber sie hat doch gar keine Erlaubnis, hier zu sein! Sie gehört nicht zu Unicef!« wiederholte der nun offensichtlich wütende Cole Dodge. Der Beamte blickte verwirrt und fragte nach meinem Namen und meiner Staatszugehörigkeit. Sobald ich meinen Reisepaß vorgewiesen hatte, hellte sich seine Miene auf, und er lächelte übers ganze Gesicht. »Kein Problem«, sagte er noch einmal, »die Briten sind willkommen hier.« Er mußte wohl gedacht haben, Zeuge einer kleinen Stammesfehde geworden zu sein, wie sie hier seit Menschengedenken gang und gäbe waren.

Ich fuhr sogleich ins britische Lager, wo ich drei einheimische Angestellte des British Council vorfand, welche die Festung hielten. Davey, einer der drei, erwies sich als sehr kompetent im Umgang mit der Bürokratie: Binnen einer halben Stunde hatte mein Paß eine Garnitur Stempel der Generalregistratur von Juba, und ich war im Besitz einer rechtmäßigen Aufenthaltsgenehmigung hinter den Linien der Rebellen, tief im Herzen von Ostäquatoria. So weit, so gut.

Zwar hatte ich bis jetzt nur den allerflüchtigsten Eindruck erhalten, doch von der bedrückenden Atmosphäre einer schwerbelagerten Stadt, wie ich sie nach der Lagebesprechung in der Britischen Botschaft in Khartum erwartet hatte, war nichts zu verspüren. Man hatte mir dort geraten, mit Nick Stockton, dem Operationsleiter von Oxfam in Juba, Verbindung aufzunehmen und mir weisgemacht, er habe sich im britischen Lager »verkrochen«, doch sein Büro lag knapp einen Kilometer weiter weg – soviel zum britischen Nachrichtendienst. Er zeichnete mir ein völlig anderes, für mich viel erfreulicheres Bild von der gegenwärtigen Situation.

»Kann Sie nicht auf einen Konvoi setzen, so was ist schon seit Wochen nicht mehr nötig«, sagte er. Er sah so jugendlich aus wie ein Zwanzigjähriger, was mich überraschte, da er mindestens dreißig war und lange Zeit eine ungeheure Verantwortung getragen hatte. Er erinnerte mich an einen Distriktkommissar um die Jahrhundertwende, der in irgendeinem gottverlassenen Winkel des British Empire allen Widrigkeiten zum Trotz die »Bürde des weißen Mannes« trug. »Im Moment herrscht Windstille«, fuhr er fort. »Die SPLA kann während der trockenen Jahreszeit nicht gut operieren, und die Straße über Jei ist offen und bis zur Grenze entmint. Alle anderen Straßen, die aus Juba hinausführen, sind gesperrt und voller Minen, und es gibt Berichte, daß in und um Nimule gekämpft wird. Doch im Augenblick sehe ich auf der Straße nach Jei und bis nach Uganda keine Probleme für Sie. Von dort an müssen Sie sich an Ort und Stelle weiterhelfen lassen.« Ich verließ ihn mit dem Gefühl, reich beschenkt zu sein, denn meine Weiterreise nahm wieder Gestalt an und versprach viel mehr Bewegungsspielraum als erwartet. Ich hatte auch den wohltuenden Eindruck, daß Nick Stockton mich nicht als Ärgernis empfand, wie das bei so vielen verdrossenen Konsularbeamten und Entwicklungshilfeprofis der Fall gewesen war, die wohl meinten, ich wolle in ihrem Revier herumtrampeln. Er hielt dafür, es sei wichtig, daß sich auch Touristen und besonders Schriftsteller auf eigene Faust ein Bild von der Lage in den Unruheherden dieser Erde machten und nicht nur die unmittelbar davon Betroffenen.

Als ich ins Lager zurückfuhr, stach mir an der Straßenkreuzung im Stadtzentrum ein merkwürdiger Turm aus Beton und Metall in die Augen. Es war ein Wegweiser. Seine Arme zeigten auf Orte, deren Namen mich in Bann schlugen, seit die Idee einer Reise zu den Mondbergen Gestalt angenommen hatte – Nimule, Kampala, Jei, Torit, Gulu, Jambio. Sie hier so beiläufig schwarz auf weiß geschrieben zu sehen – wirkliche Orte mit Distanzangaben, die ihre Realität unterstrichen, und nicht länger mehr nur Vorstellungen – gab mir ein prickelndes Gefühl. Meinen ursprünglichen Plan, mich nahe am Nil zu halten, in Richtung Nimule und Gulu und weiter bis zum Viktoriasee, mußte ich fallenlassen, da diese Straße gesperrt war. Am Viktoriasee hatte sich John Spekes Überzeugung, hier sei die Quelle des Nils zu finden, schließlich bewahrheitet, als er seine Fluten sich nordwärts die Riponfälle hinunterstürzen sah. Entzückt über diese Entdeckung, gab er sowohl dem Fluß als auch dem See den Namen seiner Königin und benannte, um auf Nummer Sicher zu gehen, die Fälle nach dem Edelmann, der seine Expedition finanziert hatte.

Statt dessen würde ich nun einen weiten Bogen westwärts nach Jei schlagen müssen und dann nach Süden abdrehen, zum kleinen Grenzübergang von Kaja, einem Hintertürchen nahe zur Grenze nach Zaire, was mir den zusätzlichen Schutz bot, mich nötigenfalls schnell in dieses Land absetzen zu können. Wenn alles klappte, führte mich diese Route bei Pakwach wieder zum Nil zurück. Dort hatte Samuel Baker entdeckt, wie Spekes Viktorianil kurz vorher in einen weiteren riesigen See mündete, den er als erster weißer

Mann zu Gesicht bekam und nach Königin Viktorias Prinzgemahl auf den romantischen Namen Albert taufte. Mit dem vereinten Gewicht der beiden großen Seen im Rücken macht sich der Strom vom Albertsee aus schließlich auf seine sechseinhalbtausend Kilometer lange Reise zum Meer.

Ich sinnierte so vor mich hin, was für Wunder da vor mir lagen, und verfolgte die Route auf meiner Karte, als eine Art Militärfahrzeug schlitternd neben mir zum Stillstand kam und eine Stimme sagte: »Da ist sie!« Es war Cole Dodge, der noch immer seinen lustigen Hut aufhatte und mit dem Rest der Unicef-Mission zurück zur Twin Otter raste. »Sind Sie gut untergebracht?« fragte er gestreng. »Aber sicher«, meinte ich fröhlich, »keine Sorge!« Es folgte eine kleine Verlegenheitspause, dann ließ er die Kupplung los und sauste davon. Mit einem Mal wurde mir klar, wie ich ihnen vorkommen mußte: irgendeine verdammte Frau mit einem Fahrrad, die unabsichtlich ihren Ruhm geschmälert hatte, weil ihr Wagemut so sehr im Widerspruch zu ihrem eigenen »Feindflug« über Rebellengebiet stand.

17. KAPITEL

Die belagerte Stadt

Auch Juba ist ein bedeutsamer Ort, denn bis hierher und nicht weiter ist der Weiße Nil schiffbar. Von hier an ändert sich der Charakter des Stroms dramatisch. Steil steigt das Land aufwärts zum hohen zentralafrikanischen Plateau an, und die hügeligen Savannen machen rauhen Abhängen und Terrassen Platz, wo sich der junge Fluß schäumend durch enge Schluchten zwängt und über Wasserfälle hinabstürzt und die Stoßkraft sammelt, die ihn bis zum entfernten Meer weiterträgt.

Triumphierend war John Speke nach seiner erfolgreichen Expedition 1863 diesen Weg nach Juba zurückgekommen. Im alten Gondokoro, dem berüchtigten Sklavenhandelsposten gleich gegenüber am anderen Ufer des schnell fließenden Nils, hatte er Sam Baker angetroffen und ihm Kopien seiner Landkarten überreicht, zusammen mit der erfreulichen Nachricht, daß es für Baker wahrscheinlich einen weiteren großen See zu entdecken gebe. Dieser Ort mauserte sich mit der Zeit zur Hauptstadt des Südsudans, doch die moderne Stadt hat dem Nil den Rücken zugewandt und liegt etwas weiter weg und höher, damit sie nicht überflutet wird, wenn der Wasserspiegel jeweils um sechs Meter steigt.

Nach der flachen, öden Wüste im Nordsudan war die hügelige rote Erde Ostäquatorias mit ihrer üppigen Vegetation eine wahre Wohltat. Überall drängten sich herrliche, hohe Bäume mit glänzenden Blättern, Büsche entfalteten in einer Orgie von Farben ihre Pracht, und etwas weiter im Süden stiegen die lieblichen Umrisse der Hügel von Imatong aus dem frühen Morgennebel. Die Wohltat erwies sich jedoch bald als trügerisch. Nach einer halben Stunde merkte ich, wie die Luftfeuchtigkeit an meiner Energie zehrte, weit mehr, als die Wüstenhitze es vermocht hatte. Schweiß tröpfelte mir unablässig über Hals und Stirne und rann in kleinen Bächen den Rücken hinab, ohne je zu trocknen. Es kostete Anstrengung, sich viel zu bewegen oder sich auf etwas zu konzentrieren, und wenn ich schrieb, schmierte die Tinte von meinen feuchten Händen. Genau so hatte Sam Baker seine Situation hier beschrieben, und wie er war auch ich von feindlichen Mächten umringt, nur waren sie etwas weiter weg als zu seiner Zeit, was immer auch die Massenmedien die Leute glauben machen wollten.

Es war die erstaunliche Falschmeldung der BBC gewesen, Juba sei von den Rebellen eingenommen worden, welche dazu geführt hatte, daß beinahe sämtliche ausländischen Hilfsorganisationen abgezogen wurden. Sie wurzelte darin, daß die Mundari nach Süden geflohen waren. Die Mundari sind Viehhirten, ganz ähnlich wie die Dinka, der größte der etwa dreißig Stämme, die den Süden des Sudans bewohnen; doch während die Dinka sehr kriegerisch eingestellt sind, den Hauptharst der SPLA bilden und auch ihren Führer, John Garang, stellen, liegt den Mundari mehr daran, ihre althergebrachte Lebensweise zu bewahren. Sie waren zu Tausenden vor einem plötzlichen Überfall der SPLA aus ihren Weidegebieten südlich des Sudd geflüchtet. Als die Wellen verängstigter, nackter Menschen mit ihren großen Viehherden nach Juba hineinbrandeten und die Rinder begannen, das Stroh von den Hüttendächern abzufressen, war eine allgemeine Panik ausgebrochen, die durch die Bemühungen von Polizei und Armee, die Ordnung wiederherzustellen, nur noch verschlimmert wurde. Querschläger pfiffen herum, das panisch erschreckte Vieh raste durch die dunklen Straßen, und mehrere Stunden lang herrschte ein fürchterliches Chaos. Der Lokalkorrespondent von BBC vermutete einen Angriff der SPLA und schmückte seine Story mit Berichten aus, der Flugplatz sei überrannt worden und in den Straßen werde heftig gekämpft. Das Endergebnis war, daß wegen des Zustroms dieser Tausenden von Vertriebenen dringendst Hilfe vonnöten gewesen wäre, aber fast niemand mehr da war, der helfen konnte.

In Wahrheit, berichtete mir Nick Stockton, seien die Rebellenstreitkräfte der Stadt nie näher als bis auf acht Kilometer gekommen. Alle Straßen waren blockiert, und man fürchtete, daß John Garang seinen hochmodernen Raketenwerfer in Stellung bringen könnte, der jedes herfliegende Flugzeug vom Himmel herunterholen konnte, so daß nur noch Privatmaschinen das Risiko auf sich nahmen. Doch obwohl Juba monatelang faktisch abgeschnitten war und die Nahrungsmittel zeitweise knapp wurden, hatte nie die Gefahr eines Angriffs gedroht, und auch das importierte Bier war nie versiegt. Die Rebellen hätten es viel zu aufwendig gefunden, eine Stadt einzunehmen, die eine ständige Garnison mit Regierungstruppen unterhielt, um so mehr, als keine Hoffnung bestand, sie auf die Dauer halten zu können. Die SPLA, so Nick, operierte von versteckten Basen tief im Busch nahe der Ostgrenze, und in der trockenen Jahreszeit war es für die Guerilleros schwierig, weit weg von ihren Zufluchtsorten zu kämpfen, denn es gab nicht genügend Wasser und auch nicht ausreichende Deckung, weil die Bauern alles Buschwerk niederbrannten, damit das neue Gras besser wachsen konnte. Ziele der Rebellen waren vielmehr kleine Städte und Dörfer, wo sie Nahrungsmittel, Kleider und andere Dinge, die sie brauchten, raubten und sich schnell wieder absetzten.

All dies lieferte eine Erklärung, warum Juba so gar nicht dem Bild entsprach, daß ich mir von einer belagerten Stadt gemacht hatte. Ich hatte erwartet, Juba sei hoffnungslos überfüllt, dabei schien es fast ausgestorben. Im Stadtzentrum mit seinen breiten Straßen lagen weitläufige Gebäude und Gärten, und obwohl fast alles am Verfallen war, geschah dies beinahe unbemerkt, und die wuchernde Vegetation deckte viele der Wunden zu. Manche dieser abbröckelnden Gebäude – Verwaltungsbauten, Schulen, Kirchen, ein Krankenhaus und Zentren von Hilfsorganisationen – standen leer, weil das Personal evakuiert worden war. Selbst im sonst so lärmigen Geschäftsviertel blieben die Läden geschlossen, denn mit Ausnahme von Nahrungsmitteln, die auf dem Markt verkauft wurden, war der Handel praktisch zum Erliegen gekommen. Die meisten Einwohner lebten am Stadtrand in pittoresken

Haufen von Grashütten, die sich leicht ausbessern oder ersetzen ließen. Es lagen fast keine Abfälle herum – die Armut war so drückend, daß jedes Überbleibsel sogleich geschnappt wurde. Weil Treibstoff Mangelware war, sah man auf den Straßen erfreulicherweise nur Fußgänger und Radfahrer. Juba verstrahlte einen gewissen Charme, ganz ähnlich wie ein unscheinbares, verschlafenes französisches Provinznest an einem langen Sommernachmittag. Das weite Gebiet, wo die zwanzigtausend vertriebenen Mundari in überfüllten Zelten ein trostloses Dasein fristeten und zu überleben versuchten, lag außerhalb der Stadt in einer Senke versteckt.

Das Gelände der Briten nahe beim Flugplatz, wo ich gegen ein kleines Entgelt untergebracht war, bestand nur aus einer Ansammlung identischer, vorfabrizierter Hütten, um die ein Drahtzaun gezogen war. In jeder gab es einige Schlafzimmer, einen Wohnraum, eine Küche und ein Bad, alles in einem anonymen Stil möbliert, welcher an Pensionen in Londons ländlicher Umgebung gemahnte. Die einzige Konzession an die dampfenden Tropen waren Moskitonetze, die über den Betten hingen und nach Staub rochen. Mangels elektrischen Stroms für die Ventilatoren, für kalte Getränke und für Beleuchtung während der zwölfstündigen Dunkelheit waren die Häuser für die hiesigen Verhältnisse denkbar schlecht ausgerüstet – bei so viel Sonne in Äquatoria schien es geradezu lächerlich, daß nur Gebrauch von Sonnenenergie gemacht wurde, um warmes Wasser zu bereiten.

Eine der Hütten bildete das Büro des British Council, der vor der Evakuation in dieser Gegend Ausbildungsprogramme durchgeführt hatte, eine andere das Gästehaus, welches mir als erster Besucherin seit fast einem Jahr ganz allein zur Verfügung stand. Die restlichen waren von ein paar wenigen übriggebliebenen Entwicklungshelfern belegt, die entweder bei Oxfam oder bei CART, einem kombinierten Einsatzteam verschiedener Hilfsorganisationen, arbeiteten. Es war kein besonders erholsamer Ort. Die ganze Nacht patrouillierten barfüßige, dürftig bekleidete, mit Pfeil und Bogen bewaffnete Männer herum, die sich von Zeit zu Zeit an einem Wasserhahn genau vor meinem Fenster abspülten. Die

Nächte unter dem Moskitonetz waren heiß, so daß ich die Fenster offenließ, und so vermischte sich das aufgeregte Geschwätz dieser Wächter mit dem feuchtfröhlichen Treiben vom Hotel Juba gleich gegenüber, wo arabische Händler, die das Kunststück fertigbrachten, ihre Waren auf Umwegen herbeizuführen, in den abgeschiedenen Gartenlauben des verfallenen Gebäudes aus der Kolonialzeit mit hiesigen Polizeichefs und hochrangigen Armeeangehörigen munter feierten. Ich hatte auch erfahren, daß die Wächter eine Woche zuvor mit ihren Bogen auf einen Dieb geschossen hatten, am nächsten Morgen der Blutspur folgten und in einem überwachsenen Garten in der Nachbarschaft einen toten jungen Mann fanden.

Die Handvoll Entwicklungshelfer stand schwer unter Druck. Alle waren völlig überarbeitet, doch fanden sie gleichwohl Zeit, mit mir zu diskutieren und mir ihre Projekte zu zeigen. Nick Stockton beeindruckte mich außerordentlich. Er hatte die Hilfsaktionen lange Zeit zusammengehalten und schien bis zur Erschöpfung ausgelaugt. Seit zwei Jahren war sein Urlaub überfällig, doch ich bezweifle, daß er jemals seinen Posten abgetreten hätte, selbst wenn jemand als Ersatz dagewesen wäre. Nick kannte alle die verworrenen Fäden in dem Netz von Korruption, das sich in diesem Teil der Welt über alles legte, und hatte gelernt, auf schwankendem Seil zu balancieren und den anderen immer eine Nasenlänge voraus zu sein, damit die Hilfe auch wirklich zu den Leuten kam, für die sie gedacht war. Auf sonderbare Weise war es ihm eine Notwendigkeit geworden, ständig mit unmittelbar bevorstehenden Krisensituationen zu leben. Erst nach Büroschluß zeigte sich der Streß – meist konnte er dann nicht mehr aufhören zu reden. Mich störte das ganz und gar nicht, denn erst hier kam er richtig aus sich heraus und sang das Hohelied der Viehhirten, die durch Krieg, Viehseuchen, Hungersnot und den Druck des Fortschritts vom Aussterben bedroht waren. Vor den gegenwärtigen Unruhen war Nick viel bei diesen Menschen herumgereist und hatte mit wachsender Bewunderung ihre Lebensweise kennengelernt, was sich bei ihm schließlich zu einer wahren Leidenschaft entwickelte. Auch vom ökonomischen Standpunkt aus gesehen, schien es ihm sinnvoll, zu versuchen, das Gleichgewicht zu bewahren, das sich seit so langem zwischen Mensch und Natur eingestellt hatte, und er hatte daher wenig für die Pläne übrig, die Sümpfe trockenzulegen und ihnen ein modernes Landwirtschaftssystem überzustülpen.

Es wäre schwergefallen, nach einem Besuch in einem der Viehlager der Mundari für Nick Stocktons Vorstellungen keine Sympathie zu empfinden. Ich begleitete Mel, einen Tierarzt aus Durham, der die ostafrikanische Viehseuche behandelte, auf eine Lichtung im Busch, wo über hundert prächtig anzusehende Kühe und Stiere zur Inspektion versammelt waren. Die mächtigen Tiere hatten dicke, weit ausladende Hörner, die teils schon bei den Kälbern sorgfältig gerichtet werden, um in eine bestimmte Form zu wachsen. Die Mundari waren ein großgewachsenes, sehniges Volk. Sie trugen fast nichts außer Hals- und Armreifen und bildeten einen perfekten Hintergrund für dieses grandiose Vieh, mit dem sie klassische Tableaus bildeten, wie man sie etwa auf Reliefs etruskischer Vasen findet.

Was nebst diesen auffallend schönen Bildern im Lager am meisten beeindruckte, war ein Gefühl der Kooperation und Zufriedenheit. Im Zusammenleben dieser Menschen zeigte sich ebenso wie im Umgang mit ihren Tieren eine augenfällige Harmonie. Offensichtlich waren Mensch und Tier aufeinander angewiesen, denn des einen Wohlergehen hing vom Wohlergehen des anderen ab, doch spielte noch etwas viel Stärkeres mit. Es ging um mehr als ums bloße Überleben. Ich erkannte hier etwas, was wir im Westen verloren haben, weil wir das Tierreich ausbeuten. Das Vieh der Mundari hat nichts gemein mit den hornlosen, widernatürlichen Geschöpfen unserer Tierfabriken. Die Mundari empfinden vielmehr eine echte Liebe für ihre Tiere und sind stolz auf ihren Charakter, ihre Stärke und ihre Schönheit. Sie lieben auch ihre Kinder, doch die Männer griffen nie ein, wenn ihre Söhne Mut und Respekt lernten, zwischen den riesigen Hörnern herumschlüpften und die wohlgezielten Tritte in Kauf nahmen, mit welchen die Kühe einen Ungeschickten bestraften. Auch sah ich nie je einen Jungen sich mit Unmut oder einem Hieb rächen.

Ich schätzte mich glücklich, daß ich eine Gelegenheit fand, die Mundari noch in ihrer natürlichen Umgebung zu sehen, denn schon in ein, zwei Jahren gehören solche Bilder vielleicht der Vergangenheit an. Ich habe keine Hoffnung, daß die wenigen Leute, die wie Nick Stockton fühlen, sehr viel tun können, um diese Viehhirten zu schützen. Die Mundari stehen dem, was der herrschende Teil der Welt als Fortschritt betrachtet, genauso im Weg wie die Indianer, die australischen Aborigines und die südamerikanischen Indios, und ihre angestammte Lebensform wird wohl ebenso unweigerlich zerstört werden. Dieses Zerstörungswerk ist in Wahrheit bereits weit fortgeschritten. Beide Seiten im Kampf um den Süden des Sudans trifft der Vorwurf, diese unschuldigen Menschen, die bisher nichts Gefährlicheres als Pfeil und Bogen besaßen, zu korrumpieren und sie mit Waffen zu versehen. Unter den verschiedenartigsten Kürbisflaschen und primitiven Gerätschaften, die an Holzgittern im Lager hingen, sah ich eins dieser modernen automatischen Gewehre. Wie es da öffentlich zur Schau stand, ein häßliches technisches Horrorinstrument in einer Umgebung, die sonst fast nichts mit dem zwanzigsten Jahrhundert gemein hatte, schien es das Ende einer Epoche zu symbolisieren.

Laut Nick Stockton war überdies ein militärischer Vorstoß im Gange, der es den Mundari verunmöglichte, sich bei ihren traditionellen Viehpferchen am Nil einzufinden, was zum Tod von Tausenden weiterer Rinder führen mußte, die von ihren jahreszeitlich wechselnden Weidegründen abgeschnitten wurden. Tagtäglich starteten MIG-Kampfflugzeuge vom Flugplatz in Juba, flogen im Tiefflug über das Gebiet der Mundari und zerstörten die Dörfer und alles, was den Rebellen Hilfe oder Schutz gewähren mochte.

Der Kontrast zwischen diesen Mundari mit ihrem Vieh und jenen, die bereits seit ein paar Monaten im Flüchtlingslager steckten, war niederschmetternd. Sie waren apathisch geworden und niedergeschlagen und hatten ihre körperliche Gesundheit viel schneller verloren, als dies vielleicht bei einem weltgewandteren Volk der Fall gewesen wäre, denn sie kannten keine Mechanismen, die ihnen ermöglichten, mit einem trägen Dasein in Zelten fertig zu werden und von Almosen zu leben. Keiner der Helfer war zuversichtlich, was ihre längerfristigen Aussichten betraf. Falls man sie daran hinderte, innerhalb etwa eines Monats in ihr Territorium zurückzukehren, mußte man befürchten, daß sie später nicht mehr den Willen dazu aufbrachten. Odile, die kleine, scheinbar zarte französische Krankenschwester, die praktisch im Alleingang das Zentrum für Zusatzernährung betreute, machte sich mit jedem Tag größere Sorgen um ihr rein physisches Überleben, da immer mehr Säuglinge und Kleinkinder Hilfe benötigten und das Risiko von Epidemien unter den heißen, engen und unhygienischen Verhältnissen steil anstieg. In ungefähr einem Monat, wenn der Regen einsetzte, würde sich das ganze Camp in einen einzigen Morast verwandeln – unter diesen Umständen war an ein Leben unter Zeltdächern nicht mehr zu denken.

Es gab einige wenige unkoordinierte Versuche, für die Lagerinsassen etwas Ablenkung zu schaffen. Das Deprimierendste, was ich sah, war eine von Unicef finanzierte Selbsthilfegruppe, wo eine füllige Dame aus Uganda eine Schar Frauen das Nähen lehrte. Die Mundari-Frauen haben bloße Brüste und tragen mit Ausnahme ihres Schmucks fast nichts außer einem kurzen, schön gearbeiteten, perlenbesetzten Lendenschurz, nur die älteren Frauen wikkeln sich zuweilen in eine Art Baumwollsarong oder schlagen sich ein Tuch um die Schultern. Quer über die Stirn verlaufen ganz ähnlich wie bei den Schilluk Schmucknarben und um den Nabel konzentrische erhobene Narbenmuster, die wie lebendige Mandalas aussehen. Unter natürlichen Umständen sind diese Frauen so stolz und kämpferisch wie ihre Männer, doch wie sie hier unterwürfig zu Füßen der Uganderin saßen und sich beim ungeschickten Versuch, voluminöse Baumwollschlüpfer herzustellen, mit den ungewohnten Nadeln in die Finger stachen, erinnerte mich stark an die krassesten Auswüchse viktorianischer Missionarstätigkeit.

Sehr viel erfreulicher ließ sich das Projekt »Essen für Arbeit« an, das Linda organisiert hatte. Linda war Forstexpertin und bei Oxfam angestellt, um die Obstbäume in den Mundari-Dörfern zu veredeln, doch da sie bei der herrschenden politischen Lage ihre Arbeit nicht weiterführen konnte, hatte sie in Juba etwas erstklassiges Land am Fluß unten erworben und zog Gemüse, wobei sie eine sehr große Belegschaft einsetzte, um so viele Frauen wie möglich in das Projekt mit einzubeziehen. Es gab nicht genügend Geräte für alle, daher saß jeweils die Hälfte im Schatten, ruhte sich aus und spielte mit den Kindern, während die anderen geruhsam ein bißchen Wasser schleppten oder gekonnt die Hacke schwangen. Niemand hätte behauptet, daß sie die Arbeit sehr ernst nahmen, doch Linda meinte, es bringe sie wenigstens aus dem Lager heraus. Sie schienen gewiß viel glücklicher hier unten am Fluß. Neckereien flogen hin und her, und die alten Frauen rauchten ihre kunstvoll gearbeiteten Pfeifen und nahmen hie und da einen kräftigen Schluck aus den Wasserkanistern.

Das Ergebnis dieser doch eigentlich eher halbherzigen landwirtschaftlichen Bemühungen war verblüffend. Noch nie im Leben hatte ich derart üppiges Gemüse gesehen. Knollengewächse wie die Yams, die man ausgrub, standen so dicht, als seien sie marktfertig verpackt, während sich niedrige Sträucher unter der Last großer, rundlicher, purpurfarbener Auberginen bogen. Für mich, die ich aus einem kalten Land im Norden kam, war schwer einzusehen, wie in diesem fruchtbaren Land je Hungersnot herrschen konnte, und ebensowenig verstand ich, weshalb Früchte und Gemüse auf dem Markt in Juba so viel teurer waren als in Khartum.

Gordon Falconer, ein Amerikaner mittleren Alters von der Westküste, der für Episcopal Church Aid arbeitete, versuchte mir die Gründe dafür zu erklären, denn er machte sich zusehends Gedanken wegen der Gemüsepreise. Er war einer dieser jugendlich wirkenden Männer, die mit einem Übermaß an Energie und Enthusiasmus gesegnet zu sein scheinen und andere mit ihren Ideen anspornen können. Er arbeitete in einem Haus, das fast ganz im afrikanischen Stil eingerichtet war und eine Atmosphäre ausstrahlte, die den Hütten im britischen Lager völlig abging. Tische, Stühle, Matten, Schalen, Schnitzereien und ähnliches waren von den Einheimischen hergestellt und machten mir deutlich, wie wenig die meisten der Gebäude und Einrichtungen in Juba diese fremde Kultur berücksichtigen – und zwar völlig unverständlicherweise, denn die lokalen Produkte waren billiger und viel attraktiver als fast alles importierte Zeugs. Es schien mir auch richtig, daß Entwicklungshelfer versuchen sollten, die einheimische Industrie und das lokale Kunsthandwerk zu fördern.

Der ganze Nord-Süd-Konflikt im Sudan war, wie Gordon meinte, eine rein wirtschaftliche Angelegenheit, ein Krieg zur Sicherung der riesigen Profite, welche die arabischen Händler mit den Produkten der Bewohner im Süden erzielten. Die Araber kaufen direkt von den einzelnen Kleinbauern und verkaufen mit über vierhundert Prozent Gewinn, wobei laut Gordon dieses riesige Handelskartell in den Händen von nur vier Familien in Khartum liegt. Seine Lösung sah vor, die ansässigen Bauern zu ermuntern, sich zu Kooperativen zusammenzuschließen und ihre Produkte selbst zu vermarkten, mit dem Ziel, die Lebensmittelpreise in den Läden zu senken und den Erzeugern größere Profite zu sichern. Die meisten dieser Bauern waren bitter arm und hatten kein anderes Transportmittel als Fahrräder. Um diesen Plan zu befördern, unterstützte man sie mit Darlehen, und es war sogar die Rede davon, einen hundertsechzig Kilometer langen Fahrradweg von Juba nach Jei zu erstellen. Gordons wirtschaftliche Strategien schienen mir sehr stark an der modernen Befreiungstheologie orientiert zu sein, und ich fragte mich insgeheim, ob er nicht fürchten mußte, in einer dunklen Nacht ein Messer in den Rücken zu kriegen, wie es sonstwo vielen Leuten zustieß, welche auf ähnliche Weise gegen mächtige bestehende Interessen angingen. Ich hatte nie Gelegenheit, ihn danach zu fragen, doch glaube ich, daß er gar keine Zeit fand, sich zu ängstigen.

Der richtige Ort, um sich in Juba ein wenig zu entspannen und den Ernst des Lebens zu vergessen, war der Griechische Klub. Er bildete das Zentrum des städtischen Nachtlebens für die Ausländer und die wenigen schwarzen Entwicklungshelfer, die sich die teuren eingeflogenen Drinks leisten konnten, welche auch unter der Belagerung nie versiegt waren. Der Klub schien direkt aus dem Afrika der dreißiger Jahre entsprungen, wie ich es aus meiner Lektüre kannte: ein heruntergekommener Salon mit einem von ein paar flackernden Lichtern matt erhellten Garten, wo große Strohschirme auf hohen Stangen standen, Zikaden in die von Leben pulsierende samtene Nacht zirpten und Bier und Schnaps in Strömen flossen. Er wurde von Jerry, einem zerbrechlich wirkenden, altmodischen Griechen, und seinem um weniges jüngeren Freund Costas geführt. Jerry war via Äthiopien, Ägypten und Gott weiß wo in Juba gelandet. Er wußte eine Menge anzüglicher Geschichten über das Barleben in Kairo während des Krieges zu berichten, von denen ich wegen des allgemeinen Lärms und der Mixtur von fremdartigen Akzenten keine je zu Ende hören konnte. »Sie haben auch Flußpferd in Themse?« fragte jemand höflich, doch bevor ich antworten konnte, brachte Jerry auch schon die nächste Runde Bier und witzelte: »Ich nie trinke dieses Zeug, Gott sei Dank! Mein Arzt sagt, wenn ich hier komme vor einundvierzig Jahre, Jerry, sagt er, trink den Whisky, trink den Gin, aber rühr das Bier nicht an, und ich, haha, ich bin noch gesund, Gott sei Dank.«

Mir fiel ein, daß ich hier im Süden, wo Beine nicht mehr tabu sind, ruhig meine Knie entblößen konnte, ohne Anstoß zu erregen, und ich wünschte, ich hätte ein Paar Shorts zum Radfahren mitgenommen. Später, als ich auf dem Markt Früchte und Gemüse einkaufte, bemerkte ich eine Reihe von etwa zwanzig jungen Männern, die müßig hinter ihren Nähmaschinen vor den kleinen Blechschuppen saßen, wo Stoffe verkauft wurden, und ich beschloß, dem lokalen Gewerbe unter die Arme zu greifen und mir ein Paar Bermudas machen zu lassen. Schade, daß in einem Land, wo erstklassige Baumwolle wächst, fast nur importierte synthetische Kleiderstoffe zum Verkauf standen! Doch schließlich fand ich ein billiges, einfaches, blaues Gewebe, handelte einen bescheidenen Preis für die Arbeit aus und konnte vierundzwanzig Stunden später das fertige Stück abholen. Die Shorts erhöhten meinen Fahrkomfort gewaltig, besonders wenn es aufwärts ging. Ich trug sie die nächsten zwei Monate jeden Tag und wusch sie abends aus, um die tägliche Ansammlung von Staub und Schweiß zu entfernen, und bevor ich nach Hause zurückflog, vermachte ich die noch völlig brauchbaren Hosen einem lokalen Hilfswerk.

Als nächstes stand ein kniffliges Problem auf dem Programm: ein Ausreisevisum aus dem Sudan und eine Reisegenehmigung bis zum Grenzort zu bekommen – zwei Dinge, die mir seit Wochen auf dem Magen gelegen hatten und zu all den wachsenden Schwierigkeiten und Unsicherheiten hinzukamen, denen ein Reisender im heutigen Afrika ausgesetzt ist. Augenscheinlich konnte mir nur der allgewaltige Gouverneur selbst meine Durchreise erleichtern. Ich trug einen Brief bei mir, der von einem seiner Bewunderer in Khartum verfaßt war und ihn um seinen wohlwollenden Beistand bat. Er sollte über dessen im militärischen Abwehrdienst in Juba tätigen Bruder überbracht werden, denn nichts und niemand war offenbar in Afrika auf direktem Weg zugänglich. Es war eine ziemlich kriecherische Epistel. Sie begann so: »Eure Exzellenz, verzeihen Sie, daß ich Sie nicht bei Ihrem vollem Namen nenne, den ich wohl kenne. Aber ich fürchte, einen Rechtschreibfehler in Ihrem Namen zu begehen, und möchte bei einem Nationalhelden wie Ihrer Person keinen Schnitzer machen. Wir alle bewundern Ihre kühnen Anstrengungen. Gott segne Sie!« Darauf wurde die Angelegenheit noch verkompliziert durch die Bitte um eine Beförderung des Bruders. Der Brief war voller Löcher, wo die Schreibmaschine das dünne Papier durchschlagen hatte.

Zufällig fiel meine Ankunft in Juba mit der Abreise des Gouverneurs zu einer Konferenz in Khartum zusammen, ich hatte deshalb keine Gelegenheit, dieses Dokument vorzulegen und seine Wirkung zu beobachten. Das Glück war mir jedoch hold: Davey, der lokale Kontaktmann und »Macher« des British Council, der schon so erfolgreich meine Aufenthaltserlaubnis in Juba befördert hatte, zeigte sich gedämpft optimistisch, die beiden anderen Papiere vom Stellvertreter des Gouverneurs zu erhalten.

Offensichtlich hatte Davey geschickten Gebrauch von meinen verschiedenen Empfehlungsschreiben gemacht und war auf keine Hindernisse gestoßen, bis irgendwo durchsickerte, daß ich per Fahrrad reiste. Hier krachte die Eisenfaust der Bürokratie in ungläubigem Ärger auf den Schreibtisch, und der Mann hinter der Faust, Brigadier Nicola Obwoya Cazaro, Chef für Innere Sicherheit, forderte mein sofortiges Erscheinen in seinem Büro. Als mich Davey einige Stunden später endlich aufgegabelt hatte, war er eher kleinlaut, denn der Brigadier nahm es nicht gut auf, wenn man ihn warten ließ. Er sauste mit mir hinten auf seinem kleinen Mofa los, um Zeit zu sparen. (Der Umstand, daß er überhaupt Benzin kriegen konnte, etwas so Kostbares wie Gold, bewies, was für ein einflußreicher Mann Davey hier war.) Bevor wir eintraten, gab er mir zu verstehen, daß die Sache vielleicht nicht glatt über die Bühne gehen könnte: »Sie wollen nach Uganda, darum Sie besser nicht argumentieren mit diesem Mann. Sonst wir haben gewöhnlich nicht solche Schwierigkeiten mit ihm.«

Ich war froh über diese Warnung, denn der Brigadier legte gleich los und brüllte Davey wütend an: »Wieso kommen Sie erst jetzt? Wieso lassen Sie mich warten? Ich bin nicht sicher, ob ich jetzt noch etwas für Sie tun kann!« Davey hielt den Blick auf seine Schuhe gesenkt und sagte kein Wort. Ich sah, jetzt war es an mir, und sprang schnell mit einer demütigen Entschuldigung ein, die ihn etwas zu besänftigen schien. Nach einer kurzen Präambel über eine Reise nach England, die ihm gar nicht gefallen habe, kam der Brigadier charmant wie ein Rammklotz, der einen Pfahl einhämmerte, auf die vorliegende Angelegenheit zu sprechen. »Wie erwarten Sie denn nach Jei zu kommen?« herrschte er mich an und unterstrich seine Worte, indem er seine schwere Faust auf den Schreibtisch niederdonnern ließ. »Wissen Sie nicht, daß es mehr als hundertfünfzig Kilometer dorthin sind? Wie wollen Sie das auf einem Fahrrad schaffen, hm?« Ich wies so taktvoll wie nur möglich darauf hin, daß ich schon mehrere tausend Kilometer mit dem Fahrrad bis hierher geschafft hatte und immer noch gesund und wohlauf war und noch nicht verschollen. Er hörte darüber hinweg und warf mir einen langen, unverhohlen geringschätzigen Blick zu. »Sie sind eine Frau«, teilte er mir völlig unnötigerweise mit. »Eine weiße Frau«, fügte er voller Abscheu hinzu. »Es gehört sich nicht, daß Sie mit dem Fahrrad reisen. Die Dorfbewohner werden Sie ausrauben. Ich kann nicht hundertprozentig für Ihre Sicherheit garantieren.« Da er eine so abschätzige Meinung von Fahrrädern, weißen Frauen und von der lokalen Bevölkerung hegte, konnte wohl nur noch Unterwürfigkeit helfen, also dankte ich ihm höflich, daß er sich wegen mir derart Sorgen machte. »Natürlich würde ich nicht im Traum daran denken, mit dem Fahrrad zu gehen, wenn die geringste Gefahr bestände. Auf gar keinen Fall! Ich würde schauen, daß meine Wenigkeit samt Fahrrad auf dem erstbesten Lastwagen mitfahren könnte, der bereit wäre, uns aus Juba zu bringen.«

Aus den Augenwinkeln konnte ich sehen, daß Davey mich mit neuem Respekt betrachtete. Mehr noch interessierten mich jedoch die Reisedokumente, die mir zur Belohnung, daß ich das Ego des Brigadiers gekitzelt hatte, nun zügig ausgestellt wurden. Es schien mir direkt unfair, dafür auch noch tief in die Tasche greifen zu müssen.

18. KAPITEL

Durch Ostäquatoria

Ich hatte Juba am Mittag verlassen. Erst jetzt wurde ich gewahr, wie eingeengt ich mich in dieser heißen, streng abgeriegelten Stadt gefühlt hatte. Der Eindruck, eingesperrt zu sein, wurde verstärkt von einer Armee unterer Militärdienstgrade, die sich ihre Wichtigkeit beweisen mußten und unsere Abreise so lange wie nur möglich hinauszögerten. Aus Rücksicht auf Brigadier Cazaros Wünsche unternahm ich keinen Versuch, auf meinen eigenen zwei Rädern weiterzureisen, sondern wollte mit einer Mission von Oxfam mitfahren, bis Juba außer Sichtweite war und ich die Gelegenheit am Schopf packen konnte. Die drei Leute, welche den kleinen Konvoi organisiert hatten, rannten mit Genehmigungen und Pässen herum und hielten ihren Ärger immer mühsamer im Zaum, da die Sonne höher und höher stieg und die Beamten stets neue Gründe fanden, uns aufzuhalten. Zwanzig junge sudanesische Männer und Frauen saßen in den vier Fahrzeugen, hielten ihre hellen, frisch erhaltenen Wolldecken umklammert und schnalzten aufgeregt mit der Zunge wie bei einem Sonntagsschulausflug. Es war die erste Expedition der jüngst ausgebildeten Ernährungsüberwachungsteams und für die meisten die erste Gelegenheit seit fast einem Jahr, aus der belagerten Stadt herauszukommen.

Eine der Rollen, die Oxfam in dieser verrückten Welt spielt, wo eine Minderheit der Bevölkerung unter Lebensmittelbergen leidet und die Mehrheit von Unterernährung bedroht ist, besteht darin, in Gebieten, die durch Hungersnot gefährdet sind, die verfügbaren Lebensmittel zu überwachen. Auf diese Weise hofft man, ernsthafte Verknappungen festzustellen, bevor eine Krise ausbricht. Da in letzter Zeit niemand diese Aufgabe im Süden des Sudans wahrnehmen konnte, bestand eine gewisse Dringlichkeit, mit der Überwachung fortzufahren, weil selbst in den Städten die Anzeichen mangelnder Ernährung schon derart alltäglich waren, daß sie kein Aufsehen mehr erregten. Im Süden herrscht jedoch ein ausgeprägtes Stammesdenken vor, und die Verwaltung von Juba hegte wenig Sympathie für irgendwelche Hilfsaktionen in den umliegenden Bezirken. »Wohltätigkeit beginnt zu Hause« war das gängige Motto; daß sich die Güter und Fahrzeuge von Oxfam nicht auf diesen engen Radius beschränkten, schuf immer wieder beträchtliche Mißstimmung.

Mit vierstündiger Verspätung kamen wir endlich weg, hauptsächlich, weil es der Bürokratie zu diesem Zeitpunkt zu dumm und zu heiß geworden war. Ich blieb bis zu meinem ersten Nachtlager auf dem Lastwagen sitzen, um sicherzugehen, daß ich bei meiner Ankunft viel Zeit hatte. Es ist für einen Reisenden fast überall von Vorteil, wenn er ein Obdach findet, bevor es dunkelt, und in dieser Gegend war es unabdingbar. Wir fuhren im Eiltempo auf einer scheußlichen Straße, da auch der Konvoi die verlorene Zeit aufholen und einen sicheren Platz finden wollte, bevor die Nacht hereinbrach. Zweimal mußten wir anhalten und Ausrüstungsgegenstände auflesen, die aus ihren Halterungen gerissen worden waren, wenn die Räder auf vorspringende Felsen stießen oder in garstige, tiefe Schlaglöcher krachten. Schon nach wenigen Meilen war ich ganz zerschlagen von diesem Gerumpel und dick mit ziegelrotem Staub bedeckt, denn wer nicht zuvorderst in der Reihe saß, fuhr andauernd in einem dichten, stickigen Staubschleier. Als ich endlich vor der Lanye Vocational School abgeladen wurde, war ich trotz allem froh, daß wir uns beeilt hatten, denn nun stand mir ein Maximum an Zeit für diesen reizvollen Ort zur Verfügung.

Er erinnerte mich unwillkürlich an ein mittelalterliches Kloster in Europa, zumal die Schule einem ganz ähnlichen Zweck diente. In einer Gegend, wo sich das Dasein selten übers nackte Überleben hinausschwang, wo jahrhundertelange Raubzüge der Sklavenhändler alle Kultur im Keime erstickt hatten und sowohl die Lebensweise als vor allem auch die Ackerbaumethoden nicht über einen sehr primitiven Stand herausgekommen waren, war es das Hauptziel dieser Berufsschule, junge Leute in Agrikultur, im Zimmereihandwerk, in einfachen Ingenieursarbeiten und in Hauswirtschaftslehre auszubilden. Ein weiteres wichtiges Anliegen war, neue und bessere Anbau- und Hauswirtschaftsmethoden einzuführen und durch praktisches Vorbild das Leben der Menschen in der Umgebung zu verbessern. Das Personal und die Leiter waren alle Sudanesen. Obwohl die Lanye School etwas Geld aus Übersee erhielt, mußte sie mit einem sehr schmalen Budget auskommen. Dessenungeachtet war es gelungen, die Fischzucht sowie die Aufzucht besserer Hühner- und Schweinerassen einzuführen, und man war daran, Ochsen das Pflügen anzugewöhnen, etwas in dieser Gegend noch völlig Unbekanntes. Alles war notgedrungen mit geringen Kosten und einfachster Technologie verbunden, was jedoch nur von Vorteil war, weil dadurch der Verbreitung weniger wirtschaftliche Hindernisse im Weg standen. Ein Sorgenkind war die Lagerung von Getreide. Traditionell wird es in winzigen runden Hütten aufbewahrt, die auf Stelzen stehen, doch die Ratten können leicht daran hochkraxeln und verschlingen einen beträchtlichen Teil der Ernte. Lanyes Lösung bestand in der Konstruktion einer ähnlichen kleinen Hütte mit einer Art metallenem Kulihut rund um jede Stelze, der den Nagern einen Strich durch die Rechnung machte.

Unter den sechzig Studenten an der Schule, die als Teil des Kurses ihre eigenen einfachen Schlaf- und Arbeitsräume bauen mußten, waren auch einige Mädchen. Eines von ihnen hatte während ihres Lehrjahres ein Kind bekommen, und sogleich wurde es zum Mittelpunkt im Fach Hauswirtschaftslehre. »Noch nie«, sagte Thomas Kedini, der Schulleiter, »ist ein kleines Kind soviel gepflegt und verhätschelt oder so oft am Tag gebadet worden. Es ist das sauberste Baby in ganz Äquatoria.« Die Atmosphäre schwirrte vor Begeisterung und Zuversicht. Selbst als mich Thomas auf den Feldern herumführte, um mir die vielen Mißernten zu zeigen, wankte sein Optimismus nicht. »Wir lernen fürs nächste Jahr«, lautete der Kommentar bei allem, was sich nicht zur Zufriedenheit entwickelt hatte. Besondere Freude herrschte über den frisch angelegten Ananashain, wo inmitten streng militärisch ausgerichteter Reihen stacheliger, blaugrüner Blätter eine einzige Ananas in einsamem Glanz ihr steifes, schweres Haupt erhob, als zierte sie den Torbogen eines herrschaftlichen Hauses. »Drei hatten wir«, sagte Thomas. »Eine haben wir geschmaust, und eine hat ein Einbrecher gestohlen, doch diese hier bewachen wir jetzt wie wild.« Und er lachte dabei so fröhlich, daß mir unwillkürlich bewußt wurde, wie traurig mich dieses Land bisher gestimmt hatte.

Thomas hatte meine Lebensgeister wieder geweckt – Elias hingegen führte mich in eine ausgefallene, entzückende Welt, die den schmutzigen Machtkämpfen, der Armut und der Korruption rundherum völlig entrückt schien. Elias war der Erfindergeist der Schule und leitete die Abteilung Angewandte Technologie, eine Kreuzung zwischen der Findigkeit der »Flintstones« und dem Genie eines Leonardo. Alle die Neuerungen ringsum schienen auf seinem Mist gewachsen zu sein: Er war es, der die Ochsen abgerichtet und einen effizienteren Holzkohleherd, ein verbessertes Gebläse für die Schmiede sowie eine Maisschälvorrichtung erfunden hatte, und auch Dachziegel und eine speziell ausbalancierte Kiste auf Rädern zum Transport sehr schwerer Lasten gingen auf sein Konto. »Schauen Sie her, sie trägt sogar mich«, sagte er, hüpfte hinein und wies seinen ungeheuer langen, dünnen Assistenten an, ihn herumzuziehen. Der konnte vor Lachen kaum an sich halten, vielleicht weil er spürte, daß sie wie zwei kleine Jungen aussehen mußten, die mit einem selbstgebastelten Karren spielten.

Alle die sinnreichen Erfindungen von Elias und den Jungen seines Kurses hätten Cartoons von Emmett entsprungen sein können, denn alles mußte aus irgendwelchem altem Krimskrams hergestellt werden, der sich in der ausgebluteten Umgebung finden ließ. Es handelte sich eher um »Notbehelfs-« als um »angewandte« Technologie, aber jede Erfindung erfüllte Elias mit größter Befriedigung. »Der Schulleiter hat recht. Sehr passend angewandte Technologie, ja?« schmunzelte er und ließ seine Hände liebevoll reihum über die Ergebnisse seiner Geistesblitze gleiten.

Als ich ihm erzählte, ich hätte mein Fahrrad selbst entworfen, behandelte er mich mit dem Respekt, der einer Fachkollegin gebührte. Er hatte gleich eine Leidenschaft fürs Agala entwickelt, die uns noch enger verband. Bei einem tiefschürfenden Gespräch über Fahrradkonstruktionen und die Möglichkeit, einen Anhänger für die Bauern zu konstruieren, damit sie ihre Produkte auf den Markt fahren konnten, wurde mir auch klar, worin die Stärke von Elias' Inspiration lag: Er hatte absolutes Vertrauen, alles, was er anpackte, schaffen zu können.

Sein gegenwärtiger Favorit war eine Erfindung, die er VIP nannte (für Ventilated Improved Pit), ein überlegenes, neues Modell einer Toilette ohne Wasserspülung, welches die Gesundheitsrisiken, den Gestank und die Kakerlaken – der Fluch jedes Klos in den Tropen – eliminieren sollte. Sie zählte zu seinen solideren Konstruktionen und sah ziemlich elegant aus, wie eine kleine, runde Eingeborenenhütte mit geräumigem Innenleben und einem großen Blechabzug, der durchs Strohdach ragte. Gemäß seinen begeisterten und langwierigen, mir leider unverständlichen Erklärungen wurden die anfallenden Produkte vollständig entgiftet und bildeten überdies einen nützlichen Dünger.

Es war schon dunkel geworden. Wir steckten noch immer tief in technischen Fachsimpeleien und begutachteten gerade im Licht einer Taschenlampe Ziehbrunnen. Wir hätten wohl noch Stunden so weitergemacht, wäre ich nicht zum Abendessen in den alten, unkomfortablen Bungalow von Thomas gerufen worden, der einst das Haus eines Missionars gewesen war. Man servierte uns ein von den Mädchen des Hauswirtschaftskurses gekochtes Mahl aus schuleigenen Eiern, Huhn und Kohl. Mit einem gewissen Zeremoniell trugen sie die Gerichte selbst herein, kicherten jedoch bald vor Verlegenheit, Stolz und Vergnügen los, weil Thomas sie dauernd neckte. Eine der Ungereimtheiten dieser Schule bestand darin, daß man die Mädchen zwar sehr wohl ermutigte, Backsteinmauern zu bauen oder Ingenieurwesen zu studieren, die Gleichberechtigung sich jedoch noch nicht auf die Jungen erstreckt hatte, von denen keiner kochen lernte.

Nach dem Abendessen schauten einige Bischöfe herein, die auf dem Schulgelände einen Konvent abhielten. Bald drehte sich das Gespräch um einen Überfall der SPLA vor ein paar Wochen, der in vielen erheiternden Einzelheiten geschildert wurde. Etwa hundert schwerbewaffnete, aber fast völlig nackte Rebellensoldaten zwischen vierzehn und zwanzig Jahren waren urplötzlich aus dem Busch aufgetaucht und hatten die Stadt Lanye für drei Tage eingenommen. Sie hatten Anweisungen, niemanden zu töten, da die SPLA darauf bedacht war, ihren angeschlagenen Ruf wieder aufzupolieren, und so gab es nur etwa sieben Opfer, die meisten von ihnen Polizisten, die Widerstand geleistet hatten. Die Angreifer waren auf Essen und Kleider aus. Sie ließen die Leute mit vorgehaltener Waffe sich ausziehen und ihre Kleider abgeben, sogar den Priester, und später sah man, wie die Guerilleros sich wieder in die Büsche schlugen, angetan mit langen Unterröcken und Frauenkleidern, und einer soll sogar das Chorhemd des Priesters um die Hüften getragen haben, als er tänzelnd verschwand.

Die Schule selbst war nicht so glimpflich davongekommen. Viele der Studenten waren in die Hügel geflüchtet, was die jungen Rebellen sehr erzürnt hatte. Sie hatten die Riegel von den Türen weggeschossen, alles durcheinandergebracht und sämtliche Vorräte geraubt. Leider hatten sie auch auf die abgerichteten Ochsen geschossen. Es war ihnen gelungen, einen zu töten, worauf sie ihn gleich über einem lodernden Feuer brieten; die anderen drei waren verwundet ins Hügelland geflohen.

Das vielleicht größte Kapital von Lanye war der Humor – das einzige, woran kein Mangel herrschte. Er ging auf niemandes Kosten, denn man lachte mit den Leuten und nicht über sie, und so verwandelte sich der Humor irgendwie in eine christliche Tugend und eine Kunst. Nicht einmal die SPLA wurde eindeutig verdammt, obwohl sich alle einig waren, John Garang sei ein ebenso großer Feind des Volkes im Süden wie die Regierung im Norden. Angesichts ihrer toleranten Haltung berührte es mich seltsam, als sie die Überzeugung äußerten, das eigentliche Problem des Südsudans seien Stammeseifersüchteleien. »Wenn wir zusammenspannen könnten, wenn wir einen Führer stellen könnten, dem alle folgen würden, dann könnten wir dem Norden die Stirn bieten und, ohne zu kämpfen, gewinnen«, sagte einer der Bischöfe, »doch vorher gibt es keine Hoffnung.«

Als ich mich aus ihrem Kreis verabschiedete und in die runde Strohhütte geführt wurde, wo ich schlafen sollte, ließ Thomas zwei Bierdosen in meine Plastiktüte gleiten und flüsterte, ich solle die Bischöfe nichts merken lassen, da sie sehr presbyterianische Ansichten übers Trinken hätten. Bevor ich mich aufs raschelnde Stroh fallen ließ, hatte ich noch das Privileg, das VIP von Elias auszuprobieren. Es war mit Abstand das raffinierteste und geräumigste Häuschen, das ich in diesen Breiten je angetroffen habe.

Auf der hellroten Straße fuhr es sich am folgenden Tag viel besser auf meinen eigenen zwei Rädern. Das Fahrrad – nun nicht länger das Agala, da wir beide die arabischen Lande hinter uns gelassen hatten – schien sich endlich in seinem Element zu fühlen. Mit gleichmäßiger Sicherheit griffen die Reifen auf Dreck und Gestein und schwangen sich trotz der Ladung leicht über den wellenförmigen Pfad. Ich spürte förmlich, wie ein neues Land sich öffnete, um mich aufzunehmen: eine Welt aus dichter, glänzend grüner Vegetation, in welche hin und wieder Schächte geschnitten waren, die kurze Blicke auf halbversteckte, kleine Siedlungen freigaben und flüchtige Einblicke ins tägliche Leben ihrer Bewohner gewährten. Zu meiner Linken waren die hohen Hügelzüge, auf die ich zuhielt, schon näher gerückt und verhießen wohltuende Kühle. Überall waren Leute, die meisten arm und zerlumpt, doch wider alle Erwartungen des Brigadiers machte nicht einer auch nur den geringsten Versuch, mich auszurauben.

Auch Fahrräder gab es überall, alle in einem erbärmlichen, verlotterten Zustand. Viele hatten nur noch Rudimente von Bremsen und Pedalen, und bei einigen bestanden die Reifen bloß noch aus Gummifetzen, die mit Schnur um die Felgen gebunden waren. Die meisten wurden als Transportmittel verwendet, um Güter herumzukarren, darunter auch große Bündel Bauholz, Säcke mit Wurzelgemüse und riesige Bananenstauden.

Zum Gefühl der Freiheit, das ich hier so bewußt genoß, trug auch der Mangel an Motorfahrzeugen bei. Wenn aber doch eins mit kriegerischem Gedröhne aus dicken Wolken aufgewirbelten

Staubs auftauchte, so raste es heran, was der Motor noch hergab, und bockte und schwankte, wie von sämtlichen Furien gehetzt, über den gräßlichen Straßenbelag. Alle anderen Fahrräder flohen entsetzt links und rechts in die Büsche, nur ich wankte nicht vor der blindwütigen Raserei der Fahrer. Oft setzte ich mich hartnäkkig der Gefahr aus, doch es fällt nun einmal schwer, lebenslange Gewohnheiten abzulegen. Trotz allem erreichte ich Jei ohne ernstliche Zwischenfälle. Dort lieferte ich mich einmal mehr den Bürokraten aus, die meine Papiere wie gehabt ausführlichst begutachteten. Die arg strapazierten Fetzen billigen Papiers zeigten bereits Auflösungserscheinungen, denn auf den achtzig Kilometern zwischen Lanye und Jei waren sie an mehreren Militärposten inspiziert worden.

Das Gelände der Episcopal Church Aid, wo Gordon Falconer mir sein Tukl angeboten hatte, lag am anderen Ende der Stadt. Auf der Durchfahrt erhielt ich einen flüchtigen Eindruck von breiten, aufgerissenen Straßen, häßlichen Backsteingebäuden und zwei sehr großen Kirchen. Wie in Juba gab es auch hier eine Unmenge verlassener ausländischer Hilfsorganisationszentren, darunter jenes von ODA, wo eine Kollektion dringend benötigter Straßenbaumaschinen unbewegt und gelb hinter einem Maschendrahtzaun aufgereiht ruhte. Die Bevölkerung schien sich zu gleichen Teilen aus Katholiken und Protestanten zusammenzusetzen, und die Schulkinder, die mit glänzenden Gesichtern die Straßen füllten, waren entweder in Grün oder in Blau gekleidet, damit man sah, welche Seite für ihre Erziehung aufkam. Die Schuluniformen zeigten alle Abstufungen von Auflösung, doch die Kinder sahen meist wohlgenährt aus und zählten zweifellos zu den Privilegierteren – der Sudan rühmt sich zwar seiner obligatorischen Schulpflicht, doch die Wirklichkeit sieht anders aus. Als ich anhielt, weil ein Junge mit einem Stein einen leichten Treffer an meiner Schulter verzeichnet hatte, hielten auch einige Kinder vom rivalisierenden Lager an, und ein hochmütig blickender Junge in einem eleganten Blazer meinte selbstgefällig: »Die sind nicht nett. Die kommen von der protestantischen Schule. Wir würden einer Dame so etwas nie antun, wir wissen, das ist unhöflich.« Da mir der Stein nicht besonders weh getan hatte, mußte ich über dieses kleine Juwel einer Rede laut auflachen, was, wie ich fürchte, das Kind etwas durcheinanderbrachte.

Gordons Tukl war ein sehr hübsches, großes Eingeborenenrundhaus mit Strohdach, drei Zimmern und einer Miniaturversion seiner selbst auf der Rückseite, wo man sich in einer Blechschüssel mit Wasser waschen konnte, das eimerweise hergetragen wurde. Sein einziger Nachteil war, daß die mit Sonnenenergie erzeugte Elektrizität nicht funktionierte und früh in der Nacht die Kakerlaken Einzug hielten und die Küche mit einer solchen Zielstrebigkeit eroberten, daß ich sie ihnen eingeschüchtert und kampflos überließ. Es waren riesige, glänzende Biester, die sich in Angriffsstellung aufbäumten, wenn der schwache Lichtstrahl der Sturmlampe auf sie fiel, und mit der Geschwindigkeit von Rennpferden herumflitzen. Sie lauerten unter und hinter allem und jedem, selbst in der Toilette, die in einem weiteren Miniatur-Tukl lag und gewiß kein VIP war. Als ich den runden Holzdeckel hob, der die Grube bedeckte, krochen sogar noch größere, glänzend braune Kakerlaken hervor, schritten zum Angriff und wedelten ihre Fühler in wilder Wut durch die Luft, was mich veranlaßte, den Deckel gleich wieder hinunterzuknallen, wobei die wenigen adeligen Exemplare, die an seiner Unterseite Stellung bezogen hatten, flachgedrückt wurden. Die restlichen huschten nach diesem Überraschungsangriff zurück in ihre Unterwelt, und ich stieß ihnen die Leichen mit dem Fuß nach und hoffte, sie würden zuerst ihre toten Kumpane vertilgen, bevor sie einen neuen Ausfall wagten.

Da mich also nicht sehr viel dort hielt, nahm ich das Angebot von James Lo, dem jungen sudanesischen Projektleiter, einen Abstecher zum Uno-Club zu machen, bereitwillig an. Dort gab es Strom und herrlich kaltes Bier und einen kühlen Garten dazu. Sogleich gesellte sich eine Gruppe einheimischer Männer zu uns, die alle in der Entwicklungshilfe arbeiteten oder bei Organisationen angestellt gewesen waren, die aufgegeben hatten. Hier im Süden gibt es sonst fast kein Betätigungsfeld für talentierte, gebildete Sudanesen, und natürlich bot einer der seltenen Besucher aus dem Westen eine willkommene Gelegenheit, eine Gardinenpredigt zu halten, weil Großbritannien heimtückischerweise die ODA zurückgepfiffen hatte. »Wir wissen jetzt, wer unsere Freunde sind und wer nicht, und wir können euch ganz leicht ersetzen«, meinte jemand in aggressivem Ton. Ich versuchte klarzustellen, daß ich nicht für die tatsächlichen oder eingebildeten Missetaten meines Landes verantwortlich war, und bat darum, mir zu erklären, wo sie der Schuh drückte, denn ich wußte wenig von der komplizierten Lage hier.

Was herauskam, war ein ganzer Katalog von Beschwerden. Sie alle, mein Gastgeber inbegriffen, waren zutiefst verbittert und fühlten sich verraten und im Stich gelassen. Unter der britischen Verwaltung hätten sie lernen müssen, ein anderes Wertsystem zu akzeptieren, und es auch bereitwillig angenommen, doch mit der Unabhängigkeit im Jahre 1952 und unter der wachsenden Vorherrschaft des arabischen Nordens seien sie in eine hoffnungslose Situation zurückgeworfen worden. Sie waren überzeugt, daß die Überfälle der SPLA für Großbritannien nur ein willkommener Vorwand gewesen seien, sich vor seinen Verpflichtungen zur Hilfeleistung zu drücken. »Sie können doch selbst sehen, daß hier keine Gefahr besteht. Der Westen hat die erstbeste Gelegenheit ergriffen, seine Hilfe einzustellen.«

Der Zorn dieser politisch bewußten Männer knisterte wie Wetterleuchten durch die Tropennacht, und ihr aufgestauter Groll und ihre Erbitterung waren fast körperlich greifbar. Themen, denen ich bislang nur in abgeschwächtester Form, als Anspielungen und Gerüchte, begegnet war – die Verschuldung bei der Weltbank, der Einsatz internationaler Entwicklungshilfe, um für die Spenderländer noch mehr Geld herauszuholen, die zynische Ausbeutung von Mineralien und anderen Bodenschätzen unter dem Deckmantel der Hilfe –, hier brannten sie auf der Zunge, nahmen konkrete Gestalt an und beschämten mich. Ich war so naiv und unwissend gewesen. »Wir sind noch genauso Sklaven wie damals, als uns die Araber in Ketten verkauften«, meinte einer. »Unser jetziger Herr heißt Mr. Weltbank – er besitzt uns alle. Wissen Sie, wie die über uns reden? Wir ›verdienen unsere

Kredite ab‹! Mit allem, was wir produzieren und besitzen, vermögen wir diese Schuld gerade noch ›abzuverdienen‹, das heißt, wir bezahlen nur die Zinsen, und unsere Kinder und Kindeskinder werden noch in hundert Jahren diese Schuld bei Mr. Weltbank ›abverdienen‹. Wir werden nie frei sein, solange wir den Westen zum Freund haben.«

Am folgenden Tag wurde ich in ein kleines Dorf mitgenommen, wo der Kampf ums nackte Überleben praktisch sämtliche verfügbaren Kräfte absorbierte. Die Bewohner hatten vor zwei Jahren mit einem kleinen Darlehen von ECA eine Kooperative gegründet. In Ostäquatoria ist Landwirtschaft noch relativ neu. Bis vor kurzem waren die Einwohner meist Viehhirten wie die Mundari gewesen; Felder zu bebauen war nur eine Zusatzbeschäftigung, die von den Frauen ausgeführt wurde, in der Jahreszeit kurz nach den Regenfällen, in der man seßhaft war, und man pflanzte nur gerade genug an, um den unmittelbaren Eigenbedarf zu decken. Jetzt, wo das Vieh verschwunden ist, sind Hirse und Durra die Haupterzeugnisse, doch den Übergang zu effizienten Anbaumethoden haben sie noch nicht geschafft. Der Kredit von ECA hatte es dem Dorf ermöglicht, Lagerschuppen für die Ernte zu bauen und alle Überschüsse aus den umliegenden Dörfern aufzukaufen, statt daß sie den arabischen Händlern angeboten werden mußten. Jedermann konnte einen Korb Körner herbringen und wurde auf der Stelle bezahlt oder konnte, wenn er dies vorzog, Mitglied der Kooperative werden und warten, bis die Ernte gesamthaft verkauft wurde, was ihm wahrscheinlich mehr Geld für seine Produkte einbringen würde.

Mit Ausnahme des neuen, rechteckigen Lagerhauses, das einen Zementboden hatte, bestand das Dorf aus einer Ansammlung kleiner, runder Hütten mit tief überhängenden Strohdächern und vielen kleinen, strohbedeckten Vorratshäuschen auf Stelzen, an denen Elias wohl kaum Freude gehabt hätte, da sie nicht rattensicher waren. Die verputzten Lehmwände der Häuser waren mit einfachen Umrissen von Blumen und Mustern dekoriert, was sehr hübsch aussah und mich ein wenig an Dörfer in hochgelegenen Schweizer Alpentälern erinnerte, als dort alles noch viel primitiver war als heute. Die meisten Erwachsenen arbeiteten draußen auf den Feldern, doch es gab ein, zwei Frauen, die Säuglinge mit Kulleraugen in einer losen Tuchschlinge auf dem Rücken trugen, und ein paar junge Buben saßen unter den Vordächern der Hütten und flochten aus den frischgeernteten Hirsestengeln Modellastwagen. Wie die Blechfahrzeuge der Schilluk-Kinder waren auch diese Lastwagen sehr schön und bis ins Detail gearbeitet und bewiesen ein hohes Maß an Geschick und Beobachtungsgabe. Es gibt in diesem Teil der Welt gewiß keinen Mangel an Talent, bloß fehlt die Gelegenheit, es zu entwickeln.

Ich hätte gern erfahren, was für wirtschaftliche Veränderungen die Kooperative dem Dorf gebracht hat, doch war es dafür wohl noch etwas zu früh. Sie muß gegen beträchtliche Schwierigkeiten ankämpfen, weil sie sich den etablierten Interessen der Araber in den Weg stellt. Besonders grotesk ist die beschränkte Bewegungsfreiheit: Von halb sechs Uhr abends bis acht Uhr morgens herrscht Ausgehverbot, aber je nach Lust und Laune stoppen Soldaten an den Straßensperren ein Fahrzeug schon gegen vier Uhr nachmittags und halten es die ganze Nacht über fest, wo es gerade steht. Selbst wer nur zwei Meilen weit reisen will, braucht eine Genehmigung, und alles scheint darauf angelegt, sämtlichen Verkehr zu unterbinden. Ein Fahrer muß sich oft bei einem Posten melden, der kilometerweit von seinem Ziel liegt, dort seinen Paß deponieren und nach Beendigung seines Geschäfts versuchen, ihn wieder zu erhalten, bevor er nach Jei zurückkehren kann, was die Fahrstrecke leicht einmal mehr als verdoppelt. Unter diesem System etwas zum Markt bringen zu wollen schlägt schwer ins Geld, besonders weil das Benzin den ganzen Weg von Kenia hergeführt werden muß. Immer und immer wieder mußte ich hören: »Die Briten haben damit angefangen. Sie haben uns isoliert. Sie sind es, die die Reisegenehmigungen eingeführt haben, die Araber haben das System bloß übernommen.« Ich fürchte, dies entspricht leider der Wahrheit, selbst wenn man damit den Süden vor der Ausbeutung durch die Araber schützen wollte.

Zu Mittag aß ich mit einem jungen Mann, welcher mit uns hierhergefahren war, um der Kooperative einfache Buchführung beizubringen. Er entdeckte ein paar Freunde, die im Schatten eines

Lastwagens saßen und in einem Spülbecken aus Plastik mit Tomaten, Gurken und Öl einen großen Salat zubereiteten. Ich wurde eingeladen, und nachdem wir einander Wasser aus einer Flasche über die Hände gegossen hatten, ließen wir uns zusammen den Salat schmecken und tunkten Brotbissen in die Schüssel. Wie oft schon hatte ich in Afrika solche Mahlzeiten geteilt! Sie waren jedesmal etwas ganz Außerordentliches, manchmal fast ein wenig Heiliges, wie bei einer Kommunion – »Viele sind wir und doch eines Fleisches, denn wir alle teilen gemeinsam das Brot«. Diese Mahlzeit hier im Staub neben einem Lastwagen mit drei unbeschwerten jungen Männern teilen zu dürfen war besonders segensreich. Für mich ging es um mehr als um ihre offenherzige Freigebigkeit und hatte wohl viel mit den Schuldgefühlen zu tun, welche das Reisen in diesem Teil der Erde mit sich bringt. Im Licht solcher Armut konnte ich mich unmöglich eines Schamgefühls erwehren, aus einem materiell so unbeschreiblich viel privilegierteren Leben zu kommen, einem Leben überdies, in das ich zurückkehren konnte, wann immer ich die Wahl traf, während diese Menschen in einem ewigen Kampf um die nackte Existenz steckten. Unter diesen Umständen erschien ihre Großzügigkeit mir gegenüber wie ein Akt purer Barmherzigkeit – doch ohne solche Begegnungen, bei denen ich für eine Weile spürte, daß ich von gleich zu gleich in ihrer Welt akzeptiert wurde, wäre meine Reise eine traurige Angelegenheit gewesen.

19. KAPITEL

Nach Uganda

Ich näherte mich der Grenze zu Uganda mit einer Beklommenheit, wie ich sie nie zuvor verspürt hatte. Selbst »freundliche« Grenzen bewirken eine gewisse Anspannung: Sie führen den Reisenden aus einem Land, das ihm vertraut geworden ist, in eine fremde Umgebung, wo das Geld, die Sprache und die Gebräuche ganz anders sind, was unweigerlich eine Periode der Orientierungslosigkeit mit sich bringt. Im Fall von Uganda waren solche gewöhnlichen trivialen Ängste jedoch von Befürchtungen viel dunklerer Natur überschattet, und zwar so sehr, daß ich eine gewisse Erleichterung empfunden und meine Enttäuschung sich in Grenzen gehalten hätte, wenn die Straße plötzlich gesperrt gewesen wäre. Ich war daran, ein Land zu betreten, welches die letzten fünfundzwanzig Jahre einem größenwahnsinnigen Herrscher nach dem andern als Tummelplatz gedient hatte, wo Folter, wahlloses Morden und Massaker im großen Stil alltäglich geworden waren und wo eine raubgierige Armee in aller Öffentlichkeit die Zivilbevölkerung ausgeplündert und Menschen mit einer Beiläufigkeit eliminiert hatte, als wären sie nicht mehr wert als Fliegen.

Jetzt gab es einen neuen Präsidenten, der seit weniger als einem Jahr an der Macht war und den das Außenministerium in London einen »guten Kerl« genannt hatte: Yoweri Museveni. Er hatte mehrere Jahre im Busch gekämpft, um Milton Obote die Macht zu entreißen, bis die schauerlichen Auswüchse, die bei Musevenis Machtübernahme ans Licht kamen, einer entsetzten Welt enthüllten, daß Obotes zweite Amtsperiode in noch mehr Mord und Folter ausgeartet war als vorher Idi Amins blutige Schreckensherrschaft. Konnte sich nach einer solchen Barbarei, die erst so

kurz zurücklag, auch nur annähernd so etwas wie ein normales, zivilisiertes Leben entwickelt haben? Diese Frage nagte ständig in mir, viel stärker noch als die Warnung der Botschaft vor erneut aufflammenden Kämpfen. Solche Kampfhandlungen sind im allgemeinen eine begrenzte Angelegenheit, etwas Lokales, um das man einen Bogen machen kann; etwas anderes ist es, wenn eine brutalisierte, verkommene Soldateska die berüchtigten Straßensperren bemannt – davor hatte ich unleugbar Angst.
Nicht zuletzt wegen dieser Angst genoß ich meine letzte Tagesreise durchs Hochland von Ostäquatoria wie eine Henkersmahlzeit. Vom Gedanken an die Gefahr waren meine Sinne geschärft, und ich freute mich über jede Kleinigkeit. Die Straße wand sich zum Plateau hoch. Sie befand sich in keinem guten Zustand und wurde immer rauher, doch war sie von seltsamen, sinnträchtigen Düften überlagert, die sich mit dem überall vorherrschenden Geruch des in der Sonne gebackenen Staubs vermischten. Ein paar zerlumpte, stille Gestalten stapften auf ihr dahin, einige schoben traurige, heruntergekommene, überladene Fahrräder, was zum mindesten meine letzten Befürchtungen über vereinzelte Minen zerstreute. Ich verlangte nichts mehr vom Leben, nur daß die Straße sich für immer und ewig vor mir hinziehen möge. Alles von Menschenhand Geschaffene – die winzigen Felder, die runden, zerbrechlichen Spielzeughäuschen in den rauhen, geheimen Lichtungen – erschien mir vergänglich und nichtig, kleine Kratzer nur auf der riesigen Oberfläche Afrikas. Es gab nichts, was die Natur überragt hätte. Bäume türmten sich in die Höhe, ihre vielen Äste mit dichtem Laub bedeckt, doch sogar sie wirkten klein in der Weite, die sich vor meinen Augen auftat – eine hügelige, rote Landschaft mit einer spärlichen dunkelgrünen Decke, welche gegen den Horizont hin dichter wuchs.

Gegen Mittag tauchte irgendwo ein Dorf auf. Nachdem ich beim Polizeiposten vorgesprochen hatte, fand ich ein Café, wo ich auf einem durch Grasmatten vor der Sonne geschützten Brettertisch ein Mittagessen aus Leber und Tomaten zu mir nahm, bevor ich mich ans letzte Stück vor der Grenze machte. Ich fuhr jetzt genau nach Süden, parallel zur Grenze mit Zaire, die zu meiner

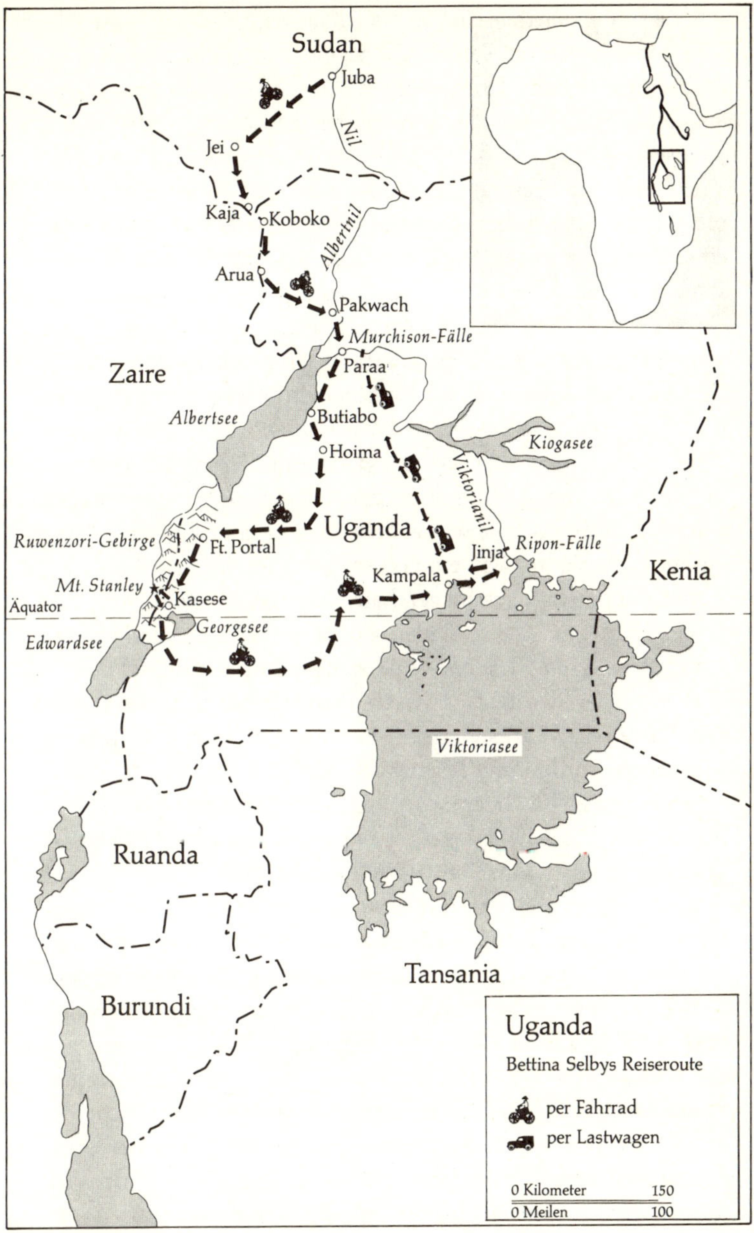
Sudan
Juba
Nil
Jei
Kaja
Koboko
Albertnil
Arua
Pakwach
Murchison-Fälle
Paraa
Zaire
Albertsee
Butiabo
Hoima
Kiogasee
Viktorianil
Uganda
Ruwenzori-Gebirge
Ft. Portal
Jinja
Ripon-Fälle
Kampala
Kenia
Mt. Stanley
Kasese
Äquator
Georgesee
Edwardsee
Viktoriasee
Ruanda
Tansania
Burundi
Uganda
Bettina Selbys Reiseroute
per Fahrrad
per Lastwagen
0 Kilometer 150
0 Meilen 100

Rechten immer näher rückte, bis ich an eine Stelle kam, wo die eine Straßenseite in Zaire lag und die andere noch immer im Sudan und wo alle Holzschuppen zur Rechten auf französisch angeschrieben waren, die zur Linken jedoch auf englisch oder arabisch.

Ich hatte die fünfundsiebzig Kilometer von Jei bis hierher für meinen Geschmack viel zu schnell bewältigt und war nun in Kaja, einem unbedeutenden Dorf, ans Ende des Sudans gelangt. Hier stand die Hintertür nach Uganda offen, hier war der einzige Grenzübergang aus dem Norden, der nicht gesperrt war. Er bestand aus nichts als einer langen Straße, an welcher sich baufällige Gebäude aufreihten und wo beidseits ein offener Abzugsgraben hinunter zum Bach lief. Kurz davor ragte eine Metallstange mit einem Schloß quer über die Straße, dahinter führte der Weg, der unterdessen immer schlechter geworden war, in einer steilen Kurve aufwärts. In der tiefstehenden Spätnachmittagssonne glühte er dunkelrot wie eine offene Wunde, die man ins unbewohnte Buschwerk geschlagen hatte. Ein junger Mann, der mich so dastehen sah, drehte seinen Kopf in Richtung Barriere und Holzbrücke, sagte »Uganda« und spuckte in den Staub.

Der Polizist, der die langwierige Prozedur auf sich nahm, meinen Ausreisepaß abzustempeln, verriet mir, er heiße Stabsfeldwebel Francis Gordon und sei mein Freund und heute nacht müsse ich an einem Ort schlafen, wo er für meine Sicherheit garantieren könne. »Falls es Schwierigkeiten gibt. Natürlich gibt es hier keine, denn hier sind wir im Sudan.« Ich mußte warten, bis er sich in seine Zivilklamotten gestürzt hatte, um, wie er andeutete, jemanden zu verhaften, der nicht wissen sollte, daß er im Anmarsch war. »Um so schlimmer für ihn«, sagte er dunkel und tippte sich mit dem Zeigefinger geheimnisvoll seitlich an den Kopf. Er brachte mich auf dem Weg zu meinem »sicheren Ort«, einem schrecklichen Dreckloch. Das »Hotel« bestand aus einer Reihe kleiner Buden mit winzigen Fenstern hoch oben in einer lehmverputzten Mauer, die wie heruntergekommene Gefängniszellen aussahen. Meine war etwas Besonderes: Sie hatte eine Tür, auf der sich immer noch das Wort »Toalet« entziffern ließ. Ich zauderte bei diesem Anblick, wurde jedoch beschwichtigt, daß die »Toalet« verlegt worden war und dies sowieso nur die Tür davon sei, ich brauche mir also keine Sorgen zu machen. Drinnen war gerade Platz genug, um das Fahrrad zwischen die durchhängenden Überreste eines alten Eisenbettes und einen Holzstuhl ohne Rückenlehne zu quetschen, auf welchem ein Kerzenstummel ruhte. Unter dem Bett lag eine reichhaltige Sammlung von Zigarettenstummeln, Plastikstücken und Insektenleichen.

Später, als ich mit einigen arabischen Händlern, die kühl und elegant in ihren langen, weißen Roben vor ihrem Laden saßen und mir zugerufen hatten, ihnen Gesellschaft zu leisten, ein Glas Tee trank, erfuhr ich, daß mein »Hotel« dem Polizeichef gehörte, der sich stets vergewisserte, daß seine Untergebenen Reisende dort und nicht etwa im besseren Etablissement oben an der Straße unterbrachten. Der Ort schien von Gerüchten nur so zu wimmeln, und ich merkte, daß sie nicht abgeneigt waren, mir mehr über das hiesige Treiben zu erzählen. Sie wurden jedoch abgehalten, weil sich ein fetter, völlig unbekleideter Mann nahe hinter mich setzte – Moslems sind ja immer so empört über Nacktheit.

Den Polizeichef und Eigentümer meiner jämmerlichen Unterkunft bekam ich nicht zu Gesicht, wohl aber seinen zweiten Sohn, einen jungen Mann namens Cosmos, der sich gerne gewandt und weltmännisch gegeben hätte und mich einlud, mit ihm ein Bier zu trinken. Cosmos war Moslem wie sein Vater, welcher das Kunststück fertigbrachte, Allahs Alkoholbann mit dem Besitz der einzigen Bar in Kaja unter einen Hut zu bringen. Als ich vor einem Liter angenehm kühlem, recht wohlschmeckendem Lager saß, der mir mit sinnlichem Zeremoniell von einer exquisit gekleideten jungen Dame eingeschenkt wurde, dämmerte mir, daß diese Bar wenn auch nicht das städtische Bordell, so doch mindestens ein »Maison de Rendez-Vous« sein mußte. Sie war jedoch sehr viel attraktiver als mein »Hotel«, und bei näherem Zusehen entpuppte sich Cosmos als ein anziehender, unbefangener junger Mann, der eifrig über alles und jedes diskutieren wollte, was mit dem Westen zu tun hatte, und brennend gern nach England oder noch besser nach Amerika gekommen wäre. Er wiegte unaufhörlich seine

Schultern in Harmonie mit der schmalzigen Popmusik, welche eine andere exquisite junge Dame ins Tonbandgerät einlegte.

Mein Bier stieg mir gleich in den Kopf, weil ich noch nichts im Magen hatte. Als es ausgetrunken war, schob Cosmos seine unberührte Flasche zu mir herüber und sagte: »Ich bin Moslem, ich trinke nicht. Ich leiste Ihnen bloß Gesellschaft.« In diesem Augenblick kam eine der jungen Frauen und flüsterte ihm etwas ins Ohr, worauf er sichtbar erbleichte. »Mein Vater kommt. Wenn er mich hier findet, wird er sehr böse«, sagte er in panischem Tonfall und stürzte davon. Außer mir war nur noch ein einziger Gast in der kleinen Bar, und während eins der Mädchen um ihn herumschwebte, kam die andere und schenkte Cosmos' Bier in mein Glas. Dabei saß sie mir praktisch auf dem Schoß, legte ihren Arm auf die Lehne meines Stuhls und streichelte mir langsam den Nacken. Ich begann mich zu fragen, wo ich hier eigentlich gelandet war. Verwirrt und mit dem Wunsch, bloß wegzukommen, stürzte ich das zweite Bier in Windeseile herunter. Ich fühlte mich recht beduselt, als ich mich davonmachte und auf die pechschwarze Straße trat. Krampfhaft versuchte ich mich an den Rückweg zu meiner widerlichen kleinen Zelle zu erinnern. Ich hatte kaum ein paar zögernde Schritte gemacht, als ich jemand flüstern hörte. Es war Cosmos mit einer abgeschirmten Taschenlampe, etwas zusammengestaucht, aber fest entschlossen, seine Pflicht zu tun und mich sicher nach Hause zu bringen. »Mein Vater weiß, daß ich in der Bar war«, berichtete er traurig. »Er will mich zurück in unser Dorf schicken.« Ich versuchte, Mitgefühl für ihn zu empfinden, da er dies anscheinend als harte Strafe empfand, doch der Gedanke an eine Verbannung aus einem Provinznest wie Kaja wollte einfach keinen Sinn ergeben.

Kaja liegt schon ziemlich hoch, und um sechs Uhr früh ist es sehr kalt. Zu diesem Zeitpunkt wollte ich nach Uganda hinüber. All mein Papierkram war letzte Nacht erledigt worden, und mein »Freund«, der Stabsfeldwebel Francis Gordon, hatte mir versichert, er werde dort sein, um die Barriere aufzuschließen und mich zu verabschieden. Er war es aber nicht, und auch um halb sieben war er noch nicht erschienen. Beim Polizeiposten lungerte wie üblich eine stattliche Schar arbeitsloser sudanesischer Männer herum, die ihre Nase in alles steckten, was eine willkommene Abwechslung versprach. Sie waren alle überzeugt, daß ich nichts in Uganda verloren hatte, und taten ihr Bestes, um mich von der Weiterreise abzuhalten. Es war schon fast sieben Uhr, als ich mich endlich um die Metallstange herumquetschen konnte (der Schlüssel war verlorengegangen) und loslegte, über die Brücke und auf der anderen Seite den steilen, erdigen Abhang hoch.

Die Angst hatte die ganze Nacht in mir rumort und versucht, an die Oberfläche zu steigen, jetzt saß sie wie ein enger Knoten in meiner Brust und erschwerte mir den Anstieg. Immer wieder packten mich scharfe, panikartige Anfälle. Der einzige Weg, sie in Schach zu halten, bestand darin, mich auf etwas anderes zu konzentrieren. Ich versuchte mir vorzustellen, wie wohl die riesigen Lastwagen, die ich tags zuvor gesehen hatte, es fertiggebracht hatten, dieses entsetzliche, in tiefe Furchen und Krater zerpflügte Straßenstück zu bewältigen, das einzig für Panzer oder Mehrzweckfahrräder passierbar schien. Vor mir in der Ferne konnte ich auch schon eine lange, stillstehende Lastwagenkolonne sehen, und als ich näher kam, unterschied ich Gestalten mit deutlich sichtbaren Gewehren, die energisch um die Fahrzeuge herumliefen. Die Konfrontation, die ich so gefürchtet hatte, war also unvermeidlich. Der Klumpen in meiner Brust bewegte sich nach oben, und dabei spürte ich plötzlich die kühlen Jett-Amulette, die ich an den Riemen meines Beutels unter dem Hemd angebunden hatte. Ich hatte den drei kleinen Talismanen – ein Kreuz, ein Anker und ein Herz, die Glaube, Hoffnung und Liebe symbolisierten – nie magische Eigenschaften zugeschrieben, doch in diesem Augenblick erinnerten sie mich an alle meine Freunde zu Hause und an ihre Gebete für meine Sicherheit, und mit diesem Gedanken legte sich meine Panik ein wenig. Ich hatte noch immer Angst, fühlte mich jedoch nicht mehr so allein.

Die Soldaten standen mit weit aufgerissenen Augen, in denen sich ein Gemisch von Erstaunen und Entzücken spiegelte, um mich herum. Sie steckten in einer buntscheckigen Aufmachung von Militärkleidern und waren aufgeputzt mit einem komischen

Schuß Zivil – ein Paar hellgrüne Shorts unter einem langen, schweren Militärmantel oder ein zerbeulter, weicher Filzhut über einem Kampfanzug. Sie waren alle sehr jung, einige nicht älter als zwölf, sogar ein paar höchstens Siebenjährige waren darunter. Alle hatten Eier- und Stielhandgranaten in ihren Gürteln stecken und hielten schwere automatische Gewehre in den Händen. Sie schauten mich an, als sei ich ein unverhofftes, willkommenes Geschenkpaket, nur wüßten sie noch nicht genau, wo anfangen mit dem Auspacken. Mit ihren Gewehrläufen stocherten sie an meinen verschiedenen Satteltaschen herum, trillerten »Aufmachen! Aufmachen!« und schienen ihre Ungeduld kaum zügeln zu können. Ich hatte mir nicht im voraus zurechtgelegt, was ich sagen oder tun wollte, wenn ich an meine erste Straßensperre kam, doch mir schien, in meinen Taschen seien viel zu viele Dinge, nach denen es diese zerlumpten jungen Soldaten gelüsten könnte. Wenn sie einmal angefangen hatten, darin herumzuwühlen, konnte niemand voraussagen, wie das enden würde. Statt also die komplizierten Schnallen zu lösen, fischte ich meinen Beutel heraus, übergab dem ältesten von ihnen meinen Paß und sagte mit fester Stimme: »Ich bin eine VIP und habe einen wichtigen Brief von Ihrer Regierung, in welchem steht, daß ich in Ihrem Land sehr willkommen bin!« Dies führte zunächst einmal zu einer Ruhepause, und als das Dokument, welches mir die Botschaft von Uganda in Khartum ausgestellt hatte, laut vorgelesen wurde, sah ich überall Lächeln und hörte Willkommensgemurmel. Einer oder zwei der Buben waren enttäuscht, daß ihnen die Möglichkeit verwehrt war, den Inhalt meiner Taschen zu inspizieren, doch ich konnte sie trotz ihrer Waffen nicht ernst nehmen und scheuchte sie wie irgendwelche anderen zwölfjährigen Störenfriede.

Nach diesem ersten Zusammenprall mit Ugandas Soldaten hatte sich meine Angst größtenteils gelegt, obwohl ich noch immer nervös war – Kinder mit Handgranaten sind meiner Seelenruhe nicht gerade förderlich. Die nächsten zehn Kilometer gab es starke Truppenmassierungen, und ich passierte mehrere Straßensperren, wo mich meine VIP-Masche und mein Brief jeweils sicher durchbrachten.

Nach einer Weile hörte ich auf, an verirrte Gewehrkugeln zu denken und meinen Kopf einzuziehen, und widmete mich mit aktiverem Interesse meiner Umgebung. Von diesem Land erzählt eine uralte Legende, hier liege das irdische Paradies, von welchem vier mächtige Ströme wegführten, die der ganzen Erde Fruchtbarkeit brachten. Mein Eintritt ins Paradies war jedoch recht ernüchternd, der Sündenfall mußte schon weit zurückliegen. Das Land sah zwar potentiell reich und fruchtbar aus, wie die Legende behauptete, doch es war wieder zu Buschland degeneriert, ausgebleicht und unbevölkert. Die Häuser, an denen ich vorbeifuhr, waren nur noch ausgeweidete Ruinen: Dach, Fenster und Türen, überhaupt alles, was nicht niet- und nagelfest war, war weg, nur Gerippe von Backsteinen oder Mauerwerk standen starr im grauen Licht. Auch zwei kleine Kirchen waren nur noch nackte, abgenagte, mit Unkraut überwachsene Skelette.

Meine Gedanken kreisten mehr und mehr ums Essen, denn ich hatte weder Abendessen noch Frühstück im Bauch und viel Energie verbrannt. Landeswährung hatte ich keine bei mir. Ich konnte mir auch nicht vorstellen, daß irgend jemand in diesem verheerten Land für Fremde etwas zu essen übrig hatte, selbst wenn ich je auf eine Siedlung stoßen sollte. So blieb mir nichts anderes übrig, als weiterzuradeln. Die nächsten fünfundzwanzig Kilometer schienen endlos lang, doch dann erreichte ich das kleine Städtchen Koboko, den ersten Ort, wo ich Häuser mit Dächern sah.

Ich hielt einen jungen Mann an und fragte ihn, wo man hier etwas zu essen kriegen könne. Sanft und höflich wies er mich eine Straßenbiegung hinunter zu »den Patres«. Er meinte damit eine riesige Missionsschule der Patres von Verona, eine der größten und renommiertesten in ganz Uganda. Auch hier war auf keinem der vielen Gebäude ein Dach übriggeblieben. Pater Dino päppelte mich mit Avocados, Käse, Ananas und herrlich erquickendem Kaffee auf und berichtete mir, wie dieser Ort seit 1979 dreimal geplündert und ausgeraubt worden war. Jedesmal waren die Patres nach Zaire geflohen und hatten bei ihrer Rückkehr alles verwüstet vorgefunden, worauf sie sich darangemacht hatten, das ganze Anwesen wieder aufzubauen.

»Wer klaut denn all diese Blechdächer?« fragte ich verblüfft. »Ach, gewöhnliche Leute«, sagte Pater Dino. »Die Wirtschaft des Landes ist vollkommen ruiniert. Nichts wird mehr eingeführt, nichts wird produziert. Ein Stück Dachblech ist so viel wert, wie ein Mann in sechs Monaten verdient – vorausgesetzt, es gibt überhaupt so etwas wie einen Lohn! Mit dem, was ein Lehrer in einem Monat verdient, kann man nicht einmal ein Büschel Bananen kaufen. Die Leute hier überleben, so gut es eben geht. Läßt man einen Ort leerstehen, ist in ein, zwei Tagen nichts mehr da, die Versuchung ist zu groß. Manche Leute bleiben zurück und riskieren sogar Granaten und Kugeln, nur um den Besitz eines Nachbarn zu plündern.«

Ich setzte meinen Weg mit einem dicken Packen ugandischer Shilling fort, die mir Pater Dino gegen ein paar Dollar eingewechselt hatte. Es gab jetzt immer mehr Leute, und bald schwoll das Rinnsal zu einem Menschenstrom an, meist lebhafte, fröhliche Frauen, die ihre Waren – Bündel mit Blattgemüse und Körbe voller seltsamer, schwerer, stachliger Jacafrüchte, Ananas, Zitronen und Bananen – auf dem Kopf zum Markt trugen. Sie hatten lange, farbige Kleider an, viele mit Puffärmeln besetzt, volle Röcke und hoch über fülligen Busen zugeknöpfte Mieder, ein von den Missionaren um die Jahrhundertwende eingeführter Stil, der immer noch sehr in Mode war. Zuweilen riefen sie mir einen Gruß zu, doch meist brachen sie bei meinem Anblick in ein lautes Geschnatter aus, woraus ich schloß, daß Frauen auch in Uganda normalerweise nicht radfahren. Es machte mir nicht das geringste aus, eine komische Figur abzugeben, so wundervoll war es, wieder Lachen zu hören und Menschen zu sehen, die ihren gewohnten Geschäften nachgingen.

Pater Dino hatte mich auf eine weitere Mission der Patres von Verona hingewiesen, bequem in Reichweite fürs Mittagessen. Man hieß mich herzlich willkommen und fütterte mich mit köstlichen Spaghetti. Diese Mission war ein Krankenhaus, das einzige im Umkreis von vielen Meilen, und obwohl das letzte militärische Überfallkommando vor einem Jahr mutwillig den Operationssaal zertrümmert hatte, war es nicht derart radikal ausgeplündert worden wie Koboko und stand wieder in Betrieb. In dem wunderschönen Gelände lagen weitläufige, gepflegte Gärten, und ich war versucht, das freundliche Angebot der Patres anzunehmen und die Nacht dort zu verbringen, aber es zog mich weiter, und so pedalte ich durch die Nachmittagshitze nach Arua, wo ich eingeladen war, bei den Eltern von Mark und Tom Hooyer zu wohnen, den beiden jungen Amerikanern, mit welchen ich den schmutzigen Boden des Schuppens in Wadi Halfa geteilt hatte.

Die Zeit drängte allmählich, und so war es doppelt ärgerlich, daß ich ein paar Tage in der Regionalhauptstadt herumhängen und warten mußte, bis die Unabhängigkeitsfeiern zum ersten Jahrestag von Musevenis Regierung vorüber waren. Ich brauchte den obligatorischen Einreisestempel in meinem Paß, doch das zuständige Büro hatte erst nach Beendigung der Festivitäten wieder geöffnet. Nur noch wenige Wochen, und die Regenzeit stand vor der Tür, wo sich die Naturstraßen in Morast verwandelten und die Weiterreise praktisch verunmöglichten. Wenn ich die Mondberge erreichen wollte, mußte ich mich sputen. Ich wollte auch so rasch als möglich Verbindung mit der Heimat aufnehmen und meinen Mann wissen lassen, daß ich wohlauf war – seit meiner Abreise von Khartum war dies nicht mehr möglich gewesen, und er mußte wohl warten, bis ich die Hauptstadt Kampala erreichte.

Ich fand mich, so gut es eben ging, mit meiner Lage ab, schaute, daß ich genug Geld hatte, um mich durch Uganda zu schlagen, und pflegte mein staubverkrustetes Fahrrad. Ugandas Wirtschaft lag in Scherben. Geld wechselte man nicht auf der Bank, sondern auf der Straße, denn harte Währung war mehr als fünfzehnmal soviel wert wie der offizielle Wechselkurs, und alles wurde zu diesem »Straßenkurs« berechnet. Mein Wechsler, ein Mann namens Matthäus, trug zu seinem Namen auch ein teetellergroßes Abzeichen mit der Aufschrift »Der Herr ist mein Hirte« auf der Brust, so daß ich mich in guten Händen wußte. Für meine hundert Dollar erhielt ich genau eine Million Uganda-Shilling (in Kampala hätte ich noch die Hälfte mehr erhalten). Obwohl der Gedanke, Millionärin zu sein, einem ganz schön in den Kopf steigen kann, hatte ich etwelche Probleme, das dicke Banknotenbündel sicher zu verstauen. Matthäus ließ mich für seine Dienste zusätzlich bezahlen: Ich mußte mir die lange, lange Geschichte seiner »Bekehrung zum Pfad der Rechtschaffenheit« anhören, die eng mit leidenschaftlichster Bibelexegese verquickt war, so daß ich bald nicht mehr aus noch ein wußte und den Faden verlor.

Weitere glühende Predigten folgten am nächsten Morgen in der Kirche, als ich mit meinen Gastgebern einem sehr presbyterianischen Gottesdienst beiwohnte. Ein junger schwarzer Prediger hielt seine erste Predigt. Seinem Text hatte er die Geschichte von der Frau mit dem Ausfluß unterlegt, und er untermauerte dieses Thema mit Bibelstellen von vorne bis hinten. Wiederum fand ich es schwierig, seinem Gedankengang zu folgen, doch diesmal wegen des starken, durchdringenden Geruchs von eng zusammengepferchten Menschen, der die heiße, kleine Kirche unter dem Blechdach ausfüllte. Da es in der Stadt weder Wasser noch Strom gab und auch die meisten anderen öffentlichen Dienste nicht funktionierten, war der Gestank ungewaschener Leiber nicht weiter verwunderlich.

Um Arua führte ein fast kilometerlanges Straßenstück mit Belag – die reinste Selbstmordstrecke, wo jeder junge Mann, der irgendein Vehikel in die Hände kriegte, ausprobierte, wie schnell es fuhr, bevor es zusammenkrachte. Ich konnte von Glück reden, daß die meisten anderen Straßen im ganzen Land in einem derart ruinösen Zustand waren. John und Ihla Hooyer, meine Gastgeber, hatten hier erst kürzlich eine Tragödie erlebt. Vor zwei Jahren hatten sie ein junges Mädchen mit einem Säugling zu sich genommen. Sie hatten sie beide liebgewonnen und hielten den Jungen wie ihr eigenes Enkelkind. John nahm den Dreikäsehoch oft hinten auf seinem Fahrrad mit, und eines Tages war einer dieser selbstmörderischen Jugendlichen in sie hineingerast. Das Kind war auf der Stelle tot, John landete lebensgefährlich verletzt im Krankenhaus. Seit dem Unfall litt er an schrecklichen Kopfschmerzen, und kurz nachdem ich abgereist war, flog er nach Nairobi für ein Schädeltomogramm, das ein Blutgerinnsel in seinem Hirn nachwies. Zum Glück konnte es erfolgreich entfernt werden, doch dadurch wurde das Kind nicht wieder lebendig.

Die öffentlichen Unabhängigkeitsfeiern bestanden hauptsächlich aus zweistündigen Ansprachen des Distriktverwalters und anderer Würdenträger, alle in Militäruniform. Sie unterschieden sich wenig von der Predigt am Vortag, außer im Thema natürlich, und waren so unbeschreiblich langweilig, daß alle, die nicht auf dem Podium gefangen waren, bald auseinanderliefen, die Musikkapellen und Tänzer mit sich nahmen und angenehmeren Dingen nachgingen. Nach den vielen Männern zu schließen, welche den Gullys von Arua entlang torkelten, als ich am nächsten Morgen mit meinem frisch gestempelten Paß losfuhr, muß auf diesen privaten Festen ganz schön gebechert worden sein. Einer sang laut und melodisch »Gott schütze unsere holde Königin« – eine recht merkwürdige koloniale Gefühlsregung, wie mir schien.

Die nächsten Tage radelte ich stundenlang durch eine grüne, hügelige Landschaft und hatte Zeit, zum besänftigenden, hypnotischen Kreisen der Pedale über Uganda nachzusinnen. Meine Befürchtungen, ein gewalttätiges, barbarisches Volk vorzufinden, hatten sich rasch zerstreut, denn die Menschen erwiesen sich als äußerst freundlich. Und war es auch ein tragisches und zerstörtes Land, so traten seine bizarren Aspekte viel eher in Erscheinung als die Bedrohlichkeit dahinter, genau wie am verrückten Hof der Roten Königin von »Alice im Wunderland«. Es mangelte nicht an Charme und Humor, und bei soviel spürbarer Sanftheit ließ sich nur schwer begreifen, wie es zu den abscheulichen Greueltaten und Grausamkeiten hatte kommen können.

Die tödlichsten Gefahren, denen ich mich ausgesetzt sah, rührten von der Straße selbst her, wo sich allerlei Hindernisse abwechselten, von plötzlichen Flecken weichen Sandes bis zu verstreutem Kies, der trügerisch auf engen, schlüpfrigen, von der Sonne gebackenen Lehmfurchen lag. Ich war jetzt nur noch etwa dreihundert Kilometer vom Äquator entfernt. Das Wetter wurde immer heißer, Staub durchdrang alles. Zu essen gab es praktisch nichts; alles, was ich kaufen konnte, war ein Häufchen Limonen. Von Limonen konnte ich nicht gut leben, und so wurde ich immer schwächer, obwohl ich doch Millionärin war. Die meisten Menschen schienen vom Tauschhandel zu leben, da Geld nichts mehr zählte.

Es war jedoch weder der Straßenzustand noch der Hunger, die meiner Reise beinahe ein Ende gesetzt hätten, und ich bin heute noch überzeugt, daß nur ein Wunder ein unrühmliches Ende abwendete. Ich drückte bei einem steilen Anstieg kräftig auf die Pedale, als plötzlich jeder Widerstand aufhörte. Das Fahrrad kam zum Halten, die Pedale kreisten so frei vorwärts wie rückwärts. Was ich seit einiger Zeit befürchtet hatte, war eingetreten – der Freilauf war derart mit Staub verstopft, daß die Klauen aus den Rätschen gesprungen waren.

In Minutenschnelle waren mehrere besorgte Ugander von irgendwoher aufgetaucht, standen um mich herum und kamen nach eingehender Prüfung des Problems alle zum selben Schluß: Ohne den Spezialauszieher, den ich zu Hause gelassen hatte, war nichts zu machen. Es war höchst unwahrscheinlich, daß ich irgendwo ein derart hochspezialisiertes Werkzeug auftreiben konnte, vermutlich in ganz Afrika nicht. Und nun dieses Mißgeschick, bloß weil ich ein paar Gramm Gewicht sparen wollte! Ich schämte mich wegen meiner Kurzsichtigkeit, doch noch schlimmer war das Gefühl, mit einem Schlag meiner kostbaren Bewegungsfreiheit beraubt worden zu sein. Jetzt blieb mir nichts anderes übrig, als zu warten, bis ein Lastwagen mich und mein verstümmeltes Fahrrad auf die lange Reise nach Kampala mitnahm. Ich hätte mich auf den Boden setzen und losheulen können!

Ich kann mich nicht erinnern, um ein Wunder gebetet zu haben. Hätte ich es dennoch getan, wäre ich wohl selbst über meine Dreistigkeit erstaunt gewesen, lag doch der Fehler bei mir allein. Aber irgend etwas ließ mich nach einer Weile den Fuß aufs Pedal setzen, und zu meiner Freude fand ich, daß die Klauen wieder fest in die Rätschen griffen. Und nicht genug: Etwas später stieß ich unversehens auf eine kostbare Dose Schmiermittel mit Tiefenwirkung, mit welchem ich den gröbsten Sand und Staub herausspülen und das Problem beheben konnte. (Wie ich dies heute, fünf Monate später, niederschreibe, wird mir bewußt, daß ich den Freilauf noch immer nicht abgezogen habe, um dem Wunder auf die Spur zu kommen.)

Jede Nacht verbrachte ich, ähnlich wie die Reisenden im Mittelalter in Europa, als Gast irgendeiner religiösen Körperschaft. Wie sie hatte ich gar keine andere Wahl, denn es gab nichts anderes. Ich hätte es auch nicht missen wollen, denn jedem Aufenthalt kam eine besondere Bedeutung bei. Eine Nacht verbrachte ich in einer ehemaligen Leprakolonie, die jetzt als Krankenhaus diente, andere Nächte blieb ich bei ugandischen Nonnen aus verschiedenen Orden. Jedes Kloster wies mir den Weg zum nächsten. Sie waren alle sehr einfach und oft ziemlich arm, und mein Beitrag an die Essenskosten wurde ohne falsche Bescheidenheit gern angenommen.

Ein Ort namens Nebbi ist mir besonders im Gedächtnis haften geblieben, weil sich die Nonnen dort solche Mühe gaben, mich zu bewirten und willkommen fühlen zu lassen. Sie wischten und schmückten die häßliche kleine Betonzelle, wo sie mich unterbrachten, hingen Laken anstelle von Vorhängen ans Fenster, sie wuschen sogar meine verschwitzten, fleckigen Kleider und bügelten sie bei Mondlicht mit einem Holzkohlebügeleisen. Ohne sich zu erkundigen, welchem Bekenntnis ich angehörte (und ob überhaupt einem), zogen sie mich hinaus auf die Veranda, damit ich am abendlichen Rezitieren des Rosenkranzes teilnehme, und führten mich anschließend in die Kapelle, wo sie vier Ave Maria für meine sichere Ankunft und eine glückliche Weiterreise beteten. Wer weiß, vielleicht war es ihr Gebet, welches mich den bizarren und furchterweckenden Zwischenfall am nächsten Tag überleben ließ – an dem Ort, wo ich wieder auf den Weißen Nil traf.

20. KAPITEL

Gewehrkugeln im Paradies

Ich erreichte das Nilufer bei der baufälligen Brücke von Pakwach, wo der Strom in einem rechtwinkligen Bogen seinen nördlichen Lauf wiederaufnimmt, nachdem er sich kopfüber aus dem Viktoriasee auf seinen vierhundert Kilometer langen Weg durch tosende Wasserfälle und Stromschnellen gestürzt und sich schließlich mit den Wassern des Albertsees verbunden hat. Pakwach liegt nur wenige Meilen unter dem Albertsee. Die Feuchtigkeit, die unsichtbar von seiner riesigen Wasserfläche aufsteigt, hatte das Aussehen des Landes völlig verändert. Man konnte eigentlich gar nicht mehr von Land sprechen: Es war eine einzigartige Szenerie aus Luft und Wasser, von unbegrenztem Raum, von einem wundersamen Licht, auf dem ein Hauch urzeitlicher und ewiger Frische lag. Der Himmel, eine opalisierende Schale, warf einen rosaroten Schimmer ins glitzernde Blau der oberen Luftschichten, der sich auf der tanzenden, silbernen Oberfläche des jungen Flusses widerspiegelte. Weit weg im Westen, so zart gestrichelt, als gehörten sie demselben Element zu, waren die grauen Umrisse einer Bergkette sichtbar.

Ich hätte wohl noch lange an diesem Aussichtspunkt verweilt, wären da nicht die Soldaten gewesen, die in einer Reihe längs des verrotteten Plankenwerks der Brücke wachsam auf ihren Fersen kauerten. In ihren steifen, schweren Uniformen und mit den schwerfälligen Waffen, die sie im Staub schleifen ließen, erschienen sie mir an diesem urtümlichen, ätherischen Ort so fehl am Platz wie die Brücke selbst. Sie brauchten mich nicht extra daran zu erinnern, daß Leute, die auf Brücken stehenbleiben, höchst verdächtig sind. Als ich sie endlich überquert hatte und den flachen Abhang auf der anderen Seite hinunterrollte, waren meine Hemmungen verflogen. Ich konnte mich nicht sattsehen und fuhr unbekümmert an dem rostigen, umgekippten Schubkarren vorbei, der eine militärische Straßensperre darstellte, an welcher ich gefälligst anzuhalten hatte.

Die erste Andeutung, daß ich einen schrecklichen Fehler begangen hatte, war der furchtsame Ausdruck im Gesicht einer alten Frau, die mich mit flatternden Handbewegungen zurückscheuchte. Im selben Augenblick schwante mir, daß die Grunzer hinter mir, die immer höher und lauter geworden waren, etwas mit mir zu tun haben könnten. Als ich mich umdrehte, sah ich einen Soldaten auf mich zustürzen, das Gewehr auf meine Mitte gerichtet, den Finger zitternd am Abzug. Sein Gesicht war wutverzerrt. Seine Rufe hatten sich zu Schreien und wütendem Gekläff gesteigert, und ich merkte, daß er sich nur mit äußerster Mühe beherrschen konnte, nicht abzudrücken. Als ich sah, was ich getan hatte, eilte ich ihm entgegen. Und während ich noch versuchte, die Lage zu erfassen, blitzte der Gedanke auf, daß hier endlich die Kehrseite der Münze zum Vorschein kam, die Wurzel jener Angst, die ich gespürt hatte, als ich die Grenze überquerte. Es war meine erste Begegnung mit der fürchterlichen Gewalttätigkeit, die dieses Land zerstört hatte.

Ich glaube, ich spürte sogleich heraus, daß der Soldat auf kuriose Weise ebenso hilflos wie ich war und möglicherweise von seinem eigenen Zorn ebenso erschrocken. Er wußte, er durfte mich nicht erschießen, und geriet in ernsthafte Schwierigkeiten, wenn er es doch tat, und doch drängte es ihn fast unwiderstehlich, den Abzug durchzuziehen, weil ich die Sperre nicht beachtet und sein Selbstwertgefühl tödlich beleidigt hatte. Statt dessen versuchte er, seiner Wut Herr zu werden, indem er mich demütigte. Er schrie mich an, ich solle mein Fahrrad hochheben, es auf meinen Kopf legen und es zurück zum Schubkarren tragen. »Sie müssen bestraft werden«, brüllte er immer wieder.

Das Denken ist etwas Merkwürdiges und Vielschichtiges, und wahrscheinlich wird einem das nie stärker bewußt als in Situationen akuter Gefahr. Einesteils war ich mir gewahr, wie nahe ich davor stand, getötet zu werden, hatte eine Riesenangst und konnte mich selbst hören, wie ich mich immer wieder entschuldigte und mein Bestes tat, um den Mann zu beschwichtigen und ihn zu beruhigen. Und gleichzeitig stritt sich ein Teil meines Gehirns über die Absurdität seines Befehls herum, mein Fahrrad auf dem Kopf zu tragen – ein unmöglicher Kraftakt, wie ich fand, ganz abgesehen davon, daß ich kaum ein Rad vom Boden heben konnte, so schwer war es beladen –, und ich mußte fast lauthals lachen wegen des Bildes, das es heraufbeschwor, und wußte, daß ich nicht im Traum daran dachte, bloß so zu tun als ob, und koste es mich das Leben. Zum Glück war da noch eine dritte, vernünftigere Schicht, welche die Kontrolle übernahm und bestrebt war, uns beide zurück zu der Sperre zu bringen, in die vergleichsweise Sicherheit bei den anderen Soldaten, die ich dort warten sah. Sobald ich das Fahrrad gegen den rostigen Schubkarren lehnen und meine Papiere sowie den magischen Brief herausfischen konnte, wußte ich, daß alles gutgehen würde. Ich hatte jedoch keine Ahnung, wie entsetzt ich in Wirklichkeit gewesen war, bis mir die Soldaten bedeuteten, mich zu beruhigen und zu schweigen, und ich merkte, daß ich mich noch immer eins ums andere Mal entschuldigte und die Worte in ihrem Eifer übereinanderpurzelten. Ich sagte den Soldaten, sie seien an allem schuld, weil sie mich derart erschreckt hätten, und sie sagten, es tue ihnen leid, und plötzlich war die Aufregung vorbei, und wir waren alle Freunde, mit Ausnahme des ersten Soldaten, dessen Brust noch immer von unterdrückten Emotionen wogte und schauderte.

Hier, an dieser Stelle, fing der berühmte Murchison-Wildpark an. Ich bezweifelte, daß man mir erlauben würde, ihn auf einem Fahrrad zu durchqueren, und zuerst waren die Soldaten denn auch alle strikt dagegen: »Zu gefährlich! Löwen, große Tiere, mampf, mampf. Die fressen Sie auf.« Dann kamen sie zum Schluß, ich müsse eine Waffe bei mir haben, was erklärte, warum ich durch einen Wildpark wollte, und sie versuchten, mich mit allen Mitteln dazu zu bringen, sie zu deklarieren. Sie sagten mir sogar unaufrichtigerweise, es sei erlaubt, mit einem Gewehr herumzureisen, nur müsse ich es ihnen zeigen. Als dann ein Suzuki-Lieferwagen heranfuhr, verloren sie ganz plötzlich das Interesse an mir und winkten mich durch. »Es ist nicht gefährlich«, sagte einer noch, »gehen Sie!« Ich machte mich hastig davon, bevor sie es sich anders überlegten.

Auf der Straße bewegte sich viel Militär. Ich sah mindestens zwölf große Armeelastwagen, jeder mit einem perfekt gekleideten Miniatursoldaten von etwa sieben Jahren, der starr und streng, und ohne eine Miene zu verziehen, auf dem Trittbrett der Führerkabine posierte. Sie fuhren alle nach Osten, in Richtung Gulu, wo Kampfhandlungen aufgeflammt sein sollten. Sobald ich jedoch in den schmalen Sandpfad eingebogen war, der südwärts durch den Park gegen den Viktorianil führte, hatte ich die Gegend ganz für mich. Nach der jüngsten Konfrontation war ich überglücklich, endlich wieder allein zu sein, und sorgte mich nicht allzusehr, von wilden Tieren, die im Unterholz lauern mochten, angegriffen zu werden.

Jetzt, wo ich bald einen ersten, faszinierenden Blick auf eine der großen Quellen des Nils werfen konnte, erschien mir jede Meile wie ein zusätzliches Geschenk. Ich war an einem bedeutsamen Ort, im Herz aller Dinge, und verspürte ein wunderbares Glücksgefühl, daß ich so weit gekommen war. Alle die Vorbereitungen, alle die vielen, langen, staubigen Meilen hatten mich endlich hierher an diese Stelle gebracht, und nun fuhr ich allein auf einem Fahrrad durch dieses fast schon legendäre Wildreservat – ein Teil jenes sagenhaften Paradieses, von dem man lange gemunkelt hatte, das jedoch bis vor knapp einem Jahrhundert vor den Augen der Welt versteckt geblieben war. Es war ein unaussprechliches Glück, hiersein zu dürfen, selbst wenn die Berichte stimmten, daß Idi Amins Truppen fast alles Wild abgeknallt hatten.

Die einzigen Tiere, die ich erblickte, waren große Hirschantilopen, die in weitgezogenen Sprüngen über das offene Gelände hüpften, Gazellen, welche auf ihrer Flucht in der Luft zu schweben schienen, ein paar afrikanische Störche und ein sehr großer Stelzvogel mit einem langen, spitzen Schnabel. Ich hatte ziemlich Glück, überhaupt etwas zu Gesicht zu bekommen, denn nach kurzer Zeit hörte ich Schüsse und traf auf einen großen, in der

Mitte des Pfades stationierten Armeelastwagen. Die Soldaten waren in alle Richtungen ausgeschwärmt, um etwas für den Kochtopf zu schießen. Ich vergewisserte mich, daß sie meine Anwesenheit schon von weitem bemerkten, bevor ich mich ihnen näherte, denn ich hatte keine Lust auf nähere Bekanntschaft mit einer großkalibrigen Gewehrkugel.

Danach sah ich niemanden mehr. Ich mußte mich ins Zeug legen, um noch vor dem Einnachten das schützende Paraa zu erreichen. Vielfach war der Sand weich und zwang mich abzusteigen. Der Schweiß strömte mir durchs Stirnband das Gesicht hinunter, und doch machte sich ein Gefühl tiefer Freude und Zufriedenheit breit. Wieder hatte die Landschaft ein dramatisch neues Gesicht. Die lichte, wässerige Szene ein paar Meilen zuvor war einer grenzenlosen Weite gewichen: Heiße, trockene, braune Ebenen zogen sich unendlich in die blaue Ferne, als ob man sich auf dem Dach der Welt befände – eine heroische, energiegeladene Landschaft mit leicht bedrohlichem Unterton, eine Landschaft, die eine Herausforderung ausstrahlte. »Dies ist Afrika«, schien sie zu sagen, »dies zu finden, bist du so lange herumgereist.«

Eine weitere Stunde auf dieser offenen, von der Sonne verbrannten Hochebene führte mich in eine Gegend, wo das Buschwerk wieder dichter wuchs und wo ich auf das erste Anzeichen von Menschen stieß, auf das Gerippe eines abgestürzten Flugzeugs, eins von Idi Amins militärischen Spielzeugen, wie ich später erfuhr. Danach begann die Fahrspur steil abzufallen. Ich wirbelte und schlitterte hinunter, und der Wind trocknete den Schweiß auf meinem Gesicht, bis ich schließlich ans Ufer des Viktorianils bei Paraa gelangte. Das Licht war am Schwinden, und die Luft dröhnte vom Schnauben und Grunzen der Flußpferde.

Ich bezweifle, daß ich mir ein Zimmer im vornehmen »Paraa Lodge« hätte leisten können, als es noch ein richtiges, in ausladende Rasenflächen eingebettetes Hotel mit Blick über das weite Wasser gewesen war. Jetzt, wo nur noch seine äußere Schale übriggeblieben war, wurde ich vom Hauspersonal für den Preis einer Flasche Bier willkommen geheißen. Es lag so abgelegen, daß sich niemand die Mühe genommen hatte, sich mit den Dachziegeln davonzumachen, und sogar die Türen und Fenster waren noch intakt. Drinnen jedoch stand alles leer: kein einziges Möbelstück, kein Wasser, keine Hähne, kein Licht, nicht einmal Lichtschalter. Es war so kahl wie ein Baum im Winter.

Man gab mir ein Zimmer im ersten Stock. Ich fuhr gar nicht so schlecht mit meiner aufblasbaren Matratze, der Kochausrüstung und meiner Trockennahrung. Ich erhielt einen Eimer Wasser, so grün und dickflüssig wie noch nie, und einmal mehr segnete ich meine Filterpumpe. Außerdem wurde ich mit einem Glaskrug voll Paraffin beliefert, in welchen ein Lappen als Docht gestopft war. All das erweckte in mir das befriedigende Gefühl, mich auf einer Safari zu befinden, besonders als die Sonne schließlich verschwand und sich plötzlich Tausende von Fledermäusen vom oberen Balkon losschälten. Es war ein magischer Ort. Die ganze Nacht schwoll der Chor grunzender Flußpferde an und ab, und als ich auf den Balkon hinaustrat und meine Taschenlampe ins Dunkel leuchten ließ, erhaschte der Lichtstrahl die Gestalt eines riesigen Elefanten, der nicht mehr als fünf Meter entfernt durch die einstigen Blumenbeete wanderte.

Hier oben hat der Nil nichts von der Gelassenheit, mit welcher er unter der Brücke von Pakwach durchfließt, hier spiegelt sich in ihm noch die tosende Wildheit der Murchisonfälle, die nur etwa zwanzig Kilometer flußaufwärts liegen und mein nächstes Ziel waren. Der einfachste Weg dorthin war zu Schiff, doch die Barkasse, die diesem Zweck diente, war unten bei der Fähre vertäut – ihr Motor war weg, Fenster und Armaturenbrett waren geplündert, und niemand würde in absehbarer Zeit mit ihr irgendwohin fahren. Andere Schiffe gab es keine. Der einzige Zugang war der Weg durch den Park, eine Distanz von etwa fünfzig Kilometern. Einst hatten Straßen dorthin geführt, da es als eine der Hauptattraktionen des Wildparks galt, hoch oben neben den Fällen zu wandeln und auf sie hinunterzublicken. Ich erfuhr, daß die Rangers kürzlich einen Landrover bekommen hatten und mich gerne über die jetzt verfallenen, überwachsenen Wege fuhren, falls ich bereit war, für das teure Benzin aufzukommen. Ich hätte ohne weiteres auch das Zwei- oder Dreifache des genannten Betrags bezahlt, denn es war undenkbar, eine Nilreise zu machen und die Murchisonfälle auszulassen, »die aufregendste Sehenswürdigkeit auf der langen Reise des Nils zum Meer«, wie Rennie Bere sie bezeichnet hatte. Ich kochte daher vor Wut, als der Chefranger, nachdem wir einen Preis ausgemacht hatten, den Handel platzen ließ und sich weigerte, mich mitzunehmen. Er wußte, daß er im Unrecht war, doch er hatte sich nun einmal in sein Vehikel verliebt, das erste seit sehr langer Zeit, und sonnte sich darin, mit ihm die Straße hinauf und hinunter zu fahren, während seine Frau neben ihm saß und würdevoll den wenigen Passanten zunickte. Er wollte nicht, daß es auf den überwachsenen Pfaden Kratzer abkriegte. »Bringen Sie mir einen Brief vom Chefwart in Kampala!« verhöhnte er mich. »Wenn er mir befiehlt, Sie zu fahren, dann kommen Sie zurück.«

So blieb nichts anderes übrig, als den Fluß zu überqueren. Wenigstens hier stand mir das Glück zur Seite, denn die Fähre war seit Tagen außer Betrieb gewesen und brach nach dieser einzelnen Überfahrt gleich wieder zusammen. Nachdem ich mich den langen, sandigen Weg aus dem Flußtal hochgekämpft hatte, traf ich auf die alte Straße nach Kampala, die nicht mehr befahren wurde. Die Brücken waren zum Teil eingestürzt, und die Fahrbahn wurde bereits wieder vom Busch überwachsen. Wenn ich ihr folgte, mußte ich auf den Pfad stoßen, der zu den Murchisonfällen führte. Tief in mir tobte ein Kampf: Wilde Tiere – Büffel, Löwen und Elefanten – bildeten in dieser völlig menschenleeren Gegend eine reale Gefahr, noch schlimmer jedoch waren die Berichte, daß sich dort viele Guerillabanden verkrochen hatten und vom Wild lebten. Eine kleine Strecke fuhr ich die baumbewachsene Straße hinunter, dann siegte die Vorsicht. Ich kehrte um und plagte mich mit der kürzlich eröffneten Naturstraße ab, die hinunter ins Rift Valley und den Albertsee entlang führte, ins Land von Sam Baker.

Irgendwann an diesem heißen, feuchten Nachmittag, als ich langsam auf dem sandigen Talgrund durch eine trockene, menschenleere Gegend fuhr, die auf meiner Karte als Schutzgebiet für Elefanten und Flußpferde eingezeichnet war, bemerkte ich, wie sich ein Landrover näherte, in welchem zwei weiße Männer saßen. Mein Trinkwasser war seit einiger Zeit zur Neige gegangen, und der See lag weit weg und schien unzugänglich. Ich winkte dem Wagen in der Hoffnung, daß die Männer etwas zum Trinken bei sich führten und mir ein wenig abgeben konnten. Sie waren die ersten Weißen seit einer Woche und fast die einzigen Menschen, die ich den ganzen Tag über gesehen hatte. Sie arbeiteten als Missionare für die Kirche von Uganda, zwei rundliche, junge Männer mit rosaroten Gesichtern, die reichlich schwitzten und es eilig hatten, noch vor der Dunkelheit nach Pakwach zu kommen. Nachdem sie schon einmal angehalten hatten, nutzten sie die Gelegenheit, um die Last auf dem Dachträger sicherer festzubinden. Ich traute meinen Ohren kaum, als sie mir über die Schulter beiläufig zu verstehen gaben, sie hätten schon Wasser, könnten mir aber nichts abgeben, weil sie es vermutlich selbst brauchten. Es interessierte sie nicht im geringsten, wer ich war oder was ich wohl so allein in diesem entlegenen Teil des Rift Valley tun mochte, und ich konnte nur hoffen, daß sie die christliche Tugend der Großherzigkeit bei den Leuten, denen zu helfen sie hergekommen waren, besser ausübten. Ich fuhr weiter und fühlte mich sehr viel ärmer nach diesem Zusammentreffen.

So radelte ich fort und fort durch die heiße, leere Landschaft. Es war der bisher anstrengendste Tag meiner Reise, und langsam begann ich Florence und Sam Baker nachzufühlen, unter welchen Widrigkeiten sie gelitten haben müssen, als sie sich halbtot vor Malaria und von Hunger und Durst völlig geschwächt und erschöpft endlich ans Ufer des Sees durchgeschlagen hatten. Als ich schließlich die Stelle erreichte, wo die Straße den fast vertikalen Abbruch des Grabens hochkletterte, war auch ich am Ende und wußte, daß ich es nicht mehr schaffen würde. Es gab nur eine Wahl: Ein schmaler Pfad führte hinunter zum Seeufer, zu einem Ort namens Butiabo, der auf meiner Karte eingetragen war. Ich lenkte mein Rad in diese Richtung und ließ es mich sanft die sechs Kilometer hinuntertragen. Am Ende des Weges rollte ich auf einem Platz mit rohen, ungepflegten, aus allen nur möglichen Teilen zusammengeflickten Hütten aus, vor denen zerlumpte Menschen standen. Alle starrten mich an, und einige der jüngeren

Frauen begannen zu kichern. Ich fragte: »Ich muß diese Nacht hierbleiben, wohin kann ich gehen?« Sogleich trat ein junger Mann nach vorne und sagte formell: »Ich bin hier verantwortlich. Mein Name ist Gracious. Kommen Sie mit mir!«

Er führte mich zu seinen Freunden – zu Frederick, dem Fischereiaufseher vom Albertsee, und seiner Frau Rose. Zuerst glaubte ich, das primitive Gebäude sei eine Art Werkbüro. Es war ein hohes, bröckeliges, einstöckiges Backsteinhaus mit kleinem, quadratischem Grundriß, eine Art überdimensioniertes Schilderhäuschen, und sah aus wie ein Überbleibsel der britischen Verwaltung. Wir saßen draußen auf Ölfässern und Teilen von Kisten, und Rose machte Tee, indem sie in einer alten Blechdose über ein paar Zweigen auf dem Boden Wasser kochte. Nach einigem Geflüster wurde ein schöner, junger Mann namens Godfried weggeschickt. Er hielt krampfhaft etwas Geld in der Hand und kam mit vier Keksen aus einem Paket »Plain Tea Biscuits« zurück, die in ein Stück altes Papier eingewickelt waren. Ich war wie vom Donner gerührt. Das alles hatte nichts Entzückendes, war nicht »al fresco« und ungezwungen – das war die rauhe Wirklichkeit, mit der die Menschen in Uganda leben mußten. Dies waren gebildete, weltoffene Leute – Frederick hatte seine Studien in Japan mit dem Doktorat abgeschlossen, sein Assistent Godfried hatte einen Magistertitel, und Rose stand vor ihrem Examen als Lehrerin. Im Innern des häßlichen Gebäudes gab es zwei winzige Zimmer: In einem hatte die Matratze von Frederick und Rose kaum Platz auf dem Fußboden, im anderen standen ein ovaler Tisch und ein schwerer Schreibtisch, dessen Schubladen fehlten. Sonst gab es nichts. Das war alles, was nach all den Jahren des Kämpfens und Plünderns übriggeblieben war. Daß sie gewillt waren, selbst diese Armut noch mit mir zu teilen, zählte zu den vielen erschütternden Erfahrungen meiner Reise.

Ich wagte kaum zu fragen, wo ich mich waschen konnte, doch als ich mich endlich überwand, schlug Frederick vor, im See schwimmen zu gehen, und so stakten wir fünf in einem uralten, flachbödigen Kahn hinaus. Godfried sah aus wie ein junger, schwarzer Apoll. Er stakte meisterlich mit Hilfe eines gebogenen

Asts, wobei er ein Lied dazu dichtete, in welchem er als Fredericks Sklave auftrat. »Ich bin der Boy, Freitag mein Name«, jodelte er. Als wir das hohe Röhricht, welches um den stinkend schwarzen Schlick der Anlegestelle wuchs, hinter uns gelassen hatten, glitten wir am schilfbestandenen Seeufer entlang und waren auf einmal wieder in jener verzauberten Welt, die ich bei Pakwach erblickt hatte. Rose und ich wurden bei einem kleinen, sauberen Strand abgesetzt, während die Männer diskret rund um eine Landzunge fuhren. Eine ganze Stunde lang schwamm ich im weichen, warmen Wasser herum oder lag auf dem Rücken und starrte in den perlmutternen, durchsichtigen rosa Himmel hoch und beobachtete diamanten blitzende Eisvögel, die über mir schwebten oder in Gesellschaft von stattlichen Reihern und einem Schwarm anderer Vögel im seichten Wasser Fische fingen. Ich wollte für immer hierbleiben und mußte fast mit Gewalt zurückgeschleppt werden. Als wir uns trockenrieben, schaute Rose auf meinen weißen Körper mit den dunkelbraunen Armen und Beinen, die exakt dort begannen, wo die Ärmel und die Hosenbeine endeten, legte ihren Arm an meinen und sagte: »Noch ein Monat, und du bist eine schwarze Frau wie ich.«

Wir kamen zu der übelriechenden Landestelle zurück, als die rosa und purpurfarbenen Schatten des frühen Abends gerade in ein dramatisches Tiefrot übergingen, das von dunkelgrauen und grellen gelben Bändern zerfetzt wurde. Rose saß »oben ohne« in der kühlen Brise. Ihre schweren, wohlgeformten Brüste brachten keinen der drei Männer in Verlegenheit – ganz im Gegensatz zu der Mentalität, die in den beiden anderen Nilländern herrschte.

Das Abendessen bestand aus einem Gericht mit süßen Kartoffeln und einem knochigen, gesalzenen und getrockneten Schlammfisch, einer Spezialität dieser Gegend am See, die nur genießen kann, wer sich an ihren Geschmack gewöhnt hat. Ich zwang mich dazu und spülte ihn mit großen Mengen Bier hinunter, meinem Beitrag zu unserer Mahlzeit. Wir aßen im Licht einer kleinen, selbstgebastelten Paraffinlampe, und als sie verlöscht war, unterhielten wir uns in der Dunkelheit und tranken das lokale Feuerwasser. Wie die meisten Menschen in Uganda hatten auch Frederick und Rose einen unwiderstehlichen, fast zwanghaften Drang, sich die traumatischen Erlebnisse, die sie durchgemacht hatten, von der Seele zu reden – hier, am Ende der Welt, fanden sie kaum viele Gelegenheiten, ihre Geschichte zu erzählen.

Rose meinte, Uganda sei von dem Moment an in Barbarei versunken, als es vor fünfundzwanzig Jahren die Unabhängigkeit erlangte. Sie war der erste Mensch, der mir offen gestand, Uganda sei ein moralisch so dekadentes Land, daß sie keine Hoffnung mehr habe, falls Großbritannien nicht zurückkehre und wieder für Ordnung sorge – ein trauriger Gedanke, denn aus ihm sprach ihre ganze Verzweiflung. Ich sollte dieselben Vorstellungen noch mehrmals zu hören bekommen. Ich protestierte, doch Rose verteidigte ihre Ansicht glühend: »Dreimal wurden wir ausgeplündert. Die sind mit Granaten und Gewehren gekommen. Wenn eins deiner Kind drinnen im Zimmer geschlafen hat, hast du es einfach dortgelassen und bist geflohen. Du bist mit sieben Kindern losgerannt, und zum Schluß hattest du noch eins, die anderen lagen tot am Straßenrand. Alle Gefängnisse waren überfüllt. Sie kamen immer wieder, drückten den Leuten die Augen aus, schnitten ihnen die Zunge ab und zerquetschten ihre Hoden zwischen zwei Steinen, als ob sie einen Bullen kastrierten. Zwischen Hoima und Kampala haben sie überall an der Straße Köpfe liegengelassen, damit die Leute sehen sollten, was hier geschah. Einige haben noch immer ein Seil um den Hals gewickelt.«

Frederick war ruhiger, aber noch stärker verbittert. »Zwischen hier und Kampala gab es jeweils an die dreißig, vierzig Straßensperren«, sagte er, »und an jeder verlangten die Soldaten Geld. Keiner wußte, wann sie losknallen würden. Wenn ein Mann von zu Hause wegging, wußte er nie, ob er je wieder zurückkam. ›Absitzen!‹ sagten sie zu den einen, und zu den anderen: ›Du kannst gehen!‹, und man wußte, wer sitzenblieb, war erledigt. Man konnte nichts dagegen tun. Ich hatte einmal alles in diesem Haus, jetzt habe ich nichts mehr. Als ich das letztemal zurückkam, lagen nur noch drei Steine auf dem Fußboden, als Feuerstelle. Das waren schreckliche Zeiten. Die Leute sollten wissen, was wir alles durchmachen mußten.«

Sie hatten sich von irgendwo eine Matratze ausgeliehen, um mir ein Bett zu machen. Es ruhte auf dem ovalen Tisch und dem Schreibtisch, weg vom Fußboden und den Ratten. Doch ich schlief nicht lange, teils, weil die ganze Nacht der Donner über den See rollte und Blitze in tropischer Extravaganz durch den Himmel zuckten, teils aber auch, weil mich diese Augenzeugenberichte so erschüttert hatten, daß ich mich aufsetzte, um sie beim unsteten Licht des Gewitters in mein Reisejournal einzutragen. Die übrige Nacht lag ich meist wach und fragte mich, wie es diesem Land wohl ergehen würde. Im Vergleich zu dem, was ich vom Leben unter Obote und Idi Amin gehört hatte, schienen mir jetzt berechtigte Gründe zur Hoffnung vorzuliegen – zumindest hatte das wahllose Schießen an den Straßensperren aufgehört, wie ich selbst bezeugen konnte. Ich hatte dieses Argument auch Rose und Frederick vorgebracht, und sie hatten mir beigepflichtet, waren jedoch nicht übermäßig beeindruckt: »Das wenigstens hat Museveni fertiggebracht. Er hat seine Armee unter Kontrolle. Jetzt wollen wir sehen, was er sonst noch kann.« Sie hatten zu viel Schweres erlebt, als daß sie noch daran glaubten, das neue Regime könne alle die Stammesfehden beenden und einen radikalen Umschwung im Wesen der Herrschaft und Macht in Uganda herbeiführen.

Der nächste Morgen erstrahlte frisch nach den Stürmen, und ich kletterte mit verblüffender Mühelosigkeit auf der einzigen anständigen Asphaltstraße, die ich in Uganda antraf, aus dem Rift Valley hoch. Von oben konnte ich den ganzen riesigen See überblicken, so, wie ihn Sam Baker damals gesehen hatte – »wie ein Schild aus Quecksilber« –, mit zweitausend Meter hohen Berggipfeln, die hundert Kilometer weiter hinten, in Zaire, gut sichtbar aufragten. Mir fiel wieder ein, was Frederick mir über den See erzählt hatte, zu dem er eine fast mystische Verbindung zu haben schien. Er konnte es nicht leiden, wenn man ihn Albertsee nannte, sein Name sei seit Urzeiten Luta Nzige, was »Tod der Heuschrekken« bedeutet. Er hieß so, weil die riesigen, marodierenden Insektenschwärme, die Afrika kahlfraßen, immer von Westen kamen und es nicht schafften, die ganze Weite des Sees ohne Zwischenlandung zu überfliegen, und da es keine Inseln gab, mußten sie hinunter aufs Wasser und ertranken. »Tod der Heuschrecken« hatte er sinniert, »ich weiß nicht, ob das wahr ist, aber ganz sicher gibt es nie Heuschrecken auf dieser Seite, nur menschliche Schrecken.«

Bevor ich mich von diesem Anblick abwandte, versuchte ich noch schnell einen Blick auf mein Reiseziel zu erhaschen, das weit im Süden lag, weit hinter den Ufern des Sees: die Mondberge. In der Luftlinie liegen sie etwa dreihundert Kilometer von diesem Punkt entfernt, auf der Straße fast das Doppelte. Ihre schneebedeckten Gipfel steigen bis über viertausendachthundert Meter Meereshöhe an und sind die meiste Zeit unsichtbar hinter Dunstschleiern versteckt und von Wolken umhüllt. Selbst der große Entdecker Stanley zweifelte an ihrer Existenz, bis er eines Tages zu seiner Überraschung erstmals einen Blick auf sie werfen konnte. »Ich sah eine Wolke in schönster Silberfarbe«, schrieb er, »welche die Erscheinung und die Umrisse eines riesigen, schneebedeckten Berges annahm.« Mir selbst wurde diese Ehre noch nicht zuteil – doch es lag ja noch ein langer Weg vor mir.

21. KAPITEL

Die Mondberge

Der erste Mensch, den ich auf dem Plateau sah, nachdem ich mich vom See abgewandt und eine Biegung umfahren hatte, war ein Soldat, der auf der schmalen Naturstraße zwischen den hohen Hecken herumschlenderte. Er war ganz allein, trug einen gutsitzenden Tarnanzug, und im Ausschnitt seines offenen Hemdes baumelte ein glänzendes goldenes Kreuz. Als er näher kam, teilten sich seine wunderbar weißen Zähne zu einem breiten Lächeln. Dabei warf er wie beiläufig eine scharfe Handgranate von einer Hand in die andere, und sofort war da wieder dieser surreale Unterton von Bedrohlichkeit.

Zum Glück für meine empfindsame Seele war dies der letzte Soldat für lange Zeit, dem ich begegnete. Die Route zu den Mondbergen führte über kleine, schlechte Nebensträßchen, so daß ich tagelang kein einziges Fahrzeug zu Gesicht bekam. Diese Gegend hatte die letzten Jahre stark unter den »Aufmerksamkeiten« von Obotes Armee gelitten. Man hatte nach Museveni gejagt, der aus diesem Landesteil stammte und sich angeblich hier versteckt haben sollte. Doch obwohl mich mein Weg an den Rand des berüchtigten Hoima-Dreiecks mit seinen Schädelhaufen führte, von denen Rose erzählt hatte, sah ich nichts dergleichen. Ich fuhr durch eine dichtbesiedelte, fruchtbare Ebene, eine Kulturlandschaft, wo zwischen steilen Hügelchen kleine Felder und abgeschirmte Plätzchen lagen, Hütten im hohen Zuckerrohr versteckt waren und hinter einem schützenden Baumvorhang Frauen in schwatzenden Gruppen die Hacke schwangen.

Auf dem Weg vom und zum Markt tröpfelte ein nie abreißendes Rinnsal von Fußgängern. Im Schatten beidseits der Straße kauerten kleine Jungen, die den Vorbeiziehenden Zuckerrohrsaft verkauften. Oft zeigte das Verhalten Fremden gegenüber einen deutlichen Grad von Zurückhaltung – kein Wunder, wenn man bedachte, was diesen Menschen alles zugestoßen war. Ich hörte, hier gebe es keine einzige Familie, die bei den Massakern nicht mindestens ein Mitglied verloren hatte. Die Kinder und auch die Frauen waren viel argwöhnischer als anderswo, und wenn ich unversehens auf jemanden traf, schienen sie zu Tode erschrocken. Einige der Männer unterbrachen ihren gleichförmigen Trott mit den gängigen Konversationsmustern: »Wie geht es Ihnen? Mir geht es ... gut. Wohin die Reise?« oder »Wie geht es Ihnen, mein Herr? Wie fühlen Sie sich? Dieser Hügel ist steil« oder »Warum fahren Sie auf diesem Fahrrad? Ist das nicht beschwerlich für Sie?« Sie tauschten diese Höflichkeitsfloskeln immer auf den steilsten Straßenstücken aus, wo es schwierig war, Atem zu schöpfen, um ihnen zu antworten. Ich war mir sicher, daß sie dies genau wußten und alles nur zum Spaß gemeint war. Sie hatten offensichtlich Sinn für Humor.

Die Nächte und der frühe Morgen waren angenehm kühl, doch wenn die Sonne einmal richtig über dem Horizont stand, wurde es brandheiß. Was die Hitze einigermaßen erträglich machte, waren die vielen Früchte, die man überall kaufen konnte – ein Anzeichen der unerschöpflichen Ergiebigkeit Ugandas, der »Perle Afrikas«, welche es der Bevölkerung ermöglicht hatte, den radikalen Zusammenbruch der Wirtschaft zu überleben. Es gab ein geflügeltes Wort: »Stecke einen Besenstiel in die Erde von Uganda, und er wird Triebe schlagen.« Papayas und Bananen wurden meine Hauptnahrung, und die süßsauren Ananasfrüchte löschten meinen Durst, der vom Straßenstaub immer schlimmer wurde. Nachdem ich ein paar Tage jeweils eine ganze Ananas auf einmal verdrückt hatte, waren meine Lippen und mein Gaumen so aufgeschrunden, daß ich einen Tag aussetzen mußte. Statt dessen versuchte ich es zum erstenmal mit Jacafrüchten und überredete einen kleinen Jungen, mir zu zeigen, wie man mit ihnen fertig wurde. Die riesigen, melonenförmigen, grünlichgelb glänzenden Früchte sind ganz mit Stacheln übersät wie überdimensionierte

Seeigel. Ihr weiches Mark ist mit großen, durchsichtigen Samen gesprenkelt, die wie Lychees aussehen, und diese Samen sind es, die gegessen werden. Ich war nicht sonderlich beeindruckt davon und ließ es bei dem einen Versuch bewenden; viel lieber hielt ich mich an die Passionsfrüchte, kleine, harte Kugeln mit brauner Haut und einem wundervoll herben Geschmack, der sehr gut zu den Papayas paßte.

Der Straßenzustand war noch schlechter als üblich und erforderte äußerste Konzentration. Schwere Fahrzeuge hatten während der letzten Regenzeit tiefe, enge Furchen eingeschnitten, so daß ich mehrmals vom Rad fiel, besonders wenn faszinierende Schmetterlinge in gelben, blauen, schwarzen, weißen oder buntgemusterten Schwärmen plötzlich vor meiner Nase herumgaukelten oder die Feuerbäume und blauen Jacarandas meine Aufmerksamkeit zu sehr ablenkten. Kleider und Haut begannen die unvermeidlichen Narben und Flecken einer anstrengenden Reise zu zeigen, doch trotz meines zusehends anrüchigen Erscheinungsbildes fand ich in den Klöstern, wo ich die meiste Zeit übernachtete, immer willkommene Aufnahme.

Eine dieser ruhevollen Stätten lag in einer ausnehmend schönen Umgebung oben auf einem weitläufigen Hügel. Die gepflegten alten Bäume, der Rasen und die Plätze zum Verweilen waren so typisch im Stil eines englischen Parks aus dem achtzehnten Jahrhundert angelegt, daß ich überzeugt war, hier habe einst eine Kolonialfarm gestanden. Das erste Gebäude nach dem steilen Anstieg war eine niedrige Scheune voller Kinder aus den umliegenden Dörfern, die auf langen Bänken saßen und gerade ihre Katechismusstunde begonnen hatten. Schwester Justinia hatte ihnen beigebracht, wie man Besucher empfängt, und so war ich ungeachtet meiner fleckigen Shorts und des schweißdurchtränkten Hemdes ein willkommenes Demonstrationsobjekt. Ich wurde gleich auf einen Schemel gesetzt, und die Kinder spielten aus dem Stegreif ein Ständchen für mich. Als meine anfängliche Verlegenheit verflogen war, fühlte ich mich wie eine Königin, während die jungen Musikanten voller Begeisterung die Bänke wegräumten und ein Konzert mit traditionellen Liedern und Tänzen zum besten gaben, zu dessen Begleitung ein neunjähriges Mädchen die Trommeln schlug. Sie waren alle außerordentlich talentiert. Die Nonnen hier führten auch eine Grundschule und eine Apotheke und finanzierten ihre Projekte mit den Erträgen einer Farm und einer Bananenplantage. Das Herz dieses Ortes war jedoch ein Heim für fünfundvierzig kleine Waisen, deren Familien während der letzten Mordwelle getötet worden waren.

Ein anderes Mal, als ich mich am Straßenrand hinsetzte, um mein Mittagessen aus Früchten zu mir zu nehmen, ließ ein Mann nicht locker, bis ich ihm in seinen Garten gefolgt war, wo er im Schatten eines Baumes einen Tisch und einen Stuhl für mich aufstellte und aus seiner winzigen Hütte einen Teller brachte, von dem ich essen konnte. Seine Frau und sein Nachwuchs standen mit großen Augen herum. Alle schienen wohlgenährt, waren aber in Lumpen gekleidet, und einige von den Kindern hatten einen Nabelbruch. Niemand sprach mehr als ein paar Brocken Englisch, so daß nicht viele Worte fielen, aber der Mann schnitt mir eine Ananas aus seinem Garten auf und weigerte sich eisern, dafür Geld anzunehmen, so sehr ich ihn auch drängte. Die Großzügigkeit des traumatisierten Volkes von Uganda war noch schwieriger anzunehmen als diejenige in den Ländern weiter nördlich.

Kontakte mit Mitmenschen aus dem Westen erwiesen sich da schon als problematischer. Mehrmals wurde ich freundlich eingeladen, bei amerikanischen Missionaren vom Schlag »wiedergeboren« zu verweilen. Ich kenne keine andere religiöse Gruppierung, die so hundertprozentig davon überzeugt ist, die Erlösung für sich allein gepachtet zu haben, aber es war nicht so sehr ihre Selbstgefälligkeit, die mir Schwierigkeiten machte, als vielmehr ihre Lebensweise, die in keinem Verhältnis zu den Menschen stand, die sie zu bekehren suchten. Der materielle Unterschied war derart riesengroß, daß die Frohe Botschaft ins Unsinnige verdreht schien, wollte man Gott nicht einfach fest im Lager der Besitzenden ansiedeln. Die Missionare ihrerseits waren gekränkt und verwirrt von der Art, wie die Ugander ihre Evangelisationsbemühungen aufnahmen, die hauptsächlich in einem Film über das Leben von Jesus bestanden, den sie in den Dörfern vorführten. Sie versicherten mir, es sei ein sehr ergreifender Film mit einem guten Kommentar im Lokaldialekt, doch an der Stelle, wo Jesus ans Kreuz genagelt wird, begannen viele aus der Zuhörerschaft zu kichern oder sogar in lautes Gelächter auszubrechen. Es schien ihnen nie in den Sinn gekommen zu sein, daß vielleicht der Film selbst schuld daran war, daß weiße Schauspieler, die diese Geschichte in einem ungewohnten Medium porträtierten, hysterische Heiterkeit auslösen mußten oder daß diese Reaktionen vielleicht einfach ein Ventil waren, um mit einem Übermaß an Emotionen fertig zu werden. Sie konnten es sich nur so erklären, daß etwas in der Mentalität der Ugander unzulänglich oder zurückgeblieben sei.

Trotz allem waren sie sehr freundlich zu mir. Nur ein einziges Mal wurde ich wegen meiner »Heils«-Ansichten angegriffen, und zwar von einem Geistlichen, den ich nicht sehr sympathisch fand und der mich ins Verhör nahm, weniger für einen echten Dialog, als um seine Überlegenheit auszuspielen. Er tat dies am Abend bei Tisch vor einer Schar im Missionswerk angestellter Ugander, die immer wieder kriecherisch im Chor »Recht so, Bruder! Jesus sei gelobt!« ausriefen. Nach mehreren Ausweichmanövern sagte ich ihm auf die Gefahr hin, als Gast ins Fettnäpfchen zu treten, meiner Meinung nach sei Theologie etwas viel zu Wichtiges, als daß man sich beim Essen darüber streiten sollte.

Eine der christlichen Institutionen aus dem Westen, gegen die ich keine derartigen Vorbehalte hatte, war ein Krankenhaus in den lieblichen Ausläufern des Ruwenzori-Gebirges, nur ein paar Meilen vom Äquator entfernt. Ein Arzt, den ich in Arua kennengelernt hatte, hatte mich eingeladen, hierherzukommen und mir die Ausrüstung zu borgen, die ich für meine Kletterpartie auf die Mondberge benötigte. Das Personal im Kagando Hospital arbeitete hart und lebte sehr einfach. Man fand ausreichend Gelegenheit, seinem Glauben im geschäftigen Alltag in den Krankenabteilungen und Operationssälen nachzuleben, und überließ die Evangelisierung gerne anderen. Ich ruhte mich einige Tage dort aus und erholte mich von der langen Fahrt. Stundenlang saß ich auf einer wackeligen Veranda und beobachtete die gelben Webervögel, wie sie geschickt ihre einzigartigen Nester verfeinerten, die wie eine Rekordernte fremdartiger Früchte in den Bäumen hingen.

Erst als ich nach Kagando kam, faßte ich den Entschluß, die Mondberge zu besteigen. Den ganzen Weg hinunter zum Äquator war ich parallel zum Ruwenzori-Gebirge geradelt und hatte gehofft, einen Blick auf seine schneebedeckten Gipfel werfen zu können, doch nicht ein einziges Mal hatte sich der Schleier gelüftet. Alles, was ich sehen konnte, waren die ersten tausend Meter, und manchmal zweifelte ich, ob die Berge wirklich existierten. Sie waren in Dunst gehüllt, der verdichtet wurde von großen Rauchschwaden, die überall aufstiegen, weil das Land in Erwartung der Regenfälle abgebrannt wurde. Jetzt war mir klar, warum so viele der früheren Entdecker dieses mächtige Gebirge völlig übersehen hatten. Wenn ich Ptolemäus glauben und nähere Bekanntschaft mit dem »ewigen Schnee« schließen wollte, »der die Seen speist, welche die Quellen des Nils bilden«, mußte ich notgedrungen den langen Aufstieg bis zur auf fast viertausendfünfhundert Metern Höhe verlaufenden Schneegrenze unter die Füße nehmen.

Der schwierigste Teil dieses Unternehmens bestand darin, Vorräte und Träger aufzutreiben. Es kam der Organisation einer eigentlichen Expedition gleich, und ohne die Hilfe und den Rat einiger Ärzte und Krankenschwestern, die bereits oben gewesen waren, hätte ich wohl kaum die nötige Energie aufgebracht, mich auf dieses Wagnis einzulassen. Nachdem sie mich mit warmen Hosen und mehreren Pullovern ausgestattet hatten, sandten sie mich eines Morgens früh los, beladen mit zwei Jutesäcken, einem Sortiment schwerer Kochkessel, Besteck, Metalltellern und -krügen nebst einem Panga – einem schweren, gekrümmten Hackmesser, ideal, um sich einen Pfad durch den Dschungel zu schlagen, doch bloß dazu da, damit die Träger Brennholz schneiden konnten. (Wie ich später merken sollte, taten die Träger keinen Streich mehr, als zum Überleben dringend nötig war.) Man lieh mir auch das offizielle Handbuch des Mountaineering Club of Uganda aus, eine arg veraltete Publikation aus der Kolonialzeit, die jedoch eine Materialliste enthielt, welche für Bergsteiger in den Ruwenzoris noch immer »de rigueur« sei. Die Tour sei so kräfteraubend, wurde in der Einleitung behauptet, daß selbst junge Männer in guter Verfassung nicht hoffen durften, mit ihrer Ausrüstung auf dem Buckel den anstrengenden Aufstieg zu bewältigen, und Träger unabdingbar seien. In Kagando meinte man, ich würde drei Träger brauchen. Ich schaffte es schließlich mit zweien, doch weil ich dies nicht im voraus wußte, machte ich mich auf, um eine Wochenration für vier Leute einzukaufen.

Das Taxi setzte mich im Marktflecken Kasese ab. Mit Hilfe eines Mannes, der mit einem selbstverfertigten Schubkarren herbeieilte, machte ich mich daran, die nötigen Waren zu kaufen. Da alles so knapp war, beschloß ich, dasselbe zu essen wie die Träger – ein Riesenfehler, wie sich zeigen sollte! Ihre Ration bestand aus einem getrockneten, brettförmigen Schlammfisch pro Tag und genau festgelegten Mengen Zucker, Tee, Erdnüssen, Currypulver, Milchpulver, Zigaretten und Maniokmehl. Zu den vierundzwanzig Schlammfischen und lächerlichen Mengen anderer Dinge kaufte ich ein paar Extras wie Zwiebeln gegen Skorbut und Bananen als Energiespender. Ohne ausgiebiges Feilschen, das manchmal bis zur Hysterie ausartete, ließ sich nichts einhandeln. Hier im Süden kam dem Geld wieder etwas mehr Wert zu als im Norden, doch der Straßenkurs für meine Dollars war verglichen mit dem offiziellen Wechselkurs immer noch derart übertrieben hoch, daß es mir schwerfiel, das Feilschen ernst zu nehmen. Trotzdem – es mußte sein, nur schon wegen der Leute, die hier lebten, denn nichts verstimmt die Ansässigen stärker, als wenn Touristen mehr als das Ortsübliche bezahlen und so die Preise hochtreiben.

Endlich waren die beiden Jutesäcke so randvoll, daß ich sie nicht mehr heben konnte. Also hatte ich gar keine andere Wahl, als mich mit dem Preis für das einzige Taxi, das gewillt war, mich zum nächsten Etappenziel zu führen, einverstanden zu erklären. Wie sich herausstellte, betrug er mehr als das Zwölffache des Normaltarifs, und um mich vollends zu demütigen, vervierfachte der Mann mit dem Schubkarren sein ursprüngliches Angebot. Das mag so klingen, als sei ich richtig übers Ohr gehauen worden, und so kam es mir damals auch vor, doch in Afrika ist alles relativ. Die ganze einwöchige Expedition auf die Beine zu stellen kostete mich nicht mehr als hundert Dollar, nur spielte natürlich viel von dem merkwürdigen Ding mit, das man »Prinzip« nennt.

Wenn ich geglaubt hatte, mit dem Schachern sei es nun vorbei, irrte ich mich: Das war erst ein Vorgeschmack gewesen, die eigentliche Arbeit stand noch aus. Ausgangspunkt für den Aufstieg ist die Hütte des Mountain Club in Ibanda, einem Dorf hoch oben im Vorgebirge zwischen Elefantengras. Der Hüttenwart musterte mich von oben bis unten und kam zum Schluß, ich sei fit genug für einen schnellen, sechstägigen Rundgang mit nur zwei Trägern. Sie wurden anscheinend allein nach dem Quidproquo-Prinzip ausgelesen – wer am meisten schmierte, wurde gewählt. Schließlich teilte er mir Silvano zu, einen dreißigjährigen Mann mit einem vorstehenden Nabel, und Hezron, der jünger und kleiner war und kraftvoll wie ein Sumo-Ringkämpfer aussah. Meine beiden Säcke wurden ausgekippt und alles beschnüffelt, betastet, gezählt und gewogen. Ich hatte einen großen Fehler gemacht und statt Maniokmehl eine Riesenmenge Maniok gekauft, felsbrockenartige, unhandliche Gemüseknollen, also mußte darum gefeilscht werden, was es kostete, sie einzutauschen. Die Trägerlöhne waren kein Problem, sie waren fix. Silvano sollte recht viel mehr als Hezron bekommen, und zwar mit der fragwürdigen Begründung, er spreche besser Englisch. Als auch hier Einigkeit herrschte, kamen wir zum kritischen Punkt. Nach guter alter Tradition enthielt der Lohn nämlich einen Pullover und eine mittelschwere Wolldecke für jeden, und da diese beiden Dinge anscheinend nicht erhältlich waren, mußte man sich auf eine Barentschädigung einigen. Ihr Trick war genial: Sie verkündeten großzügig, sie würden »den Pullover Pullover sein lassen«, verlangten dafür aber eine astronomische Summe für die Wolldekken.

Vier Stunden später, nachdem die monumentale Verhandlungsrunde mit einem Kompromiß oder besser mit einer völligen Kapitulation meinerseits geendet hatte, weil die Zeit auf ihrer Seite war, brachen wir rasch auf, um den ersten Abschnitt zurückzulegen, bevor es dunkelte. Auf überwachsenen Pfaden, die seit 1962 nicht mehr freigelgt worden waren, kletterten wir durch Elefantengras und Bambusdschungel. Einst war dies ein Lieblingsplatz für Elefanten, Löwen und anderes Großwild gewesen, doch jetzt kreischte nur noch hie und da ein Affe im tiefen Waldesdickicht. »Hören Sie?« fragte Silvano, mein »Dolmetscher«. »Gutes Fleisch!« – womit klar wurde, wo die anderen Tiere gelandet waren. Noch nie im Leben war ich so mühsam vorwärtsgekommen. Der Boden war abschüssig, naß und glitschig, und alle möglichen Schlingpflanzen und Wedel mit Widerhaken streckten sich mir entgegen und zerrten und kratzten an mir. Wie nützlich doch dieser Panga gewesen wäre, der da sicher in Hezrons Tragsack steckte! Scharfe, zersplitterte Bambusstümpfe standen angriffsbereit, um grausame Wunden zuzufügen, und das dichte, feuchte Unterholz schien mich erdrücken zu wollen. Die nackten, gespreizten Füße der Träger fanden hier einen sichereren Halt als meine geborgten Turnschuhe. Silvano und Hezron waren zwanzig respektive dreißig Jahre jünger als ich, und trotz der schweren Säcke auf dem Rücken, die sie an Stirnbändern aus Bananenwedeln aufgehängt trugen, fiel ihnen das Gehen vermutlich leichter als mir.

Um fünf Uhr hatten wir eine heißersehnte Lichtung erreicht, wo die Aluminiumhülle der ersten Berghütte stand. Sie muß sehr komfortabel gewesen sein, bevor man ihre Holztäfelung, die Schlafkojen, den Herd, die Tür und die Fenster geklaut hatte. Da wir uns aber so nahe am Äquator befanden, war es mit einem guten Schlafsack selbst auf zweitausendsiebenhundert Metern im Freien nicht allzu kalt. Die Träger besaßen natürlich nichts dergleichen, darum hatte ihr Lohn immer einen Pullover und eine Wolldecke eingeschlossen. Sie trugen beide nur einen dünnen Pulli und Shorts, ihre langen Hosen waren zusammengerollt mit den Schuhen in den Tragsäcken verstaut und sollten erst kurz vor der Rückkehr ins Dorf wieder Verwendung finden. Sie hatten genug Geld aus mir herausgeholt, um sich mehrere Wolldecken zu leisten, und behauptet, diese raren Artikel seien in einem Laden in der Nähe erhältlich und sie könnten ohne sie nicht aufbrechen.

Hier oben jedoch gestanden sie, sie hätten das Geld statt dessen ihren Frauen abliefern müssen. »Wir müssen für die Schule für unsere Kinder zahlen«, machte Silvano geltend, um ihre Arglist zu rechtfertigen. Sie machten sich daran, mit dem Panga eine große Menge Brennholz zu schlagen, mit dem sie in einer zweiten, niedrigeren Schutzhütte, ebenfalls aus Aluminium, die ganze Nacht ein Feuer unterhielten. Hier schliefen sie ums Herdfeuer zusammengekrümmt, Füße und Beine in die leeren Jutesäcke gesteckt.

Doch zuerst nahmen wir unsere Mahlzeit ein, welche sie mit der fieberhaften Abenteuerlust zweier junger Pfadfinder zubereiteten. Jeden Tag wurden diesem Ritual viele Stunden geopfert, so daß ich oft das unausgesprochene Gefühl hegte, unsere Tour sei mehr zu ihrem Vergnügen als zu meinem gedacht. Sie wählten sich sorgfältig ihren Fisch aus, klopften ihn kräftig zwischen den Händen, bis er in Stücke fiel, vermischten ihn darauf mit Wasser, einer Zwiebel und Currypulver und ließen ihn auf dem Feuer heftig brodeln. Eine Handvoll nach der anderen wurde das weiße, fad aussehende Maniokmehl dem kochenden Wasser beigegeben und mit einem großen, fast meterlangen, speziell geschnitzten Löffel umgerührt, dem einzigen Einrichtungsgegenstand, der in jeder der Hütten zurückgeblieben war. Dieses Umrühren erforderte ihre vereinten Anstrengungen, und das Endresultat war eine trübe, gräulichrote Masse, zäh wie Gummi und von der Konsistenz von Plastilin, die so scheußlich schmeckte, wie sie aussah. Die Träger aßen Riesenmengen davon. Sie rissen sich kleine Stücke los und kneteten sie kurz zwischen den Fingern, bevor sie ihren Daumen fest in die Mitte eindrückten, um eine kleine Tasse zu formen. Diese tunkten sie in die Fischbrühe und schnippten sie sich dann in den Mund, worauf sie geräuschvoll und selig kauten, während sie sich schon den nächsten Bissen zubereiteten. Zuletzt wurden die Fischreste mit ekstatischem Schlürfen von den Gräten gesaugt. Grimmigen Herzens zwang ich mich dazu, meine eigene Portion hinunterzuwürgen, da ich mich in den sechs folgenden Tagen wohl daran gewöhnen mußte, doch erst als der »Tee« zubereitet und serviert wurde (Teeblätter, die herumschwammen, und Klumpen nicht aufgelöstes Milchpulver), kam ich darauf, daß der Fehler nicht bei meinem Gaumen, sondern in ihrer lausigen Kochkunst lag.

Nach dem Abendessen war es Zeit für Silvano zu rauchen. Die Zigaretten, die ich beschaffen mußte, hatte er im Vorbeiweg zu Hause gelassen, an ihrer Stelle wurde hausgemachter Tabak hervorgeholt und in Fetzen des alten Packpapiers gerollt, in welches der Fisch eingewickelt gewesen war. Der Geruch war fürchterlich, und ich sah zu, daß ich windwärts von ihm saß. Während wir es uns ums rauchige Feuer bequem machten und der schweigsame Hezron Erdnüsse röstete, erfuhr ich, daß Silvano ein »gefallener Katholik« war. »Ich brauchte eine zweite Frau, und so habe ich gesündigt«, sagte er. »Und jetzt brauche ich nochmals eine Frau, denn ich habe zuviel Land und nur fünf Kinder.« Wir hatten eins seiner Kinder auf dem Weg getroffen, einen zehnjährigen Jungen, der die Schule schwänzte und fischen ging. Silvano tat so, als sei er wütend, versuchte dann aber, dem Jungen etwas von unseren Vorräten zuzustecken, damit er im Wald draußen schlafen konnte. Ich fragte ihn, wie er es fertigbrachte, daß der Hausfrieden zwischen seinen zwei Frauen gewahrt blieb, und er meinte, das sei nur möglich, wenn man ihnen zwei getrennte Hütten baue, und komme sehr teuer zu stehen, genau wie die Schulbildung. Dabei guckte er mich hoffnungsvoll an, für den Fall, daß mich seine Geschichte rührte und ich etwas beisteuern wollte.

Ich merkte ziemlich bald, daß sich fast alles, was Silvano sagte, um seine Bedürfnisse drehte. »Mama«, fing er meist an, »Mama, gibt es in Ihrem Land diese Haken mit den glitzernden Silberstükken, welche die Fische so mögen?« Er wartete gar keine Zustimmung ab, sondern fuhr gleich fort: »Die mit den drei Haken, die brauchen wir. Sie schreiben mir dann einen Brief, um zu bestätigen, daß Sie sie weggeschickt haben.« Manchmal paßte er sich auch der Situation an und begann mit einer philosophischen Präambel, zum Beispiel, als ich am Feuer saß und meine aufgeweichten Socken von den Füßen schälte: »Mama, wenn unsere Kinder geboren werden, haben sie die gleiche Farbe wie Ihre Füße. Gott ist nicht gerecht gewesen mit dem schwarzen Mann.« Darauf folgte, nach einer angemessenen Pause zum Nachsinnen, unweigerlich die Bitte um irgendeine Gunst, um Gottes Parteilichkeit auszugleichen.

Am Morgen beklagten sich sowohl Silvano als auch Hezron, sie hätten die ganze Nacht fürchterlich gefroren, und obwohl dies unter den herrschenden Bedingungen kaum wahrscheinlich war, fühlte ich mich irgendwie doch verantwortlich dafür. An diesem Tag stiegen wir auf dreitausendfünfhundert Meter hoch, nachdem wir zuerst einen schäumenden Bergbach überquert hatten, dessen Brücke längst verschwunden war. Die meiste Zeit kletterten wir steil hoch, durch Bambus, stechende Nesseln, Lianen und dichtes Buschwerk. Die Schlingpflanzen verfingen sich in meinen Schuhen und lösten die Schnürsenkel, zerzausten mir das Haar und schnappten mir den Stock aus der Hand, so daß ich mich lange Zeit fragte, was ich hier eigentlich zu suchen hatte und warum ich gutes Geld bezahlte, nur um so zu leiden.

Doch dann öffnete sich der Blick plötzlich wieder auf herrliche Berggipfel, die hoch über große, geheimnisvolle, mit dichtem Regenwald bewachsene Täler aufragten. Regengüsse jagten über die Baumwipfel. Die Wolkenränder kräuselten sich zu Federwölkchen und verdunsteten in den warmen oberen Luftschichten. Rote Hyazinthen, rosarote Rosen und mit exotischen Farnen und Moosen behangene Bäume entzückten die Sinne mit ihrer überschwenglichen Fülle. Noch höher ragten die viereinhalb Meter langen Stacheln der Riesenlobelien, und schwammiges, gigantisches Kreuzkraut wuchs ungehemmt und üppig zehn Meter hoch aus dem bizarren Moorland – ein seltsames Pflanzengewucher wie aus einem Science-fiction-Film, mit übereinandergeschichtetem Blattwerk, das Unmengen von Regenwasser barg und es über alles ausgoß, was dagegenstrich.

Auf viertausend Metern fiel das Gehen in der dünnen Luft schwerer. Selbst auf dieser Höhe strotzte die Welt noch vor Vegetation. Beim Klettern versank ich immer wieder bis zu den Knien im Morast und blieb manchmal bis zu den Hüften in Schlammlöchern stecken. Wie die Träger trug ich Shorts, doch während meine zwar durchnäßt, aber wenigstens noch intakt waren, lösten sich die von Silvano langsam auf und wurden immer unanständiger, so daß er widerstrebend seine kostbaren langen Hosen anziehen mußte, die, schon als wir losmarschierten, trotz zweier Hausfrauen vom Knöchel bis zur Hüfte aufgeschlitzt waren. Mit jedem weiteren Schritt hagelten die Bitten dichter: »Haben Sie Tabletten gegen Husten für meine Kinder?« – »Können Sie für mich Fotos von meiner Familie machen?« – »Können wir die Kochtöpfe und den Panga nicht behalten?«

Es entwickelte sich auch eine gewisse Rivalität, wer am meisten tragen mußte. Silvano, der unablässig rauchte, konnte mit dem starken, asketischen jungen Hezron nicht mithalten und rächte sich dafür, indem er versuchte, ihn in ein schiefes Licht zu setzen. »Der da, der ißt alle Milch auf. Bald gibt es keine mehr für Ihren Tee, Mama.« Trotz allem gab es nie ernstlichen Zwist, und ich mußte auch nicht befürchten, daß die Träger abhauen und mich meinem Schicksal überlassen könnten, wie es einigen meiner viktorianischen Vorgänger geschehen war.

Der Höhepunkt des Anstiegs kam am Tag vier, als wir den viertausendvierhundert Meter hohen Scott-Elliot-Paß überquerten. Rechts zeigten sich für kurze Zeit die eisbedeckten Flanken des noch vierhundertfünfzig Meter höheren Mount Stanley in den wirbelnden Wolken, links lag der Mount Baker. Fast wäre der Mount Stanley zu Ehren des Besitzers des »New York Herald«, welcher Stanleys Reisen finanzierte, Mount Gordon Bennet genannt worden, doch später taufte man sämtliche Gipfel nach Afrikaforschern und Bergsteigern um.

Die unverhofften Ausblicke auf die Grate lenkten mich von meinem mannigfaltigen Elend ab, während wir anfangs durch Wälder unheimlicher, riesiger Lobelien und Senecien und schließlich eine extrem steile Geröllhalde hinauf zur Paßhöhe hochkletterten. Wir hatten den Berg viel zu schnell bestiegen, als daß ich mich richtig an die Höhe hätte akklimatisieren können. Mir war speiübel, ich hatte stechende Kopfschmerzen und einen schlimmen Anfall von Diarrhöe, zudem war ich bis auf die Haut durchnäßt und vom Rutschen und Ausgleiten durch die Sümpfe völlig desillusioniert.

Erst auf dem Geröll und auf dem Sattel des Passes machte der morastige Grund eine kurze Zeit Felsboden Platz, wo ich mich wieder sicher fühlte, während Silvano und Hezron das Gehen mit nackten Füßen schwerfiel. Der Ausblick war spektakulär – zu beiden Seiten Eisfelder, eine Sonne, die sporadisch aufschimmerte und wieder verschwand, Wolkenfetzen, die von unten heraufjagten und über uns dahinwogten wie stofflose D-Züge. Alle Gebirge von dieser Höhe sind gewaltig, und keine zwei gleichen sich, selbst wenn man sie wieder und wieder besteigt. Es fällt nie leicht, sich nach einem so kräftezehrenden Kampf wieder auf den Abstieg zu machen, doch die Träger fühlten sich hier oben unbehaglich und drängten mich, rasch bis zur nächsten Hütte auf viertausend Meter hinunterzusteigen und diese steinigen Höhen den Geistern zu überlassen, von denen Silvano felsenfest glaubte, daß sie hier hausten.

Als er sah, wie ich nach alter Bergsteigersitte jedesmal einen Stein auf die Steinhaufen legte, die den Weg markierten, gab er sich viel Mühe, es mir gleichzutun, wahrscheinlich weil er dachte, ich wolle damit die Geister versöhnen. Es war nicht fair, die barfüßigen Träger allzu lange warten zu lassen, sie ihrerseits hätten mich nicht alleine auf der Paßhöhe zurückgelassen. Ohne sie hätte ich wohl noch lange dort oben verweilt: Alle Schmerzen waren wie weggeblasen, während ich wartete, bis sich die Wolken wieder teilten und einen weiteren Blick auf dieses prächtig schimmernde Panorama freigaben.

Das Lager unterhalb des Passes war fast so zauberhaft wie der Paß selbst. Es lag am Rand eines kleinen, runden Sees, dessen anderes Ufer schon nach Zaire reichte. Obwohl es sehr kalt war und rundum bedrohliche Regenwolken heranzogen, schlürften kleine, glänzende, malachitgrüne Honigsauger mit überlangen Schwanzfedern Nektar aus den Stacheln der Riesenlobelien, und prächtig geformte, langschwänzige schwarze Vögel mit scharlachrotem Untergefieder sausten im Tiefflug übers Wasser. Und schon geruhten die Wolken sich wieder zu teilen und ließen eine ganze Stunde den blauen Himmel und einen Ring hoher, markanter Klippen frei, und die Sonne beschien ihre Flanken und den

»ewigen Schnee«. Dieser Anblick setzte meiner Reise die Krone auf: Ich war auf den Mondbergen! Ich mußte an die vielen Namen denken, die man ihnen gegeben hatte – »Ruwenzori-Gebirge«, »Was das Auge ermüdet«, »Platz der Adler« –, doch von allen schien mir »Die Berge, wo der Regen fällt« am allerbesten zuzutreffen.

Die Murchisonfälle

Viele Leute haben mich belehrt, ich hätte die eigentliche Quelle des Nils gar nicht erreicht. In den Bergen von Burundi, meinten einige, gebe es eine Röhre, aus welcher Wasser tröpfle, und nicht weit davon habe ein Deutscher eine kleine Pyramide gebaut, dem Gedächtnis aller Nilforscher gewidmet, was beweise, daß hier die wirkliche Quelle liege. Andere wiederum lokalisierten sie an verschiedenen Stellen. Ich mochte mich nicht mit ihnen streiten. Meine Reise verfolgte ein anderes Ziel, und außerdem war ich kein Geograph. Der Nil hat eine Unmenge von Quellen, wie es einem so mächtigen Strom ja auch zusteht. Hunderte, ja Tausende von Hektar Eis und Schnee schmelzen, tröpfeln, rinnen und sammeln sich zu Bächen, die schließlich ihren Weg in die großen Seen finden – wie schon Ptolemäus wußte, ohne je dort gewesen zu sein. Welches dieser verschwindend kleinen Rinnsale nun am höchsten oder am weitesten südlich liegt, läßt sich nur mutmaßen und ist im Vergleich zu den ungeheuren Niederschlägen, die auf die Fläche des Viktoriasees fallen, sowieso nur von geringer Wichtigkeit. Die wirkliche Quelle des Nils ist dieses riesige Binnengewässer, welches John Hannay Speke aufspürte, bevor er unter tragischen Umständen ums Leben kam. Burton, der auf seine Weise viel überzeugender war, versuchte Spekes Ansichten zu widerlegen und statt dessen den Tanganjikasee auf den Schild zu heben, lag aber völlig falsch damit.

Mein schlimmstes Reiseerlebnis hatte ich, als ich im Gedenken an Speke von Kampala aus den Ort aufsuchte, wo der Nil wirklich beginnt – da, wo die Wasser des Viktoriasees sich durch die Riponfälle einen Abfluß suchen. Dieser Abstecher ließ sich sehr angenehm an. Ein freundlicher Polizist eskortierte mich zu den Fällen, die heute ein eher trauriges Bild bieten, da sie in ein Wasserkraftwerk einbezogen sind. Er machte ein Foto von mir bei der Erinnerungstafel, welche man offensichtlich für Zielübungen mißbraucht hatte. Es störte mich nicht groß, daß die Schrift unleserlich war, ich wußte so oder so, was draufstand (daß hier der Nil seine lange Reise beginnt usw.), und auch für die Aufnahme war es nicht schade, weil der Polizist einen Finger über die Linse hielt und deshalb nichts daraus wurde. In Wirklichkeit war alles ziemlich nichtssagend, und bald machte ich mich auf die Suche nach einem Hotel für die Nacht. Ich fand eins in der Stadt Jinja, die sich hier am nördlichen Ende des Sees ausbreitet, ein Exkolonialgebäude gleich am Seeufer mit hübschen Balkonen und Spuren reizender Gärten. Der Empfangschef betonte, Königin Elizabeth habe hier Tee getrunken, als sie herkam, um den Damm einzuweihen, doch auch ohne daß ich darauf Wert gelegt hätte, war ich überzeugt, ich sei hier an einem einigermaßen respektablen Ort gelandet.

Komfort gab es zwar kaum – kein Wasser, keine Teppiche auf den nackten Holztreppen und nicht einmal Milch zum Tee –, dafür aber reichliche Vorräte an Bier und anderen alkoholischen Getränken. Als ich um elf Uhr ziemlich müde vom Radfahren und Sightseeing ins Bett sank, war die Bar noch gedrängt voll von schon recht angeheiterten Gästen. »Keine Bange«, versicherte der Barmann, »wir schließen um zwölf.« Um Mitternacht war der Lärmpegel schrill angestiegen, und das ständige Klappern von Stöckelschuhen auf dem Weg zur einzigen Toilette des Hauses, die meiner Zimmertür gegenüberlag, war zum Verrücktwerden. Um halb zwei glaubte ich, ich sei völlig übergeschnappt. An Schlaf war nicht zu denken, also ging ich hinunter, um nach dem Fahrrad zu sehen.

Ich fragte den Barmann, wann die Party wohl zu Ende sei. »Keine Party, das. Wir sind bloß Gäste und haben es lustig. Mögen Sie das nicht?« fragte mich ein geschniegelter Mann, der zu mir herüberschlurfte und mir Tabakrauch ins Gesicht blies. »Nicht sehr«, sagte ich. »Ich möchte gern schlafen.« Es wäre wohl klüger gewesen, eine weniger schroffe Antwort zu geben, denn nach einem Moment beredten Schweigens brach die Hölle los. Meine Haltung wurde mir übel vermerkt, und keiner war gewillt, das einfach so hinzunehmen. Ich hatte ganz offensichtlich einen wunden Punkt berührt und ihre latente Aggressivität geweckt, die sich unweigerlich entladen mußte. Ich beschloß, mich so schnell und diskret als möglich zurückzuziehen, hob auf dem Weg ins Zimmer mein Fahrrad hoch und nahm es mit mir. Nach einer kleinen Gnadenfrist kam auch schon eine Horde Leute mit mächtigem Getrampel die Treppe hochgepoltert und rief laut: »Wo du, weiße Frau? Komm hier raus, Schwester, wir dich auseinandernehmen.«

Mein Raum war dunkel, das hielt sie eine Weile auf. Ich hörte, wie sie an mehreren Türen rüttelten, doch nach wenigen Augenblicken versammelte sich alles draußen vor meinem Zimmer. Im trüben Licht des Korridors, welches durch die Ventilatorenklappe schimmerte, sah ich, wie sich der Türknauf drehte, dann erzitterte die Tür, und die Rufe, ich solle rauskommen, wiederholten sich. Sie blieben nicht lange. Als sie sich zurückzogen und die Treppe hinunterstampften, machte ich mich daran, für den Fall, daß sie zurückkehrten, den Raum zu verbarrikadieren, so gut es eben ging. Viel ließ sich nicht tun, denn es gab nur wenig Mobiliar. Meine größte Angst war, daß sie einen Weg auf den Balkon finden könnten, der um die ganze Vorderseite des Hotels lief und von welchem eine wenig solide Türe und ein Fenster in mein Zimmer führten.

Sie kehrten die ganze Nacht hindurch in unregelmäßigen Abständen zurück. Manchmal waren es schrille Frauenstimmen, die mich bedrohten und verhöhnten, manchmal waren es Männer. Einmal schlich ein einzelner Mann ganz still heran und flüsterte durchs Schlüsselloch: »Frau, mach Tür auf!« – das war das Allerschrecklichste. Ich gab nie Antwort, sondern saß still und bewegungslos auf der Bettkante und schwitzte in dem dunklen, abgeschlossenen, ungelüfteten Zimmer. Ich versuchte, meinen Kopf ganz leer zu machen, doch die Worte aus T. S. Eliots Gedicht »Aschermittwoch« gingen mir unaufhörlich durch den Sinn wie eine mittelalterliche Litanei: »Weil ich nicht hoff', ich kehre noch mal um, weil ich nicht hoffen darf, weil ich nicht hoff', ich kehre um ...«

Die Pausen zwischen den Schritten auf der Treppe wurden allmählich länger, und irgendwann kurz vor dem Morgengrauen heulten Automotoren auf, betrunkene Rufe schallten, und mehrere Wagen röhrten weg. Ich wußte, jetzt war alles überstanden, war jedoch so ausgelaugt, daß keine Hochstimmung aufkam. Zwei Stunden später brachte man das Frühstück. Der Kellner murmelte eine Entschuldigung, weil es keine Milch zum Tee gab, doch die nächtliche Störung wurde mit keinem Wort erwähnt.

Zurück in Kampala, dachte ich lange über diesen Vorfall nach. Die Stadt kämpfte darum, wieder zu genesen und die chaotischen Spuren der jahrelangen Kämpfe aufzuräumen. Dennoch schlief ich jede Nacht im Lärm von Gewehrschüssen ein, und fast täglich gab es Berichte, Fahrzeuge seien von Bewaffneten, die sich als Soldaten ausgaben, entführt worden (die Soldaten der vielen verschiedenen Armeen schienen also ihre Gewehre und Uniformen behalten zu haben). Mehrere Europäer wurden getötet, als sie ihre Wagen nicht schnell genug aushändigten. Jedes Gebäude, das ich aufsuchte, war blatternarbig von den Einschüssen der Kugeln oder barg irgendeine schreckliche Erinnerung – wie die Universität, wo in einer einzigen Nacht dreihundert junge Männer von Idi Amins Henkern aus den Fenstern des obersten Stockwerks gestürzt wurden und den Tod fanden. Und dennoch schienen mir all diese Greueltaten so unvereinbar mit der herrschenden Grundstimmung in diesem Land: Fast alle Ugander, die ich kennenlernte, waren äußerst freundliche und sanftmütige Leute – »ein sanfter Menschenschlag«, wie jemand zutreffend gesagt hatte –, und nur im Hotel in Jinja und in Pakwach, wo ich den Zorn des Soldaten beim Schubkarren erweckte, bekam ich die Kehrseite der Medaille zu Gesicht und erlebte am eigenen Leib etwas von der Verachtung für das menschliche Leben, die hinter der Gewalttätigkeit lauerte und ebenfalls ein Teil dieses zerstörten Paradieses war.

Es war Zeit, Afrika zu verlassen, nach Hause zurückzukehren und die verschiedenen Reiseerfahrungen sich allmählich setzen zu lassen, wäre da nicht dieses Gefühl gewesen, etwas Wichtiges ausgelassen zu haben. Noch immer nagte die Enttäuschung in mir, daß ich die Murchisonfälle nicht gesehen hatte. Ohne einen Blick auf die »aufregendste Sehenswürdigkeit auf der langen Reise des Nils zum Meer« schien in meiner Reise eine gähnende Lücke zu klaffen. Und weil ich noch eine Woche Zeit bis zur Heimreise hatte, beschloß ich, einen letzten Versuch zu wagen. Ich erinnerte mich an die Worte des arroganten Parkwächters in Paraa, ich solle ihm doch einen Empfehlungsbrief bringen, und machte mich auf die Suche nach dem obersten Chef der Wildparks von Uganda.

Es brauchte geraume Zeit, bis ich sein Büro aufgestöbert hatte, denn das Telefon in Kampala funktionierte nur selten, und auch hier gab es keine Telefonbücher, doch schließlich fand ich den Mann und hatte Glück, daß der Herr Direktor gerade anwesend war. Mr. Ssemwezi, ein großer, väterlicher Mann, hatte sich Ugandas Nationalparks mit Leib und Seele verschrieben. Er hörte mir aufmerksam zu, als ich ihm erzählte, wie ich den ganzen Weg dem Nil nach gereist war, und konnte meinen brennenden Wunsch, zu den Murchisonfällen zu gelangen, sehr gut verstehen. Als ich berichtete, wie die Soldaten im Murchisonpark auf die Hirschantilope gefeuert hatten, brach er fast in Tränen aus, doch als er dann hörte, wie sich der Chefranger geweigert hatte, mich zu den Fällen zu bringen, verwandelte sich sein Kummer in Wut. »Dieser Mann ist mir ein Dorn im Auge«, sagte er. »Er beantwortet meine Botschaften nicht. Ich habe ihm aufgetragen, den Landrover hierherzubringen, doch er läßt nichts von sich hören.« Die Zeichen standen günstig. Mr. Ssemwezi war viel daran gelegen, daß ich die Murchisonfälle sah, um »der Welt davon zu erzählen und ebenso, daß diese vermaledeiten Soldaten die letzten verbleibenden Tiere in Uganda erschießen«. Ich hoffte, er könne veranlassen, daß mich jemand dorthin brachte, doch o weh, er war nicht nur wütend wegen seiner tückischen Untergebenen, sondern auch völlig frustriert. Er selbst würde mich auf der Stelle hinfahren, sagte er, nur gebe es leider kein anderes Fahrzeug für die gesamte Nationalparkverwaltung Ugandas. Der arme einzige Landrover mußte den »amtierenden« Chefwächter und seine Gemahlin die

Straße von Paara hinauf und hinunter kutschieren – und erst noch auf der falschen Seite des Viktorianils.

Es blieb mir nicht genügend Zeit, vor meinem Abflug nach England die Strecke hin und zurück mit dem Fahrrad zu schaffen, selbst wenn mir die Durchreise erlaubt wurde, was wegen der Berichte über zunehmende Kampfhandlungen in dieser Gegend höchst unwahrscheinlich schien. Es sah so aus, als hätte ich wieder eine Niete gezogen. Mehr aus Gewohnheit und ohne wirkliche Hoffnung, doch noch ein Transportmittel zu finden, das mich dorthin bringen würde, bat ich den Direktor, mir einen Brief zu schreiben, der den Wächter anwies, mich zu den Fällen zu führen. Dies tat er denn auch – er stürzte sich geradezu auf die Gelegenheit, etwas Positives zu tun und zugleich einen potentiellen Kurier für einen Befehl an seinen widerspenstigen Untergebenen zu finden. Zusätzlich zu der Aufforderung, sofort Verbindung mit ihm aufzunehmen, enthielt das Schreiben klare Instruktionen, mich »um jeden Preis, und ohne zu zögern, zu den Murchisonfällen zu fahren, nötigenfalls in Begleitung zweier bewaffneter Ranger«.

Die nächsten sechsunddreißig Stunden raste ich von einer Hilfsagentur zur anderen, um herauszufinden, ob eins ihrer Fahrzeuge über Paraa fuhr. Ich hätte jeden halbwegs vernünftigen Preis bezahlt, doch Geld nützte nichts: Es gab keine Fahrzeuge zu mieten und überhaupt keine öffentlichen Transportmittel, nur vereinzelt Mitfahrgelegenheiten. Als ich sämtliche Möglichkeiten ausgeschöpft und schon alle Hoffnung aufgegeben hatte, die Murchisonfälle je zu sehen, machte mich mein Glück mit einem Menschen bekannt, der einfach sagte: »Wieso nehmen Sie nicht meinen Lkw?«

Ich fuhr am nächsten Morgen früh in der Dunkelheit los. Einmal würgte ich den Motor ab, als ich das ungewohnte Vehikel durch den äußeren Ring der Befestigungsanlagen lavierte, der alle Häuser Kampalas umgab und Diebe fernhalten sollte. Dann holperte ich über gigantische, ineinander übergehende Schlaglöcher, die sich über die fünfhundertfünfzig Kilometer bis zu meinem Reiseziel erstreckten. Ich hatte nur die flüchtigsten Anweisungen erhalten, wie dieser Lieferwagen mit Vierradantrieb funktionierte, denn der anonyme Amerikaner, der ihn mir ausgeliehen hatte, nahm an, jedermann mit weißer Haut und über zwölf Jahre könne alles fahren, und ich wollte nicht, daß er plötzlich seine Meinung änderte, wenn ich zuwenig Selbstvertrauen an den Tag legte. Es regnete in Strömen, als ich losfuhr, daher konnte ich nur schlecht abschätzen, wie tief die Schlaglöcher waren, doch wenigstens machte ich mich mit den Scheibenwischern vertraut.

Als es hell wurde, hatte ich die letzte der Straßensperren vor der Abzweigung nach Masindi erreicht und war wieder in Sam-Baker-Land. Bisher war ich nirgendwo auf Schwierigkeiten gestoßen, doch als ich sanft abbremste, gab ein Soldat vor, ich hätte ihn beinahe überfahren. Sein Zorn war nur simuliert und sollte mich dazu bewegen, seine Freundin in ihr Dorf zurück mitfahren zu lassen, das an meiner Route lag. Er hätte gar kein solches Theater aufführen müssen, ich hätte sie so oder so mitgenommen. Als ich endlich von der Hauptstraße weg war, geriet ich in ein klebriges Schlammbad, wo das Wasser zuweilen bis zu den Achsen stand. Ich fuhr mit äußerster Vorsicht, doch der Toyota schien sehr gut damit fertig zu werden, also gab ich etwas mehr Gas, denn die Zeit drängte. Kaum hatte ich das Mädchen des Soldaten abgesetzt, bat mich ein junger Mann um eine Mitfahrgelegenheit für seine Mutter und seine Schwester. Da es in Uganda so wenig Transportmöglichkeiten gab, konnte ich es ihm nicht gut abschlagen, doch als sie anfingen, hinten die komplette Einrichtung eines kleinen Hauses einzuladen – zwei Betten, Stühle, Hühner (tot oder lebendig) sowie diverse Bündel und Körbe –, wurde es mir zu bunt. Bei jedem Schlagloch schrien die Frauen auf und knallten an die Seitenwände. Einmal kam ich ins Schleudern, und während ich versuchte, das Fahrzeug aufzufangen, ließen sie ein gräßliches Geheul und Geschrei hören und versuchten abzuspringen. Sobald ich endlich stillstand, entschied ich, diese zusätzliche Ablenkung sei zuviel für meine Nerven und ich könne auf einer so gefährlichen Straße keine Verantwortung für das Leben anderer Menschen tragen, und so lud ich die Frauen mit ihren Betten, Bündeln und Hennen wieder aus. Sie schienen überglücklich, einer in ihren Augen gefährlichen Verrückten entronnen zu sein.

An einem besonders rutschigen Hügel kam ich erneut ins Schleudern, und das Vorderrad auf der Fahrerseite schlitterte stracks in einen Graben. Eine größere Anzahl Männer und Jungen stürmte mir aus einem Dorf zu Hilfe. Alle Fahrzeuge kämen hier von der Straße ab, sagten sie – es hätte mich keineswegs erstaunt, wenn sie den Graben speziell zu diesem Zweck ausgehoben hätten. Nach etwa zwanzig Metern führte er wieder zur Straße hoch, und die Männer schoben den Lieferwagen bis zu dieser Stelle vor und verlangten mit der entwaffnenden Bemerkung »Wir sind viele!« Bakschisch.

Es gab noch eine letzte Straßensperre. Der junge Soldat dort nahm es sehr gemächlich. Ich war müde und ungeduldig und wollte weiter. »Ich muß Sie überprüfen«, meinte er, »sogar ich selbst muß mich jeweils identifizieren, es gibt überall Terroristen.« »Unsinn!« sagte ich unbedacht, »sehe ich etwa so aus wie ein junger schwarzer Terrorist?« Statt beleidigt zu reagieren, brüllte er vor Lachen, als ob ich einen guten Witz erzählt hätte, und winkte mich mit einem »Gott sei mit Ihnen« durch. Danach gab es keine Verzögerungen mehr. Die Sonne schaute hervor, und bald sauste ich auf einer trockenen Straße weiter. Am Mittag war ich bereits wieder unten im Rift Valley, wo sich die Missionare geweigert hatten, mir Wasser zu geben, und plötzlich wurde mir bewußt, wieviel mehr von dem Land ich auf dem Fahrrad zu sehen bekommen hatte. Heute jedoch war Geschwindigkeit alles: Ich konnte in einer Stunde eine Strecke zurücklegen, für die ich siebenmal länger gebraucht hatte, als ich mein Rad durch den weichen Sand schob.

Um halb zwei Uhr machte es den Anschein, als würde die Zeit gerade noch reichen, um die Fälle am selben Tag noch zu sehen. Ich hatte mir beim Fahren einen taktischen Plan zurechtgelegt – alles hing jetzt davon ab, daß ich den Chefwächter nicht lange suchen gehen mußte, denn zwei Stunden vor Paraa gab es beim Eingang zum Park einen Rangerposten. Wenn ich Glück hatte, meine Eskorte dort aufzugabeln, konnten wir gleich zu den Fällen fahren; mußte ich jedoch nach Paraa hinunter und den Nil auf der unzuverlässigen Fähre überqueren, würde mich das mindestens einen weiteren Tag kosten, und vielleicht saß ich dann sogar auf der falschen Seite des Flusses fest. Dazu hatte ich einfach keine Zeit. Verständlicherweise war ich daher sehr zufrieden, als ich die verlotterten Hütten erreichte, die den Eingang zum Park bildeten, und sah, daß mehrere junge Männer auf dem Boden herumlagen und es sich bequem machten. Sie ließen sich überreden, den Brief des Direktors zu lesen, und nach einem gewissen Zögern und Hinundhergerede, weil sie keine Gewehre hatten, gab das Argument, daß wir sofort aufbrechen mußten, wenn wir vor Einbruch der Nacht zurück sein wollten, schließlich den Ausschlag. Ein Mann namens Julius klettert herein, und ab ging die Post, zum letzten Akt.

Ich hätte schwören mögen, daß kein Fahrzeug mit Ausnahme eines Panzers diese Strecke schaffen konnte, denn sie war fast vollständig überwuchert. Es glich einer Fahrt durch unwegsamen Busch. Schößlinge wuchsen auf der Fahrspur, und als ich mich zwischen ihnen durchzwängte, schlug die Radnabe gegen einen der Stämme, der ganze Wagen wurde hochgehoben, und der Türgriff schürfte meinen Arm vom Handgelenk bis zum Ellenbogen auf. Zeitweise mußte Julius zu Fuß vorangehen. Unser langsames, mühseliges Vorankommen wurde jedoch reichlich entschädigt, denn wir sahen in dieser unberührten Gegend eine ganze Menge Wild. Es gab mancherlei Vögel, die mir völlig neu waren; eine Familie von fünf Warzenschweinen, drei davon noch ganz jung, trollte sich im Gänsemarsch davon und streckte die lächerlich kleinen, steifen Schwänzchen mit Quasten, die vor Empörung zitterten, bolzengerade in die Höhe; große Büffelherden grasten ungestört, nur zwei riesige Bullen, die Wache hielten, hoben aufmerksam die Köpfe, nur wenige Schritte von da, wo wir vorbeikrochen. An einer der seltenen flachen Stellen stolzierte eine Schar exotischer Gänse in weitgeschwungenem Halbkreis auf uns zu, wobei sie im Eiltempo das Gras abfraßen, und allerart Hochwild tauchte auf. Meine Favoriten waren jedoch zwei kleine Antilopen, die einen Augenblick anhielten und in bebender Verwirrung den Lastwagen beäugten, bevor sie mit wundervoll eleganten Sprüngen das Weite suchten.

Als wir den letzten Abhang hinunter zum Fluß zur Hälfte geschafft hatten und der Lastwagen nicht mehr vorwärtskam, wendete ich und versuchte hinauszuklettern. Ich hatte seit zehn Stunden ununterbrochen am Steuer gesessen, war aber so aufgekratzt, daß ich gar nicht spürte, wie erschöpft ich war, bis ich merkte, daß mir die Knie zitterten und die Beine nachgaben. Zum Glück gab es eine Dose mit lauwarmer Cola in der Führerkabine, die meinen Blutzuckerspiegel wieder etwas ansteigen ließ. Ich konnte das Brüllen der Fälle bereits im Lastwagen hören und hätte gerne gewartet und mich ihnen langsam genähert, um die Vorfreude hinauszuzögern, doch dafür war jetzt keine Zeit. Alle wirklich wichtigen Stellen meines letzten Reiseabschnitts schienen im Galopp genommen werden zu müssen – die Fälle bildeten da keine Ausnahme. Das Donnern verstärkte sich mit jedem Schritt, und dann stießen wir durch den Wald direkt auf ihren oberen Teil.

Der Fluß »fällt« nicht eigentlich über Murchisons Fälle, vielmehr stürzt er sich durch eine lange, felsige Klippe, die auf fast vierhundert Metern seine fürchterliche Schubkraft und sein Volumen zu einem wütenden, turbulenten Inferno von gewaltiger Kraft einengt. Die aufgestauten Wassermassen brodeln in immer größeren Wellen und suchen sich einen Ausweg, bis sie wieder auf andere Wellen krachen, die sich unter ihnen auftürmen. Riesige Gischtwolken schäumen so hoch, daß ihre Kämme in einen feinen Sprühregen zerstäuben, der über diesem chaotischen Wunder einen Regenbogen bildet. Erst am Ende der Klippe fällt das Wasser wirklich und stürzt sich in einer langen, geraden Linie hinunter ins breite, flache Flußbett, doch dies ist nicht halb so spektakulär – beeindruckend ist hier der weite Blick auf den breiten, friedlichen, in der Sonne glitzernden Strom im Kontrast zu dem wütenden Toben der Murchisonfälle.

Ich hatte nur zwei kurze Stunden Zeit hier, längst nicht genug, um mich mit dem Platz vertraut zu machen, und so konnte er auch seine wundersame Wirkung nicht verlieren. Als Julius drängte, es sei Zeit, aufzubrechen, und ich noch ein wenig verweilte, ging mir durch den Sinn, wie mühselig die Reise hierher gewesen war und wieviel Energie sie mich gekostet hatte. Hatte es sich gelohnt? Es gibt keine Antwort auf eine solche Frage. Reisen geschieht um des Reisens willen. Wenn es unbedingt eine Antwort brauchte, so war sie in diesem breiten, langen, von der Sonne beschienenen Wasser weit unten zu finden, das sich träge herumwälzte, sich beruhigte und Kräfte sammelte für die lange, lange Reise durch Afrika auf den Weg, den ich gekommen war.

Ausrüstung

Das Fahrrad, das ich für die Reise wählte, war ein »Allzweck«-Rad mit achtzehn Gängen. Ich hatte es selbst entworfen, gebaut wurde es von Evans Bicycle Shop, The Cut, Waterloo, London. Es war eine Stahlrohrkonstruktion (Reynolds 531) mit einem stark gedrängten Rahmen, kurz in den Kettenstreben und mit engem Vorderwinkel, was es zu einem guten Kletterer und sehr lebhaft machte. Es hielt sich während der ganzen Fahrt auf all den gräßlichen Wegen ausgezeichnet und bockte nur im feinsten Talkumpudersand an den schlimmsten Stellen in der Wüste.

Werkzeug und Ersatzteile bestanden aus zwei Luftschläuchen, Pannenflickzeug, den wichtigsten Leichtmetallschraubenschlüsseln, einem Rollgabelschlüssel, einem Kettengliedauszieher, einer Zange sowie einem Ersatzreifen.

Mein Gepäck war in Satteltaschen Marke Karrimor's Kalahari verstaut, die Sonne, Sand und Hochwasser trotzten und praktisch nicht zerkratzt wurden, selbst wenn ich vom Fahrrad fiel oder wenn dieses auf irgendein anderes Transportmittel geladen werden mußte.

Fotoaufnahmen machte ich mit einer Olympus XA, die wie immer viele Strapazen überlebte. Als Film benutzte ich einen Kodachrome Professional 64 ASA.

Meine Überlebensausrüstung umfaßte ein Mayfly-Zelt von North Face, eine selbstaufblasbare Thermarest-Matratze, einen Caravan-Daunenschlafsack, einen Katadyn-Wasserfilter, einen Petrolherd Optimus Climber, Wasserbehälter, getrocknete Fertigmahlzeiten von Novia, eine Lithiumtaschenlampe Marke Tekna, einen Kompaß, ein Taschenmesser mit sieben Klingen, wasserdichte Streichhölzer, eine Dauerkerze und einen (nicht benutzten) Spray gegen Hunde.

Ich ließ mich gegen folgende Krankheiten impfen: Gelbsucht, Cholera, Meningitis, Typhus, Paratyphus, Tollwut, Gelbfieber, Polio und Starrkrampf.

Meine Notapotheke enthielt Antibiotikatabletten, Vitaminpillen, Tabletten zur Vorbeugung von Malaria, Medikamente gegen Diarrhöe, Kopfschmerzen und Fieber, Heftpflaster, Nahtmaterial, Insektenschutzmittel, Sonnencreme und Salbe für die Lippen. Wichtigstes Einzelstück war die bereits erwähnte Katadyn-Wasserfilterpumpe, die sauberes Trinkwasser lieferte und mich durch einige der verseuchtesten Gebiete Afrikas brachte, ohne daß ich etwas Schlimmes auflas.

Was ich sonst noch mitnahm: eine Michelin-Karte (Blatt 154, Maßstab 1 : 100 000), die ich halbierte und die fast den gesamten Nil vom Delta bis zur Quelle umfaßt, mehrere Notizbücher, Kugelschreiber (zum Gebrauch und als Geschenke), Ansichtskarten mit Stellen aus dem Koran vom British Museum (zum Verschenken), Reiseschecks, Nähzeug, Schnur, Sicherheitsnadeln und eine Sonnenbrille.

Bettina Selby

Himalaja

Mit dem Fahrrad durch Nepal, Kaschmir und Sikkim. Aus dem Englischen von Jürg Wahlen. 298 Seiten mit 22 Farbfotos. Serie Piper

Eine Frau um die fünfzig fährt mit ihrem Fahrrad 8000 Kilometer von Karatschi Richtung Himalaja, durch Indien und Nepal bis nach Katmandu. Immerhin, wenigstens das Fahrrad ist eine Spezialanfertigung – zum Nachbauen gibt's die genauen Anweisungen. Das ist aber auch der einzige Luxus auf der fünfmonatigen Tour, die Bettina Selby mitten hineinführt in die Fremde, die sie konfrontiert mit unabwägbaren, manchmal auch gefährlichen Situationen, mit Neugier und Gastfreundschaft, mit Zudringlichkeit und Zuneigung, vor allem aber mit dem intensiven Erleben einer atemberaubenden Landschaft.

05/1062/01/L

Bettina Selby

Timbuktu!

Eine Frau in Schwarzafrika allein mit dem Fahrrad unterwegs. Aus dem Englischen von Jürg Wahlen. 285 Seiten mit 21 Farbfotos von Bettina Selby. Serie Piper

Mit ihrem roten Fahrrad bricht die Autorin auf, um ein Stück Schwarzafrika – von Niamey bis Timbuktu – zu erkunden: vorbei an Lehmhütten und Reisfeldern, durch die Wüste und durch den Urwald, immer entlang dem Niger. Auf ihrem abenteuerlichen und strapaziösen Weg, den sie mit erfrischender Selbstironie schildert, erlebt sie Menschen und Landschaft in einer Unmittelbarkeit, wie sie nur die Reisegeschwindigkeit des Fahrrads erlaubt. Sie stößt auf verloren geglaubte Kulturen und liefert Momentaufnahmen einer fernen Welt, die vom Untergang bedroht ist.

05/1063/01/R

SERIE PIPER

Susanne Knecht

Eliza Fraser

Schiffbruch vor Australiens Künste. 178 Seiten mit zehn Abbildungen. Serie Piper

Mai 1836: Die Stirling Castle erleidet vor Australiens Küste Schiffbruch. Während große Teile der Besatzung unter mysteriösen Umständen ums Leben kommen, kümmern sich Aborigines um die einzige Frau an Bord: Eliza Fraser, die Frau des Kapitäns, die gerade Witwe geworden ist. Nach ihrer »Befreiung« vermarktet sie ihre Erlebnisse erfolgreich – doch Frasers Geschichte ist hoch kompliziert, wie die engagierte Journalistin und Ethnologin Susanne Knecht nach umfassenden Recherchen aufgedeckt hat: Denn gut versteckt unter dem turbulenten Geschehen liegt ein Sprengsatz des Kolonialismus …

05/1571/01/L

Abenteuerliche Frauen

Starke Geschichten. Herausgegeben von Annika Krummacher. 121 Seiten. Serie Piper

Ob als Fotoreporterin allein durch den afrikanischen Dschungel oder mit dem Fahrrad durchs Katmandu-Tal, als Jagdführerin in Alaska, zu Besuch bei einem senegalesischen Stammeskönig oder als Lehrerin im fernen Bhutan – die fünf Frauen in diesem Buch haben sich einen großen Lebenstraum erfüllt. Ihre Suche nach dem Abenteuer und ihre Sehnsucht nach der Ferne haben sie nach Afrika, Asien und Alaska geführt. Deborah Copaken Kogan, Bettina Selby, Pam Houston, Lieve Joris und Jamie Zeppa erzählen von wunderbaren Naturerlebnissen und lebensgefährlichen Situationen und entführen die Leserinnen in fremde Länder und zu exotischen Völkern. Ein Buch für Frauen mit der Sehnsucht nach Abenteuer und Wildnis im Herzen.

05/1353/01/R

SERIE PIPER

Jon Krakauer

In die Wildnis

Allein nach Alaska. Aus dem Amerikanischen von Stephan Steeger. 302 Seiten. SP 2708

Eine kleine Pistole und ein Fünf-Kilo-Sack Reis – das war die einzige Ausstattung des jungen Chris McCandless, mit der er sich in die Wildnis Alaskas begab. Seine gesamten Ersparnisse von fünfundzwanzigtausend Dollar hatte er gespendet und das restliche Bargeld verbrannt – er wollte ein neues, ganz anderes Leben beginnen. Vier Monate später wurde seine Leiche in der Wildnis von Alaska von einem Elchjäger gefunden. Jon Krakauer, für seine spektakulären Reportagen bereits mehrfach preisgekrönt, hat die abenteuerliche Wanderung des Chris McCandless anhand von Tagebucheintragungen, Postkarten und Interviews rekonstruiert. War Chris ein hoffnungsloser Romantiker oder einfach nur ein Spinner? Oder wurde er von einer Sehnsucht getrieben, die nur zu typisch ist für unser zu Ende gehendes Jahrhundert?

In eisige Höhen

Das Drama am Mount Everest. Aus dem Amerikanischen von Stephan Steeger. 380 Seiten mit 33 Schwarzweißfotos. SP 2970

Im März 1996 beauftragte die amerikanische Zeitschrift »Outside« den Reporter Jon Krakauer mit einem Bericht über die Kommerzialisierung des Bergsteigens am Mount Everest. Selbst der Faszination des Berges erlegen, schließt er sich einem Team unter Führung eines erfahrenen neuseeländischen Bergsteigers an. Am 10. Mai 1996 steht er dann tatsächlich auf dem Gipfel, am Ende seiner Kräfte. Der gefährliche Abstieg folgt, zwanzig andere Bergsteiger drängen weiterhin verbissen zum höchsten Punkt. Keiner hat registriert, daß ein Schneesturm aufzieht, vor dem sich Krakauer gerade noch in sein Zelt retten kann. Es kommt zur bisher größten Katastrophe am höchsten Berg der Welt: Neun Bergsteiger aus vier Expeditionen sterben, und vor Ende des Monats werden weitere drei Bergsteiger den Tod finden.